LIT*

*LIFE IGNITION TOOLS

LIT*
*LIFE IGNITION TOOLS

Enciende tu cerebro, alumbra ideas y lánzate a la acción

JEFF KARP
con Teresa Barker

Traducción de
Teresa Jarrín

CONECTA

El autor no es médico y este libro no pretende dar consejos médicos. Consulte siempre a su médico o profesional
de la salud si tiene algún problema de salud. La información que contiene este libro ha sido cuidadosamente
investigada y se ha realizado el máximo esfuerzo para garantizar su exactitud y precisión. Los autores y el
editor no se harán responsables de las lesiones, daños y perjuicios que se sufran durante la aplicación de esta
información o después. No lleve a cabo acciones basadas en la información o los consejos de este libro sin estudiarlos
y comprenderlos con claridad.

*LIT. Enciende tu cerebro, alumbra ideas y lánzate a la acción
*Lift Ignition Tools

Título original: *LIT. Life Ignition Tools*

Primera edición en España: mayo, 2024
Primera edición en México: junio, 2024

D. R. © 2024, Jeffrey Michael Karp
Esta edición se publicó mediante acuerdo con Kaplan
DeFiore Rights a través de The Foreign Office

D. R. © 2024, Penguin Random House Grupo Editorial, S. A. U.
Travessera de Gràcia, 47-49, 08021, Barcelona

D. R. © 2024, derechos de edición mundiales en lengua castellana:
Penguin Random House Grupo Editorial, S. A. de C. V.
Blvd. Miguel de Cervantes Saavedra núm. 301, 1er piso,
colonia Granada, alcaldía Miguel Hidalgo, C. P. 11520,
Ciudad de México

penguinlibros.com

D. R. © 2024, Teresa Jarrín Rodríguez, por la traducción
Ilustración de la p. 43 de Mao Miyamoto Medical Media, Inc.

ISBN: 978-607-384-599-1

Impreso en México – *Printed in Mexico*

Dedicado al difunto Nitamabit/Nii Gaani Aki Inini
(líder espiritual Dave Courchene), de la nación Anishinaabe,
en honor a su servicio a los pueblos y a la madre Tierra,
así como a su trabajo para dar cumplimiento
al sueño y la visión de Turtle Lodge de despertar,
nutrir y fortalecer el espíritu de todos los pueblos.

Índice

Introducción
El viaje de un niño hacia LIT

El universo está lleno de cosas mágicas que esperan
con paciencia a que agucemos el entendimiento.[1]

EDEN PHILLPOTTS

Como ciudadanos del siglo XXI, a menudo sentimos que el mundo está cambiando a un ritmo vertiginoso y fuera de control o, al menos, fuera de nuestro control. Sentimos la inminencia de catástrofes y disfunciones. La ansiedad y la depresión[2] son epidemias reconocidas. En ocasiones, vemos tan lejos de nuestro alcance la capacidad de dirigir nuestra vida que nos limitamos a rendirnos. Incapaces de centrarnos en cómo queremos que sean las cosas o en resistirnos a las distracciones y exigencias del momento, cedemos y adoptamos una actitud pasiva ante el torrente de noticias terribles, de *tweets* o textos incendiarios, de la publicidad y los *influencers* y del omnipresente bombardeo de los algoritmos de medios y redes sociales, que sirven a sus propios fines. Y todo esto lo digo desde la óptica de un optimista que cree que los seres humanos son, en esencia, buenos y se preocupan por el resto de las criaturas (incluido el prójimo) y por la salud del planeta. Sin embargo, a veces parece imposible actuar con intención y crear la vida que realmente queremos llevar. Aun así, hay dos razones para que sea optimista. Una es que estamos empezando a ser conscientes de nuestro lugar en el momento presente, así como de nuestro potencial para resolver problemas a escala planetaria. La ciencia, ahora en conjunción con la experiencia y los conocimientos de las tradiciones indígenas, sigue generando nuevas certidumbres acerca de las intrincadas interconexiones de la vida en este planeta. Gracias a la incipiente conciencia de nuestro papel en el ecosistema y de las complejas consecuencias de nuestros actos, a menudo dañinas, nos es posible ver la necesidad de un pensamiento nuevo e innovador. Ya no podemos seguir actuando como si no supiéramos lo que está ocurriendo o lo que nos estamos jugando. Ya no podemos seguir aceptando normas culturales que hacen caso omiso de las consecuencias, confunden a nuestra intuición y nos inmovilizan.

También somos cada vez más conscientes de que, sean cuales sean nuestras circunstancias, queremos que nuestra vida tenga sentido y propósito. Queremos que nuestras relaciones y nuestro trabajo nos den plenitud. No queremos renunciar a la felicidad. Y sabemos que si no actuamos nosotros para conseguirlo, nadie más va a hacerlo. Es algo que corre de nuestra cuenta.

Lo mejor de todo es que la neurociencia nos dice que el cerebro está a la altura de la tarea. Es plástico y maleable, siempre dispuesto a asumir los retos adecuados, capaz de desarrollar creatividad, adquirir nuevos conocimientos y crecer, incluso mientras envejecemos. Tenemos todo esto a nuestro alcance y lo podemos controlar. Es la herencia de nuestra evolución, el compendio que pone a nuestra disposición la naturaleza. Podemos elegir activar las redes neuronales que mantienen despierto el cerebro, y accionar el interruptor que nos aviva los sentidos y estimula nuestros procesos mentales más allá de lo que habíamos creído posible.

¿Por dónde empezar? ¿Cómo filtramos el ruido y la distracción, cómo superamos la inercia y otros obstáculos para diseñar la vida que queremos vivir? ¿Cómo podemos recuperar algo de control y activar nuestras capacidades innatas para centrarnos en lo que más importa mientras seguimos viviendo en medio de la cacofonía de la sociedad moderna?

Quizá la gente que mejor nos puede enseñar a hacerlo es justo la que más se ha tenido que esforzar por superar problemas relacionados con la atención y el aprendizaje. Muchos de ellos han depurado las estrategias necesarias para progresar en un mundo lleno de estimulación, distracción y estrés constantes.

¿Que por qué lo sé? Porque soy uno de ellos.

Mi viaje hacia LIT

Como profesor de la facultad de Medicina de Harvard y del MIT, tengo la suerte de colaborar con las mentes más innovadoras del mundo de la medicina, la ciencia y la tecnología, y de aprender de ellas. Sin embargo, hubo un tiempo en que nadie esperaba que yo acabase aquí. Nadie lo habría augurado.

Cuando estudiaba primaria, en una escuela rural canadiense, tenía menos capacidad de atención que una mosca de la fruta y me costaba mucho seguir las clases. Leer, escribir, debatir en el aula, atender las indicaciones de los profesores: nada tenía sentido para mí. No se trataba solo de que me distrajera con facilidad y de que mi cerebro no procesara las cosas de manera convencional, sino que mi mente estaba abierta a existir en el mundo, en constante fusión con el entorno. Para mí resultaba extraño aislar y definir las cosas, identificar ideas y limitar el aprendizaje a lo que parecían ser fragmentos de información. Si los nuevos conocimientos estaban siempre volviendo obsoletas las ideas anteriores, para mí tenía más sentido asumir que todo se encuentra en un estado constante de cambio, no solo el mundo que nos rodea, sino la comprensión que tenemos de él. Para mi mente, el colegio era más como un museo que como un taller. Me costaba muchísimo estrechar mi foco para hacer encajar la información y retenerla.

Además sufría ansiedad. No podía relajarme y ser yo mismo, asumir sin agobios que era «el chaval peculiar», porque yo me sentía mucho peor: un extraterrestre, una anomalía del ser humano. Me di cuenta muy pronto de que había muchas cosas que se «suponía» que tenía que hacer, pero ninguna me venía con naturalidad ni me parecía lógica. Y lo que era aún peor: muchas no me parecían correctas, de hecho, las veía totalmente equivocadas. Cuando un profesor me hacía una pregunta, fuese en un examen o en clase, por lo general la encontraba confusa e imposible de contestar. La respuesta «correcta» era para mí solo una de entre muchas posibilidades (esto es algo que me sigue ocurriendo a día de hoy e impide que sea de ninguna utilidad a mis críos con sus deberes). De manera que pasé todos mis años de escuela tratando de descifrar e interpretar las expectativas de los demás, y de encajar en ellas.

En preescolar, subía a diario los escalones del antiguo edificio de ladrillo, pasaba por delante del despacho del director, recorría el pasillo y me metía en mi aula, donde había la típica zona cuadrada y enmoquetada para contar cuentos, muchos libros y juguetes interactivos. Como la mayoría de los niños pequeños, tenía curiosidad y estaba lleno de energía. No podía quedarme quieto. Todo me entusiasmaba. Quería explorar, deambular, ver y tocar. Me resultaba imposible sentarme varias horas y escuchar. «Haz como si tuvieras pegado el culo a la silla», me animó un día el profesor. «Vale, ¡eso sí puedo hacerlo!», pensé. Así que pasé las manos por la parte inferior del asiento, lo apreté contra el trasero, me puse de pie y anduve como un pato por el aula mientras mis compañeros se reían. El profesor me mandó al despacho del director. Aquel año llegué a conocerlo bastante bien.

En segundo, fue como si mis compañeros poseyeran un superpoder que les permitía descifrar las extrañas letras de las páginas de los libros. Sin embargo, para mi mente no tenían ningún sentido. No comprendía cómo era posible que los otros alumnos pronunciaran las letras y las emplearan para formar palabras. Mi madre probó con el método Phonics, con fichas de aprendizaje; lo intentó todo, pero al acercarse el final del curso, mi profesor recomendó que repitiera.

Desesperada por ayudarme, mi madre me apuntó a una escuela de verano para niños con dificultades para el aprendizaje. Allí recibí una atención personalizada. Los profesores fomentaron mis puntos fuertes y mejoré mucho. Al final del verano, fuimos a un asesor educativo privado, que recomendó que volviera a la escuela ordinaria, pasara con mis compañeros a tercero y tuviera acceso a un aula de educación especial más tranquila.

Sin embargo, mi profesora de tercero no vio en mí la promesa que habían visto los docentes de la escuela de verano. Esa profesora me puso una etiqueta que me acompañaría durante gran parte de mi periodo escolar: la de díscolo. Un día, para un examen, instaló unos paneles verticales plegables en mi pupitre y dijo: «Hala… Como no puedes mirar a ningún sitio, no te distraerás». Y sacó un reloj para cronometrarme, lo que me generó mucha ansiedad. Lo hizo delante de toda la clase y todo el mundo se rio de mí, imitándola a ella. Se burlaban mucho de mí.

Un día noté que a otro alumno le estaba costando mucho un problema de matemáticas. Quise ayudarlo y me acerqué para intentar enseñarle cómo hacerlo. La profesora bromeó diciendo: «Hombre, ¿qué te parece?

Un ciego guiando a otro». Yo estaba desconcertado. ¿Qué quería decir que un ciego guiara a otro? ¡Yo no era ciego! ¿Por qué había dicho aquello?

Esa noche se lo pregunté a mi madre, que me sentó al borde de su cama, respiró hondo y dijo: «Tu profesora es idiota. Pero, aun así, tienes que respetarla. Hazlo lo mejor que puedas».

Intenté seguir su consejo y, en ocasiones, destaqué. Participé en concursos de retórica... y gané. Mi madre me llevó a clases de programación informática. Después de la primera, el profesor salió a hablar con mi madre y dijo: «No hace falta que vuelva a traer a su hijo. Ya entiende más que yo».

Sin embargo, muchas competencias, sobre todo la memorización, se me resistían (hoy en día, sigo olvidándome de lo que estaba pensando hace un momento y a menudo tengo que leer las cosas veinte veces para comprenderlas). Siempre estaba distraído y, como normalmente me costaba aprender, avanzaba a un ritmo lento que reducía aún más las potenciales recompensas y minaba mi autoconfianza.

Los profesores no sabían por dónde cogerme; era un inadaptado en el sentido académico convencional y un marginado a nivel social. Año tras año, muchos profesores se daban por vencidos conmigo. Uno me llamaba «trapacero y vago». Otro me dijo: «No tienes nada que hacer en el mundo real». En cuarto, mis notas consistieron en suficientes e insuficientes. Lo mismo que en quinto y luego en sexto. Estaba muy desanimado. De no ser por la tenacidad de mi madre y por mi tutor y profesor de ciencias de séptimo, Lyle Couch, es posible que hubiera abandonado. El señor Couch se centró en mis puntos fuertes, que eran especiales, y me alentó.

Ese fue también el año en que mi madre se saltó la cadena de mando del colegio y presentó mi caso al comité escolar. Tenía un diagnóstico formal que establecía que yo tenía «problemas de comunicación»: dificultad para extraer información de un medio (por ejemplo, la pizarra o un libro) y para asimilarla y comprenderla a fin de responder una pregunta o de transferir dicha información a otro medio (como un cuaderno o libro de ejercicios). El comité aceptó el diagnóstico de dificultad para el aprendizaje y aprobó la aplicación de medidas especiales en cuanto al modo de evaluación y el tiempo acordado para realizar exámenes, algo que durante tanto tiempo se me había negado.

En la actualidad la sociedad tiene mucha mayor comprensión del trastorno de déficit de atención e hiperactividad (TDAH), de lo que acabé siendo diagnosticado más tarde, entre otras cosas. Existen hoy estrategias probadas para ayudar a los niños (y a los adultos) a desarrollar competencias de autorregulación. Pero, en aquel momento y lugar, la única opción disponible era improvisar.

Con los años adquirí motivación y me hice más persistente. En aquel momento no lo sabía,[3] pero mi evolución en el aprendizaje reflejaba los dos conceptos fundamentales que explican cómo cambian y crecen las neuronas (es decir, cómo aprenden), y que el neurocientífico Erik Kandel identificaría un día como la base que comparten en cuanto a aprendizaje y memoria las babosas marinas y los seres humanos (y las babosas tienen solo 20.000 neuronas, comparadas con los entre 86.000 y 100.000 millones que se estima que tenemos los seres humanos, ¡sin contar con los entre 100 billones y 1.000 billones de sinapsis que las conectan!). Estos dos conceptos son la habituación y la sensibilización como respuesta a la exposición repetida a estímulos. La habituación significa que empezamos a reaccionar menos ante los estímulos repetidos, como hacemos con el ruido del tráfico que oímos por la ventana. La sensibilización significa que nuestra reacción es más fuerte, como ocurre por ejemplo cuando un sonido o un olor, o incluso un pensamiento, se convierte en un desencadenante.

Viviendo mi propio experimento, aprendí a hacer uso de las dos cosas. Descubrí modos básicos de trabajar con mi cerebro para habituarme a algunos estímulos (cosas ordinarias que me distraían) y sensibilizarme (aguzar la atención) ante otros para poder tomar las riendas de mi mente dispersa y redirigir los mensajes sinápticos con intención. En un momento dado, en la habitación donde estudiaba tenía una máquina de *pinball* a mi lado y un televisor detrás de mí. Aprendí a ignorar las dos cosas mientras estudiaba, y jugaba a la máquina de *pinball* como recompensa cuando acababa.

Con el tiempo llegué a ser hiperconsciente de cómo interceptar intencionadamente procesos en mi cerebro a fin de ser menos reactivo o de centrarme con mayor intensidad, según mis necesidades. El resultado fue que lograba centrarme en lo que juzgaba más importante hasta terminar la tarea con el mejor resultado posible y aprovechando las oportunidades que iban abriéndose a medida que avanzaba el proceso. Depuré y perfeccioné estas herramientas hasta que aprendí a usarlas para acceder a un estado aguzado de conciencia e intensa conexión al que llamo «LIT» (siglas en inglés de «Life Ignition Tools», es decir, «herramientas de encendido vital»).

Lo llamo así por dos razones. En primer lugar, *lit* («encender» en inglés) describe muy bien la sensación de fogonazo de inspiración que se siente, como si surgiera una llamarada brillante en medio de la oscuridad. O como si una chispa hubiera encendido tu pensamiento. Sabrás a qué me refiero si alguna vez has tenido una epifanía, algo te ha deslumbrado o has sentido un entusiasmo extremo. En segundo lugar, describe muy bien el modo en que se muestra a los científicos que estudian estos momentos. Dentro del cerebro (y también en las vísceras), los estados de actividad ponen en marcha las neuronas. En el cerebro, se genera un flujo sanguíneo que los neurocientíficos pueden ver en las imágenes por resonancia magnética funcional (fMRI). En los monitores, esta sangre oxigenada ilumina en un tono amarillo anaranjado las áreas de actividad de la imagen, que destacan respecto del gris restante. La ciencia está demostrando[4] que esta activación neurológica está asociada no solo con actividades cognitivas o emociones como el miedo o la ira, sino también con el amor, la fascinación, la felicidad, la diversión y las «experiencias cumbre» o los «estados de flujo».

En mi opinión, LIT es una fuerza vital, una energía que vibra por toda la naturaleza y el cosmos… y en cada uno de nosotros. Impulsa la conexión y la curiosidad inherentes a nuestra especie (aunque no exclusivas de ella) y programadas en nuestro ADN. Enciende el sistema de circuitos que genera esa fascinación o sensación de «unidad» que vemos tantas veces en los bebés o en los niños pequeños. Cuando dejamos atrás los años más tempranos de la infancia, que están impregnados de LIT, tenemos que hacer un esfuerzo para desbloquear ese flujo de energía y acceder a él. Como sucede con todos los viajes, hay desafíos que vencer, obstáculos o circunstancias que pueden debilitar la conexión con el estado LIT. Pero se pueden superar. Es mediante las aventuras de la vida como podemos llegar a activar por completo las herramientas LIT. Y lo único que se necesita es una mínima chispa para encenderlas.

La chispa LIT es el mecanismo que utiliza el cerebro para acceder a la energía transformadora vital que activa nuestros sentidos y procesos mentales. En modo LIT, activamos el nivel más alto de nuestras capacidades. No solo desarrollamos los músculos mentales que nos permiten mantener la concentración, sino que también generamos la confianza y la destreza necesarias para aprovecharnos de nueva información sobre la marcha. Tenemos más probabilidades de usar nuestro pensamiento crítico, que nos impedirá aceptar sin planteárnoslo lo que nos dicen que hagamos o que creamos, sobre todo cuando la intuición nos indica otra cosa. Nos resulta más fácil conectar con la gente, estamos más al tanto de las posibilidades que nos rodean, y somos más capaces de sacar partido de ellas. En una corriente de energía que se renueva sin cesar, siempre aprendemos, crecemos, creamos y exploramos. Desarrollamos nuestras capacidades mientras rendimos al máximo.

Mientras perfeccionaba estrategias que me permitieran activar el cerebro de este modo a voluntad, identifiqué una docena que resultaban fáciles de usar y nunca fallaban a la hora de abrir mi mente justo de la manera que me hacía falta, fuera la que fuese. Tanto si era para dirigir la atención como para desviarla, acotar la concentración o ampliarla, hacer algo estimulante o relajar la mente, estas herramientas de encendido vital (LIT) me funcionaban y también les funcionaron a otras personas cuando las compartí con ellos.

Cuando descubrí que podía activar el estado LIT a voluntad, cambió el modo en que veía los obstáculos de todo tipo. En física, la inercia es una propiedad de la materia: la resistencia pasiva a cambiar la velocidad o la dirección. A menos que intervenga una fuerza externa, los objetos en reposo permanecerán en ese estado y los objetos en movimiento no dejarán de moverse. La gravedad y la fricción frenarán una pelota que rueda, y una patada rápida acelerará su movimiento. Metafóricamente, LIT es la patada rápida que vence la inercia y pone en marcha la pelota. En mi caso, desde hace mucho tiempo y hasta hoy, tanto si la inercia se debe a una resistencia externa como a un hábito, a la apatía o a una simple pausa que se ha prolongado demasiado, cuando mi cerebro alcanza ese estado no hay nada que pueda detenerme. Me he «encendido».

Una vez que aprendí a trabajar con mi cerebro neuroatípico y curiosísimo pero caótico, descubrí oportunidades infinitas para cuestionarme, crear e innovar como bioingeniero y emprendedor a escala global y ayudar a otras personas a hacer lo mismo. Estas herramientas LIT me permitieron dejar de ser el chaval confuso y frustrado que fue apartado a un aula de educación especial en la escuela rural de su Canadá natal para convertirme en bioingeniero e innovador en el campo de la medicina traslacional, miembro de la Academia Nacional de Inventores, la Real Sociedad de Química, el cuerpo de investigadores destacados del Instituto Americano de Ingeniería Médica y Biológica, la Sociedad de Ingeniería Biomédica y la Academia Canadiense de Ingeniería. Como profesor universitario, he enseñado a más de doscientas personas, muchas de las cuales son hoy también docentes en instituciones de todo el mundo e innovadores en la industria. He publicado ciento treinta ensayos revisados por pares que han sido objeto de más de treinta mil citas. He obtenido más de cien patentes nacionales e internacionales, algunas pendientes de confirmación. Las herramientas LIT también me han ayudado a fundar doce empresas que han llevado ya productos al mercado o están en proceso de hacerlo. Y, por último, estas herramientas han sido esenciales en la creación de un entorno productivo, solidario y de gran dinamismo en mi laboratorio, que recientemente ha pasado de llamarse Karp Lab a Center for Accelerated Medical Innovation.

Las herramientas LIT le funcionaron a aquel niño que no prometía nada y al joven que vivió frustrado y desanimado aún muchos años más. En 2011 pronuncié el discurso de inauguración del año escolar en mi instituto y fui el primer alumno honorífico del centro (junto con otros dos exalumnos que hoy forman parte del emblemático grupo de rock I Mother Earth), el mismo sistema escolar en el que muchos de mis profesores habían concebido tan pocas esperanzas para mi futuro.

Aunque hoy en día sigo teniendo que esforzarme en distintos aspectos, agradezco poder decir que estas herramientas LIT me permitieron superar con creces aquellas expectativas tan poco halagüeñas. Pero lo que más me entusiasma es cómo han ayudado a otras personas. Algunos miembros del laboratorio han fundado laboratorios propios u otras empresas con las que no dejan de demostrar el efecto inconmensurable de su trabajo en el mundo, introduciendo avances en sus campos respectivos y beneficiando la vida de millones de personas. Conocerás a algunos de ellos a lo largo del libro.

Si queremos adelantos en la ciencia y la medicina e innovaciones exitosas y revolucionarias en todos los frentes para ayudar a crear comunidades más sanas, y si queremos abrirnos paso a través del ruido y centrarnos en lo que es más importante, hay que aprender a usar todas las herramientas que nos ofrece la naturaleza: nuestro arsenal evolutivo. Debemos cambiar radicalmente nuestro marco mental, no solo de vez en cuando, sino a diario. En la práctica, las herramientas LIT nos permiten tomar cualquier cosa para la que estemos equipados (incluidos comportamientos y hábitos no deseables o poco útiles) y, con intención, canalizar la energía que llevan incorporada para dar lugar a un resultado positivo. Es más fácil de lo que crees porque, cuanto más lo hagas, mayores serán las recompensas, el impulso y los efectos positivos que logres. Nunca se es demasiado mayor para estimular el cerebro de esta manera y, desde luego, tampoco se es demasiado joven. De hecho, las herramientas LIT pueden actuar como salvavidas para los niños, como me ocurrió a mí.

Aprovechar la diversidad neurológica

Algunas personas asumen que no tienen lo que hace falta para ser altamente creativos y centrados o para mantener un nivel elevado de productividad, disciplina y actividad. Demasiado a menudo, la gente se cree esta mentira por los mensajes que reciben cuando son pequeños. Prueba a escribir en cualquier buscador de internet la frase «gente famosa que fracasó antes de triunfar» y muy pronto verás que los profesores consideraron a Albert Einstein un mal estudiante y a Thomas Edison un débil mental[5] que no sacaría provecho de estar en la escuela. A Walt Disney lo despidieron una vez porque su jefe creía que «le faltaba imaginación y no tenía buenas ideas». Uno de los empleadores de Oprah Winfrey le dijo que «no estaba dotada para la información televisiva».

Y estas son solo las historias que a alguien se le ha ocurrido contar. Permanecen en el anonimato incontables otras sobre personas que fueron en su día tachadas de incompetentes, fracasadas, lentas, diferentes, ineptas o desmotivadas, y después consiguieron grandes logros. Seguro que conoces en tu vida a alguien a quien le haya ocurrido. Ahora sabemos que muchos estudiantes tienen problemas porque aprenden de manera distinta a sus compañeros o porque en algún momento les dijeron que no se les daban bien las matemáticas o la lectura y creyeron que nunca podrían aprender. El resultado es que «estamos educando a la gente sin aprovechar su capacidad creativa», como ha dicho el ya fallecido escritor británico Ken

Robinson, conferenciante y asesor internacional sobre educación y arte en «¿Matan las escuelas la creatividad?», una de las charlas TED más vistas de la historia. Las presiones políticas no han hecho sino empeorar las cosas, acotando cada vez más los contenidos y la instrucción que permitirían a los estudiantes desarrollar su pensamiento crítico; por ejemplo, hacerles ver que son capaces de aprender y que son diversos en muchos sentidos, cada uno con el potencial innato de aportar algo valioso. Aunque pueda sorprender, no hace falta más de una hora[6] para enseñar a los niños que sus capacidades intelectuales se pueden desarrollar con esfuerzo. Una vez que aprenden esta verdad esencial, sus calificaciones mejoran de manera significativa, como ha concluido en Estados Unidos el *National Study of Learning Mindsets*[7] en su análisis sobre los efectos en la enseñanza de la aplicación de una mentalidad de crecimiento. Muchos jóvenes necesitan alguien que los guíe, un empujoncito extra. No hay un solo camino al conocimiento.

También pueden perjudicar la creatividad y el pensamiento crítico la propia sociedad y nuestro deseo como especie social de encajar y ser aceptados. Gran parte del entorno en el que nacemos y nos criamos, nos educamos y nos iniciamos en la vida laboral es producto de fuerzas culturales que están más allá de nuestro control inmediato y cuyo cambio puede ser muy lento. Una razón por la que las escuelas son el principal blanco de críticas[8] es que son el ámbito donde la pedagogía, la política y la opinión pública (diversa y a menudo causante de divisiones) asfixian a los niños, y a muchos profesores que podrían inspirarlos. La diversidad neurológica humana no está limitada a las mentes peculiares, sino que representa la gama de todas las mentes, de todos los niños. Cada uno de nosotros, incluido tú, se sitúa en lugar diferente de ese vasto abanico. Por eso lo que llamamos «genio» se manifiesta de muchas formas distintas dentro de la gama entera de la familia humana al completo, no solo de los que han alcanzado la celebridad. Hay potenciales de valor inestimable que se desaprovechan solo porque no hemos sido capaces de identificarlos.

Temple Grandin, científica y escritora conocida mundialmente por su trabajo sobre el comportamiento animal y su experiencia vital como persona autista, ha descrito el particular enfoque y la intensidad que ha podido aplicar a retos complejos de su trabajo y su vida. «Las personas con autismo ven lo simple», afirmó cuando hablamos de cómo se había visto atraída hacia su carrera científica y la oportunidad de hacer accesibles a más gente cuestiones complejas relativas al comportamiento animal. Como activista educativa, ha instado a que se preste más atención al valor de la diversidad neurológica, en particular, al aprendizaje visual, y ha advertido que las prácticas educativas que fallan a estas personas fallan a la sociedad. «Hoy queremos que nuestros estudiantes tengan un desarrollo integral; deberíamos pensar en asegurarnos de que la educación que aplicamos sea también integral», escribió en un artículo[9] para el *New York Times*. Ciertas características y capacidades del pensamiento divergente son «cruciales para la innovación y la invención» y «esenciales para encontrar soluciones realistas a los muchos problemas que acucian a la sociedad».

Al igual que Grandin, otras personas han descubierto que las cualidades poco comunes de su mente, que se tratan como déficits en ciertos contextos, pueden convertirse en sus mejores atributos. La biodiversidad y la aportación de cada especie a la vida en la Tierra es una fortaleza evolutiva. El valor de la diversidad en el modo en que el cerebro interpreta el mundo es aplicable a todos nosotros. La diversidad hace la inteligencia colectiva más inteligente.

«Todos los niños comienzan en el colegio con una imaginación efervescente, una mente fértil y una inclinación a arriesgarse con sus pensamientos», ha afirmado Robinson.[10] En su libro *The Element: How Finding Your Passion Changes Everything*,[11] escribe que «la clave no está en estandarizar la educación, sino en personalizarla, poner la mira en el descubrimiento de los talentos individuales de cada niño, colocar a los alumnos en un ambiente que les haga querer aprender y donde puedan descubrir de forma natural sus auténticas pasiones». Cuando la escuela se convierte en una fábrica de aprendizaje impulsada por el motor de la eficiencia (centrada en el currículo, la instrucción, los exámenes y la evaluación), defrauda a todo el mundo. Esto es especialmente cierto para niños que queden atrapados en los márgenes, pero siempre que se arrincone al catalizador de la creatividad que es la diversidad, todos salimos perdiendo.

Mientras trabajamos para que se produzca un cambio sistémico, que puede ser muy lento, tenemos que centrarnos en crear para nosotros y para todos los niños una estrategia vital que desbloquee nuestras capacidades. Podemos dar pasos para cultivar la curiosidad, la creatividad y la implicación activa en el mundo. Robinson utilizó la metáfora de la minería:[12] «Los recursos humanos son como los naturales; suelen estar escondidos a un nivel profundo. Hay que ir a buscarlos; no están a la vista, en la superficie. Hay que crear las circunstancias para que se muestren». En nuestra conversación,[13] Grandin habló sobre la necesidad de crear entornos en los que los niños puedan crecer mientras aprenden, se les proporcionen opciones y consecuencias, y se les muestre confianza en su capacidad para desarrollar su potencial. «Hay que dejar que los chavales den el estirón, en lugar de arrojarlos sin más a la parte de la piscina donde no hacen pie», dijo. Todos necesitamos ese estirón para estimular nuestro aprendizaje y nuestra vida.

La transferencia de energía en las herramientas LIT

Mientras exploraba en busca de una explicación científica o una comprensión de las bases que sustentan el estado mental LIT, accedí a distintas ideas de científicos, psicólogos, filósofos, activistas y otros. Como en la parábola de los ciegos y el elefante, cada uno aludía a una verdad esencial sobre el fenómeno LIT, visto desde la perspectiva de su campo de especialización o su experiencia. Para mí, el principio unificador de todos ellos es la simple idea de la energía.

Como científico que soy, reconozco que tengo inclinación por el concepto de la transferencia de energía para entender cómo funcionan las cosas, tanto si se trata de una obra de ingeniería como de un ecosistema natural, un matrimonio o el contagioso poder de la inspiración. Las plantas usan la fotosíntesis para transformar la energía del sol en la energía que ellas emplean para su propio crecimiento, que termina siendo también el nuestro cuando consumimos la energía que albergan los alimentos. Pero no queda ahí la cosa: cada transferencia de energía lleva a otra. La energía que consumimos nos sustenta y luego pasa a convertirse en acción cuando trabajamos y nos movemos, interactuando con los demás y con nuestro entorno. Con cada interacción, transferimos energía, es decir, ponemos energía en movimiento. El proceso de transferencia de la energía es intrínseco a la naturaleza, lo que nos incluye a nosotros.

Somos esencialmente seres energéticos. Los campos energéticos están en constante funcionamiento en el cuerpo humano, en el corazón, el

cerebro, la piel, el hígado, el intestino y todos nuestros componentes atómicos. Todas las reacciones que tenemos ante el entorno, ante otras personas
y las cosas que dicen o hacen, o ante nuestros propios pensamientos, mo-
difican el movimiento de los átomos en nuestro cuerpo y, por tanto, modi-
fican tanto los campos de energía de nuestro interior como la energía que
generamos y transferimos hacia el exterior. Cuando decimos que «sentimos energía» para hacer algo, tanto si es trabajar para conseguir un objetivo como ver a un amigo, no se trata solo de una sensación o un estado de
ánimo, es también un hecho fisiológico. De modo que cuando hablo de LIT
como de un estado del cerebro estimulado que enciende un potencial nuevo, la transferencia de energía es tan real como en la fotosíntesis o como
cuando se pega una patada a un balón.

Estamos todo el tiempo transfiriendo energía emocional a otros mediante las cosas que decimos o el modo en que las decimos. Incluso en el
ámbito espiritual, sea como sea que lo experimentemos, existe una transferencia de energía que va desde aquello que nos alienta a nosotros hasta
el modo en que lo expresamos cuando, a nuestra vez, apoyamos o anima-
mos a otros. La inspiración, el amor e incluso la aflicción son formas de
transformación de la energía. La ciencia aún no es capaz de explicar cómo
se producen, pero, de algún modo, se dan intersecciones y sinergias entre
todas estas energías. La chispa energética que se genera en la intersección,
la chispa LIT, se convierte en catalizador en el sistema dinámico que suministra energía a la Tierra y a su diversa red de vida. Por mucho que nuestras
circunstancias puedan opacar la conexión, esa chispa anida en el interior
de todos nosotros.

Todo en la vida es vibración.[14]

ALBERT EINSTEIN

En los últimos años, la neurociencia ha revelado que el cerebro tiene
la capacidad innata de cambiar y desarrollarse mediante la intención consciente. Resulta que podemos acceder de forma voluntaria a un tipo de experiencia «cumbre» o estado mental óptimo y actuar sobre el cerebro para
mantener, ampliar o modificar ese estado. Podemos hacerlo no solo cuando estamos interactuando con algo que nos procura disfrute, sino también,

lo que quizá es más importante, cuando no es el caso: cuando nos sentimos estancados, sin energía o desanimados. Estos son precisamente los momentos que pueden convertirse en crisoles de crecimiento, cambio e innovación. Imagina poder usar la voluntad para controlar hasta el punto que desees el modo en que experimentas cualquier circunstancia o para transformarla (o mejorarla). Podemos hacerlo. Todos hemos nacido «encendidos». No hay nada para lo que nuestro cerebro no esté programado o no pueda aprender.

La supervivencia del «más LIT»

Se tiende a presentar la historia de la evolución como un largo vistazo en el espejo retrovisor del viaje que nos sacó del «caldo primordial» y de la ardua marcha a lo largo del tiempo. Es una historia de adaptación ante la amenaza de extinción de aquellas especies incapaces de amoldarse al entorno cambiante (no hay que pensar en estas últimas como en fracasos o «vagos» evolutivos en un sentido natural; cada vez se trata más de que no pueden sobreponerse al impacto desastroso de nuestra especie en sus hábitats). Entre los supervivientes, no somos mejores que los demás, sino que más bien estamos adaptados de manera diferente para cierto tipo de éxito. No nos llevamos el premio de la longevidad evolutiva: hay gran cantidad de especies de plantas, insectos y otros animales que llevan más tiempo sobre la faz de la tierra. Y muchos pueden volar, correr, nadar, ver y oír muchísimo mejor que ninguno de nosotros. En realidad, estamos reconociendo tarde la diversidad y alta sofisticación de la inteligencia de los animales y las plantas, de todas las especies; del «mundo inmenso» del que habla el periodista científico Ed Yong en su libro;[15] de lo que James Bridle ha descrito como «inteligencia planetaria»[16] en *Ways of Being: Animals, Plants, Machines: The Search for a Planetary Intelligence*: «Hasta hace muy poco, se entendía que la humanidad era la única que poseía inteligencia. Era la cualidad que nos hacía únicos entre muchas formas de vida. De hecho, la definición más elocuente de inteligencia era "lo que hacen los humanos". [...] Estamos solo empezando a abrir la puerta a una comprensión distinta de la inteligencia, que es, en realidad, muchas inteligencias distintas».

Lo que nos diferencia es que el cerebro humano ha evolucionado para convertirse en una extraordinaria red de procesamiento que no para de reconfigurarse para integrar nueva información: un proceso llamado plasticidad. «A diario cambian gradualmente partes microscópicas de las neuronas», apunta la neurocientífica Lisa Feldman Barrett,[17] que escribe a fondo sobre la plasticidad del cerebro y la neurobiología de las emociones. «Las ramificaciones de las dendritas se van espesando y sus conexiones neuronales asociadas se hacen más eficientes. A medida que interactuamos con los demás, el cerebro se va poco a poco refinando y puliendo».

Esta rápida y robusta remodelación del circuito cerebral en respuesta a nuevas experiencias, información y percepciones, nos aporta la capacidad de expresarnos de manera creativa, planificar estrategias y resolver problemas, todo lo cual nos ha permitido hacer viajes de ida y vuelta a la Luna, crear obras de arte sensacionales y desarrollar remedios y tratamientos curativos naturales, así como curarnos y tratarnos con medicamentos avanzados, implantes y técnicas quirúrgicas y reducir la difusión de enfermedades. Esta ventaja evolutiva nos ha permitido adaptarnos a los cambios en nuestro entorno, así como modificarlo rápida e intencionadamente para que satisfaga nuestras necesidades, algo que otras especies no pueden hacer con tanta facilidad.

A todo ello podemos añadirle nuestra capacidad para contar historias y el modo en que adaptamos y cambiamos las historias que nos contamos. Las narrativas que creamos sobre nosotros mismos y nuestro mundo, tanto de forma personal como colectiva, influyen en nuestras creencias y nuestro comportamiento, así como en el modo en que percibimos el mundo y definimos qué es lo que más nos importa. Actuamos en función de nuestros deseos y valores, creamos y revisamos realidades en torno a esas narrativas, y nuestro cerebro se adapta a esos nuevos entornos. En mi caso, al principio de mi carrera, pasé muchos años trabajando el día entero, me dejaba llevar por muchas distracciones y no estaba presente para mi familia de muchos modos. La historia que me contaba a mí mismo consistía en que yo era un multitarea formidable que equilibraba frenética pero eficazmente el trabajo y la familia. Sin embargo, los acontecimientos se encargaron de ponerme en mi sitio y acabé viendo la mentira que encerraba aquella historia, por lo que decidí cambiar mis prioridades y comprometerme a que mi vida se centrase de verdad en mi familia. Cambiar mi narrativa no solo modificó el protocolo superficial de expectativas que había desarrollado a lo largo de los años; también modificó la manera en que me sentía respecto de mi familia, de mí mismo y de mi trabajo, y me ayudó a empezar a tomar las decisiones que ponían mi comportamiento en consonancia con mis intenciones. Descubrí que cuanto más actuaba sobre esas intenciones, más natural y estimulante se convertía el proceso de mi pensamiento y las acciones consiguientes. Cambiar la historia que me contaba cambió mi cerebro. Cambiar la narrativa a escala social actúa del mismo modo. Somos miembros de distintas comunidades de tamaños diversos. En todas ellas, cuando redefinimos las historias que nos contamos a nosotros mismos y centramos la atención y la energía en resolver problemas, en lugar de en aprender a vivir con ellos, nuestro cerebro está equipado para adaptarse y sacar partido de nuestro esfuerzo de modos nuevos y originales.

Lo interesante es que la diversidad, la adaptabilidad, las sinergias y las relaciones representan de forma colectiva los procesos que permiten que la naturaleza prospere mediante la evolución. El modo en que las setas y otros hongos transmiten información ambiental y nutrientes esenciales a los árboles es solo un ejemplo entre un número infinito de ellos. La diversidad de la naturaleza presenta todo tipo de formas de adaptación mediante relaciones sinérgicas, de modo que cuando alguna cae, se puede recurrir a otras para levantarse. Eso no significa que la naturaleza pueda siempre restaurar lo que se ha perdido o dañado irreparablemente, sino que se puede confiar en que los sistemas y los procesos se activen para adaptarse y crecer.

Lo bonito de usar el manual de estrategia de la naturaleza como propio no viene solo de internarnos en ella, disfrutar del paisaje o cerrar los ojos y esperar a que ocurra algo formidable (aunque podría ser que ocurriera). En un sentido práctico, sumergirnos en el mundo natural estimula el cerebro no solo para que interactúe con lo que vemos o sentimos, sino también con los procesos intrínsecos de la naturaleza que favorecen nuestra salud y nuestra supervivencia. Las herramientas LIT entrenan nuestra atención en estos puntos de entrada de experiencias en las que abrimos los sentidos a los procesos adaptativos e interconectados que, de un modo tan bello y potente, aportan energía a todas las cosas, incluidos nosotros. Podemos crear esa experiencia para nosotros mismos. Y, como pone de manifiesto la ciencia de la epigenética, nuestras experiencias pueden influir de forma duradera en nuestra expresión genética (qué genes se activan y cuáles no), de modo que vivir experiencias buscadas y cambios intencionados sería lo más cerca que podríamos estar de participar en el proceso evolutivo de la naturaleza.

Considerar el cerebro como una red adaptable que interactúa con el entorno y nuestra experiencia nos permite también ver que el contexto con el que interactúa nuestro cerebro en esta época (el entorno que hemos «humanizado») interfiere con nuestra capacidad de adaptación.

Se me viene a la mente el Carrusel del Progreso del Reino Mágico de Walt Disney, un escenario teatral giratorio de gran tamaño con personajes mecanizados muy realistas que representan la «típica» familia norteamericana celebrando las alegrías de la vida con el advenimiento de la electricidad y los avances de la tecnología a lo largo del siglo XX. La obra, creada para la Feria Mundial de 1964, se ha ido actualizando con el paso del tiempo para reflejar las nuevas olas de innovación tecnológica que están transformando nuestra vida. Lo que me llamó la atención de este teatro giratorio cuando lo vi de pequeño en los años ochenta, y luego con mis propios hijos a principios de los 2000, fue la descripción idealizada de esta pasión por el progreso. Todo iba de la supuesta innovación, sin ningún tipo de referencia a las consecuencias adversas. Había algo inquietante en la historia que contaba (sin querer) sobre el efecto de esta deriva hacia un tipo exclusivo de progreso, desligado y vacío de cualquier clase de relación con la naturaleza, sin considerar en absoluto que formamos parte de un ecosistema natural. Celebraba la cultura humana como nuestro entorno principal, reduciendo nuestras ambiciones como especie al diseño de una vida separada de la naturaleza, a pesar de que, al hacerlo, nos separamos de lo mejor de nuestro ser natural.

Esa ha sido la narrativa dominante para gran parte del mundo (gran parte de su porción humana, al menos) y, como consecuencia, hemos creado un entorno artificial, hecho para la comodidad, el consumismo y la hipercompetitividad, que amenaza nuestra existencia al tiempo que nos desconecta cada vez más de la naturaleza y de nuestra interconexión esencial. En efecto, la deriva hacia «más, mejor y más fácil» mediante la mejora de muchos aspectos externos de la vida ha entorpecido el funcionamiento interno de la mente. Nuestro apetito por la vida online y los dispositivos digitales, los bienes de consumo y las comodidades domina nuestra vida hasta tal punto hoy en día que, a efectos prácticos, el entorno digital y la cultura del consumismo han pasado a ser nuestro hábitat. La economía se ha convertido en nuestro ecosistema. Nos hemos habituado a este entorno fabricado en el que respondemos a los estímulos del marketing, a menudo ignorando los de la naturaleza. Este ecosistema de fabricación humana, impulsado por las innovaciones tecnológicas, ha evolucionado con más rapidez que la capacidad del cerebro de reconocer los riesgos que entraña. Desconectados de la naturaleza, nos hemos desligado de la relación primordial que, desde el principio de los tiempos, había sido fuente fiable de señales y estímulos para nuestra supervivencia.

En un momento dado de nuestro recorrido desde el caldo primordial, a lo largo de eones de evolución durante los que el cerebro humano se desarrolló hacia capacidades más sofisticadas a partir de los impulsos primitivos necesarios para la mera supervivencia en un entorno hostil, hemos usado la inteligencia para alterar nuestro entorno de modos que ha resultado que afectan de forma negativa a nuestra salud, nuestro futuro y el del propio planeta. No hay nada inherentemente negativo en los emocionantes avances tecnológicos, las mayores oportunidades y las comodidades o eficiencias que nos liberan de ciertas cosas para poder dedicarnos a otras mejores. El problema está en que la parte de nuestro cerebro que sigue operando con reflejos de la Edad de Piedra (rápido para actuar, pero menos preparado para pensar bien en las consecuencias o planear con antelación) está interfiriendo en el funcionamiento del circuito que necesita el cerebro de la era digital para adaptarse y crear un futuro favorable. Ahora nuestro ingenio amenaza nuestra supervivencia.

En palabras de James Doty, neurocirujano, catedrático y fundador del Centro para la Investigación y la Educación en la Compasión y el Altruismo de la Universidad de Stanford, «Es obvio que nuestra evolución no ha seguido el mismo ritmo que la evolución tecnológica. La primera ocurre a lo largo de cientos de miles de años, si no millones, y la segunda en un abrir y cerrar de ojos, en comparación. La consecuencia es que no estamos preparados para vivir en este mundo. [...] Por consiguiente, todos los mecanismos que nos resultaban útiles cuando vivíamos en el mundo no moderno solo agravan nuestra situación y aumentan el estrés, la ansiedad y la depresión».

Por todo ello, es hora de que cambiemos el espejo retrovisor con el que contemplamos la evolución por uno que nos permita mirar hacia delante para observar con claridad el entorno que nos hemos creado a nosotros mismos y al planeta, y considerar si la opción más sabia es adaptarnos a ese marco fabricado o cambiarlo.

El cerebro de baja energía o CBE

Al contrario que nuestros ancestros más primitivos, nuestra vida es un tanto más fácil, con menos exigencias y peligros, y más segura. Sin embargo, el cerebro sigue prefiriendo la opción más simple y eficiente a nivel energético que representan los mecanismos y hábitos bien asentados y perfeccionados. Los neurocientíficos describen que el cerebro trata de reducir el consumo de energía mediante un «modo de ahorro»[18] que consiste en reducir el procesamiento de información (¡generar señales eléctricas y químicas para el procesamiento es un gasto intensivo de energía!). Si tuviésemos que «pensar» todos los procesos esenciales que gestiona el cerebro, no habríamos sobrevivido. Sin embargo, cuanto más nos apoyemos en este modo de mantenimiento y ahorro de energía al que llamo «cerebro de baja energía» o CBE, más se afianzará el cerebro en los esquemas de respuestas rutinarias.

Las comodidades, las gratificaciones y las distracciones digitales diseñadas para desviar nuestra atención y retenerla con estímulos sensoriales son como caramelos para el cerebro. Las recompensas instantáneas crean rápidamente hábitos, incluso aunque no estén en consonancia con nuestras intenciones, y hasta cuando sabemos esto y queremos cambiarlo. Es difícil romper con estos hábitos porque implican al sistema de recompensas del cerebro y lo interceptan para promover un estado de CBE.

Cuando pasamos demasiado tiempo en modo CBE[19] y el cerebro opta siempre por las respuestas habituales, corremos el riesgo de perder la capacidad de actuar implicándonos y con un propósito definido, pues el cerebro «poda» las sinapsis menos usadas, es decir, los enlaces de comunicación entre neuronas menos usados. En efecto, estas conexiones debilitadas actúan como un interruptor que disminuye la intensidad del flujo de energía en el cerebro. ¡Y el cerebro necesita energía para los procesos más complejos, creativos y estimulantes! ¡Necesita LIT!

> Lo que se consigue en este modo de baja energía es una imagen de menor resolución del mundo.[20]

> ZAHID PADAMSEY, neurocientífico

La investigación sobre el dominio de nuevas habilidades aporta datos sorprendentes. En los estudios científicos que exploran con imágenes por resonancia magnética lo que ocurre en el cerebro cuando alguien domina una nueva habilidad, se ve que las luces del córtex frontal desaparecen. En el momento en que los principiantes acometen una tarea por primera vez, las imágenes muestran las luces amarillo anaranjado que se encienden en los lóbulos frontales indicando actividad. Están pensando intensamente en cada paso de lo que están aprendiendo. Pero cuando se pide a los expertos que realicen la misma tarea, sus lóbulos frontales muestran más gris que amarillo. No necesitan invertir el mismo tipo de energía mental en una tarea que ya conocen y lo que hacen es apoyarse en hábitos guardados en otras áreas del cerebro. Incluso durante la infancia, el periodo más prolífico del crecimiento cerebral, si se dedica mucho tiempo a un tipo de actividad —tanto si se trata de fútbol como de videojuegos—, la tendencia del cerebro a «podar» hace que pueda asumirse muy pronto una especialización a costa de la red neuronal de conexiones más amplia diseñada para generar un crecimiento más sólido e integral.

El estado CBE produce un sesgo hacia lo más fácil o lo más rápido, incluso en materias que merecen más de nosotros. Por ejemplo, las relaciones humanas, la aportación personal a algo mayor que nosotros mismos, dar un sentido a nuestra vida o hacer lo que esté en nuestra mano para que el mundo sea un lugar mejor: todas estas áreas necesitan energía y atención para prosperar. Como el CBE premia la eficiencia por encima de todo, frena nuestra motivación para dar un paso más allá de los hábitos bien trillados; limita nuestra capacidad para conectar con los demás manteniendo relaciones que crezcan con el tiempo; nos impide mirar más allá de nosotros mismos para extraer inspiración de la naturaleza y de los demás, y debilita nuestra inclinación natural a mirar hacia dentro para disfrutar de mayor autoconciencia y una vida interior más rica. El cerebro tiene también una tendencia innata a asumir que lo primero que aprendemos o lo que oímos muchas veces es verdad, lo que nos deja en desventaja ante el aluvión de información errónea, desinformación y propaganda sofisticada común en las redes sociales, como apunta Nathan Walter, profesor de comunicación en la Universidad del Noroeste, y otros estudiosos de los efectos de la desinformación y por qué es tan difícil de corregir. Estamos navegando por este nuevo mundo, dice, «pero el barco que usamos, el cerebro, es muy antiguo».

El CEB nos ha dejado estancados en ciertos patrones de conducta que ya no nos sirven bien. Gran parte de la tensión y el conflicto que se da en nuestra vida personal y la de la comunidad global es herencia de generaciones de comportamiento humano dirigido por el CEB: la inercia de la vida diaria o, peor aún, los sesgos y los prejuicios, el interés egoísta, la avaricia y el ansia de poder son comportamientos predeterminados que ya hace tiempo que tendrían que haberse revisado.

Cuando el CEB comienza a dominar en la sociedad a gran escala, las cosas pueden ponerse peligrosas. Estamos enterrados bajo cantidades abrumadoras de información y desinformación. Empresas como Amazon, Apple e Instagram invierten miles de millones de dólares para sacar partido de nuestro comportamiento CEB porque así ganan más dinero. Las redes sociales en línea aplican el mismo sistema que las máquinas tragaperras: nos premian con «me gusta» en oleadas variables que están diseñadas para interferir en nuestros procesos cerebrales y engancharnos. El ritmo de respuesta es un señuelo que nos hace permanecer más tiempo en las redes para comprobar una y otra vez el efecto que hemos causado con nuestras publicaciones. Todos sabemos el esfuerzo que hace falta para dejar de mirar la infinita sucesión de publicaciones y atrayentes distracciones. Parece mucho más fácil seguir deslizando el dedo por la pantalla en lugar de parar y ponerse a pensar en qué otra cosa podemos hacer. Las plataformas evolucionan y las marcas cambian a medida que los usuarios abandonan Facebook, Snapchat, Instagram o TikTok por otras más reservadas que promueven teorías de la conspiración y violencia. Sin embargo, su estrategia y sus objetivos continúan siendo los mismos: cultivar los comportamientos CBE y sacar partido de ellos.

Sin pensamiento de más alta energía, hacemos lo que las grandes corporaciones y los políticos quieren que hagamos. Nos alimentamos con comida basura, en lugar de con productos de calidad, incluso aunque estemos al corriente de la diferencia entre una y otra alimentación. Pulsamos el botón «Comprar» de un vendedor online lejano, en lugar de adquirir bienes en nuestro entorno para apoyar a los comerciantes que sostienen nuestras comunidades. Formamos nuestras opiniones aceptando la versión de los acontecimientos mundiales que nos vende una sola fuente, en lugar de consultar varias, en especial las que demuestran ser responsables y se basan en hechos. Nos convertimos en una sociedad de personas que deslizan el dedo de forma mecánica por las pantallas de las redes sociales (o se dedican a trolearlas), en lugar de optar por interacciones más edificantes. El modo CBE frena el pensamiento innovador que necesitamos para resolver problemas complejos o ver nuevas posibilidades; ante los retos, recurre al instante al camino trillado y nos empuja a emplear las mismas herramientas y estrategias una y otra vez.

Cuanto más tiempo pasamos consumiendo e interactuando de este modo, más se habitúa el cerebro a estos breves «toques» o contactos superficiales y más dependiente se hace de ellos. Cuanto más buscamos los «me gusta», más condicionados quedamos para necesitarlos y más energía hace falta para romper el enganche que tienen en nuestra atención. Este bucle de CBE se convierte en una especie de fuerza de gravedad mental que tira de nosotros hacia abajo y constituye un obstáculo para entrar en el modo LIT. Y, mientras tanto, dejamos que sean otros quienes definan lo que es importante para nosotros y sobre qué queremos tomar decisiones deliberadas. Algunos hábitos nos resultan útiles, por supuesto. El dominio de una materia libera nuestra atención para aprender cosas nuevas, soñar, innovar y mejorar, pero solo si nos empujamos consciente y continuamente a hacerlo. Las herramientas LIT nos permiten dar ese salto (son como la chispa de una bujía) de CBE a LIT y activar la red maleable que se reconfigura en un instante.

El científico Rudolph Tanzi, cuyo trabajo pionero sobre el alzhéimer y otros misterios de la neurociencia continúa abriendo nuevos caminos, dice que la historia de la evolución del cerebro humano está entrando en un nuevo y crucial capítulo. Sugiere que el sistema límbico, centro de las emociones del cerebro, está evolucionando desde la respuesta instintiva de «lucha o huida» impulsada por nuestro primitivo cerebelo hacia una respuesta más matizada caracterizada por la conciencia emocional y el pensamiento superior. «En estos momentos existe un enorme vector evolutivo que se aleja del egoísmo y se dirige a la autoconciencia», me dijo durante nuestra conversación, refiriéndose al modo en que nuestros pensamientos, actos y experiencias determinan nuestra expresión genética y, por ende, nuestro desarrollo, salud y bienestar. «El cerebro antiguo es egoísmo;[21] el nuevo cerebro, autoconciencia. Vivimos en medio de los dos y hay siempre una elección que hacer: ¿voy a ser autoconsciente y saber lo que está pasando en mi cerebro ahora mismo, o voy a ser un mero siervo del cerebelo que instintivamente tira de mí para llevarme a hacer cualquier cosa sin pensar, a la vez que vivo con miedo, deseo y estas inhibiciones a diario? Esa es la elección que hacemos todos los días».

La energía activada por la intención

El estado mental LIT está integrado en cada uno de nosotros, siempre accesible. Una vez que aprendemos a usarlo con intención, podemos hacerlo en cualquier momento y situación. Las herramientas LIT que encontrarás en este libro encienden la energía que moviliza cualquier aspecto de nuestra vida. Puedes usarlas a corto plazo para aportar energía al momento presente, o a largo plazo como estrategia que te permita crear la vida que quieres. En la naturaleza, la energía cambia de una forma a otra, y pasa de estar almacenada o en estado potencial a movilizarse o entrar en acción. De modo similar, se puede pensar en LIT como:

- Un flujo natural de energía que está en continuo intercambio dentro del ecosistema y dentro ti, y al que puedes recurrir en cualquier momento.

- Un estado del cerebro potenciado de forma natural, fluido y en evolución, caracterizado por una curiosidad activa, una excitación creativa e intelectual y una implicación emocional centrada.

- Un proceso innato y un sistema de principios y herramientas LIT que puedes utilizar de un modo específico y práctico para iniciar procesos y mantenerlos en marcha.

Pero lo más importante es no perderse pensando sobre ello. Lo que hay que hacer es dar el paso y actuar. No importa por dónde se empiece. Para usar estas herramientas LIT, sigue tu curiosidad o elige una herramienta al azar para comenzar el día y úsala en los momentos que surjan. Cuanto más a menudo las uses, más te vendrá LIT de forma natural.

Lo mejor es que las herramientas LIT son fáciles y crean hábito. Con el tiempo, descubrirás que la chispa LIT nunca se apaga. En el cerebro, la transferencia de energía que enciende las neuronas se convierte en un catalizador automático: cuanto más la realices, más fácil será el encendido, porque las vías neuronales estarán establecidas y vibrando. A diferencia de los hábitos que interfieren en los procesos cerebrales y debilitan la energía para la creatividad y la curiosidad, LIT estimula esos caminos, nos saca del piloto automático y nos ayuda a estar alerta, presentes y listos para actuar. Podría decirse que LIT usa los principios del diseño persuasivo, ofreciendo gratificaciones que el cerebro desea para captar y mantener su atención, pero, en lugar de que sea un marketing movido por el beneficio el que dirija tus elecciones, serás tú quien esté al mando, canalizando tu energía hacia lo que más te importe: explorar una idea, potenciar tu creatividad, intensificar la experiencia del día a día, o cambiar algo en tu vida… o en el mundo.

La evolución acelera la innovación

A día de hoy, en nuestro laboratorio, el proceso y las herramientas LIT permean todo lo que hacemos. Nuestro propósito es encontrar nuevas maneras de salvar vidas y mejorar la calidad de vida de todo el mundo… y hacerlo con la mayor rapidez y rigor que podamos. Asumimos retos en los ámbitos de la administración de fármacos, los dispositivos médicos, el diagnóstico de enfermedades y la medicina regenerativa. Aspiramos a innovar a escala global. Cada vez que hacemos un avance, damos un paso atrás y nos preguntamos: «¿Cómo podría ser esto aún mayor? ¿De qué modo podríamos hacer más para ayudar a más gente? ¿Cómo podemos tomar lo que hemos aprendido y marcar la diferencia?».

Usamos herramientas LIT para estimular la creatividad y el entusiasmo durante las reuniones, presentaciones, toma de decisiones y conversaciones informales. Incluso dedicamos tiempo a gandulear como una de las estrategias LIT (véase «Pulsa el botón de pausa», p. 243). Tanto si descubrimos algo que se pueda aplicar directamente a nuestra tarea como si no, la transferencia de energía desde la naturaleza nos aporta gran cantidad de ideas nuevas, impulso y herramientas para ayudarnos a resolver problemas. Si te sientes limitado en tu pensamiento, estás destinado a fracasar. Acudir a la naturaleza de cualquier modo que puedas te abrirá puntos de vista nuevos.

Este proceso ha sido crucial para nuestro desarrollo de soluciones médicas innovadoras. Además de un pegamento quirúrgico inspirado por las babosas y los gusanos marinos, hemos utilizado el mismo proceso creativo sustentado en la naturaleza para desarrollar un diagnóstico de cáncer basándonos en los tentáculos de las medusas; grapas quirúrgicas inspiradas en las púas del puercoespín, y una cánula diminuta con topes hinchables para tomar muestras de fluidos basada en la trompa de los gusanos de cabeza espinosa. Estas soluciones bioinspiradas (obtenidas buscando en la naturaleza ideas que activen nuestro pensamiento de formas originales) no son coincidencia. Solemos recurrir a los investigadores más exitosos, a la evolución y a la naturaleza, con el propósito de buscar maneras diferentes de ver los problemas y las soluciones y pensar de forma más creativa sobre las distintas posibilidades.

Cuando fundé el laboratorio, al principio se llamaba Laboratorio de Innovación Médica Acelerada. Demasiado largo y con un acrónimo quizá poco afortunado, pero esa era la misión desde el principio: acelerar la innovación. De lo que no me di cuenta en ese momento fue de que el proceso que desarrollamos para acelerar las innovaciones médicas podía funcionarle a cualquiera, en cualquier circunstancia, para ayudarlo a poner en marcha procesos, enfocar la energía y actuar. Esta es la razón de que haya escrito este libro.

Las grandes mentes usan LIT

Cuando empecé a pensar en escribir sobre LIT, me preguntaba si mi experiencia sería única. ¿Podrían trasladarse universalmente a otras personas mis herramientas para impulsar la innovación y mi enfoque en el proceso? Como científico, ingeniero e inventor, quería compartir con los demás las estrategias que fui desarrollando con el tiempo para abordar mis diferencias de aprendizaje y que tan bien me habían funcionado. Pero primero, y porque siempre estoy queriendo mejorar cosas que ya funcionan, quería ver si tenían elementos en común con otras personas y si se podía construir sobre ellas. Este propósito me llevó a un abanico diverso de personas que han alcanzado logros personales y sociales de distintos tipos, y a los que iré presentando en este libro. Quería comprender qué herramientas emplean otras personas para librarse de su propia versión de CBE cuando podrían dormirse en los laureles de sus logros pasados y del dominio que han alcanzado sobre una materia en concreto. Quería averiguar:

- Cómo encuentran otras personas lo que es importante para ellas (su pasión) y cómo lo cultivan.

- Cómo optimizan su esfuerzo y maximizan su impacto.

- Cómo se mantienen comprometidas con un propósito (en lugar de dejarse llevar por la productividad).

- Cómo mantienen vivos sus sueños y aspiraciones a pesar de los contratiempos.

- Cómo siguen aprendiendo, creciendo y evolucionando tras sus logros anteriores.

- Cómo experimentan la naturaleza como un aspecto de su vida.

- Qué piensan de su vida y de los aspectos inspiradores y casi mágicos de su historia, así como de sus interesantes y a veces curiosos puntos de vista.

Hablé con distintas personas, que me contaron sus historias y me recomendaron hablar con otras. Me costó mucho poner punto final a estas entrevistas para dedicarme a escribir el libro porque eran siempre estimulantes y fascinantes: ¡LIT!

Descubrí que, como yo, algunos habían tenido dificultades con una amplia variedad de características neurológicas diferentes y otras cuestiones. Durante sus años formativos habían tenido que afrontar problemas como la dislexia, el desorden bipolar, el autismo, el déficit de atención u otros. A algunos los habían animado desde la más temprana infancia a cultivar sus pasiones y habían aprendido muy pronto en la vida a acceder a sus recursos internos para emplearlos como herramientas mentales. Resulta que las grandes mentes no piensan todas igual. Se motivan de distintas maneras, son diversas y tan vulnerables e imperfectas como las del resto de la gente. Sin embargo, tienen ciertas cualidades en común: han aprendido de muchas fuentes y experiencias distintas, han tomado decisiones, han elegido de manera consciente invertir tiempo, energía y atención, y han descifrado el modo de estimular continuamente su pensamiento y pasar a la acción. Esas estrategias son elementos centrales de la caja de herramientas LIT, y espero que en estas historias encuentres similitudes con la tuya propia, e inspiración para encender la chispa de tu viaje LIT.

La madre de Rudolph Tanzi trabajaba transcribiendo consultas médicas y él creció oyéndola contar historias sobre los pacientes y sus vicisitudes. Aquello le despertó la curiosidad y alimentó su interés por la investigación médica. Me explicó el sencillo proceso que utiliza tanto antes de presentar un asunto científico ante un subcomité de un congreso, como de intervenir en un programa de televisión para hablar de sus libros o salir al escenario para tocar el teclado en una *jam session* con Joe Perry, de Aerosmith: se recuerda a sí mismo su preparación y su propósito. «Tu trabajo no es impresionar —se dice—; no es ganar; no es demostrar lo bueno que eres. Tu trabajo es usar tu preparación para servir».

Estoy de acuerdo con él. Este libro es mi forma de trasladarte todo lo que he aprendido de las muchas fuentes que me han inspirado y de mi propia experiencia. Mientras lo lees y reflexionas sobre las estrategias, te pido solo un favor: úsalas para servir a tu familia, tus amigos, tus colegas, tu comunidad y tu mundo. Los grandes problemas y cuestiones que tenemos que afrontar hoy, los problemas que hemos de resolver si queremos sobrevivir, requieren del pensamiento de alta energía de nuestro cerebro (CAE) más apasionado e iluminado. También nuestra búsqueda personal de una vida con más sentido, e incluso más felicidad.

Nuestro potencial humano es mucho más que la mera eficiencia o alcanzar una vida llena de comodidades. Sin embargo, es fácil perder esto de vista cuando la conversación que nos rodea es más sobre productividad que sobre propósito, sobre cumplimiento de normas que sobre pensamiento creativo y crítico, más sobre mí que sobre nosotros. Este patrón de conducta de no cuestionar lo que hemos asumido acaba limitando la capacidad de canalizar nuestra energía para conseguir el mayor impacto y el mayor bien posible, algo que podría ser nuestra mayor fuente de satisfacción. El CBE debilita la intensidad de nuestro mayor potencial.

No podemos anticipar qué evolución seguirá la especie humana en la escala del tiempo geológico, pues estamos viendo solo una parte muy pequeña de nuestro devenir, y los humanos futuros podrían ser muy distintos a nosotros y vivir de manera muy diferente. Sin embargo, la evolución como proceso de mejora puede ser un modelo útil para nuestro propio desarrollo individual a lo largo de nuestra vida. Una cosa es cierta: no tenemos que conformarnos con ver cómo se apagan las luces. Aún tenemos el mismo cerebro increíble que nos dio la naturaleza para solucionar los problemas que nos depare el futuro. Todos tenemos un repertorio de herramientas que utilizamos para expresarnos. Está en nuestras manos perfeccionarlo y desarrollar esas herramientas a lo largo del tiempo para llegar a ser la versión más capaz de nosotros mismos.

Inspírate —> aprende —> actúa y evoluciona. Usa las herramientas LIT de este libro para activar y cultivar la plasticidad de tu cerebro y tu propio potencial evolutivo (y el de la sociedad).

El mundo necesita gente que pueda ver los problemas y las posibilidades desde nuevos puntos de vista.

El mundo te necesita.

¡Es hora de iluminarte!

¡Pon la pelota a rodar!
Cómo reducir la energía de activación necesaria

Hablemos de una manera práctica sobre las muchas herramientas LIT que se proponen en este libro. Puede que al principio la idea de encender la energía, el entusiasmo, la creatividad y la pasión que alberga tu cerebro te parezca atractiva, y luego abrumadora. Puede que te suene genial, pero también trabajoso. Y lo es... para tu cerebro. Cualquier acción intencionada es un esfuerzo para el cerebro porque es más fácil actuar con el piloto automático, sobre todo cuando intentas pasar de un patrón de conducta establecido a uno nuevo. Sin embargo, puedes limitarte a realizar cambios pequeños porque, con el tiempo, el cerebro se reconfigurará solo y disminuirá la energía mental que necesites para hacer cosas nuevas. En algún punto del proceso, la cosa nueva se convertirá en algo establecido y más automático, y requerirá mucho menos esfuerzo. La belleza de convertir las herramientas LIT en hábitos de pensamiento es que se van haciendo más fáciles de usar (se vienen con mayor facilidad a la mente) e inyectan nueva energía en tu pensamiento. Como ya he mencionado, el mero hecho de cambiar la historia que nos contamos a nosotros mismos puede bastar para activar los cambios cerebrales que desencadenarán el resto.

Empieces por donde empieces con las herramientas LIT que vas a conocer y sean cuales sean tus objetivos o intenciones, el primer paso, el que dará inicio a todo lo demás, es el siguiente: reducir la energía de activación. En ciencia, la energía de activación se define como la energía mínima necesaria para activar la reacción que pondrá todo lo demás en marcha. Una bujía proporciona una chispa de electricidad que enciende una mezcla de combustible y aire para que un coche se ponga en marcha. Las enzimas, que son catalizadores naturales, aceleran reacciones químicas en el cuerpo sin resultar consumidas o alteradas de manera permanente por esas reacciones; permanecen para catalizar la misma reacción una y otra vez. Tanto la bujía como las enzimas proporcionan el impulso que disminuye la energía de activación. Las herramientas LIT funcionan del mismo modo.

En la vida diaria, cuanto menor sea la energía de activación necesaria para que demos el primer paso hacia algún objetivo, más probable será que empecemos y acabemos la tarea en cuestión. Podría tratarse de algo tan sencillo como dejar las zapatillas de deporte junto a la puerta si queremos salir a correr o mantener una rutina. El mero hecho de ver las zapatillas allí te traerá a la mente el propósito, lo que disminuirá la cantidad de esfuerzo mental que necesites aplicar para irte a correr.

La energía de activación influye constantemente en nuestras elecciones diarias. ¿Ver una serie que te gusta o comer unas galletas de tu paquete favorito? ¿Comprar online o pasar las horas muertas en las redes sociales? Todas estas acciones tienen una energía de activación baja porque ya gravitas hacia ellas, sobre todo en el caso de las redes sociales, pues todo lo que tenga que ver con tecnología y experiencia de usuario está diseñado para atraernos, engancharnos y mantener nuestra atención. ¿Qué te parece ordenar el armario, tarea que llevas evitando seis meses, u obligarte a ir al gimnasio un día de fiesta? No te apetece, ¿verdad? Para algo que ya de por sí no te resulta atrayente, la energía de activación es mayor, porque tienes que superar la inercia o la resistencia. A menudo tenemos la energía necesaria para acometer todas esas cosas, pero la falta de motivación nos hace sentir que la energía de activación necesaria es más alta. Reducir el nivel de energía de activación potencia la «voluntad de la mente», usando las palabras de Robin Wall Kimmerer.[1]

Cuanta más energía nos haga falta para ponernos en marcha y alcanzar un objetivo, más duro nos parecerá o más lento avanzaremos. Las dos cosas nos pueden desmotivar, lo que, unido al esfuerzo requerido, hará aún menos probable que comencemos o continuemos la actividad en cuestión. Cuando era pequeño y lo pasaba mal en el colegio, no era solo el contenido de las materias o mi distinta forma de aprender lo que tenía que superar; a veces la vergüenza y la ansiedad que sentía constituían un obstáculo aún mayor. Con el tiempo es posible aprender algo, pero resulta más difícil sobreponerse a la vergüenza o gestionar la ansiedad. Cualquier objetivo que me proponía llevaba aparejado un nivel alto de energía de activación y parecía insuperable. Las herramientas LIT me ayudaron cambiando la manera en que pensaba sobre las cosas (mis procesos mentales), incluido el modo en que pensaba sobre mí mismo y descubrir que podía conseguir mejoras significativas dando pequeños pasos.

Lo que hacen las herramientas LIT es inducir al cerebro a vencer la inercia para iniciar la acción. Sea cual sea el primer paso, siempre se hace más fácil cuando encuentras modos de reducir el nivel de energía de activación.

He aquí cuatro estrategias LIT que reducirán efectivamente el nivel de energía de activación cuando utilices alguna de las herramientas que iremos describiendo a lo largo del libro:

- **Minimiza obstáculos.** Primero identifica el origen de la resistencia; luego cambia lo que puedas o pide a otros que te ayuden a hacerlo.

- **Maximiza la recompensa.** Puede consistir en algo que te entusiasme, te alegre, te aporte energía, te calme o aquiete la mente o te dé una sensación de realización.

- **Aprovecha el impulso.** Saca partido de lo que llamo la «velocidad de la intención» para potenciar el impulso. Una vez que eres consciente de tu intención y empiezas a actuar, se genera un impulso y aumenta la velocidad. Es más fácil adquirir velocidad cuando ya te estás moviendo. Así que aprovecha la energía de un entorno propicio o de gente motivada que tengas alrededor: son aceleradores motivacionales. Cultiva de forma consciente hábitos de acción frente a la inacción y acciones intencionadas frente acciones habituales.

- **Gestiona tu ritmo.** Piensa en todo como en el balanceo de un péndulo o el modo en que afectan los biorritmos a tus niveles de energía, tu metabolismo, tu atención, tu estado de ánimo y el resto de los aspectos de tu función física y mental. Según el lugar del ciclo o recorrido del péndulo en que te encuentres, puedes rebajar el nivel de energía de activación de distinto modo y usar herramientas LIT para alterar tu trayectoria.

Dicho con otras palabras, la motivación, el impulso y la elección del momento oportuno pueden reducir el nivel de energía de activación.

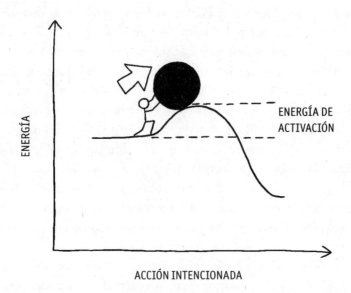

Pon la pelota a rodar y rebaja la energía de activación
La energía de activación es la cantidad de energía intencionada que se necesita para iniciar algo y luego continuarlo. En el gráfico, la energía de activación es el esfuerzo necesario para empujar la pelota hasta lo alto de la colina, donde el último empujón la lleva a la cima y la hace descender por el lado opuesto. En cualquier esfuerzo, una vez que la pelota ha empezado a rodar, el impulso juega a tu favor y los siguientes pasos resultan más fáciles. Puedes dividir las metas de gran envergadura en pasos más pequeños y luego reducir el nivel de energía de activación para cada uno de ellos.

La naturaleza trabaja a nuestro favor, en primer lugar, con gratificaciones neuroquímicas que actúan como incentivos y, en segundo lugar, con ritmos a los que podemos adherirnos para sincronizarnos con ellos y actuar en el momento más oportuno. Todos estamos provistos de células que producen sustancias neuroquímicas (dopamina, serotonina, oxitocina, endorfinas y otras), las cuales generan sensaciones placenteras (o la promesa de ellas) y experiencias que queremos repetir una y otra vez. Estas sustancias pueden potenciar nuestra motivación, atención y estado de ánimo. Los estudios han concluido que explorar un nuevo entorno o tener experiencias nuevas son acciones que mejoran la memoria aumentando los niveles de dopamina y reduciendo el umbral de aprendizaje. Estas recompensas impulsan nuestra motivación para hacer cosas realizando un esfuerzo que no aplicaríamos si no fuera por ellas. Nos ayudan a interactuar más profundamente con los demás y con el mundo en general y a maximizar nuestra capacidad de aprender y de tomar decisiones intencionadas. Y lo más importante: nos aportan energía para la acción. Cada herramienta LIT activa este sistema de recompensas de modos distintos, pero el proceso comienza haciendo más fácil el primer paso, y luego cada uno de los siguientes. Los expertos en marketing se aprovechan del sistema de recompensas de nuestro cerebro para sus propios fines creando entornos generadores de dopamina que nos empujan a actuar de maneras que les reportan beneficios. Pero nosotros también podemos, realizando nuestras propias elecciones, cultivar o aprovechar entornos generadores de dopamina (creatividad, curiosidad, relaciones edificantes) y reclutar al sistema de recompensas del cerebro para que sirva a nuestros propósitos.

Los estudios han concluido que, para nuestra especie, que es social, hasta la conexión más simple (por ejemplo, colaborar en una tarea con otra persona o cantar o bailar con otros) puede activar nuestras neuronas para sincronizarnos con los demás. Pide a alguien que se te una[2] para alcanzar un objetivo difícil y aplica ese impulso de transferencia de energía a rebajar la energía de activación necesaria para iniciar la tarea y continuarla. La sensación de estar en la misma onda que los demás (los científicos lo llaman «sincronía») puede que sea literalmente cierta. Los investigadores creen que puede indicar que el cerebro, durante el procesamiento cognitivo (mediante el que comprendemos el entorno, nos comunicamos y aprendemos), emite ciertas señales químicas y eléctricas[3] que pueden sincronizarse con las de otras personas al compartir una experiencia. Le veo todo el sentido a esta teoría: estamos hechos de materia y toda la materia está hecha de moléculas; todas las moléculas tienen energía y vibran de manera constante, y cualquier cosa que hagamos o pensemos implica una sincronización neuronal. Por extraño que parezca, podemos conectarnos con los demás activando las mismas regiones del cerebro en sincronía, lo que aporta una oleada de positividad a nuestra salud mental.

Es como la creación de vínculos sociales cuando la gente, en las relaciones o en distintos ámbitos de trabajo o de la vida, siente que comparte lo mismos valores. Yo veo esto en el laboratorio: a pesar de la gran diversidad que existe en nosotros, estamos muy sincronizados en nuestras intenciones principales, trabajando juntos para hacer cosas importantes y resolver problemas.

También podemos aprovechar los ritmos naturales para optimizar la energía y el sistema de recompensas de nuestro cerebro. Fíjate en los ritmos que sostienen el crecimiento de todos los seres vivos y adáptate a ellos de forma intuitiva para tu propio beneficio. Nuestros genes están programados para sincronizar nuestra biología con el entorno,[4] y los ritmos circadianos nos afectan mucho más que el sueño. Cada órgano del cuerpo (corazón, pulmones, hígado, riñones, ojos) tiene un ritmo circadiano que te ayuda a adaptarte a los cambios ambientales. Estos ritmos, y su efecto en nuestro estado de ánimo, también afectan a lo que nos entusiasma o nos parece placentero en cada momento, así como a la cantidad de energía de la que disponemos para actuar. Ello, a su vez, afecta al modo en que responde nuestro sistema de recompensas; por eso, al elegir el «momento oportuno», es decir, el de alza, podemos sacar partido de los ritmos y las recompensas, y reducir la energía de activación necesaria para actuar.

Por último, la naturaleza sustenta el rico sistema de nuestra inteligencia corporal, los complejos «aprendizajes» evolutivos derivados de la constante interacción de nuestra especie con el entorno y una multitud de experiencias sensoriales, algunas de las cuales están más allá de nuestro entendimiento. El concepto de inteligencia ha evolucionado y dejado atrás creencias previas de que solo residía en el cerebro. Ahora reconocemos la poderosa interconectividad de la mente y el cuerpo y, hasta cierto punto, hemos ampliado esa comprensión para incluir la interconexión de mente, cuerpo y espíritu. Solo nos falta reconocer que cada uno de esos dominios está enraizado en la naturaleza. El mundo natural es la fuente de la que mana el resto de las cosas, y también es el sistema de circuitos por el que deben circular esas energías para su plena realización. En última instancia, la propia naturaleza es el eje, el circuito esencial y completamente integrado que permite que tenga lugar lo que considero que es nuestra inteligencia corporal en plena acción.

Fíjate en el estado de ánimo y el nivel de energía,
e identifica el origen de la resistencia.
↓
Minimiza los obstáculos.
↓
Maximiza las recompensas y las respuestas positivas.
↓
Aprovecha el impulso y ¡adelante!

Los siguientes capítulos sobre las herramientas LIT contienen consejos que actuarán como chispas o enzimas catalizadoras y te ayudarán a reducir la energía de activación necesaria para iniciar una actividad y continuarla. En el laboratorio, uno de los principios básicos que aplicamos a la resolución de problemas es la sencillez radical. Para nosotros significa que, ante las complejidades de la ciencia y los procesos necesarios para llevar las soluciones al terreno de lo práctico, identificamos lo esencial y buscamos el modo más simple de llevar las cosas a cabo.

Para empezar a usar enseguida cualquier herramienta LIT, aplica la sencillez radical de los modos siguientes:

- Aprovecha la química cerebral para generar al instante efectos de gratificación.

- Usa la novedad para excitar el cerebro.

- Cultiva hábitos de acción frente a hábitos de inacción, y acciones intencionadas frente a habituales.

- Déjate empoderar por el propósito y la intuición.

- Bájale el volumen a esa voz interior detractora.

- Deja que la naturaleza te dé un empujón energizante.

Llevar a cabo un poquito de acción LIT por la mañana prepara el escenario para el resto del día. Puede ser algo tan simple como lo siguiente:

si, al entrar en el coche, dejas pasar el impulso de poner música o un pód-cast y optas en cambio por una tranquila vivencia del momento (aunque solo sea para reconocer alguna fricción que te esté ocupando la mente), ese paso intencionado dará inicio a un día menos distraído, y todo fluirá a par-tir de ahí. Si te detienes a saludar a alguien, en lugar de pasar a toda prisa, recuerda que la sensación de conexión, por muy breve que sea, tiene ener-gía LIT. Y algo más sencillo aún: tomarte un momento para despertar los sentidos a algo del mundo natural, como el cielo a través de la ventana, la planta del alféizar, tus perros o incluso alguna cosa de ti mismo te conec-tará a la naturaleza de modo que tu día tendrá una base más sólida. El ob-jetivo no es luchar contigo mismo a lo largo del día o avergonzarte por no hacer algo. Se trata solo de dar un único y pequeño paso adelante, y luego dejarse llevar por la corriente un rato y ver adónde te lleva.

Cada día tenemos la oportunidad de averiguar qué queremos y qué ne-cesitamos hacer: adónde nos lleva ese día, ese momento. Quizá se trate de resolver un dilema en el trabajo o de reflexionar sobre alguna cosa en una relación. Podría ser algo tan simple como elegir entre comer patatas fritas o brécol al vapor. ¿Hacer ejercicio o dejarlo pasar? ¿Cómo adoptar la ac-titud adecuada para tomar decisiones que te hagan sentir bien y con ganas de continuar las cosas donde las hayas dejado? Todos queremos recoger los frutos de haber pensado de la mejor manera posible. Rebajar la ener-gía de activación ayuda a aplicar todas las herramientas LIT de los capítu-los que siguen. Sabiendo que tienes acceso directo a tu propio proceso de pensamiento, ¿estás listo para entrar en materia?

Acciona el interruptor

¿Qué es lo que te está frenando?

Intercepta patrones de conducta rutinarios para realizar cambios simples y deliberados

> Hemos de estar dispuestos a abandonar el «así son las cosas», aunque solo sea por un momento, para considerar la posibilidad de que no haya un modo de ser o de no ser de las cosas. Lo que hay es el modo en que elegimos actuar y qué decidimos hacer con las circunstancias.[1]
>
> LYNNE TWIST, activista medioambiental

Joyce Roché siempre temía que la descubrieran. El miedo arreciaba cada vez que se la señalaba para darle reconocimiento o ascenderla, o cada vez que conseguía un logro impresionante. Algo que ocurría bastante a menudo.

Durante más de veinte años, Roché gozó de la reputación de ser una pionera, una estratega y una líder incisiva en el mundo de los negocios estadounidense. Fue presidenta y directora general de operaciones de Carson Products Company, y vicepresidenta de marketing global de Avon Products, la primera mujer afroamericana en alcanzar un puesto de ese nivel en la empresa. Apareció en la portada de la revista *Fortune*.

Sin embargo, como recuerda Roché, «Cada vez que alcanzaba un nuevo logro, me asaltaba la duda paralizante de que no merecía el éxito y de que, tarde o temprano, descubrirían que era una impostora, que no "encajaba" en el puesto; tarde o temprano, "me descubrirán"». Hoy Roché puede echar la vista atrás con serenidad a esas décadas de éxito estelar y miedo secreto. Fue años más tarde, al profundizar en el asunto para escribir un libro que esperaba que pudiera ayudar a otras personas, cuando supo por expertos en ese ámbito que el miedo y la falta de autoconfianza crónicos afligen a muchas personas exitosas, sobre todo a mujeres jóvenes y, entre ellas, en especial a mujeres de color, y que tiene un nombre: síndrome del impostor.

Roché tuvo dos momentos de revelación que acabaron ayudándole a apagar el interruptor que daba energía a la narrativa del impostor y a verse a sí misma bajo una luz más real. «La primera vez que recuerdo ser plenamente consciente de mis dotes y capacidades fue una ocasión en que tuve que afrontar la posibilidad de que no se me considerase para un ascenso cuando yo sabía que estaba cualificada para ello —me explicó—. Los directivos de mayor nivel se sentían más cómodos con un candidato masculino y blanco, como ellos, así que, para defender mi ascenso tuve que comparar mis capacidades y logros con los del "heredero natural" y otro colega. En ese punto, me di cuenta de la magnitud de mi experiencia y el valor que yo tenía para la empresa».

El segundo momento de revelación lo tuvo después de casi diecinueve años en Avon, cuando se dio cuenta de que había tocado el techo de cristal allí y que, para aspirar a un rango directivo superior, quizá tendría que abandonar la empresa. «En ese momento me sentí de repente cómoda con quién era yo y lo que había conseguido —dijo—. Todo el éxito que había tenido y el reconocimiento que me habían dado a lo largo de los años parecían haber ido filtrándose en mí sin que me diera cuenta. En aquel momento creí en mis capacidades y en mis dotes de gestión lo bastante como para lanzarme a conseguir la oportunidad que sentía que estaba preparada para aprovechar». Roché se convirtió en una reputada pionera en el mundo de los negocios, pero quizá su mayor logro llegó el día en que abandonó ese ámbito para seguir los designios de su corazón y asumir el puesto de CEO en Girls Inc., una organización sin ánimo de lucro que la apasionaba y que se dedica a trabajar con chicas para ayudarlas a desarrollar sus competencias de modo que puedan superar las barreras económicas, sociales y de género. Se preguntó si sería un paso adecuado para ella, pues no tenía experiencia en liderazgo en el ámbito de las organizaciones sin ánimo de lucro. Pero la profunda conexión que tenía con su propósito de vida venció a la antigua voz de la falta de autoconfianza.

El síndrome del impostor entró a formar parte del léxico del mundo laboral a finales de la década de los setenta, y hacía alusión a la falta de autoconfianza que muchas mujeres describían como un obstáculo en su carrera. Sin embargo, existen variedades de este síndrome que asolan los hogares y afligen a muchas personas: nuevos padres, adolescentes inseguros, universitarios angustiados, personas de mediana edad descolocadas y cualquiera de nosotros que, en un momento u otro, se sienta atrapado en sus inseguridades o agobiado por sus expectativas. Según una revisión de estudios sobre el síndrome del impostor, la mitad de los que habían encontrado un efecto de género, no hallaron diferencia entre los índices de hombres y mujeres afectados por el síndrome. También yo he sufrido inseguridades y ansiedad. Sin embargo, con el paso de los años me he dado cuenta, sobre todo al actuar como mentor, de lo a menudo que consideramos dar un paso o asumir un riesgo y apostar por nuestra capacidad de aprender y crecer, pero dudamos. Ligamos nuestra identidad y valía a fuentes externas de validación (trabajo, resultados, popularidad, estatus o la aprobación de los demás) y, al hacerlo, silenciamos algo más importante: nuestras fuentes internas de fortaleza frente a las inseguridades. Y otorgamos a nuestras inseguridades el poder de limitar no solo nuestro propio potencial, sino el más amplio de resolver los problemas que acucian al mundo.

Accionar el interruptor es LIT en un sentido holístico, es actuar sobre lo que parecen cosas pequeñas o cotidianas que nos impiden dar el paso hacia el pleno potencial del momento. Dar el paso. Asumir el riesgo. Apostar por nosotros mismos. Puede ser tan sencillo como reconocer cuándo podríamos actuar con más intención y luego averiguar cómo reducir la energía de activación para dar un paso adelante y acometer por fin algo.

«La gente ocupa el tiempo en innumerables cosas que les distraen completamente de la verdadera naturaleza de la realidad», dice el neurocirujano James Doty, fundador y director del Centro para la Investigación y la Educación en la Compasión y el Altruismo, afiliado al Instituto de Neurociencias Wu Tsai de la Universidad de Stanford. «Lo que sabemos es que nuestra actividad mental interna tiene un efecto profundo en el mundo externo. Si aceptamos eso y creamos el mejor mundo interno que podamos para nosotros mismos, tendremos una enorme cantidad de poder en el mundo».

¿Aceptar barreras o construir puentes?

De niño me fascinaba cómo funcionaban las cosas. Las «cosas» incluían todo, no solo las máquinas. «¿Por qué?» era mi *leitmotiv*. Me preguntaba por qué y cómo se habían creado los límites que definían cómo vivíamos y quién lo había hecho. Quizá por mis dificultades en el colegio, me preguntaba quién había decidido lo que teníamos que estudiar; por qué los semáforos eran como eran, y las aceras; por qué la gente iba y venía del trabajo a casa a intervalos regulares; por qué los fines de semana eran de dos días; por qué las carreteras tenían anchos específicos y por qué hubo un tiempo en que se consideró inocuo fumar en los aviones; cosas así. También me preguntaba por qué no podía decir lo que tenía en la cabeza justo cuando era importante, por qué los humanos teníamos que filtrar lo que decíamos en los momentos en que era necesario decirlo. Trataba de buscar los orígenes de todas esas cosas. Esa indagación constante ponía a prueba la paciencia de la mayoría de los adultos, quizá incluso la de mi madre.

Con el paso del tiempo me di cuenta de que casi todo lo que han decidido los humanos es, de algún modo, arbitrario. El modo en que vivimos está basado en personas como tú y como yo que se reúnen, establecen sinergias con otras personas, generan un impulso y apoyan algo. Entonces suceden cosas. Se toman decisiones. Se establecen reglas. Se trazan líneas. Es más, me di cuenta de que muchas cosas no están del todo optimizadas: no son tan buenas como podrían ser. O deberían ser. ¿Quién decide, por todos nosotros, que algo es suficientemente bueno? ¿Por qué no mejorarlo?

Los humanos suelen orientarse a estructuras sociales e intelectuales, a normas que guíen sus elecciones. Las estructuras pueden ser útiles. Sin embargo, puede darse el caso de que esos marcos de referencia, arbitrarios como son la mayoría de ellos, se conviertan en límites del pensamiento sin que nadie se pare a cuestionarlos. Esto ha empezado a ocurrir cada vez más, y de forma preocupante, con la ubicuidad de las redes sociales, así como del contenido online dirigido por algoritmos y creado por herramientas de IA. Tanto si estas estructuras se dan de manera natural como si son artificiales, estrechan la percepción del mundo que vemos o incluso imaginamos y la de nuestra capacidad de acción y posibilidades. Como sabemos, el CBE se inclina hacia lo familiar, hacia los patrones estructurados; ante posibles cambios, siempre prefiere el menor esfuerzo de hacer las cosas «como son». La neurociencia indica que los procesos neuroquímicos de los sistemas de recompensas cerebrales y nuestra preferencia por la continuidad pueden oponer aún más resistencia a cambios que nos exijan abandonar creencias o convicciones arraigadas.

Cuando no solo nos mantenemos apegados a creencias a pesar de la evidencia de que son equivocadas, sino que además nos atrincheramos en ellas (fenómeno al que se alude en psicología como «perseverancia de las creencias»), el cerebro puede cerrarse al cambio a menos que hagamos el esfuerzo consciente de abrirnos a aprender y a cambiar el modo en que pensamos. Echa un vistazo a tu alrededor. Hubo un tiempo en que mucha gente creía que las mujeres no podían ser ingenieras, abogadas, médicas o astronautas. Los hombres no podían ser enfermeros o cuidadores principales de los niños o desempeñar otros trabajos que se habían asignado tradicionalmente a las mujeres. Pero ahí está la cosa: eran roles asignados, basados no en el potencial humano genuino de una persona, sino en creencias, sesgos y tradiciones tóxicas que imponían límites a lo que podía parecer posible. Esa es la razón de que puedan prevalecer normas perversas.

Tanto si nos encontramos en un debate sobre qué decisión tomar en el trabajo como en nuestra vida diaria y nuestras relaciones, los límites que aceptamos poner a nuestro pensamiento nos impiden ver un abanico más completo de posibilidades. Cuanto menos cuestionemos los límites del pensamiento convencional, menos capaces nos sentiremos de hacerlo, y las posibilidades se reducirán, ajustándose a ello.

Adam Rippon: deja que tus sueños te inspiren

Adam Rippon, que consiguió una medalla de bronce en patinaje artístico por equipos en los Juegos Olímpicos de 2018 y es el primer atleta abiertamente gay de su disciplina que ha competido en esta cita deportiva, ha dicho que se sintió impelido a salir del armario tres años antes, en lugar de esperar a retirarse, para ayudar a otras personas a empoderarse y vivir de una manera auténtica persiguiendo sus sueños. «Cuando estás cómodo con quién eres, es casi como si tuvieras una especie de superpoder por el que sabes que puedes hacer casi cualquier cosa. Y cuando tienes ese superpoder, tienes ese autoempoderamiento… Es increíble». Salir del armario «me dio la confianza para hacer locuras y empujarme a mí mismo de un modo que nunca había experimentado antes, porque no tenía miedo de lo que opinara de mí otra gente».

Para Rippon, todo el mundo afronta retos cuando persigue sus sueños, y las dificultades de cada uno son diferentes, pero si actuamos en consonancia con nuestras aspiraciones, liberaremos energía que podremos usar en el empeño. «Es importante no poner un límite a lo que crees que es posible. Cuando te pones un límite, entonces piensas que ese es el máximo posible y resultará difícil que lo sobrepases. Sin embargo, cuando no hay límite, las posibilidades son infinitas y acabas llegando mucho más lejos de lo que nunca creíste que fuera posible».

> Cuando la incertidumbre te resulta cómoda, se abren posibilidades infinitas en tu vida.[2]
>
> ECKHART TOLLE

Para alcanzar el estado LIT, por tanto, necesitamos abandonar nuestra estrechez de miras y buscar constantemente una perspectiva nueva, la visión alternativa (aunque resulte sorprendente) de los problemas, las ideas y todo lo que creemos que sabemos, incluido nuestro propio potencial. Podemos tirar por tierra los límites mentales generalizados. Pensamos en ellos como líneas continuas, pero por lo general son líneas de puntos, más fáciles de retrazar de lo que podríamos pensar. La vida no deja de ofrecer estas oportunidades, pero solemos perdérnoslas. Por ejemplo, podemos ser menos reactivos con otras personas y hacer una pausa antes de contestar para dar respuestas más reflexivas. Podemos hacernos responsables de nuestras decisiones, en lugar de culpar a los demás, y aceptar con más gentileza que otros elijan algo diferente de lo que preferimos nosotros. Podemos permanecer presentes y atentos a la gente con la que estamos, en lugar de cortar las conversaciones para mirar el móvil o hacer otra cosa a la vez. Podemos practicar la compasión hacia nosotros mismos y los demás. A primera vista, parece nada más que una elección de comportamiento. Sin embargo, en el cerebro, todo esto se manifiesta como neuroplasticidad, que es el modo en que crecen las neuronas, cambian y se reorganizan para seguir creciendo, fortaleciendo nuevas conexiones y expandiendo vías neuronales.

En el modo CBE, el cerebro percibe la información nueva a través de filtros antiguos, la procesa por vías conocidas y alcanza conclusiones previsibles. Reducimos nuestro entendimiento a los límites percibidos de lo que ya sabemos, o a variaciones de ello, y todo forma parte de una historia que hemos aceptado sin cuestionarla. Es como si iluminásemos algo con una linterna y confundiésemos esa vista localizada con la imagen completa. Sin embargo, si encendemos la luz de la habitación o dejamos que entre la luz del sol, iluminaremos una perspectiva mucho más amplia. El CBE se manifiesta de maneras incontables que nos frenan o entorpecen nuestro éxito. Juzgamos mal situaciones y a la gente, a menudo en detrimento nuestro y suyo. Aceptamos creencias limitantes y luego tomamos decisiones importantes basándonos en ellas. ¿Cómo podemos liberarnos de todo eso, abrir una mentalidad cerrada o salir de un proceso de pensamiento repetitivo? Estamos hechos para adquirir hábitos, es cierto, pero podemos accionar el interruptor para dejar de suministrar energía a los patrones antiguos, abordar algo nuevo y aprender y crecer a lo largo de la vida. La naturaleza está de nuestra parte.

Pregúntate cómo piensas

¿Cómo era posible que Joyce Roché albergara una falta de confianza en sí misma tan demoledora durante tanto tiempo de su carrera, cuando toda la evidencia le mostraba que no solo estaba cualificada, sino que era excelente en su campo? El apoyo de sus amigos y colegas no silenciaba a su detractora interior, aunque Roché valoraba mucho esa fuente de estímulo. Según me contó, con el tiempo aprendió a usar la autoconciencia y un proceso objetivo para calmarse y gestionar sus miedos. Desarrolló la costumbre de analizar una situación haciendo un recuento básico de sus fortalezas y debilidades, junto con un reconocimiento de los obstáculos externos que no había creado ella. El proceso le permitía deconstruir su pensamiento y eliminar los obstáculos para actuar de un modo más dimensionado y auténtico.

¿Cómo piensas? Cuando empieces a observar tus pensamientos, como hizo Roché, descubrirás todo tipo de maneras de acceder al sistema que antes no veías. Es como descubrir atajos en el teclado del ordenador.

Yo tuve la suerte de que me hicieran esa pregunta bastante pronto en la vida, pero solo porque mi proceso mental me había creado tantísimos problemas en el colegio. Fue en un momento crítico, cuando mis dificultades escolares tocaron fondo. Yo estaba en quinto y la mayoría de los profesores me habían etiquetado como un caso perdido. Y yo los creía. Entonces mi madre me apuntó a clases de apoyo en un centro de aprendizaje comunitario. Allí los tutores me pidieron que contestara un montón de preguntas y, después de responder, me preguntaron cómo era mi razonamiento. Preguntaron: «A ver, ¿cómo pensaste eso?». Fue muy interesante, porque esta simple pregunta, «¿cómo pensaste eso?», al instante me puso a reflexionar sobre mis procesos mentales.

Que me orientaran para reflexionar sobre mis procesos mentales, sobre todo a tan temprana edad, me ayudó a desarrollar cierta autoconciencia y capacidad de reconocimiento cuando entraba en periodos de inactividad mental o de actividad frenética. Con la práctica, fue más fácil utilizar el interruptor mental para pasar de estar perplejo y frustrado a tener curiosidad sobre por qué me encontraba atascado, examinar mis pensamientos, encontrar cómo sortearlos y seguir adelante. Esto es algo que cualquiera puede aprender a hacer a cualquier edad y en cualquier circunstancia.

Esta nueva habilidad encendió mi curiosidad sobre los procesos mentales de otras personas. No dejaban de fascinarme las diferencias en el modo en que pensamos sobre las cosas y cómo esas diferencias determinan nuestro entendimiento y nuestra conducta. Por ejemplo, cuando te hacen una pregunta, tu respuesta dependerá de cómo la interpretes. Y muchas preguntas no tienen una sola interpretación. Al comprender que había distintos modos de abordar las preguntas y la nueva información, fui capaz de pensar de un modo más crítico sobre los problemas y aprendí a interactuar con los demás en ese tipo de conversaciones.

Volviendo a la actualidad, una cosa que define lo que hacemos en el laboratorio, y que distingue nuestro trabajo, es cómo pensamos sobre los problemas: cómo los definimos, cómo diseñamos una estructura para explorar y experimentar, y cómo anticipamos los siguientes niveles que necesitaremos abordar.

Mi investigación se centra en las tecnologías médicas, pero no de manera convencional. Por ejemplo, no partimos de una enfermedad concreta ni tenemos un enfoque tecnológico. No somos un laboratorio X o un laboratorio Y o un laboratorio orientado a nada específico en particular. Al principio de mi carrera me dijeron que necesitaría centrar más nuestro trabajo (definir con más precisión la «marca»), pues, de lo contrario, nadie entendería qué estábamos haciendo. Pero yo sabía que mi pasión era más expansiva, lo mismo que nuestra misión: centrarnos en el «proceso de la resolución de problemas médicos», aplicado a potencialmente casi cualquier ámbito. Las preguntas son parte integrante de este proceso. En cada paso, la pregunta que dirige la reflexión, lo que ayuda a accionar el interruptor en nuestro pensamiento para resolver el problema es: «¿Cómo has llegado a esa respuesta?». Podemos ahondar en cómo pensamos acerca de los problemas, cuestionar nuestro pensamiento y conectarlo al núcleo de un problema. En el laboratorio, si alguien pregunta por qué hemos hecho el experimento X y la respuesta es «Para averiguar Y», podemos entonces preguntar: «Vale, ¿cómo nos puede ayudar Y a mejorar la respuesta funcional que estamos buscando? ¿Cuál es la conexión?». Si no hay conexión, tenemos que revisar la estrategia.

¿Cómo se materializa esto en el laboratorio? Cuando asumimos un proyecto, por lo general han fracasado las estrategias convencionales que han probado otros. Para cambiar el resultado, tenemos que revisar el proceso de pensamiento. El proceso convencional suele ser lineal: encontrar una solución a un problema y luego abordar el que se presente a continuación. Este procedimiento es lógico, aunque estrecho de miras, porque para trasladar una innovación médica del laboratorio al uso terapéutico hay que dar muchos pasos fuera del ámbito científico. Cualquier dispositivo o terapia ha de ponerse a prueba antes de que pueda pasar a la fase de pruebas clínicas con humanos, y luego a las etapas de producción, empaquetado, comercialización, distribución, patentes y mantenimiento a largo plazo. Para que el aspecto científico pueda ser útil, deben abordarse todas estas cuestiones. Incluso antes de esta fase, los parámetros de un proyecto o problema ya han sido considerablemente influidos por lo que otros (desde científicos hasta comités de financiación) han determinado que es posible. No podemos desarrollar proyectos sin que alguien nos financie, y, por lo general, la financiación es para un ámbito de investigación bastante reducido.

Para cambiar el resultado debemos revisar cómo habíamos reflexionado sobre cada aspecto del problema y cómo habíamos definido nuestro objetivo.

Una vida LIT te lleva a cambiar algunos hábitos de larga duración, a explorar, indagar y repensar lo que has asumido sobre un montón de cosas (vale, sobre todas las cosas), a replantearte cómo piensas sobre el fracaso y el éxito, y a hacer una profunda introspección para averiguar qué es lo que más te importa. Accionar el interruptor significa (1) cuestionar cosas que has asumido, (2) encontrar la intención y (3) centrarte en la acción.

La historia de mi colaborador Ali Tavakkoli me ha inspirado mucho. Tavakkoli, cirujano bariátrico en el Hospital Brigham and Women's de Boston y jefe del departamento de Cirugía General y Gastrointestinal, vio que el *bypass* gástrico (un tratamiento quirúrgico para la obesidad) podía ayudar a las personas con diabetes de tipo 2. Sin embargo, muchos pacientes no estaban dispuestos a someterse a una operación, y no había otra opción médica que presentara un beneficio tan considerable para la mayoría de los pacientes.

En la cirugía de *bypass* gástrico convencional se reestructura el estómago y el intestino delgado para cambiar el modo en que absorben y digieren la comida. Tradicionalmente, lo lógico para un cirujano como Tavakkoli sería abordar el asunto con una cirugía. Sin embargo, para este caso, Tavakkoli imaginó una intervención no quirúrgica: ¡hacer «cirugía» con una pastilla! Acudió a nosotros para ver si podíamos desarrollar una píldora que crease un recubrimiento en la misma zona del intestino que queda aislada de la comida por el *bypass* gástrico. Y ¿podíamos hacerla también «transitoria», de modo que proporcionase el beneficio terapéutico cuando fuera necesario, sin los efectos secundarios permanentes de la cirugía?

La respuesta breve es que sí, y que esta innovación sencilla tiene el potencial de transformar el tratamiento de los pacientes con diabetes de tipo 2. Tavakkoli vio la oportunidad de desarrollar una opción distinta para los pacientes diabéticos, y su experiencia en cirugía bariátrica, unida a la tendencia a preguntarse siempre «¿por qué?», lo condujeron a una idea revolucionaria: un método oral y no invasivo para conseguir el mismo resultado. Tavakkoli no tenía los conocimientos científicos sobre materiales para desarrollar y crear un prototipo de esta tecnología, pero sí contaba con modelos para poner a prueba su viabilidad en su laboratorio. En lugar de dejar que la idea se disolviera en la nada por carecer de unos conocimientos específicos, se puso en contacto con alguien que sí los tenía, un experto en biomateriales, que al final lo puso en contacto con nosotros.

«El obstáculo se convierte en el camino»,[3] escribió Marco Aurelio en *Meditaciones*. La idea de que los obstáculos pueden impelernos a la acción, centrando nuestras energías para superarlos, es también una enseñanza fundamental del budismo. Sin embargo, antes de poder centrar nuestra energía en algo, tenemos que averiguar qué es el obstáculo. Cuando era niño, la falta de claridad sobre mi discapacidad en el aprendizaje era un obstáculo formidable no solo en el entorno escolar, sino también para mí mismo y para que mis padres pudieran hacer algo al respecto. Gracias a un diagnóstico pudimos acudir a los recursos apropiados y mis esfuerzos produjeron un sorprendente avance inicial.

Demasiado a menudo, el obstáculo reside en nuestros pensamientos sobre nosotros mismos: «No tengo suficiente experiencia», «No puedo cambiar las cosas a estas alturas», «Nunca tendré éxito»… El progreso puede verse entorpecido por razones muy variadas y corre de nuestra cuenta superar la inicial sensación de impotencia y empezar de nuevo el proceso. Quizá nos falte información o conocimientos. Quizá necesitemos algún tipo de orientación, la guía adecuada o un entorno que nos apoye más. Tenemos una elección que hacer: quedarnos en el banquillo o usar estos puntos de resistencia como puntos de inflexión de nuestra evolución personal.

Pensar sobre cómo piensas y analizar tus procesos mentales te puede ayudar a identificar la raíz de un problema y dar los pasos que te permitan hacer algo al respecto. De lo contrario, aunque cambies de estrategia o táctica, la fuente de resistencia volverá a surgir por otro lado.

Los impedimentos prácticos suelen ceder ante soluciones prácticas cuando centras tu atención en ellos. Acudiendo a una metáfora, cuando la pala da con una piedra en el jardín, no la dejas ahí, la sacas. A veces no hay que cavar demasiado hondo para descubrir que es tu propio diálogo interior, la forma negativa que tienes de hablarte, lo que te está poniendo el obstáculo.

James Doty: la compasión transforma las raíces de la resistencia

Como dice el neurocirujano e investigador sobre la compasión James Doty, el instinto de supervivencia forma parte de la estructura del cerebro, pero las creencias negativas sobre nosotros mismos, no. Provienen de influencias negativas de nuestro entorno, como comentarios críticos que nos han hecho durante nuestros años formativos o mensajes culturales que minan nuestra confianza. Cuando eso es lo que «aprendemos» sobre nosotros mismos, lo internalizamos como verdadero, del mismo modo que sabemos que el agua es húmeda y el fuego, caliente. En efecto, la falta de autoconfianza hace que nuestro entorno nos parezca amenazante y nos activa una alarma en el cerebro.

«Así que hemos creado estos diálogos negativos en la cabeza y, cuando lo hacemos, el diálogo negativo se convierte en nuestra realidad —afirma Doty—. Si dices "No puedo", entonces, por definición, no puedes. Y eso es algo que muchísimas personas llevan consigo a diario. En mi opinión, no solo se trata de ignorarlo, sino de cambiarlo».

Para Doty, cultivar la compasión por uno mismo puede accionar el interruptor porque, como demuestran las investigaciones, con intención, se puede cambiar el diálogo y pasar de la negatividad a la autoafirmación. Puedes cultivar la conciencia de que tienes valía y reconocer que mereces amor. Puedes reconocer que tu «sombra» tiene aspectos que no te gustan y desearías que desapareciesen. «Y cuando aceptas eso, cambias el diálogo —dice Doty—. Ahí es cuando cambia tu visión del mundo exterior, cuando ves la auténtica naturaleza de la realidad; dejas de rumiar todas esas cosas, de machacarte, y empiezas a mirar fuera y a ver que todos los humanos sufren, que no estás solo. Que todo el mundo merece amor, afirmación. Que todo el mundo merece que lo cuiden. Y eso, entonces, cambia tu perspectiva del mundo».

El crítico interior no existe en el momento presente. Depende de pensamientos negativos repetitivos sobre el pasado. No alquilaríamos doscientas cincuenta veces la misma película mala, pero sí lo hacemos en nuestra mente.[4]

JAN CHOZEN BAYS, médico, sacerdote zen
y coabad del monasterio zen del
Gran Voto de Oregón

La difícil infancia que vivió el propio Doty le proporcionó experiencias tempranas a las que más tarde acudiría como científico al estudiar los efectos de la compasión. Como contó en su libro *La tienda de magia*, cuando se encontró con la dueña de la tienda de magia era un niño muy infeliz. Las circunstancias de su familia eran muy duras y Doty se sentía muy mal respecto de su vida y de sí mismo. Con el paso del tiempo, las lecciones de vida que le dio la dueña de la tienda comenzaron a modificar algo en su interior. Su entorno familiar no cambió, pero gracias al apoyo que recibió de aquella mujer, algo se le removió dentro. «Cuando conocí a la mujer de la tienda de magia no cambió nada en mis circunstancias personales, absolutamente nada. Volví al mismo entorno. Sin embargo, lo que cambió fue el modo en que yo miraba al mundo». Doty apunta que la capacidad humana de comunicación no verbal que permite intuir el estado emocional de la gente por las expresiones faciales, la entonación de la voz, los hábitos corporales e incluso el olor, es una adquisición evolutiva crucial que tiene efectos prácticos muy importantes en nuestras interacciones cotidianas. «Cuando una persona lleva esa carga de ira, hostilidad, desesperación e impotencia, la gente lo percibe. Y a menudo el resultado es que se la evita y no se la ayuda. Cuando yo cambié el modo en que miraba el mundo, cambió también el modo en que el mundo me miraba a mí. Y eso me permitió transformar mi vida».

> Hay demasiados niños que viven conforme a la etiqueta que les han puesto.
>
> TEMPLE GRANDIN

La epifanía de Joyce Roché no sucedió de la noche a la mañana y ella respeta el proceso que entrañó. Ahora reconoce que, a lo largo de él, no solo consiguió quitarle poder a la voz interior censora que durante tiempo la había puesto contra las cuerdas, sino que también encontró su gran pasión. Accionar el interruptor creó lo que ella llama la voz de su «ser esencial y auténtico».

«Muestra al mundo tu verdadero yo —dice—.[5] Tu esencia es lo que hace de ti quien eres. Encuentra en tu interior ese lugar de calma donde te sientes a salvo siendo tú misma. Desde ese lugar, trabaja para clarificar tus propios valores y luego entérate de si la gente que te rodea los comparte. Crea vínculos con las personas que sí». Conectar con esa esencia espiritual fue un elemento crucial de su capacidad para superar el síndrome del impostor. También lo fueron los pasos que dio para poner en práctica sus intenciones y acabar trabajando en Girls Inc.

Roché llevaba años haciendo listas y escribiendo diarios de reflexiones personales y, a aquellas alturas, tenía un inventario exhaustivo de «quién era yo y lo que había logrado», cuenta. Comenzó revisando esas listas «para recordarme el viaje que me había llevado adonde me encontraba». Entonces amplió el inventario. «Fui extremadamente sincera conmigo misma sobre las cosas que se me daban bien y las que no. Me obligué a distinguir entre las cosas que me gustaban y las que no pero hacía como que sí. Y, lo más importante, pensé sobre lo que de verdad valoraba en la vida». Reflexionando así, se dio cuenta de que sus objetivos habían cambiado. Ponerse a prueba a sí misma, como se había sentido impelida a hacer antes, «ya no era el objetivo [...] Lo que yo quería era [otro tipo de] reto, y todo lo demás (ubicación, sector) estaba abierto. De repente pude verme a mí misma abandonando el mundo de los negocios y dedicándome a una misión social que me importase».

Cada vez que Roché fue capaz conectar con su viaje personal, sus valores, sus fortalezas y debilidades y los logros de su trayectoria vio que era buena en lo que hacía y pudo accionar el interruptor en su pensamiento. Pudo ver las posibilidades y se liberó para invertir su energía de manera significativa en nuevos entornos estimulantes, donde floreció. Ser consciente de tus procesos de pensamiento y de cómo te conducen a tus acciones puede ayudarte a identificar lo que es más importante para ti y a vivir tu vida de un modo más intencionado.

Al final, Roché fue capaz de dirigir su carrera hacia lo que sintió que era una vocación: ayudar a las mujeres y las niñas a encontrar su voz y usarla con confianza. Durante la época en que fue CEO de Girls Inc. hizo progresar esta organización, que trabaja con niñas para contrarrestar los mensajes culturales negativos que limitan sus expectativas y «abrir el punto de vista a la posibilidad de lo que podría ser». Con su libro *The Empress Has no Clothes: Conquering Self-Doubt to Embrace Success*, sacó a la luz el tema del síndrome del impostor y propició un debate que hoy sigue siendo relevante. Roché espera que historias como la suya y las herramientas con las que se puede actuar ayuden a otras personas a accionar el interruptor en su propia vida incluso antes de lo que ella lo hizo.

Susan Hockfield: contestar a la llamada a servir

A veces el impulso de cambio llega repentinamente, sin previo aviso: la proverbial encrucijada en el camino que no se estaba esperando. Susan Hockfield, que fue ocho años presidenta del MIT, primera mujer en ostentar ese puesto, y antes, decana de la facultad de Artes y Ciencias de la Universidad de Yale, fue siempre una apasionada de la ciencia, pero nunca se había imaginado en un puesto de liderazgo, hasta que Richard Levin, rector de Yale, le pidió que fuese decana. Reflexionó sobre ello y lo habló con su marido. Durante ese proceso, se despertó a un nueva conciencia de servicio a los demás para contribuir a crear un entorno y unas oportunidades como las que ella había tenido a su disposición.

«Soy científica, pero no planeaba tener un puesto académico directivo», recuerda.

Cuando el rector de la universidad me pidió asumir este puesto, mi primera respuesta, por supuesto, fue: «No, yo soy científica». La verdad es que constituyó un momento importantísimo de crecimiento para mí. Me fui a casa y lo hablé con mi marido. Me asombré de mi egoísmo. Porque, hasta aquel momento, no me había dado cuenta de la cantidad de gente que había invertido su tiempo y su esfuerzo en crear un entorno que a mí me había permitido descubrir mi vocación. Y pensé: «Cómo he podido no darme cuenta de eso y no ver que no hay solo una vocación [la ciencia], sino que también hay otra de servicio. Y fue como si, de golpe, se activara ese interruptor, y dije: «Ha llegado la hora de dar el paso». Lo hice con compromiso y sentí que era un privilegio enorme.

No fue una vocación como la de la ciencia. Nunca había entendido lo poderosa que puede ser la vocación de servicio. Tener el corazón dispuesto para oír otras vocaciones durante tu carrera es muy importante. Creo que responder a la llamada del servicio, dar el paso para asumir las responsabilidades que llevarás sobre los hombros significa que has aceptado una responsabilidad ante los demás. La sociedad humana depende de este tipo de principios de organización, y si abdicamos de esa responsabilidad, ¿cómo se cohesionará nuestra sociedad, nuestro mundo? En los deportes, celebramos la motivación que subyace en la idea de que se puede conseguir algo que al principio está fuera de nuestro alcance. Sin embargo, pocas veces la trasladamos a otros ámbitos. Se trata de una exploración inspiradora, de pensar sobre uno mismo proyectándose hacia el futuro.

En su tarea de mentor, y también al afrontar su propia vida, Reginald «Reggie» Shuford aboga por que la autenticidad rija nuestra vida de dentro afuera. En 2019, en el discurso de inauguración del Martin Luther King Jr. Leadership Development Institute instó a los graduados a «ir hacia donde os lleve el latido de vuestro corazón». Se expresó así:

Oscar Wilde dijo la famosa frase:[6] «Sé tú mismo; los demás puestos ya están ocupados». «Ir hacia donde te lleve el latido de tu corazón» significa seguir a tu yo auténtico. A fin de cuentas, tratar de hacer otra cosa es inútil, una pérdida de tiempo y una misión imposible. Eres exactamente quien estás destinado a ser. Acepta quién eres. Cuando antes lo hagas, antes empezarás a vivir la vida que estás destinado a vivir. En mi caso, al principio intentaba minimizar mis diferencias, encajar con el resto y no llamar mucho la atención. Creo que es una actitud bastante común entre la gente joven. Con el tiempo solemos darnos cuenta de que lo que nos hace diferentes y únicos puede que sea nuestro superpoder. Una vez que dejamos de esforzarnos en ser otra persona, aceptamos quiénes somos y usamos esa energía de manera positiva aumenta la influencia que ejercemos.

Una cadencia consciente frente a la urgencia del ahora

En la naturaleza, la homeostasis es un equilibrio dinámico, un proceso de autorregulación para alcanzar el equilibrio, y se aplica tanto a organismos individuales como a sistemas complejos. Los cambios bruscos (meteoros que impactan en la Tierra, incendios, inundaciones) pueden crear desequilibrios. La naturaleza responde para rellenar los huecos y por lo general se da un nuevo crecimiento a un ritmo lento y constante. La vida funciona de manera similar para cada uno de nosotros y la sincronía afecta a nuestros esfuerzos por crecer o cambiar a lo largo de la vida.

Como ocurre con todos los procesos del mundo natural, el tiempo es un factor que puede darte ventaja cuando, al cambiar de rumbo o adaptarte a nuevas formas de hacer en tu vida, consideras cómo y cuándo ajustar tu ritmo. A esto lo llamo «cadencia consciente».

En un estado de ánimo contemplativo, puedes sacar provecho de tu enfoque hacia dentro para reflexionar mediante el diálogo interior. Si estás activo hacia fuera, colaborando con colegas de trabajo o cumpliendo compromisos familiares, puede ser una oportunidad ideal para que observes cómo interaccionas tú y cómo interaccionan los demás contigo, a fin de ser más consciente de cómo es tu experiencia con el mundo externo.

Cuando estudiaba en la universidad, o incluso antes, veía gente que me aventajaba que parecía tener una estrategia para todo: el modo de hacer preguntas, cómo se comportaban, cómo daban con un tema para centrar en él su investigación, cómo filtraban ideas para encontrar las que pudieran resultar más aprovechables, cómo valoraban el efecto que causaban... Hasta aquel momento, la estrategia que yo había utilizado era seguir mi curiosidad. Pero entonces me vi de repente expuesto a gente a la que se le daban bien muchas cosas que a mí no: presentar ideas, comunicar, obtener financiación, gestionar el tiempo y una lista interminable de cosas.

Lo que yo más quería era tener una estrategia para la vida. Me frustraba que no estuviera ocurriendo nada o que no lo pareciera; que no estuviera desarrollando una estrategia ni supiera cómo hacerlo. Ahora me doy cuenta de que es la energía que vamos invirtiendo la que cataliza la manifestación, el resultado. Cuando pasó tiempo suficiente y pude reflexionar sobre ese periodo, me di cuenta de que había estado desarrollando una estrategia; solo que no estaba siendo consciente de ello. Los objetivos vitales que tanto deseaba alcanzar y me esforzaba por conseguir al final se manifestaron, algunos hace bien poco. No fue cuando yo esperaba, siempre deseando que las cosas ocurrieran más rápido. Pero existe una cadencia en la vida que es intrínseca de cada uno y de la naturaleza.

A menudo nos dejamos llevar por escalas de tiempo rápidas, por las exigencias del día a día, la urgencia del ahora, y todo ello nos impide ver los cambios lentos que están dando forma a nuestro camino y a nosotros mismos. Observa un árbol cerca de tu casa. Día tras día y semana tras semana parece tener más o menos el mismo tamaño. Pero un par de años más tarde te das cuenta de repente de que ha crecido. Una voz interior y cadenciosa nos insta a reducir la marcha, a hacer pausas, a considerar en qué estamos invirtiendo nuestro esfuerzo y a reconocer cuándo está desconectada nuestra energía de lo que en realidad queremos decir o hacer.

El sistema educativo (y muchos trabajos) nos exigen hacer cosas siguiendo programas (fechas de evaluación, tareas con plazos arbitrarios) que no están en consonancia con nuestros ritmos naturales, pero, en el caso de nuestro crecimiento y evolución personales, no tiene por qué ser así. Aunque nos sintamos presionados para evolucionar rápidamente, no existe un plazo establecido para «alcanzar» la comprensión de los ritmos de nuestra vida. El proceso es continuado, a menudo gradual, y, además, los avances ocurren cuando aplicamos intención.

Cuando la gente me habla de los puntos de inflexión memorables de su vida, suelen mencionar los antecedentes, lo que ocurrió antes. Por ejemplo, que durante mucho tiempo estuvieron tratando de convencerse de que lo que estaban experimentando, por muy vacío o insatisfactorio que les resultase, era normal y podía arreglarse de algún modo; que no se habían parado a explorar en profundidad la causa y a considerar la posibilidad de que necesitasen hacer un cambio significativo, en lugar de limitarse a poner un parche rápido a la situación. Como Roché lo describió: demasiada acción, sin pararse lo suficiente. Para algunas personas, su situación no era objetivamente mala y perseguir algo distinto resultaba arriesgado. En cualquiera de los casos, cuanto más continuaban en el mismo camino, más se asentaba la inercia y la procrastinación, y el cambio era aún más inimaginable. La energía de activación que hacía falta parecía demasiado alta. Al final, ocurría algo que generaba un impulso y reducía la energía de activación necesaria para dar un simple paso, el cual activaba el resto.

A los veintinueve años, Gabe DeRita vivía en San Francisco, donde tenía un trabajo bastante lucrativo en ventas de software, un piso cerca de la playa y un círculo de amistades. Por lo que parecía, y según los estándares convencionales que había asumido, era afortunado y su vida era satisfactoria. Sin embargo, tenía la sensación irritante de que algo no iba bien.

«Creía que estaba haciendo todo lo que necesitaba. Tenía esa sensación de haber marcado todas las casillas», me contó. Una tarde en que volvía a casa en bicicleta se le apareció una imagen totalmente distinta, como una visión. «Sentí con claridad que mi futuro se iba estrechando, que si continuaba por el camino que llevaba, acabaría consumiéndome y sufriendo una muerte lenta, desangrándome poco a poco, por así decirlo. Iba a cumplir treinta al año siguiente y me daba la sensación de que me estaba abandonando la juventud. Mi vida no tenía un propósito o un sentido claro. Siempre había pensado que viajaría por el mundo en bicicleta y, de repente, caí en la cuenta: si seguía retrasando ese sueño, quizá no lo cumpliera».

En los siguientes días comenzó a replantearse todo lo que durante mucho tiempo había asumido que constituía una vida plena: un pastiche de prioridades que había aceptado, pero que habían empezado a parecerle cada vez menos auténticas. A lo largo de los siguientes meses se desvinculó del trabajo y la vida cómoda que había llevado, vendió sus pertenencias y se dispuso a recorrer el mundo en bicicleta.

«Desde el primer día tuve claro que había tomado la decisión correcta», afirma. Durante los siguientes dieciocho meses, viajó por el mundo solo, la mayor parte del tiempo en bicicleta. La gente a la que conoció y sus experiencias en territorios nada familiares y a veces difíciles cambiaron la orientación de su vida. Dio con el concepto japonés del *ikigai*, vivir con una sensación de propósito y plenitud, y aplicó esos principios y ese método a su viaje interior, cultivando hábitos y prácticas que apoyasen una vida más plena. Los cambios, modestos al principio (meditación diaria, alimentación más consciente y la práctica de la gratitud activa, por ejemplo), lo colocaron en una nueva senda.

Percibe tu deseo interior de cambio.

↓

Revisa lo que está funcionando y lo que te está frenando.

↓

Reconoce nuevas maneras de pensar y otras posibilidades.

↓

Da un paso deliberado adelante para entrar en acción.

Actúa. Hay magia en los comienzos. Se lo digo a los jóvenes todo el tiempo. Ellos me han dicho a mí: «Veo tu pasión. Yo también la tengo. Es solo que no sé qué dirección tomar». Y yo digo: «Simplemente da un paso en cualquier dirección. No te arrepentirás nunca. Imagina que cambias de opinión. Imagina que te apuntas a carpintería durante el verano y, a las dos semanas, lo odias, no es lo tuyo. No pasa nada, ¿sabes? No abandones demasiado pronto, pero da un paso. No te quedes sin hacer nada».[7]

DIANA NYAD, periodista y récord mundial
de natación de larga distancia

Vive LIT a fondo

Accionar el interruptor tiene que ver con nuestra evolución personal y conlleva la elección consciente de nuevas posibilidades que van más allá del beneficio inmediato o lo predecible de la rutina. Todos hemos de afrontar elecciones, decisiones sobre cosas que hacer, problemas que resolver, circunstancias que nos entorpecen cuando queremos lograr nuestros objetivos o descubrir otros nuevos. Todos necesitamos hallar el equilibrio entre los compromisos laborales y los personales. Gestionar nuestras finanzas. Planificar el cuidado de los niños o abordar las grandes cuestiones que conlleva la paternidad o las crisis que pueden darse en las relaciones con familia y amigos. Sopesar decisiones sobre dónde vivir, qué comer, qué comunidades construimos, qué valores asumimos.

Los humanos tienen la capacidad de desvincularse de las reacciones habituales y remodelar en profundidad la configuración de su cerebro y su expresión genética. El mecanismo del cambio epigenético reside en cómo interactuamos con el entorno y la experiencia, y es esta interacción la que se dice que «acciona el interruptor» en la expresión genética. Cuando lo hacemos con intención, actualizamos constantemente nuestras conexiones neuronales y fortalecemos las vías para cultivar de forma activa la plasticidad del cerebro y nuestro potencial evolutivo; activamos el proceso básico mediante el que la naturaleza alcanza el éxito evolutivo.

El punto de inflexión de Roché que la llevó de su carrera a su vocación, el viaje en solitario de DeRita, la innovadora píldora de Tavakkoli para evitar una cirugía gastrointestinal y tu propio caso, con las posibilidades ilimitadas que te aguardan, pueden parecer muy dispares. Sin embargo, existe un camino común y tú puedes elegir tomarlo accionando el interruptor en tu pensamiento. Como ha dicho Tom Rath, que ha investigado durante más de dos décadas en el ámbito de la activación de nuestro potencial,[8] «La gente tiene muchísimo más potencial de crecimiento cuando invierte energía en desarrollar sus fortalezas, en lugar de en corregir sus deficiencias».

Es hora de hacer lo que quizá sea la inversión más sensata de tu vida: invertir en tu propia vida.

Imagina

Sepárate un momento de lo que quiera que te hayas dicho a ti mismo (u otros te hayan dicho) sobre lo que deberías estar haciendo con tu vida, y haz una lluvia de ideas sobre otras posibilidades.

Imita la estrategia de escribir un diario de Joyce Roché para reflexionar sobre lo que piensas de ti y de tus circunstancias, y haz repaso de las fortalezas y los intereses que quieres que sean centrales en tu pensamiento sobre ti y tu futuro. Jessica, mi mujer, es instructora de pilates y propone este ejercicio simple usando únicamente tu imaginación:

> Visualiza que tienes unas gafas y la capacidad de cambiarles las lentes tan a menudo como quieras. Cuando algo te moleste, sé consciente de que es meramente tu interpretación, basada en las «lentes» a través de las que miras. Si tienes paciencia para adquirir unas lentes nuevas para las gafas, se abrirá todo un nuevo mundo y se desplegará una historia diferente.

Tanto si prefieres un método analítico como uno creativo, explora tu pensamiento y toda la evidencia que muestra el mundo natural para descubrir:

- **Patrones repetitivos.** Presta atención a los patrones repetitivos que tienden a dirigirte hacia caminos ya conocidos cuando tomas decisiones sobre el trabajo o la vida. Pueden ser creencias que tienes sobre ti mismo o sobre los demás, o miedos que te frenan y te disuaden de imaginar algo diferente. Experimenta cómo sería liberarte de ellos, aunque solo sea momentáneamente, para romper el patrón y abrir un espacio nuevo desde el que actuar con más intención y dejarte llevar menos a lo largo del día y de la vida. Presta atención a los patrones que se repiten en la naturaleza o que sirven a una estructura o un propósito, y también a aquellos que son transitorios, reflejando la espontaneidad y el cambio del «orden» natural de las cosas. Durante el curso de la evolución, los patrones siempre cambian en la naturaleza cuando se modifica el entorno. Aprendiendo de la naturaleza, podemos encontrar inspiración para reinventar patrones antiguos, pues la mayoría necesitarán actualizarse en algún momento.

- **Potencial.** Reconoce que hay potencial cuando creas espacio para el cambio. Experimenta con pequeños cambios a fin de forjar tiempo para perseguir tus intereses o explora intereses nuevos que podrían albergar el potencial que necesitas para crecer. Percibe que el potencial es una característica fundamental de la naturaleza, desde las semillas hasta los vastos sistemas que mantienen todo en marcha.

- **Posibilidades.** Reconoce que hay nuevos modos de pensar sobre cómo piensas y reducir la energía de activación necesaria para actuar según tus intenciones. Prueba a infundir nueva energía inspiradora en tu día comiendo o tomando café con gente nueva que podría ayudarte a cambiar tu mentalidad o simplemente aportar un soplo de aire fresco a tu pensamiento. Percibe que la propia naturaleza es un recordatorio constante de la interacción dinámica de elementos.

Vive para cuestionarte

Cambia la cautela por la curiosidad y la introspección

Aprovecha la vitalidad de la indagación

> Esos momentos de nuestra vida en que surge una nueva pregunta que nos hace frenar en seco son puntos de inflexión. Son aperturas para dejar entrar el descubrimiento y las nuevas posibilidades.[1]
>
> KRISTA TIPPETT, periodista y escritora, fundadora del proyecto On Being

Hace unos años me dio por pensar en salamandras y, en concreto, en la cola. Cuando una salamandra pierde la cola, le vuelve a crecer al cabo de pocas semanas. Muchos otros animales tienen esta capacidad: a las estrellas de mar y los pulpos les pueden volver a crecer los brazos y los tentáculos, y los peces cebra pueden regenerar las aletas y el corazón.

Me hizo preguntarme si podríamos activar esa misma respuesta en humanos. Y la pregunta nos llevó a Robert Langer, mi principal mentor, a Xiaolei Yin, una de nuestras becarias, y a mí a una aventura que duró varios años en busca de respuestas. Una de ellas condujo a un posible tratamiento para la esclerosis múltiple mediante la activación del potencial regenerador del cuerpo y promete tener muchas aplicaciones.[2]

La investigación y la innovación en el laboratorio suelen estar fundadas en soluciones inspiradas en algún aspecto del mundo natural. La naturaleza es la piedra angular de nuestro proceso creativo, y el impulso de su energía nos lleva no solo a encontrar respuestas, sino también, y en primer lugar, a generar nuevas preguntas. Observamos e indagamos. Averiguamos que las púas del puercoespín pueden penetrar fácilmente en los tejidos, pero es difícil extraerlas. ¿Cómo podía ayudarnos ese conocimiento a diseñar mejores grapas quirúrgicas? ¿Qué es lo que permite que las arañas caminen sobre sus telarañas sin quedarse pegadas, al contrario que las presas? Y ¿cómo puede ayudarnos saber eso a diseñar cinta médica que se adhiera a la piel tierna de un recién nacido, pero pueda quitarse sin causarle dolor? La naturaleza tiene respuesta a preguntas que aún no hemos averiguado cómo hacer. La evolución ha creado un amplio abanico de capacidades resistentes y duraderas que a menudo nos señalan a los seres humanos el camino del progreso médico. Toca pues explorar, pero primero hay que determinar las preguntas que pueden definir el problema que queremos resolver y conducirnos a las respuestas que buscamos.

Hemos aprendido que en el ambicioso mundo de la innovación es necesario hacer más hincapié en las preguntas que en las respuestas. Cada éxito y fallo que hemos tenido puede achacarse a las preguntas que nos hicimos, o a las que no nos hicimos, al principio del proceso.

Uno de los reveses más notables que he tenido en mi vida profesional se debió a una pregunta que nunca se nos ocurrió hacernos. Fue en un momento seminal, cuando acabábamos de inaugurar el laboratorio, con una nueva tecnología que desarrollamos. Creímos que la tecnología tenía el potencial de transformar el tratamiento médico de multitud de enfermedades y mejorar la vida de millones de personas de todo el mundo. Sin embargo, el proyecto entró de forma abrupta en un callejón sin salida una tarde, cuando me reuní con un inversor potencial.

En resumen, se inyectaban células madre en el sistema circulatorio de un paciente. Las células estarían programadas para viajar a lugares específicos del cuerpo y tratar dolencias tales como inflamación intestinal, artritis u osteoporosis. Pero el potencial inversor apuntó que era «demasiado complicado» financiar la terapia. Nuestro equipo no había siquiera considerado qué tendría que pasar para llevar nuestras ideas al mercado médico. Era la pregunta que ninguno habíamos hecho: ¿cómo llegará este tratamiento a los pacientes? La parte científica era fascinante, pero nunca habíamos pensado en cómo trasladarla al uso clínico.

En esa tarea tan específica, trasladar la ciencia médica a la aplicación práctica, todo depende de la calidad de las preguntas que nos hagamos para definir y resolver un problema. Según averiguamos, el alcance de esas preguntas también es relevante. A veces puedes seguir un camino prometedor, haciendo todas las preguntas apremiantes, y acabar encontrándote con el reto de que falta una pieza y te das cuenta solo cuando, por ejemplo, una prueba clínica fracasa porque a la investigación básica le faltaba descubrir algo que suele estar relacionado con la biología humana.

Nos decepcionó mucho que nuestra idea de células madre dirigidas no lograra financiación porque era demasiado compleja. Pero estaba en nuestras manos asegurarnos de que las soluciones no volvieran a encontrarse en ese callejón sin salida. En adelante ya no asumiríamos que alguien ahí fuera determinaría cómo fabricar, empaquetar y distribuir una terapia. Lo investigaríamos (nos haríamos cargo de todas y cada una de las partes del problema a resolver) y llevaríamos al laboratorio nuevos socios con conocimientos en todas las materias necesarias para asumir el reto de trasladar a la práctica clínica los resultados de nuestras investigaciones.

Haríamos más y mejores preguntas.

Qué simple es hacer la pregunta difícil.

W. H. AUDEN

Las preguntas (algunas intencionadamente aleatorias) pasaron a formar parte de nuestro proceso de exploración con médicos, científicos y otros profesionales a fin de investigar cada faceta de los problemas que nos proponíamos resolver. Ello implicaba realizar distintas capas de indagación para investigar todas las áreas relevantes: el problema clínico, el científico, las patentes, la fabricación, los aspectos legales, el uso práctico, la inversión y la comercialización. Siempre estoy buscando información que se pueda utilizar, el tipo de conocimiento práctico que no se encuentra en un ensayo o un libro de texto. También cuestiono mis preguntas: «¿Por qué estoy preguntándome esto? ¿Adónde me conduce? ¿Qué podría estar pasando por alto?». En la resolución de problemas, se puede explorar desde muchos ángulos distintos, y la mayoría de ellos llevan a callejones sin salida. La propia indagación se convierte en un ejercicio detectivesco, una herramienta para tratar de generar ideas únicas que conduzcan a una solución.

Después de que el inversor frustrara nuestras esperanzas con la terapia de células madre, tuve que preguntarme por qué había pasado por alto los pasos necesarios para la puesta en práctica, que ahora me parecían tan obvios. La razón era que a lo largo de su historia, la investigación académica se ha centrado en la ciencia básica. Los investigadores suelen carecer de formación oficial sobre cómo utilizar sus hallazgos para fabricar y distribuir productos. Por lo general saben poco de patentes, pasos legales, procesos de fabricación, pruebas y necesidades específicas de los pacientes. Al comienzo de mi andadura, yo no era una excepción. Hoy en día estas preguntas son tan cruciales en el proceso del laboratorio como las estrategias terapéuticas que desarrollamos.

La enseñanza para cualquiera de nosotros en cualquier circunstancia es retarnos a pensar más allá, a comprender las creencias y suposiciones que aceptamos sin cuestionarlas y que pueden limitar nuestro pensamiento. No tienes que demostrar que no son correctas; solo cuestionarlas para ahondar e indagar más profundamente. Las preguntas hechas con rigor son la base de la investigación científica, pero no hace falta ser científico para que te guste hacer preguntas y cultivar esta práctica a diario. Preguntas por curiosidad. Preguntas para resolver problemas. Preguntas sobre destrezas básicas. Preguntas sobre nuestro propósito como seres humanos y el sentido de la vida.

Las preguntas, herramientas versátiles para la acción, son como un equipo de excavación. Pueden llevarse por delante, como una excavadora, suposiciones antiguas; o, como la pala y el cepillo de un arqueólogo, descubrir objetos o joyas enterrados, o, como el cincel de un escultor, extraer una obra de arte de un pedazo de mármol. Piensa también en una navaja suiza, la herramienta para todo: una pregunta aguda puede «abrir la tapa» de una conversación, llegar al fondo de un asunto o apretar las tuercas de una idea floja. Puedes usar una pregunta para acelerar una conversación o para retardarla, dando tiempo a la reflexión. Me gusta pensar en las preguntas LIT en un sentido amplio, como en botones de encendido que reducen la energía necesaria para la activación y generan la chispa del diálogo, la exploración, el pensamiento crítico y creativo y la curiosidad. Estas metáforas son, quizá, excesivas, pero pretenden hacer hincapié en este aspecto de las preguntas como herramientas para la acción, del mismo modo en que consideramos que otras herramientas tienen poder y un propósito.

> Las preguntas retiran lo familiar y devuelven el misterio, lo que nos deja sin la comodidad de «saber».[3]
>
> JULIA BRODSKY,
> educadora e investigadora sobre la educación

¿Estás listo para cuestionar tu propio proceso?

Las decisiones que tomamos en el pasado siguen influyéndonos y, demasiado a menudo, las aceptamos sin cuestionar si aún son aplicables. Nos confundimos entre las posibilidades que hay y lo que creemos que es posible, basándonos en nuestro entorno y experiencias en el momento presente. Lo cierto es que necesitamos no solo cuestionarnos lo que tomamos actualmente como cierto, sino también tener en cuenta que esas suposiciones podrían proceder de una suposición hecha en el pasado que habría que reevaluar.

Por ejemplo, en el laboratorio, en 2014, publicamos en la revista *Nature Biotechnology* una pieza de opinión muy citada en la que advertíamos sobre un error asociado con un tipo de célula madre en concreto. Se había asumido que ese tipo de célula madre no tenía respuesta inmune innata cuando se trasplantaba de una persona a otra. Sin embargo, nosotros habíamos encontrado datos publicados que lo refutaban. Así que indagamos sobre el asunto y encontramos ponencias en conferencias de años anteriores que habían llevado a la introducción de esta suposición en la literatura científica.

¿Qué cosas que aceptamos como ciertas pueden estar basadas en precedentes históricos inexactos o ya obsoletos? ¿Qué cosas estamos haciendo en este momento que están mediatizadas por un factor que podemos excluir cuestionándolo?

Hemos nacido curiosos, y preguntar «¿Por qué?» es algo natural. No hay más que escuchar a cualquier niño en edad preescolar. Pero la capacidad de elaborar una pregunta estimulante y estratégica no es innata. Se puede aprender, y es una especie de deporte extremo para el cerebro, tan exigente como excitante. Cuanto más trabajes con tu propio proceso, más dotes y confianza desarrollarás para hacerte preguntas.

Una técnica recomendable sería estudiar el modo en que la gente a la que admiras hace preguntas útiles. ¿Qué parte de su método podrías adaptar a tu caso? Para mí, preguntarme eso transformó mi vida. Al principio de mi estancia en la universidad estaba decidido a superar las dificultades de mi infancia y dominar algunas competencias académicas básicas. Quería saber hacer las preguntas mejor. Para aprender, hice algo muy de cerebrito: empecé a anotar todas las preguntas que hacía la gente al final de las clases para buscar patrones que se repitieran. Encontré algunos importantes. Me voy a ceñir al ejemplo científico, pero cada uno de estos puntos principales es aplicable a cualquier contexto. Las mejores preguntas (las más provechosas) surgían cuando profundizaban en lo siguiente:

- **Señalaban suposiciones importantes que se hacían sin una base sustancial.** Los científicos que están aprendiendo suelen asumir que la metodología que usan, que han leído en el sitio web de una empresa o en el trabajo de otra persona, funcionará si siguen los procedimientos, por lo que no comprueban si funciona antes de aplicarla en su propio experimento. Me di cuenta de que es importante hacerse preguntas iniciales del tipo de: «¿Cómo sabes si el análisis o el kit que estás usando funciona bien?».

- **Ponían al descubierto errores o distorsiones.** Para el ámbito de la ciencia, incluiría aquí conclusiones exageradas o alternativas, o no tener en cuenta grupos de control que podrían haber influido en la interpretación de los resultados. Por ejemplo, cuando los investigadores realizan experimentos en agua salina (tampón fosfato salino), consiguen un resultado excelente y llegan a una conclusión muy redonda; sin embargo, no hacen pruebas en fluidos biológicos más complejos, que contengan muchas proteínas y que podrían cambiar el resultado.

- **Cuestionaban cómo supervisamos el progreso, tomamos decisiones e identificamos incidencias y oportunidades.** A veces, los investigadores utilizan estadísticas erróneas para comparar cosas, lo que redunda en un sesgo del resultado. A menudo, cuando usamos un método estadístico equivocado, podemos encontrar una diferencia entre dos grupos que no existe en la realidad.

- **Distinguían entre los resultados que eran interesantes y los que tenían importancia.** En otras palabras, distinguían entre lo que se consideraba interesante por mostrar una diferencia y lo que era importante porque esa diferencia podría afectar a un paciente o a aplicaciones potenciales más allá de lo que se había previsto. Una diferencia puede ser interesante, pero una diferencia que importa... eso es lo que todos queremos.

Ser consciente de todo esto me ayudó a desarrollar preguntas que daban en el blanco, tanto para satisfacer mi curiosidad como para encontrar la mejor solución a un problema. También me decidió a crear un entorno para los demás, que acabaría siendo mi laboratorio, donde nos resistiéramos a la prisa por hallar respuestas y soluciones y, en cambio, nos esforzásemos por hacer mejores preguntas. Nuestra misión principal en el laboratorio es definir el problema que aspiramos a resolver, así como la medida de éxito más alta posible, que luego tratamos de exceder.

En el laboratorio, una de las preguntas más importantes es «¿Qué límite tenemos que exceder para que la gente se entusiasme?». En otras palabras, ¿cuál es el mejor resultado que haya logrado alguien alguna vez y cuánto más lejos hemos de llegar para crear un impacto positivo considerable? ¿Cuál es el umbral de impacto que necesitamos sobrepasar? Este umbral es difícil de definir, porque requiere tener una comprensión detallada de los mejores resultados alcanzados por otras personas.

Siempre recuerdo lo que decía Bob Langer, mi mentor, sobre las preguntas provechosas: lleva el mismo tiempo trabajar en un problema importante que en uno menos acuciante. Que tengamos éxito depende de las preguntas que nos hagamos para definir los problemas que queremos resolver. Cuanto mejor se hagan las preguntas, mayor es el potencial para lograr descubrimientos nuevos e impactantes.

Indagar hacia dentro

Las preguntas que nos hacemos albergan el poder del cambio tanto si es en un laboratorio como en la propia vida. Si dirigimos la indagación hacia dentro y examinamos nuestra vida, exploraremos de manera consciente lo que es más importante para nosotros y si vivimos en consonancia con esos valores. Como nuestra vida está entrelazada con las de los demás e inserta en el mundo natural, que es un hábitat compartido, las preguntas que nos hacemos pueden empezar a moldear nuestro deseo de servir a la vida más allá de solo nosotros mismos.

Desde un punto de vista práctico, la indagación interior nos ayuda a reconocer los ritmos y las dimensiones que forman parte de nuestra naturaleza biológica y, al mismo tiempo, nos ayuda a averiguar cómo podemos experimentar para adaptarnos, cambiar nuestra mentalidad y desarrollar nuestra percepción para que nos sirva mejor. Es una práctica para toda la vida.

No hay una verdad central y separada sobre ninguna cosa, sino capas y capas de fractales e interconexiones que pueden descubrirse con el tiempo. O uno puede continuar indagando. Hacernos preguntas nos ayuda a averiguar lo que nos gusta sobre dónde estamos (sea cual sea ese lugar en la marcha de la vida) y lo que nos gustaría cambiar o ver evolucionar. Cuanto más interactuemos con los demás, más voces y perspectivas diversas oigamos y más escuchemos a nuestra mente, más capaces seremos de hacernos preguntas y evolucionar con intención.

Cuando buscamos sentido a la vida y a nuestro trabajo, las preguntas que nos hagamos pueden abrir nuevos modos de pensar sobre ello. ¿Qué es importante en este momento? ¿Qué es importante hoy, pero podría cambiar con el tiempo? ¿Qué es importante de forma más duradera? Embarcarme en un proceso de autorreflexión me ayudó a saber más cosas de mí mismo. Pude examinar mis prioridades y dirigir mi atención a mis relaciones, en especial a mi familia, para comprender la plenitud que se hallaba en su mismo centro. Cuando fui consciente de la inmensa fuente de energía, bienestar y paz mental que es para mí mi familia, se fortaleció mi propósito en la vida.

Si nunca te cuestionas las cosas, tu vida acaba siendo limitada por la imaginación de los demás. Tómate el tiempo de pensar y soñar, de cuestionar y reconsiderar las cosas.

Es mejor estar limitado por lo que puedes soñar para ti mismo que por el lugar en el que encajas en los sueños de otra persona.[4]

JAMES CLEAR, *Hábitos atómicos*

La curiosidad activa la indagación y el descubrimiento

Al pedirle que identificara su estrategia para lograr el éxito, el genetista y biólogo molecular Phillip Sharp, que compartió en 1993 el Premio Nobel de Fisiología o Medicina por el descubrimiento del empalme de genes y ARN,[5] se limitó a decir: «He asumido riesgos prudentes y he sido curioso sobre el mundo». Parece poco si tenemos en cuenta los resultados. Entre otras cosas, el trabajo de Sharp contribuyó al conocimiento de la biología del ARN mensajero, precursor de las vacunas contra el COVID basadas en él.

En un campo donde la curiosidad se da por hecha, el mérito de Sharp es haber hecho preguntas con una valentía y creatividad poco comunes. Fue su característica curiosidad y su persistente indagación las que lo llevaron a confrontar lo que él llama «la más fundamental de las cuestiones actuales» sobre la biología humana, que condujo a su descubrimiento del empalme de los genes, un aspecto de la estructura celular que permite crear ARN mensajero maduro. Este descubrimiento hecho por Sharp, e, independientemente, por el bioquímico y biólogo molecular británico Richard J. Roberts, que compartió el Nobel, cambió la comprensión científica de la estructura celular y fue catalizador de nuevas investigaciones médicas sobre el desarrollo del cáncer y otras enfermedades. En lo que podría llevarse la palma como el epílogo más impactante de la carrera de un ganador del Nobel, el descubrimiento del empalme de ARN durante los setenta preparó el camino al desarrollo de las vacunas de ARN mensajero contra el COVID décadas más tarde.

La descripción de Sharp de su proceso y motivación es escueta: «Todos estos procesos provienen de circunstancias vitales y rasgos particulares de personalidad. Siempre he necesitado a la gente, pero me encuentro cómodo estando solo y dejando vagar la mente de un modo algo indisciplinado». El simple hecho de sentarse en calma y sopesar cuál es la mejor pregunta que se puede formular puede dar un vuelco en un momento a todo un campo. El pensamiento lento, claro y deliberado puede ayudarnos a convertir las preguntas en llaves que abran los cerrojos más grandes del mundo. «Sabía que nuestra ciencia biológica estaba a punto de poder abordar esas cuestiones». Y un «pensamiento medio imaginativo y soñador» lo llevó a concluir que «tenía que haber algo desconocido en aquel proceso crítico».

Utiliza las preguntas para cultivar la curiosidad
que desbloquee tu interés intuitivo.
↓
Descubre qué es lo que más te entusiasma para aprender
sobre ello o explorarlo.
↓
Acoge la energía de la acción.
↓
Avanza con nuevas preguntas para explorar
lo que te resulta más importante.

Para cualquiera de nosotros, la curiosidad despierta preguntas, y las preguntas despiertan a su vez la curiosidad. Se trata de un bucle LIT que es tan importante para el niño que pregunta «¿Por qué» como para la liga de los premios Nobel. Gracias a los nuevos modos de estudiar el cerebro y el comportamiento regulado por el cerebro, los investigadores han empezado a analizar la curiosidad y los beneficios de una mente inquisitiva. Los estudios indican que la curiosidad, que a menudo solo se describe como el fuerte deseo de aprender o saber algo, es un estado cognitivo (de «búsqueda de información») y está integrado en los procesos de pensamiento del cerebro y en su sistema de recompensas.

La neurociencia y la investigación sobre la educación han descubierto que cuando sentimos curiosidad se activan los centros del placer, las recompensas y la memoria en el cerebro, estimulándolo para el aprendizaje profundo y el descubrimiento, así como para las conexiones sociales (y la diversión, como se ve en los juegos de preguntas y respuestas o los crucigramas). Los circuitos neuronales responden a la información como una recompensa intrínseca tanto si la búsqueda viene motivada por el interés como por una falta de información que queremos subsanar. Incluso cuando la información pueda tener poco valor práctico o cuando prevemos que podría decepcionarnos o tener consecuencias negativas, la «seductora atracción de la curiosidad»[6] nos hace seguir buscando más; sobre todo cuando la información es nueva, sorprendente o contraria a la lógica o a lo que pensamos o sabemos de alguna cosa. Entre otras razones, por eso resulta tan adictivo pasar las horas en internet y por eso la desinformación es tan insidiosa y difícil de ignorar. En «The Future Belongs to the Curious: Towards Automatic Understanding and Recognition of Curiosity in Children»,[7] los autores afirman que expresar curiosidad suele tener una energía emocional positiva que la hace atractiva y que la «atención, la exploración y la felicidad son los estados afectivos que concurren más frecuentemente con la curiosidad».

Otras investigaciones sugieren que hemos nacido para maravillarnos. Un estudio con niños mostró que los infantes «creaban asociaciones más fuertes entre sonidos/palabras y objetos visuales en los contextos en los que los movimientos de los objetos vulneraban las leyes de la física habituales».[8]

Si la curiosidad es algo bueno hasta tal punto que activa el cerebro para que aprenda y cree registros en su sistema de recompensas, y si las preguntas actúan como la voz de la curiosidad, ¿cómo es que hacer preguntas también puede inquietarnos, ponernos nerviosos y renuentes? Porque la curiosidad despierta emociones. Si te da vergüenza que sepan lo que no sabes o crees que van a juzgarte por hacer preguntas, tu ansiedad puede reprimir tu curiosidad y deseo de indagación. En el caso de los niños, las reacciones negativas de los profesores, los padres o los compañeros pueden cohibirlos. En la vida adulta, la hostilidad o las críticas hacia las preguntas pueden tener un efecto paralizador que limite los debates libres y abiertos que conducen a ideas innovadoras.

La curiosidad te lleva a la fascinación.[9]

KATHERINE MAY,
autora de *Encantamiento*

May-Gritt Moser, psicóloga y neurocientífica noruega que compartió el Premio Nobel de Fisiología o Medicina en 2014, me contó que, en su experiencia en el laboratorio, las que parecían preguntas «tontas» resultaban ser las más interesantes. Como mínimo, el debate valida a la persona que hace la pregunta y la anima a ella, y otras, a asumir riesgos.

Moser, fundadora y directora del Centro de Computación Neuronal y codirectora del Instituto Kavli de Neurociencia de Sistemas, cree que en entornos como el suyo, donde es esencial hacer preguntas provechosas y productivas, todas las preguntas (incluso las molestas) tienen valor. Yo veo lo mismo en mi laboratorio. Hasta las preguntas que provocan reacciones automáticas y predecibles suelen crear una energía que desencadena un debate animado. A veces las hago durante un debate. Y alguien responde: «¿Qué dices? Eso no es posible». Y yo pregunto: «¿Por qué no?». Cuando desarrollan su argumentación, oigo el razonamiento desde una perspectiva distinta, la suya, lo que puede revelarme suposiciones que no he cuestionado o una idea singular que merezca la pena tener en cuenta.

Por lo tanto, si alguna vez aprendiste la lección de «no preguntar», descártala. El mundo necesita tus preguntas. Dada la complejidad de los cambios que afrontamos hoy, el mundo necesita sobre todo tu buena fe, que expreses tu curiosidad para hacer pensar, es decir, tus preguntas LIT. En lugar de reprimir las «ideas locas» o dudar de si hacer preguntas que podrían estimular la conversación, necesitamos aprender a confiar en nuestro instinto para la indagación (la curiosidad y la exploración), nutrirlo y darle voz. Aparta el miedo, y en lugar de evitar hacer las grandes preguntas incómodas, búscalas intencionadamente. El acto de reflexionar mediante el diálogo interno o el debate compartido estimula el cerebro para el aprendizaje profundo y el descubrimiento, las conexiones sociales y las experiencias intuitivas y espirituales.

Con todo lo que hay que ganar, ¿por qué no aprovecharlo?

Hay que ser valiente con los instintos y las ideas porque, de lo contrario, cederás ante la presión... y entonces se perderán cosas que podrían haber sido memorables.[10]

FRANCIS FORD COPPOLA

El puente que va de las preguntas a la acción

Nuestras preguntas pueden suscitar cambios, desde los que conducen a revelaciones personales hasta los que pueden llegar a dar forma a políticas públicas. Cuando Vivek Murthy fue nombrado director general de Salud Pública de Estados Unidos en 2014 (repitió en el cargo en 2021), una de las principales preocupaciones del país era la adicción creciente a los opioides. Como médico, Murthy entendía de primera mano la complejidad y el alcance de la cuestión, y su objetivo era cambiar el modo en que se abordaba esta adicción. Los criterios de diagnóstico y tratamiento eran importantes, pero resultaba también necesario ofrecer a nivel comunitario compasión y motivación en la respuesta para luchar contra el problema. Murthy comenzó su mandato organizando una gira por todo el país para preguntar a la gente qué era lo que más le preocupaba en el ámbito de la salud. Su principal pregunta era: «¿Cómo puedo ayudar?».

El resultado fue el primer informe del gobierno federal de este tipo, en el que se reconocía la escala de la adicción, del empleo de ciertas sustancias y de los desórdenes ocasionados por su mala utilización como una crisis de salud pública. «Me veo saliéndome de la norma, y no es porque crea que las normas no van conmigo, pero… las cuestiono mucho —dijo Murthy—, cuestiono el *statu quo* y digo: "Bueno, no creo que tenga que ser así, creo que podemos hacerlo de otro modo"». En su libro de 2020 *Together: The Healing Power of Human Connection in a Sometimes Lonely World*, Murthy redefinió cuestiones de salud pública mirándolas a través de una lente holística que ha usado para transformar el debate sobre temáticas relacionadas con todos los aspectos de la vida contemporánea. Como director general de Salud Pública, continúa rompiendo barreras en la determinación de lo que constituye la salud. Vigilante desde hace tiempo de la salud mental, fundamental para la salud pública, señala en un informe de 2021[11] la creciente crisis de salud mental entre la gente joven, describiendo la pandemia silenciosa que ha surgido a la sombra de la crisis del COVID. El sobrepasado sistema de salud mental del país no logró atender las necesidades de los jóvenes ni de los adultos. Y las cosas siguen igual. En posteriores informes y entrevistas con los medios,[12] Murthy ha planteado como preocupaciones sanitarias cuestiones que van desde el racismo y la desigualdad económica hasta los peligros de la desinformación y la polarización. Murthy considera las conexiones humanas como denominador común en la salud y «una fuente poderosa y esencial de sanación para todos nosotros».

Hacer preguntas crea conexiones humanas. Escuchar para aprender las fortalece.

La pregunta que plantea Murthy para impulsar acciones relevantes: «¿Cómo reconstruimos la conexión y el sentido de comunidad sabiendo que los puntales básicos de la sociedad llevan varias décadas deteriorándose?».

O también podemos considerar la pregunta que lanza el psiquiatra y psicoterapeuta alemán Gerhard Gründer en su reciente libro *Do We Want to Live? We Decide Ourselves About Our Future.* Merece la pena repetir su pregunta: ¿cómo queremos vivir?

> A cambio de los dones espectaculares de la Tierra, pregúntate: «¿Qué voy a hacer al respecto? ¿Qué voy a dar a cambio de todo lo que he recibido?».[13]
>
> ROBIN WALL KIMMERER

Haz las preguntas necesarias para «agrandar» la vida

Durante la época del confinamiento por el COVID, decidí que necesitaba reavivar mis relaciones. Sabiendo que mi TDAH me impulsaba en todo tipo de direcciones, me puse a aprender técnicas que pudieran servirme para usar el tiempo y tomar decisiones con más intención: una nueva estrategia en mi caja de herramientas. Había ciertas cosas muy obvias. Por ejemplo, a mi hermana siempre se le ha dado increíblemente bien hacer un esfuerzo intencionado por mantener relaciones. Para ella, son una gran prioridad. Son su gente. Y pensé que yo podía trabajar también un poco en ese sentido.

Una de las técnicas a las que acudí fue la meditación, otro modo de observar cómo funciona mi mente. Aún sigo experimentando con distintas prácticas, pero, además de la relajante calma que me sorprendió encontrar en mi interior, descubrí que a veces surgen preguntas nuevas y diferentes que me mantienen inmerso en el proceso de meditación en lugar de distraerme. Una de ellas era: «¿Cómo está interactuando esta meditación con mi mente y mi cuerpo?». Ser consciente de esa interacción (patrones de pensamiento, sensaciones físicas y la experiencia mente-cuerpo en un estado meditativo) me ayuda a observar lo que hay en mi mente, lo que está impulsando mi pensamiento y adónde me está llevando.

Desde nuestros dilemas más íntimos hasta los de ámbito más general, nuestras preguntas definen los problemas que queremos resolver. Son el modo en que identificamos lo que es más importante para nosotros y desarrollamos estrategias para conseguirlo. Los dilemas morales y éticos actuales requieren nuevos pensamientos, preguntas más inteligentes y una búsqueda de soluciones más enérgica.

La pandemia obligó a plantear cuestiones difíciles que continúan siendo relevantes, pues se nos presenta un horizonte de crisis sanitarias globales en el futuro. ¿Qué criterio debía usar el gobierno para dar acceso prioritario a las vacunas? A medida que los casos aumentaban y los recursos hospitalarios flaqueaban, se planteó la cuestión de racionar los cuidados. ¿Qué pacientes debían usar los respiradores, o incluso ser admitidos en hospitales sobrecargados?

En el laboratorio, las preguntas provechosas conducen a soluciones innovadoras. Podemos hacer lo mismo en nuestra vida y nuestra comunidad. Necesitamos entender nuestros valores personales, esperanzas y aspiraciones fundamentales no solo para lograr objetivos vitales, sino también para encontrar el valor de hacer preguntas nuevas y estimulantes sobre nosotros mismos. Por ejemplo, es preciso plantearse nuevas preguntas para cuestionar las desigualdades históricas. La pugna por conseguir financiación para proyectos urgentes de biodiversidad a nivel global está frenándolos. Debemos trabajar asumiendo que, como ha señalado un informe, «los hábitos de consumo de los países ricos están entre los factores principales de la pérdida de biodiversidad, mientras que los países más pobres albergan zonas ricas en biodiversidad, pero tienen menos medios para conservarla».[14]

Creo que la primera pregunta es: «¿Para qué me estoy optimizando?». Hay que tenerlo claro. Hay muchas metas, consecuencias y resultados en la vida que heredamos de la gente que nos rodea.[15]

JAMES CLEAR, *Hábitos atómicos*

Otro ejemplo apremiante: hoy en día están empezando a cuestionarse, reexaminarse, replantearse y ampliarse las narrativas históricas de comunidades y naciones enteras para incorporar por fin historias más completas que reflejen su verdadera diversidad, según apunta Lisa Sasaki, directora en funciones del Museo Smithsonian de Historia de la Mujer y exdirectora del Centro Americano Pacífico Asiático del Smithsonian. El reto que se presenta ante cada uno de nosotros es cuestionar esas narrativas tradicionales, en lugar de limitarnos a aceptarlas como hechos y representaciones equilibradas de la realidad, dice Sasaki. «Mucha gente asume que conoce la historia de esta manera tan lineal y que se trata de hechos objetivos. Lo que tienden a olvidar es que ahí hay un intermediario, que es quien registra la historia, quien la recuerda y la comparte contigo para que entiendas que esa es tu historia».

El discurso no deja de evolucionar en función de cómo interpretamos cada uno la historia que nos tiene a nosotros en el centro, a lo que se añade un elemento de conexiones aleatorias que realiza la mente, a menudo de manera inconsciente. Sasaki, estadounidense de herencia japonesa, ofrece un ejemplo de su propia familia. El racismo antiasiático ha sido una realidad en Estados Unidos durante generaciones. Sin embargo, la abuela de Sasaki, cuya experiencia de vida difiere de la de su nieta de manera significativa, «tendría toda una serie de reacciones distintas a las mismas historias que, técnicamente, compartimos las dos. Las interpretaría de forma diferente, según las experiencias que ella ha tenido. Por lo tanto, la historia y la identidad son muy fluidas. A todo ello se añade la idea de la opresión y la desigualdad y el hecho de que, como consecuencia de las estructuras de poder, la mayor parte del tiempo no tenemos voz. Es muy importante que, gracias a esa fluidez, cambie de quién se cuenta la historia.

»Ya está cambiando la información que recibe la gente, lo que constituye un primer paso —comenta—. Ahora lo que hay que reconocer es que tenemos que preguntarnos: ¿quién está contando nuestra historia?, ¿quién la está registrando, quién está en el uso de la palabra? Y el modo en que lo interpretemos se basará en nuestras propias experiencias».

En el diálogo público están teniendo hoy más voz planteamientos serios sobre las desigualdades históricas y sistémicas, y estos cuestionamientos y debates han generado una corriente de documentación de hechos históricos que nunca se habían abordado de manera abierta y sincera. Sabiendo que esto es verdad, la cuestión ya no es si el problema existe, sino qué vamos a hacer ahora que hemos cobrado conciencia de ello.

La llamada a la acción es, en parte, una llamada a lanzar preguntas, con más urgencia que nunca, no solo sobre quién o qué tiene la responsabilidad de lo ocurrido en el pasado, sino sobre qué parte vamos a trasladar al futuro. ¿Qué podemos hacer de aquí en adelante? Pensemos en la forma en que se propagan las cosas, el modo en que difundimos o promovemos una idea o una actitud. Una pregunta importante que cualquiera de nosotros puede formularse es: «¿Qué estoy haciendo o he hecho que haya contribuido a propagar desigualdades o negatividad? ¿De qué manera han permitido mis actos o mi silencio que continúe algo a lo que debería ponerse fin?». Esto puede aplicarse al contexto del racismo, el sexismo, las mentiras y la desinformación, pero también a las habladurías y los chismorreos cotidianos. Debemos ser conscientes de los hábitos y las suposiciones que hemos aceptado sin cuestionarlos ni comprobarlos, y estar abiertos a revisarlos con el tiempo en función de nuevas experiencias, nueva información y nuevas intenciones.

Henry David Thoreau preguntó: «¿Qué mayor milagro podría suceder que el de que nos mirásemos unos a otros a los ojos por un instante?».[16] Podría sonar como una invitación a la empatía, pero, para mí, es más una llamada a la curiosidad y a cuestionarse. Cultiva tu curiosidad sobre los otros seres humanos y sus experiencias, y fluirán de forma natural preguntas más relevantes. En lugar de evitar las preguntas incómodas o de mayor envergadura, úsalas para interaccionar, aprender y hacer avanzar las conversaciones hacia la acción responsable.

> Cuando eres estudiante, te juzgan por lo bien que respondes preguntas. [...] Sin embargo, en la vida, te juzgan por lo buenas que sean tus preguntas. Lo importante [...] es pasar de dar buenas respuestas a hacer buenas preguntas.[17]
>
> ROBERT LANGER

Apaga el piloto automático de las tendencias y los límites

A veces las preguntas más sencillas que nos hacemos pueden eliminar obstáculos que ni siquiera nos habíamos dado cuenta de que estaban ahí. Preferencias, tendencias y límites asumidos (algunos, impuestos por nosotros mismos; otros, herencia de opiniones de los demás que nunca hemos cuestionado)[18] pueden ceder ante la sencilla pregunta: «¿Por qué?». Todo lo que hemos dado por sentado puede sernos en gran medida invisible, pero cambiarlo es más posible de lo que creemos si reconocemos que existe, si lo cuestionamos y experimentamos para ver cómo podríamos modificarlo a fin de que esté en consonancia con nuestras intenciones.

Usando las palabras con las que el escritor Charles Duhigg describió el bucle del hábito en *The Power of Habit*, ¿cuál es el desencadenante, cuál es la rutina (la tendencia o el límite) y cuál es la recompensa que la refuerza? En cualquier circunstancia dada, ¿qué es lo que nos inclina más o menos a seguir patrones antiguos? Con solo hacerte esta pregunta puedes interferir en la tendencia y abrir la mente a otras posibilidades.

Hace unos diez años tenía todas las razones del mundo para rechazar una oportunidad extraordinaria de dar una charla. Mi renuencia se debía a mi larga historia de dificultades para memorizar cosas, unida a la ansiedad de hablar en público con nuevos materiales y formatos no habituales, y los cientos de horas que me llevaría preparar una nueva ponencia. Ni siquiera tuve que ir analizando uno a uno estos detalles incómodos, pues ya me había creado en el cerebro el acceso directo que saltaba cada vez que algo cosquilleaba en esas redes neuronales. Una coincidencia con un viaje de trabajo al extranjero me dio la excusa perfecta, así que, en lugar de intentar reprogramar la fecha del viaje o repensar mis antiguos complejos, dije que no a aquella charla tan interesante. Sin embargo, no fue tan fácil apaciguar al destino: los organizadores del acto me animaron a reconsiderarlo. Hicieron hincapié en el potencial que tenía la charla de hacerme llegar a un público mundial y en la confluencia de circunstancias por su parte que hacían que mi aparición en aquel momento en su programa anual fuese óptima. Cuando consulté con mi colega en el extranjero, su entusiasmo fue instantáneo e incondicional; podían cambiar la fecha de mi viaje. Así que lo pensé, con la presión de tener un plazo para responder rápido, y me vino la pregunta retórica que todos nos hacemos alguna vez: «¿Por qué no?». Y acepté.

Una vez que me comprometí a dar la charla, todo en mí se encaró hacia ese objetivo. En un momento frustrante que tuve con el asunto de la memorización, la respuesta al «¿Por qué no?» me vino rápidamente a la mente: todas las razones autoacusatorias por las que llevaba tanto tiempo evitando actos como aquel. Sin embargo, ahora podía ver que nunca había cuestionado aquellos hábitos de evitación (a los que había etiquetado de forma eufemística como preferencias) y aquellos límites que me habían impedido avanzar. De modo que, por fin, había llegado el momento: una oportunidad excelente, motivación y un gran impulso. La energía de activación se había reducido lo suficiente como para comprometerme. Era el momento perfecto para seguir adelante y hacerlo lo mejor que pudiese y, al menos, desafiar el antiguo hábito. Al final resultó ser una experiencia formidable («mi fallo más memorable», del que hablo en la página 219) y un avance a todo un mundo (literal) de oportunidades que me estaba aguardando.

Para sacar provecho de la energía LIT, apaga el piloto automático de las tendencias y cuestiónalas. Cualquiera de las herramientas LIT pueden servir para redirigir tu enfoque y tu energía, pero hacer preguntas aprovecha la respuesta natural del cerebro a la alteración y la novedad. Hacer una pregunta te da la oportunidad de actuar más por intención que por inclinación.

Imagina que esta energía que tienes disponible funciona como la fuerza magnética que vemos cuando las partículas cargadas se atraen o se repelen entre sí. Si quieres interrumpir esa fuerza, puedes hacer elecciones conscientes sobre las que apoyarte. Reflexiona sobre tus tendencias o los límites arbitrarios que te impones en la actualidad. Elige algo bastante simple y accesible (por ejemplo, la música que escuchas, los círculos sociales que frecuentas o el uso que haces de las redes) y prueba a elegir algo nuevo que te gustaría probar. Dale una oportunidad, a ver qué te parece. Si las redes sociales o pasar las horas muertas viendo vídeos breves están teniendo una atracción magnética sobre ti, pon en práctica algunas elecciones conscientes para interrumpir el patrón repetitivo, aunque solo sea un día, para empezar, o gestiona con más cuidado el tiempo que pasas online o los sitios a los que vas.

El objetivo no es cambiar todos los patrones de comportamiento, sino reconocer los de tus pensamientos, elecciones y actos, y simplemente empezar con una pregunta que te ayudará a ver adónde te están llevando esas tendencias. Usa las preguntas como el remo que puedes meter en el agua para detenerte y aprovechar el momento para servir a un propósito superior.

Cultiva tu mente indagadora

Rodéate de gente energética que haga preguntas sustanciales, profundas, incluso inspiradoras, y pon empeño en trabajar o estudiar con ellos. En primer lugar, porque las preguntas de otras personas estimulan el cerebro y catalizan el pensamiento; con las herramientas LIT podemos metabolizar esas preguntas convirtiéndolas en acción. En segundo lugar, porque otras personas aportan modelos valiosos para perfeccionar nuestra propia técnica y generar preguntas aún más potentes. Para perfeccionar tu manera de hacer preguntas:

- Practica formulando y planteando preguntas. Por ejemplo, las preguntas que requieren una respuesta afirmativa o negativa no generan debate; prueba a preguntar cómo o por qué (o por qué no) para explorar lo contradictorio.

- Usa las preguntas para satisfacer tu curiosidad, descubrir puntos ciegos o simplemente disfrutar de conversaciones interesantes. Observa las preguntas que te surgen en la mente y qué otros pensamientos inspiran. Para mí, esta actividad aumenta el entusiasmo y las emociones positivas que genera el aprendizaje.

- Busca energía para charlar de cosas sin importancia y encuentra energía en esa actividad. Yo antes pensaba que este tipo de charla no era útil y mi actitud era: ¿por qué lo hacemos? Luego me di cuenta de que era un modo de abrir canales de energía entre dos personas. Las preguntas funcionan del mismo modo: abren el flujo de energía, información, emoción y conocimiento. Con ellas se está pidiendo la transferencia de energía, se la está invitando. En lugar de que la atención se disperse, las preguntas nos pueden ayudar a centrarnos, quizá interaccionando en una conversación con alguien a quien prestemos plena atención y le mostremos interés con nuestras preguntas, profundizando en la relación.

- Usa los hechos actuales o experiencias personales como punto de partida para reflexionar sobre cuestiones de mayor envergadura.

Moléstate

Despiértate a lo que quieres

Identifica el «¿Por qué?» que te motiva

> Lo mejor que podemos hacer es actuar. Actuar en
> nuestra propia vida, en nuestro barrio.[1]
>
> DIANA NYAD

James Ankrum iba a la deriva, aunque era difícil imaginarlo dados sus logros académicos y la oportunidad que le habían ofrecido de incorporarse a un programa conjunto de doctorado de Harvard y el MIT. Pero, como supe después, se encontraba en un momento bajo. Era el primero de su familia en conseguir graduarse en la universidad y hacía poco había terminado en Cambridge un máster en ingeniería industrial financiado por una beca Churchill, que solo se concede a quince personas al año. Sin embargo, había vuelto a Estados Unidos después de la muerte de su padre y había decidido quedarse allí para planificar sus siguientes pasos. Su idea general era trabajar en terapias médicas mejoradas o quizá en el desarrollo de nuevas herramientas para acelerar descubrimientos biotecnológicos beneficiosos, pero no tenía una idea clara de la dirección en la que quería ir en ninguno de estos ámbitos. En un entorno muy ambicioso en el que sus colegas ya avanzaban con rapidez, Ankrum se sentía como si lo hubieran dejado solo en la parrilla de salida.

Se había hecho la pregunta obvia muchas veces. «¿Qué quiero hacer?». El abanico de opciones prometedoras era vertiginoso, lleno de potencial, pero cada vez que pensaba en ello, se desanimaba. Era como si faltase algo.

El plazo final del programa se acercaba a pasos agigantados y tenía que tomar una decisión. Al final, fue la pieza que faltaba lo que atrajo su atención, lo que le «molestó». Por supuesto, quería sentirse entusiasmado sumergiéndose en algo nuevo. El repentino reconocimiento de qué era lo que más quería, es decir, sentir entusiasmo por el aprendizaje que le depararía el proyecto, lo ayudó a variar la pregunta. De qué quería hacer, pasó a preguntarse qué le entusiasmaría más aprender, y la respuesta se le apareció de repente con toda claridad. Tenía mucha curiosidad sobre la biología, pero carecía de conocimientos especializados. Había llegado el momento de adquirirlos y estaba en el lugar perfecto para hacerlo.

Cambiar la pregunta le había abierto una visión totalmente distinta de sus opciones, algo que solo fue posible cuando prestó atención a lo que le estaba molestando y actuó al respecto. No tenía experiencia en biología, pero era lo que quería aprender, en lugar de centrarse solo en perfeccionar sus puntos fuertes actuales. Hizo un curso que impartía yo y que fue donde nos conocimos, y utilizó una pipeta por primera vez. Vi una chispa en James, una especie de curiosidad magnética y pasión por el aprendizaje, y, hacia el final del semestre, le pregunté si le interesaba unirse a mi laboratorio. Accedió, y al instante lo incluí en un proyecto con células madre. Como no tenía experiencia en nuestros métodos de investigación, o se ponía las pilas o no tenía nada que hacer. Al principio no estaba claro qué pasaría. Su pasión por el aprendizaje era enorme, pero le costaba mucho avanzar.

«La verdad es que nunca había tenido una pipeta en las manos ni había hecho cultivos celulares», dice Ankrum. Aquellas clases de introducción habían sido su primer contacto con la investigación celular y, en el laboratorio, se sentía como un pez fuera del agua. Sin embargo, no se rindió. «Siempre había querido trabajar en proyectos que hicieran algo más que generar nuevos conocimientos. Quería trabajar en soluciones que pudieran aplicarse a terapias o a nuevas herramientas que sirvieran para acelerar descubrimientos futuros». Durante cinco años trabajó tanto en terapias celulares como en adhesivos médicos y pasó por fases de experimentos que fracasaban una y otra vez... o funcionaban a la perfección. La investigación científica tiene un índice alto de fracaso; es lo normal, y a todos nos molesta o disgusta. Sin embargo, disgustarse por el alto índice de fracaso no llevaba a Ankrum a abandonar, sino que lo motivaba para diversificar sus esfuerzos. Lo que hacía era incorporarse a otro proyecto; así colmaba su necesidad de diversidad para sentirse motivado.

«Me resultaba útil estar implicado en dos proyectos, pues había más oportunidades de que siempre hubiera algo que estuviera saliendo bien y me diera esa pequeña satisfacción que proporcionan los avances para seguir esforzándome», comentó. Cuando utilizaba la energía del disgusto para seguir su curiosidad, mantenía constantemente vivo el entusiasmo (y la paciencia con el proyecto). Al usar estrategias que mantenían su propósito en consonancia con su pasión, el entusiasmo permanecía.

«Puntos de dolor» como impulso para la acción

En mi profesión, cuando vamos a resolver algún problema, siempre preguntamos: «¿Cuáles son los "puntos de dolor"?». También lo hacen en el mundo de los negocios y el marketing, y en psicología. ¿Qué miedo o deseo tiene fuerza suficiente como para cambiar un comportamiento o hacer comprar un producto? En otras palabras, ¿cuál es el problema que se quiere resolver? En la ciencia médica, los «puntos de dolor» no son metafóricos; se trata de aspectos del sufrimiento humano que aspiramos a curar o aliviar: enfermedades, lesiones, dolor o disfunciones. En mi laboratorio, nos proponemos no solo crear algo nuevo y eficaz, sino también hacerlo de manera que pueda generar el mayor impacto positivo. Lo que nos «molesta» sirve de piedra angular que nos mantiene motivados y nos urge a resolver un problema. Una vez que damos con ese deseo, la energía que dedicamos al proyecto puede encender una chispa en otras personas y generar un impulso hacia la resolución de problemas a mayor escala.

Por regla general, en la vida tratamos de evitar o de apartar las cosas que nos molestan o disgustan, pero si dirigiésemos la atención al origen del punto de dolor y nos hiciéramos preguntas, podríamos detenernos a reflexionar sobre ello y profundizar: «¿Por qué me molesta? ¿Cómo puedo aprovechar esta energía para hacer algo al respecto, para que sirva a mis intenciones?». En lugar de evitar lo que nos molesta, podemos encararnos con ello y buscar una chispa que nos permita actuar en consonancia con nuestras intenciones.

En el laboratorio, hay un punto de dolor concreto y específico para cualquier problema que nos propongamos resolver. La fuerza de un punto de dolor es energía pura y palpable. Es lo que nos hace perseverar en el proceso de ahondar en la investigación, redefinir el problema y perfeccionar el enfoque hasta crear algo nuevo que pueda salir al mundo del modo más rápido y eficaz posible. Como ya he mencionado, ese es el poder que aprovechamos con la pregunta que siempre nos hacemos en las reuniones del laboratorio en cada paso del proceso de resolución de problemas: ¿cuál es el umbral que tenemos que sobrepasar para mantener el entusiasmo de la gente, el entusiasmo de los otros investigadores, de los inversores, del público? Así es como definimos los objetivos. Siempre trabajamos mucho la pregunta «¿Y qué?», que nos sirve de acicate para ir más allá de lo que tengamos en ese momento. Resulta superexcitante empezar a darte cuenta de que estás haciendo progresos y vas en la dirección correcta. Hay más posibilidades de que lo des todo. Es un modo de ganar impulso.

Bryan Laulicht, que tenía experiencia en biofísica y ciencia médica, inició un proyecto para reducir los daños que sufrían los niños que se tragaban pilas de botón, esas baterías pequeñas de forma circular que contienen litio, zinc, plata o manganeso y que se usan con cámaras, mandos a distancia, tarjetas de felicitación musicales, termómetros o relojes. Si una pila de este tipo se le queda alojada a un niño en la garganta puede empezar a quemarle el esófago en menos de dos horas. Este tipo de accidente sucede en Estados Unidos a una media de 3.500 niños al año, y la incidencia está aumentando, con decenas de decesos y más casos en que los niños sufren daños permanentes.

Un amigo de Bryan leyó un artículo sobre el aumento de los casos de lesiones por ingestión de pilas de botón en niños y se lo contó, y el problema le tocó de un modo personal. «A menudo pienso: ¿y si le pasa a alguien de mi familia? —dice—. Y suelo volver a este pensamiento cuando las cosas se ponen difíciles. Merece la pena porque podría ayudar a alguien que me importa mucho o que les importa mucho a otras personas».

A fin de mejorar este tipo de pila, desarrollamos una tecnología escalable para inactivar la pila en el momento en que esté húmeda y que así no haya opción a que una corriente dañe los tejidos. La nueva tecnología no afecta al rendimiento de la batería.

Para Laulicht, una piedra angular emocional mantiene alta la motivación. Cualquier persona puede usar una conexión emocional de este tipo para mantener fuerte la motivación. Tu punto de dolor contiene lo que a ti te urge, tu motivación más fuerte para materializar tu intención. Quizá te hayas percatado de un hábito o un patrón repetitivo que te molesta y quieras cambiarlo. Quizá tu punto de dolor trate de algo que quieres o que no quieres ser o de algo que quieres o no quieres hacer. Quizá es un objetivo que quieres alcanzar. Tu punto de dolor podría motivarte para que encuentres un nuevo trabajo, repares una relación, des los pasos necesarios para resolver un problema en tu comunidad. En un sentido más amplio, los puntos de dolor son lo que nos hacen pasar de no preocuparnos a preocuparnos, de la inacción a la acción. La energía que dedicamos entonces a resolver el problema puede encender una chispa en otros y generar una dinámica que permita resolver problemas a una escala mayor.

> La naturaleza te enviará un mensaje. Quizá sea leve y, si no lo captas, vuelva de nuevo aumentando la intensidad o el dolor. El dolor es muy buen maestro, el mejor de todos. Si tienes dolor, harás lo que esté en tu mano para librarte de él. El dolor, en un sentido espiritual, es un mensajero que dice: «Bueno, quizá necesites pensar acerca de algo, quizá haya algo que necesites cambiar. Quizá no estés siguiendo los pasos que deberías seguir, no estés yendo por donde el destino quiere que vayas. Quizá estés haciendo justo lo contrario de lo que el destino quiere para ti». Para mí, indica un tiempo de reflexión que nos permite valorar si estamos siendo verdaderamente instrumentos de esa influencia superior, esa ley espiritual superior que tiene un entendimiento mayor y más elevado.[2]
>
> Dr. DAVE COURCHENE, líder espiritual
> de la nación Anishinaabe

Que la motivación flaquee puede ayudar a identificar un punto de dolor (o crear uno, si es necesario) para subir la apuesta y ayudarte a sentir que hay más en juego, que ganas o pierdes. No tiene que ser algo complicado. La presión para continuar puede suponer el empujón que necesitas para dar el siguiente paso (para materializar tu intención) y evitar las consecuencias de no hacerlo. Por ejemplo, si quieres ir al gimnasio pero nunca vas, busca a alguien con quien ir. Así, si no vas, ahora dejarás a alguien plantado. Eso es un punto de dolor.

En el trasfondo de las innovaciones, sobre todo de la ciencia médica, existe a menudo alguien cercano al sufrimiento o al problema que se pretende aliviar: un caso de cáncer en la familia; un abuelo con alzhéimer; un amigo al que le va mal en el colegio porque su familia lo ha perdido todo, hasta la casa; o una experiencia personal de tragedia o adversidad que ha sido muy difícil de superar. Todo tipo de personas motivadas y decididas describen aspectos de su experiencia vital que los condujeron a una vocación, una pasión por crear algo diferente, algo mejor para ellos mismos o para los demás. Ocurre igual cuando lo que se trata de solucionar son los problemas más peliagudos de la actualidad, desde los medioambientales hasta el racismo sistémico o la injusticia social.

Leer, investigar, estudiar y hacer trabajo de laboratorio puede proporcionar cierto tipo de información o incluso de motivación, pero la cercanía de la experiencia propia hace uso de una fuente de energía más profunda. Sea cual sea la esfera en la que estemos trabajando, no podemos perder de vista la necesidad, no podemos perder el contacto con la razón por la que algo nos importa.

Cuando pregunté a la obispa y activista por la justicia social Mariann Budde cómo es posible seguir tan comprometida como ella a pesar de que los avances pueden ser tan lentos, arduos y a menudo desalentadores, Budde me citó el famoso y sucinto consejo del reformador de la justicia penal Bryan Stevenson para quienes están comprometidos con la acción: «Quedaos cerca». Budde tiene muy presentes estas palabras. «¿Cómo me aseguro de que no pierdo enfoque e intención como líder y como ciudadana? Si quieres hacer este trabajo a largo plazo y dejar huella, has de estar cerca de las personas que más sufren. Si tienes relación con gente que está soportando el embate de la desigualdad, y esa relación es real, es mucho más difícil apartarte y darles la espalda, te lo puedo asegurar».

A veces, un momento, una ocasión, una cuestión, una circunstancia o una situación lo llaman a uno al liderazgo. Siempre he alzado la voz con la intención de crear espacio para las voces de los desfavorecidos.[3]

REGINALD «REGGIE» SHUFORD,
director ejecutivo del
Centro de Justicia de Carolina del Norte

Empieza por cualquier sitio: el propósito encuentra la pasión, la pasión estimula el propósito y el gozo

A veces el consejo de «sigue tu pasión» presupone que sabemos mágicamente cuál es nuestra pasión y que el camino que nos marca es claro y recto, algo que puede ser cierto para unos pocos, pero no para la mayoría de las personas. Desde luego, para mí no fue obvio de pequeño. Me gustaba construir cosas, sí, pero no había nada en mis creaciones de Lego o en el robot que formé con unos tubos de cartón del papel higiénico que indicase que yo tuviera futuro en la ingeniería. También tuve la suerte de vivir cerca de un bosque y deambulaba por allí, pero sin ninguna pasión precoz por la naturaleza fuera de las aventuras junto al arroyo típicas de un niño que anda a su aire por el campo. Nadie habría imaginado nunca que algún día yo sería científico, y mucho menos un bioingeniero que traslada la sabiduría de la naturaleza a terapias médicas.

En la vida adulta, a veces andar a tu aire puede equivaler a estar perdido, sobre todo cuando tus colegas parecen haber encontrado su camino y descubierto su pasión. O quizá tú hayas pensado que también, pero entonces pase algo que te lo arrebata.

Diana Nyad, la célebre nadadora de larga distancia, escritora y dramaturga, nos contó que, de niña, tenía intereses muy intensos entre los que no destacaba nadar. Le gustaba leer y ver películas sobre atletas motivados, pero su característica intensidad le venía de algo sorprendente para una niña: su sentimiento sobre la mortalidad y la prisa por tomarse en serio la vida. Diana no sabía mucho de la historia de su familia más allá de sus padres, pero, cuando tenía unos diez años, se enteró de que sus dos abuelos habían vivido hasta los ochenta y tantos, e hizo los cálculos. Teniendo en cuenta su edad y la que habían alcanzado sus abuelos, escribió una redacción en el colegio: «Eso significa que me quedan setenta y tantos años. Tengo que ponerme manos a la obra si quiero ser médica y atleta y ayudar a mucha gente y hablar todos los idiomas del mundo».

Nyad reconoce que semejante ambición puede parecer excesiva para una niña tan pequeña, «pero lo destacable aquí es que había una pulsión y un reconocimiento de la necesidad de estar lo más despierta y activa posible. Por alguna razón, tenía la sensación de que debía aprovechar el tiempo, no desperdiciarlo, de que era mejor no andar haciendo el tonto porque no disponía de mucho tiempo». La mortalidad era su punto de dolor.

Linda Stone, figura prominente de la innovación tecnológica que inició su carrera como profesora y bibliotecaria escolar, nunca tuvo la ambición de llegar a los puestos de alto nivel que han marcado su distinguida trayectoria, como el trabajo que desempeñó con los CEO de Apple y de Microsoft, entre otros. «No tenía un plan de carrera en concreto —me contó—. Me guiaron mis intereses y la pasión por descubrir el mejor modo en que la tecnología podría servir a los humanos que la utilizan».

Sus eclécticos intereses tenían ciertos temas en común. «Sentía mucha curiosidad y quería comprender la creatividad y la inteligencia, quería entender cómo aprendía y pensaba la gente, cómo resolvía problemas. Cuando salieron los ordenadores personales, me fascinaba la relación humano-máquina. No me interesaba cómo podíamos ser más eficientes los humanos en el sentido en el que lo son las máquinas. Mi interés siempre estuvo en cómo podían apoyarnos las máquinas para ser mejores humanos».

Considera que su carrera la impulsó más la curiosidad que el objetivo de alcanzar los puestos de alta dirección. Al seguir a su curiosidad, surgieron las oportunidades y ella las aprovechó. Su intenso interés en los procesos y el pensamiento innovador la hizo destacar en el entorno corporativo. Sus pasiones y curiosidad no solo le resultaban obvias, sino también esenciales. Y esa autoconciencia terminó por ser una importante orientación para ella. Su punto de dolor (querer trabajar solo con cosas que le importasen de verdad) ha sido su guía más fiel.

A veces, solo se puede reconocer en retrospectiva el punto de dolor que ha marcado una inflexión en nuestra vida. En mi caso, justo cuando estaba valorando posibilidades de carrera y no tenía ni idea de qué camino escoger (el mundo académico o el empresarial), recibí con entusiasmo una oferta de trabajo de una joven empresa de biotecnología. Iba a trabajar junto a algunos de los investigadores más brillantes e innovadores en biomedicina. La entrevista estaba yendo fenomenal hasta que describieron el trabajo concreto. Mi función iba a ser dirigir un pequeño equipo y mi enfoque específico sería... Y ahí, al mencionar un enfoque específico, me sonaron las alarmas. Centrarme en un solo proyecto era mi peor pesadilla. Iba contra todo lo que yo soy y, en especial, contra el modo en que funciona mi cerebro, que se mueve por la curiosidad, que necesita trabajar en varios proyectos a la vez y aprender constantemente nuevas cosas, meterse en nuevas áreas todo el tiempo, descubrir qué es lo más importante en campos de los que no sé nada: vamos, lo que hago ahora. Esa revelación repentina eclipsó todo lo demás de aquel puesto. Hice caso a mi sistema de alarma interno y decidí no aceptar la oferta y llevar mi atención a oportunidades que propiciasen el tipo de desafío y energía LIT que sabía que necesitaba. En aquel momento no tenía ni idea de que acabaría dirigiendo mi propio laboratorio de innovación, pero he aprendido a confiar en el proceso, a usar los puntos de dolor para estar en contacto con lo que me motiva y a seguir esas pistas.

Averigua qué te mueve

Como mentor y profesor, a menudo me piden consejo personas que están sopesando qué paso dar en relación con un trabajo, una oportunidad de estudio o una dirección en su carrera. Exponen todos los pros y los contras, los riesgos y los beneficios y las compensaciones, así como los consejos que les han dado que los inclinan en un sentido u otro. A los estudiantes más jóvenes les suele costar tomar una decisión porque no están seguros de qué consejo seguir: ¿el de los padres, el de los colegas o el de los profesores? Quienes tienen más experiencia dudan entre los pros y los contras estratégicos de las opciones. ¿Cuál es el mejor camino?

La cuestión que a menudo se pasa por alto es una que yo he aprendido a plantearme con los años: de todas estas opciones, ¿cuál es la que más te entusiasmará? Imagínate despertándote cada día... ¿Qué es lo que preferirás hacer? Responder a esta pregunta ayuda a despejar la vaguedad que entrañan las cosas que no puedes saber y te ayuda a entrar en sintonía con tus sensaciones y tu intuición, que tiene su propio tipo de inteligencia.

Si tu respuesta es «No lo sé», tómalo como una invitación a que experimentes más y averigües qué te estimula y te entusiasma. Si la falta de tiempo o recursos no te permiten hacer ese viaje soñado a un sitio tranquilo para reflexionar, no pasa nada, lo puedes hacer *in situ*. Solo tienes que prestar atención a lo que te genera emociones positivas. Toma notas. Puedes hasta enviarte mensajes de texto a ti mismo; así es como lo hago yo. A lo largo del día, trata de recordar o anotar lo que te produce sensaciones positivas y lo que te causa frustración. Se necesita un poco de concentración y cierto grado de autoconciencia, pero no dejes de prestar atención a lo que te entusiasma y lo que quieres hacer con tu tiempo.

Asume algún riesgo y prueba muchas cosas. Date una oportunidad de superar la incomodidad inicial de hacer algo que no te resulta familiar y busca señales de qué cosas están en sintonía contigo. Habrá algo que lo esté. Y también surgen cosas positivas de la propia exploración. En primer lugar, estarás desarrollando mayor autoconciencia, estarás practicando cómo tomarte el pulso emocional para ver qué es lo que disfrutas de verdad y qué es lo que no, aprendiendo a discernir entre experiencias de tu «yo» y tu «no yo». Con esa información puedes aplicar más atención y energía a las cosas que tienen más posibilidades de aportarte beneficios, lo que, a su vez, potenciará tu motivación para que persigas esos intereses.

Entrar en contacto con estos sentimientos puede ser difícil. A muchos nos educaron para creer y sentir muy hondamente la necesidad de tomar decisiones que complazcan a otras personas: padres, familia, amigos, colegas, jefes. O sea, a todo el mundo, menos a nosotros mismos. Es fácil pasar por alto nuestras propias necesidades cuando tenemos el hábito de postergarlas en favor de las de otras personas.

En este sentido, te ayudará desarrollar autoconciencia sobre qué te mueve. Identifica qué decisiones que puedes tomar hoy (o esta semana o en cualquier otro momento) que te generen el máximo entusiasmo durante el mayor tiempo posible. El impulso interior será lo que te dé fortaleza en los tramos más difíciles, esos periodos entre los puntos altos en los que las cosas pueden ser difíciles o desalentadoras.

En el ámbito de la ciencia y de la medicina utilizamos datos biométricos para medir la presencia y las interacciones de ciertos factores biológicos.

Los análisis de sangre y otras herramientas de diagnóstico ponen de manifiesto biomarcadores de cáncer y otras enfermedades, que, a su vez, ayudan con el diagnóstico y el tratamiento. Los datos biométricos también incluyen otras características biológicas o de comportamiento que identifican algo único sobre ti y tus reacciones, y pueden ser una práctica herramienta para detectar tu energía motivacional respecto de una actividad determinada. ¿Qué te estimula y qué no, o no tanto como haría falta para mantener tu motivación y tu satisfacción? ¿Cómo influye tu entorno en tu experiencia? ¿Prefieres hacer ejercicio en solitario o con un compañero? ¿Te va más correr al aire libre o en la cinta del gimnasio? Puede que decidieses hace mucho que no «se te dan bien las matemáticas» o que no eres atlético o artístico porque esas cosas no encajaban contigo en una etapa formativa más incipiente. Sin embargo, merece la pena reconsiderar esas impresiones pasadas. Un nuevo contexto, un enfoque diferente, un profesor o un instructor comprensivos y la propia experiencia de tu vida y desarrollo personal pueden ser determinantes esta vez.

Necesitamos tomar conciencia del contexto que podría definir lo que nos entusiasma y lo que no, y utilizarlo estratégicamente. Prepárate para tener éxito controlando las variables que puedas (tiempo, lugar, factores sociales).

Conócete y descubrirás que puedes incluso aprovechar de forma positiva algunos aspectos que estás percibiendo como fallos. Por ejemplo, hay muchas cosas que me gusta hacer, pero voy dejándolas hasta que acumulo suficiente energía motivacional para ponerme al fin con ellas. Antes me enfadaba conmigo mismo por posponer así las cosas. Parecía que estaba mal, que era un defecto mío. Sin embargo, al final me di cuenta de que, en realidad, lo que hacía formaba parte de un proceso muy eficaz en el que mi cerebro podía vagar con libertad antes de centrarse en una tarea. Una vez que me di cuenta de ello, dejé de desperdiciar una energía muy valiosa en autoflagelarme y la empleé en algo positivo.

Constreñido por la falta de tiempo, como le pasa a todo el mundo, empecé a prestar más atención a cómo estaba empleándolo en un momento en el que, al principio de mi carrera, estaba persiguiendo algunas pasiones, pero a menudo no estaba presente del todo en otras que me importaban mucho. No se trata de que todos y cada uno de los momentos deban ser productivos. Mi patrón de comportamiento era encontrar modos de entusiasmarme por algo en lo que estaba trabajando, quedarme despierto hasta tarde por la noche para combatir mi TDAH y sentirme productivo, cansarme, desconectar, y luego frustrarme por no estar haciendo las cosas que, en mi interior, sabía que eran las más importantes. Era insostenible.

Siempre hay algo más que puedo hacer: más posibilidades en las que pensar, más proyectos que iniciar, más financiación que solicitar, más modos de emplear tiempo orientando a mis alumnos, más esfuerzos que puedo hacer para ser un buen padre y un buen marido y apoyar a mi familia... La alegría y los sentimientos positivos que generan ciertas actividades son datos biométricos que he aprendido a interpretar como medida de lo mucho que me afectan y me sostienen esas actividades. Ahora realizo con frecuencia revisiones internas. Llevo la cuenta de lo que me gusta hacer, de las cosas que no hago y debería hacer y de las que hago y no debería hacer, de lo que ocupa mis pensamientos cuando pongo la cabeza en la almohada por la noche. Todo ello me indica si estoy eligiendo bien o no.

Cuanto más sensible me hago a estas indicaciones internas y más baso mis decisiones diarias en ellas, más me implico y más soy capaz de reconocer cuándo necesito descansar, tener un poco de esparcimiento o centrarme más o de manera diferente en lo que estoy haciendo. El mero hecho de interactuar con otros puede servirte para interpretar tu estado mental y comprobar si estás teniendo en cuenta tus valores y prioridades. El modo en que te responden los demás puede indicar algo sobre las vibraciones que estás transmitiendo. Hoy en día mi respuesta LIT al cansancio es: «Sintoniza». Me centro más plenamente para poder estar presente en cualquier cosa que haga o esté con quien esté, sea en reuniones de trabajo, con la familia o apagando dispositivos y preparándome para dormir y tener un sueño reparador. Estoy vigilando más mi utilización de los medios digitales, controlando algunos hábitos automáticos, pero también dándoles buen uso de forma deliberada. Por ejemplo, hago descansos de cinco minutos a lo largo del día para resolver problemas de ajedrez y he visto que puedo usarlos para comprobar lo cansado que estoy. Los problemas de ajedrez requieren estar muy agudo y planificar varios movimientos con antelación para resolverlos. Cuando estoy cansado no puedo hacerlo. De modo que si veo que no puedo resolver los problemas, sé que necesito más horas de sueño. También uso tecnología vestible para experimentar de otra forma con mis rutinas diarias a fin de mejorar el sueño. Para mí, es un movimiento

LIT: ¿con qué puedo experimentar en mi vida para mejorarla en lo que más me importa?

Hoy en día me motivo, me impulso y me dinamizo con el mantra «los campeones siempre hacen una más», dentro de un orden. A veces me siento menos motivado para, por ejemplo, estar registrando las cosas. Prefiero vivir, existir sin datos cuantitativos. Cuando noto un cambio de este estilo, reviso mis hábitos uno a uno. ¿Me sigue sirviendo esto? Si decido que no, paso a otra cosa distinta. También soy consciente de que lo que ya no me sirve hoy podría servirme en algún momento del futuro.

Lo interesante es que la energía de activación necesaria para superar el cansancio es mucho menor de lo que solía. Cierto, de vez en cuando necesito dormir más, y, cierto, necesito más esparcimiento en mi vida y estoy trabajando en ello; sin embargo, al llenar mi tiempo con cosas que me apasionan, encuentro mucho más fácil diferenciar el cansancio real de la falta de motivación. Sigo siendo capaz de esforzarme y sacar adelante muchas cosas y sentirme bien por ello, en comparación con el pasado, cuando cedía al cansancio (me rendía) y luego me sentía improductivo y perezoso, lo que afectaba de forma negativa a mi estado de ánimo y a la gente que me rodeaba. Abordar mis puntos de dolor me lleva a sentir cierto grado de esfuerzo casi a diario. Tanto si se trata de un esfuerzo mental para discernir algo como si es para seguir avanzando hacia una meta, lo he aceptado como parte del ritmo natural de mi día.

Si quieres hacer una lectura rápida de la ganancia o la pérdida de energía vinculada a tus tareas diarias, busca contrastes. «Cuanto mayor sea el contraste, mayor es el potencial —observó Carl Jung, el padre de la psicología analítica—. La gran energía solo puede surgir de una gran tensión entre opuestos».[4] ¿Cuándo te sientes lleno de confianza, centrado, entusiasmado? ¿Cuándo te sientes aburrido o te cuesta trabajo iniciar las cosas? ¿Cuándo y dónde puedes percibir con mayor facilidad estos contrastes? La pandemia nos limitó la capacidad de exploración y las interacciones fuera de nuestra burbuja personal y nuestras comunidades más inmediatas. Examina tus patrones de exploración y da un paso intencionado para ampliarlos. Comienza con una o dos elecciones dirigidas a cosas pequeñas que te importen. Por ejemplo, podría ser ir a un museo al que nunca vas porque no es una actividad que esté en un puesto importante en la lista de nadie más. O dar un paseo por el barrio. O leer un libro, escuchar un nuevo pódcast o probar a hacer una nueva receta, en lugar de estar pasando las horas muertas en las redes sociales. Empieza con cosas pequeñas. Presta atención a cómo te sientes. Si te enciende, ¡anótalo!

Una vez que comiences a responder a tus propios intereses de esta manera, integrarás en tu proceso de pensamiento la idea de que puedes hacer cambios que mejoren tu vida. No me atrevería nunca a decir que no importan las necesidades y decisiones de los demás, pero el único modo de encontrar tus propias pasiones es enfocar tu pensamiento en ti mismo. Si en este momento te parece imposible, entonces deja que esa sensación te moleste y usa cualquier otra herramienta LIT para generar la chispa que te lance a la acción.

¿No es de tu horma? Entonces tira ese zapato

Aunque desde fuera, mi carrera en la ciencia y la innovación biomédica pueda parecer razonable, lógica y bien planificada, nunca me sentí así. Lo que me guiaba era el punto de dolor de cómo me sentía cuando no elegía siguiendo los dictados de mi curiosidad. Necesitaba centrarme en lo que me causaba más curiosidad; si ignoraba mi guía interior, me sentía como cuando te aprieta un zapato de mala calidad o llevas unas botas de montaña poco adecuadas para hacer una caminata. A lo largo de mi trayectoria aprendí a seguir mis intereses y fui descubriendo uno nuevo tras otro. En mi caso, como en el de Linda Stone, era la curiosidad lo que me iba impulsando. Trabajar sin la energía que me proporcionaba la curiosidad constituía un punto de dolor que me mantenía centrado, como los postes indicadores en las rutas.

Tuve que aprender a vivir, en incluso prosperar, con el aspecto de la incertidumbre siempre presente. En otras palabras, no podía permitir que evitar la incertidumbre se convirtiera en el punto de dolor y elegir opciones solo porque dieran la impresión de ser más seguras. Tuve que redefinir el síndrome del impostor para considerarlo una mera señal de que estaba explorando los territorios nuevos y nada familiares que avivaban mi interés y mi curiosidad. Hoy esta es una de las piedras angulares del laboratorio: entrar constantemente en nuevas áreas de la ciencia o la medicina que me causan curiosidad, pero para las que no estoy cualificado.

Perseveramos y encontramos modos de incorporar a gente que tiene el conocimiento necesario y puede orientarnos. No es preciso tener la certeza, ni siquiera la confianza, de que vaya a funcionar algo que quieres probar. Pero cuando te internas en lo desconocido, has de saber que estás, una vez más, aprendiendo a discernir, a saber cuándo están funcionando las ideas y cuándo no. Es este proceso de diferenciar entre lo que funciona y lo que no el que puede en sí mismo inyectar una sensación de entusiasmo en tu vida. La incertidumbre es intrínseca al proceso (tener una idea, creer en ella e ir a por ella) y hay mucha energía en ella.

La enseñanza favorita de James Ankrum sobre su audaz inicio: «Cuando estaba en el laboratorio siempre repetíamos "¡Haz algo!". Es fácil quedarse atrapado en las fases de hipótesis y planificación de un proyecto y nunca llegar a apretar el botón de inicio para probar algo nuevo y aprender. Así que el "¡Haz algo!" era nuestro modo de empujarnos unos a otros a asumir riesgos». También recuerda riéndose la reunión en la que les oí decirse esa frase unos a otros y yo la redefiní como «¡Haz algo grande! ¡Haz algo importante!».

Hoy Ankrum dirige un laboratorio donde crea un entorno de posibilidades para gente decidida y apasionada. Muchas veces nos asalta la sensación de que deberíamos saber de forma intuitiva qué hacer a continuación. Sin embargo, en lugar de pensar en lo siguiente que deberías hacer o en tu futuro como algo cerrado, centra tu atención en averiguar qué te causa curiosidad. ¿Qué te entusiasma? ¿Qué harías a continuación que te permitiera disfrutar de ello el tiempo suficiente como para percibir lo que te gusta o no te gusta, para orientar tus decisiones futuras? ¿Qué te genera suficiente molestia como para querer hacer algo al respecto?

Compartir la llamada a la acción

Compartir puntos de dolor puede crear una voluntad y un modo de lograr cosas importantes a escala global. Hasta que no haya más personas que registren como punto de dolor el cambio climático y sus efectos sobre el medio ambiente y los desastres naturales, y la urgencia por abordarlo no alcance a todos los niveles de gobierno y liderazgo, estamos condenados a repetir las mismas lecciones devastadores.

Algo que casa muy bien con mi mentalidad es el modo en que Lisa Sasaki, del Smithsonian, se ha referido a la cultura. Una de las razones por las que suele sufrir la innovación a nivel global es porque la política y la economía son juegos de desafíos: ninguno de los grandes participantes quiere ser el primero en cambiar de rumbo hacia un modelo (de gobierno, de negocio, de transformación social) más colaborativo y menos influido por el poder, por miedo a ceder poder ante otros que puedan aprovecharlo para sí mismos. Sin embargo, esta actitud no tiene en cuenta el sufrimiento y los puntos de dolor de quienes cargan con el peso de sus políticas. Biológicamente, los puntos de dolor son la señal de que debe llevarse a cabo una acción rápida de cara a la supervivencia: si te rompes un hueso, has de ir a un médico. Necesitamos encontrar el modo de amplificar los puntos de dolor y ejercer más presión, en lugar de esperar a experimentar el dolor para actuar. Debemos considerar el planeta como nuestra casa, el mundo natural como nuestro vecindario y a las personas que sufren como nuestros vecinos. Hay que buscar los puntos de dolor. Molestarse y encontrar lo que nos mueve.

Encuentra tu motor de acción en lo que te frustra, te fastidia o te deja machacado

Percibe tu deseo de cambio, tu conciencia de lo que te está molestando. Ese es tu punto de dolor. Para descubrir tus fuentes de motivación, prueba estos pasos:

- **Mira a tu alrededor y conecta los puntos.** La conciencia de las cosas se convierte en reconocimiento. El cerebro siempre está inmerso en la actividad de reconocimiento de patrones. En el modo de baja energía, nuestro pensamiento cae de forma rutinaria en las respuestas ya familiares que hemos usado antes. Puedes cambiar ese comportamiento de respuesta inconsciente por una elección consciente para introducir una nueva respuesta y generar un momento LIT en el cerebro.

- **Actúa con intención.** Reconoce los estímulos que te llevan inmediatamente a la acción y sé consciente de que cuentas con capacidad de elegir. Detente a considerar las opciones que tienes en tiempo real: ¿quieres seguir reproduciendo un hábito antiguo o elegir algo diferente que apoye tu nueva intención?

- **Conecta con tu propio poder.** Acepta que estás en posesión de la llave; tú estás al mando. Reconéctate con tu punto de dolor o tu motivación para que se genere un impulso adicional de energía. Sentir esa conexión te empoderará.

- **Sé transparente.** Cuando te centres en mejorar algo en tu vida, intenta estar abierto y ser transparente sobre el asunto. Tu cambio puede afectar al pensamiento o a la motivación de otras personas. Puede ser una chispa que dé a otros también la posibilidad de cambiar.

- **Pásalo.** Anima y apoya a otras personas en su propio camino. La transferencia de energía en la acción LIT es poderosa. Cuando haces cambios, también te estás cambiando a ti mismo a mejor y eso tiene un efecto dominó tanto en ti como en quienes te rodean. Otras personas pueden sentirse inspiradas para querer un cambio positivo en sí mismas y movilizarse para pasar a la acción. En cualquier caso, es beneficioso permitir que aflore nuestra incomodidad interior para que estimule a nuestra intuición acerca de cambios que queremos ver o hacer.

Sé un oportunista activo

Busca ideas, conocimiento e inspiración en todas partes

Entrena el cerebro para que busque distintas experiencias y atrape oportunidades

No sorprende que la gente se meta en las llamadas «cámaras de resonancia mediática», rodeándose de noticias y opiniones que refuerzan lo que ya creen, pues así reducen el coste metabólico y la incomodidad de tener que aprender algo nuevo. Por desgracia, también reducen las probabilidades de enterarse de algo que pueda hacerles cambiar de opinión.[1]

LISA FELDMAN BARRETT

En el mundo de la ciencia y la tecnología, hay una estructura que, como nosotros, está diseñada para crear conexiones vibrantes y creativas con otras como ella, que prospera al recibir y compartir información, que la sintetiza para generar nueva energía y posibilidades, y que se marchita cuando no realiza esas conexiones. Hablamos de la neurona, punto de transmisión de datos en el cerebro, siempre activa y lista para el crecimiento y el cambio. «La neurona cambia constantemente; crece, y cuando crece toma muestras del entorno», escribió Daniel Câmara en *Bio-inspired Networking*.[2]

¡Sé como una neurona! Esa es la esencia de lo que significa en la vida LIT ser un oportunista activo. No dejes de tomar muestras del entorno, explóralo para encontrar fuentes de inspiración, información y conocimiento. Busca gente, lugares y experiencias que te aporten oportunidades de aprender, crecer, conectarte y colaborar para hacer que pasen cosas buenas, sea cual sea la esfera de la vida donde te desenvuelves. Dicho con otras palabras, canaliza tu neurona interior.

¿Por qué hacerlo? Un estudio reciente que analizó las interacciones sociales y la felicidad de más de cincuenta mil personas concluyó que quienes interactuaban con un grupo más diverso de relaciones (incluidos conocidos lejanos o incluso desconocidos) eran más felices que aquellos con interacciones sociales de alcance más reducido. Basándose en estudios anteriores y en datos públicos de agencias estatales y de salud pública, el grupo de investigadores halló que «por encima de la cantidad de interacción social y de la diversidad de actividades, la variedad de las relaciones de la cartera social es un indicador único de bienestar tanto entre individuos como de cada individuo a lo largo del tiempo». Cuantas más conversaciones tenía la gente en las distintas categorías de relación, más satisfecha estaba, y los hallazgos se repitieron en una muestra grande de muchos países, según Hanne Collins,[3] estudiante de doctorado de la facultad de Negocios de Harvard, que fue coautora del estudio. De particular interés fueron sus hallazgos de que las interacciones con «vínculos débiles» (es decir, gente poco conocida) podían generar «experiencias sorprendentemente positivas», sobre todo en conversaciones de tú a tú en las que el elemento relacional era más bajo. La conclusión fue que los vínculos débiles «desempeñan un papel fundamental en el fortalecimiento de la red de cada uno al servir como puentes que proporcionan acceso a información y recursos».

Sé que la palabra «oportunista» puede tener connotaciones negativas, ligada como está a actores malos que buscan riqueza o poder, etcétera. Y el propio diccionario la recoge como de uso peyorativo, aplicada a personas que se aprovechan de las circunstancias al máximo para obtener el mayor beneficio posible. Sin embargo, yo utilizo el término en un sentido positivo. En el ámbito de la investigación necesitamos reconocer las oportunidades que surgen (ideas, posibilidades que antes se han pasado por alto, ocurrencias inesperadas) y luego darles recorrido para ver adónde nos pueden llevar. Tenemos que ser oportunistas. Dicho de otro modo, necesitamos aprovechar las oportunidades y explorar su potencial. Y lo que es más, por mucho que a la gente de ciencias, que suele ser introvertida, le cueste proyectarse en el ámbito social, tenemos que multiplicar las posibilidades de ser oportunistas creando relaciones, a menudo con personas que, a primera vista, trabajan en disciplinas que nos son ajenas. El oportunismo LIT está basado en aportaciones y en cultivar conexiones y relaciones para actuar sirviendo a un bien mayor.

El oportunismo activo es el antídoto del modo CEB del cerebro, con su deriva hacia lo que le resulta conocido. Cuando interactuamos con otras personas, alertamos al cerebro con una señal natural y un empujón a la acción.

Cultivar relaciones para crear contactos profesionales perdió su atractivo cuando se convirtió en una tarea obligatoria, aburrida, rutinaria y transaccional del desarrollo profesional. Sin embargo, en la naturaleza, cultivar relaciones es algo fundamental. Se trata de un fenómeno muy creativo y cargado de energía. Para las neuronas[4] puede ser una cuestión de vida o muerte, pues prosperan tejiendo relaciones y la pérdida de conexión con otras neuronas resulta aciaga para algunos ciclos celulares vitales y da lugar a ciertas enfermedades. Algunas plantas necesitan la polinización cruzada para sobrevivir y dependen de la ayuda de aves, abejas y otros elementos. Las hormigas y las termitas emplean un algoritmo colectivo de feromonas localizadas para coordinar movimientos y tareas. Las bacterias liberan moléculas para coordinar la colonización de anfitriones y para defenderse. El comportamiento de los enjambres[5] (o, en su versión óptima, la inteligencia de los enjambres o los grupos) ejemplifica la ventaja de cultivar relaciones. Entre las especies sociales, desde las hormigas y las abejas hasta las aves y los mamíferos, la aportación de cada individuo puede potenciar la inteligencia colectiva del grupo. A veces, la sinergia entre los individuos del grupo «presenta una inteligencia que va más allá de la de cada uno», como explica Câmara.[6]

Nuestra capacidad de elegir y nuestra intención de seguir hasta el final es el factor LIT. La conexión y la interacción dinámica son fuerzas vitales también para los humanos; podemos impulsar nuestro proceso de búsqueda y toma de muestras independientemente de las diferencias de tiempo, distancia y cultura. Relacionarse puede ser un antídoto contra la soledad, que cada vez tiene más incidencia en la salud. Como el psiquiatra, terapeuta y escritor Phil Stutz ha señalado en *Stutz*, el documental de Netflix, «tus relaciones son como asideros que te devuelven a la vida. La clave está en que eres tú quien tiene que tomar la iniciativa».

El pensamiento lateral, un término acuñado por el psicólogo, médico e inventor Edward de Bono en 1967, popularizó el concepto de pensar de manera creativa con la metáfora de usar distintos «sombreros de pensar», que representaban distintas perspectivas, como estrategia para impulsar la innovación en entornos organizativos. Desde hace unos años, la investigación en neurociencia ha profundizado y ampliado nuestro entendimiento de los sistemas de redes cerebrales, poniendo de manifiesto una enorme interconectividad mediante la que extraemos información de fuentes internas y externas, o, como lo llama Annie Murphy Paul en su libro *The Extended Mind: The Power of Thinking Outside the Brain*: «la mente ampliada».[7] Al contrario de la suposición asentada de que la mente está «vinculada al cerebro», contenida y operativa solo en el cráneo, Paul se basa en la neurociencia y en la filosofía para describir un nutrido grupo de recursos extraneurales que inciden en el cerebro y dan forma a la mente. «La mente se extiende más allá del cráneo y del cerebro, se extiende a nuestro cuerpo; las sensaciones y los movimientos del cuerpo se extienden al espacio físico, a los espacios donde pensamos, aprendemos y trabajamos, a nuestras relaciones con otras personas y a las herramientas con las que pensamos»,[8] dice.

Estos métodos de probada eficacia para resolver problemas e innovar pueden iluminar con LIT e intención todas las facetas de nuestra vida, incluidos nuestros pensamientos más íntimos, fantasías, relaciones y sueños, así como nuestra cotidianidad. En términos prácticos, todo ello implica un actitud proactiva: buscar información, ideas, perspectivas, opiniones y experiencias fuera de nuestro círculo más inmediato. Si aprovechamos el cerebro de alta energía o modo LIT, podemos hacer polinización cruzada para nuestro pensamiento.

O, como el artista, tecnólogo y filósofo James Bridle escribió en *Ways of Being: Animals, Plants, Machines: The Search for a Planetary Intelligence*, «para mirar más allá del horizonte de nuestro propio yo y nuestras propias creaciones y vislumbrar otro tipo o muchos otros tipos de inteligencia, que estaban todo el tiempo ahí, delante de nosotros, y, en muchos casos, nos han precedido».[9]

Asumir la diversidad de todo tipo y, además, buscarla activamente, lo transforma todo, desde las redes neuronales que te permiten leer (o escuchar) este libro hasta la energía que transfieres mientras te mueves a lo largo del día. Al fin y al cabo, la energía existe más allá de las palabras, fuera de las líneas, y viaja de modos que la ciencia aún no puede explicar.

Phillip Sharp: habla con gente que sepa cosas distintas que tú

Cuando el genetista Phillip Sharp, profesor del Instituto Koch para la Investigación Integral del Cáncer del MIT, me habló sobre la evolución del trabajo en torno a la biología celular que lo llevó a conseguir el Premio Nobel, había un hilo conductor digno de atención: su deseo de conversar con otros y aprender de ellos. «Me gusta hablar con gente que sabe cosas distintas que yo», me dijo, y describió la inspiración científica como un proceso «que surge de viajes vitales». Lo que más me llamó la atención fue su modo de utilizar cosas distintas a sus intereses para ahondar en los suyos propios y maximizar su impacto.

Cuando perseguimos una pasión y nos damos cuenta a mitad de camino que hay otra cosa que nos interesa más (por ejemplo, un propósito superior), surge la oportunidad de conectar con una intención más profunda que podría llevarnos a un camino nuevo, un nuevo entorno. Cuanto más en consonancia estamos con nuestros intereses más profundos, más fuerte es el tirón gravitatorio que atrae a otras personas para conectarse y colaborar con esa energía a la que hemos accedido.

De eso va cualquier gran organización o institución, y lo mismo puede decirse de cualquier comunidad o del espacio de la vida de cada uno. Como ha descrito Sharp,[10] las mentes científicas diversas y estimulantes que lo rodeaban, más jóvenes y de más edad, eran más que una influencia: eran un entorno, una placa de Petri para hacer crecer un cultivo. En una entrevista con el proyecto del MIT Infinite History Project, comentó:[11] «Al entrar en esa comunidad [...] miras a tu alrededor y piensas: ¿quién tendrá las ideas más valiosas e interesantes?, ¿quién consigue que se hagan las cosas?, ¿quién hace que se muevan?». Cuando interaccionas con un entorno fértil, «aportas información y conocimientos, lo que estimula a otras personas a tu alrededor para que se pongan a resolver problemas. Y, a su vez, te aportan a ti herramientas e ideas. Entonces ves desde distintas perspectivas [...] nuevos modos de resolver problemas. Y esta interacción es fascinante».

La infancia de Sharp en la pequeña explotación rural familiar de Kentucky, donde vivía cerca de la naturaleza y los animales, avivó su curiosidad por la ciencia. A lo largo de su carrera, mientras viajaba para asistir a convenciones, se llevaba consigo los ensayos de sus colegas para leerlos y seguir aprendiendo. «Es tremendamente satisfactorio poder comprender en detalle cómo piensan otras personas y cómo se desenvuelven los problemas, y aportar tu propio granito de arena para crear algo nuevo. La vida es maravillosa».

Más adelante, en distintos momentos, Sharp buscó la oportunidad de participar en las reuniones ordinarias de otros laboratorios para debatir trabajos en curso y aportar también su opinión, un modo de ampliar el diálogo científico con una esfera cada vez mayor de colegas. Al final dio el paso al mundo de la empresa. Vio la oportunidad de llevar tecnologías académicas a los pacientes[12] y, a pesar de que le dijeron que no duraría ni un año, cofundó Biogen en 1978, participando así en el nacimiento de la industria biotecnológica que convirtió el barrizal urbano y el terreno industrial baldío que era Kendall Square de Boston en la bulliciosa capital mundial de la biotecnología. «Lo que la empresa saca de ti —dice— es que tienes que interactuar con un sector mucho mayor de la sociedad para que funcione [...] conocer a un montón de gente y tratar de entender qué los motiva y cómo hacen su trabajo. [...] Me ha llevado a valorar mucho mejor el talento, la diversidad de la gente en la sociedad».[13]

«Este proceso ha vuelto a ocurrir muchas veces en mi vida —me dijo—. Leo cosas que están fuera de mis intereses específicos, luego acumulo contactos con gente de distintos intereses y, por último, empiezo a conectar los puntos. Mediante este proceso he sido capaz de hacer aportaciones que han sido determinantes en el campo de la biotecnología».

En Kentucky, la familia de Sharp criaba ganado y cultivaba tabaco a lo largo del río Licking. Sharp participó en el negocio familiar para pagarse la educación en la universidad. Anima a más ingenieros y científicos a inspirar a la próxima generación de investigadores hablando, sobre todo, con estudiantes de bajos recursos y de zonas rurales. Según Sharp, en algunas de esas comunidades, los estudiantes no suelen ver a gente que haya hecho aportaciones al mundo académico. «Que alguien se ponga delante de ellos y les diga lo emocionante que es puede tener un gran efecto en una mente joven».[14]

Los niños son los mensajes vivos que enviamos a un tiempo que nunca veremos.

NEIL POSTMAN,
The Disappearance of Childhood[15]

Rumbo hacia fuera del cerebro

El oportunismo activo se puede practicar de muchas maneras. Las oportunidades fluyen en dos direcciones: hacia fuera (tú las inicias) o hacia dentro (las inician otros, pero tú tienes que reconocerlas). De cualquiera de los dos modos hay que entrenar el cerebro para despertarlo (y que reconozca las oportunidades de conectar con otros) y ser proactivo en la consecución de las cosas hasta el final. Cuando algo o alguien pulsa una cuerda que te toca una fibra sensible o te despierta curiosidad, es una señal, una llamada de atención intuitiva a tu cerebro analítico: «¡Echa un vistazo a esto!». Actúa. Así es como una oportunidad se convierte en una infinidad de ellas. Se te puede presentar mientras estás respondiendo a la llamada de alguien nuevo o por un encuentro casual que te lleva en una nueva dirección. Nunca sabes cuándo puede conducirte a algo interesante tomar un café con alguien.

Si tus conocimientos se restringen mucho a un área o son muy regionales, ¿qué probabilidades tienes de tomar la decisión correcta?[16]

CHRIS HADFIELD, astronauta

He aquí un ejemplo de un oportunismo activo «hacia fuera». Casi desde el primer día de mi laboratorio decidí que me encontraría con todo tipo de personas implicadas en los campos a los que necesitaría acudir para tener éxito. Como ya he dicho, al acabar mi posdoctorado, me entusiasmé por embarcarme en una carrera centrada en la medicina traslacional, que, como apunta Phillip Sharp, requiere que anticipes todos los pasos esenciales que serán necesarios para trasladar los avances científicos del laboratorio a la práctica, a los tratamientos reales. Sin embargo, yo sabía que no tenía las herramientas necesarias para hacer algo así, es decir, el abanico de conocimientos necesarios. Por lo general, en el mundo académico, con la excepción del ámbito de los estudios empresariales, no se nos enseña a llevar productos al mercado que aporten valor a la sociedad. Gracias a mi mentor, Bob Langer, al que vi haciéndolo, yo sabía que era posible. Sin embargo, Langer hacía que pareciese tan natural como respirar. Y a mí no se me ocurría nada en absoluto.

Sabiendo que carecía de los conocimientos adecuados y de una estrategia útil, decidí que tenía que conocer a gente que sí estuviera formada para trasladar tecnologías, lo que incluía expertos en patentes, derecho empresarial, políticas de reembolso y normativas, proceso de fabricación, emprendedores, gente de todo tipo de empresas e inversores, ninguno de los cuales estaba bien representado entre los parroquianos de la cafetería de al lado del laboratorio. Me planteé que conocer a alguien nuevo cada dos o tres semanas sería un ritmo dinámico a la vez que manejable. Antes de los encuentros preparaba preguntas y me iba dispuesto a escuchar con atención y a aprender. Me centraba en procesar lo más rápido posible lo que aprendía para avanzar en la conversación con nuevas preguntas. Y quería respetar el tiempo de la gente, porque no todas aquellas reuniones conducirían a una colaboración formal. Encontré modos de compensación mediante cierta información o contactos, incluso aunque no fuésemos a trabajar juntos en aquel momento.

Hacer contactos puede parecer una actividad torturante, sobre todo si eres tú quien tienes que realizarla. ¡Todas esas presentaciones y toda esa charla incómoda y formalizada! No siempre me apetecía conocer gente nueva. Llamar por teléfono a personas que no me conocían, o presentarme a alguien en un evento, a veces justo a la salida, era la peor parte. Al fin y al cabo, tenemos integrados en la genética los activadores del miedo y dudar antes de interactuar es una característica de nuestra especie. Así que tendía a evitar esos eventos creyendo que no solo eran incómodos, sino también ineficientes. Sin embargo, a veces lo único que necesitamos es una chispa que anule la reticencia y vuelva a encender la conexión.

Cuando varié mi actitud hacia los eventos y valoré el potencial de las conexiones genuinas, pude afrontarlos con más energía. Al final, esa intención relacional (en lugar de transaccional) ayudó a reducir la energía de activación necesaria para el resto. Empezó a costarme menos y a sentir menos resistencia. Definirlos como un autorreto me ayudó accionar el interruptor. Podía seguir centrado en mi propósito, con la meta de hacerlo unas pocas veces al mes. Con el tiempo se convirtió en una expedición para encontrarme con gente con la que conectaba energéticamente. Mi meta se cristalizó. Mi consejo es que para desarrollar relaciones genuinas compartas tus ideas, recibas las de otros, aprendas de tus experiencias y se las cuentes a otros. Ya solo eso sería un resultado excelente.

Como consecuencia, he encontrado colaboradores valiosos a los que quizá no habría conocido nunca a través de canales más cercanos. Un día de diciembre de 2010 tomé la decisión de vencer mi resistencia y acudir a un evento de dispositivos médicos y tratar de valorar con sinceridad las conversaciones con la gente que conociese. Entre ellos, estaba la empresaria Nancy Briefs, que se encontraba en el proceso de vender su compañía. Yo acababa de apalabrar una subvención de la Wallace H. Coulter Foundation, que apoya las colaboraciones en investigación traslacional entre ingenieros biomédicos y médicos clínicos. Nuestra ayuda era para avanzar en la tecnología de agujas de detención automática e incluía fondos para contratación y consultoría. Me lancé al vacío y me presenté a Nancy, y algo hizo clic. Sabiendo que ella tenía una rica y exitosa experiencia empresarial le pedí que trabajara con nosotros y, en los siguientes meses, trabajamos juntos en presentaciones y floreció nuestra colaboración. Su sabiduría, cordialidad, confianza y empuje fueron un catalizador en muchos sentidos. Acabamos colaborando con el cirujano bariátrico Ali Tavakkoli, y con Yuhan Lee, que en aquel momento hacía el posdoctorado en mi laboratorio y hoy es profesor adjunto, para crear una nueva tecnología que permitiera tratar desórdenes metabólicos como la diabetes de tipo 2. Tavakkoli se había puesto en contacto conmigo para contarme la idea, un ejemplo de oportunidad que llega de fuera. Y todo ello provino de la sencilla decisión de sobreponerme y dar un paso, aspirar a la autenticidad y valorar genuinamente las conversaciones y la gente que conocía de esta manera.

Las oportunidades como estas que llegan desde fuera son como cables de conexión cargados de energía, potencial y serendipia. La tecnología de agujas de detención automática que antes he mencionado también se materializó así. Coincidí con el anestesiólogo Omid Farokhzad cuando los dos hacíamos el posdoctorado en el laboratorio de Bob Langer. Un día, mientras comíamos en una sala de reuniones, describió un problema con la anestesia epidural y las lesiones que podían producirse al administrarla. Para inyectar la anestesia se realiza una punción en el reducido espacio epidural que rodea la médula espinal. Se utiliza con frecuencia en los partos para reducir el dolor. El caso es que realizar punciones en tejidos específicos como el espacio epidural con una aguja convencional puede ser difícil y suele ser necesario que lo realice una persona bien formada, pues pueden darse complicaciones si la aguja sobrepasa el tejido indicado. A lo largo del siglo XX hubo innovaciones mínimas de las agujas en sí, lo que podía ser una oportunidad para desarrollar dispositivos más precisos manteniendo a la vez el diseño lo más simple posible para facilitar su uso.

Una hora más tarde éramos las dos únicas personas que se habían quedado en la sala. Se me despertó la curiosidad enseguida, pero no tenía experiencia en aquel ámbito. Se nos ocurrieron ideas sobre cómo crear una aguja que evitase posibles lesiones, pero necesitábamos la colaboración de alguien con conocimientos para crear prototipos y perfeccionar ideas. Al final, encontré un colaborador en el MIT con experiencia en el diseño de catéteres diversos. Juntos escribimos para solicitar ayudas, encontramos financiación, creamos prototipos y los perfeccionamos y, al final, inventamos un nuevo tipo de aguja —un inyector inteligente— que podía percibir los cambios entre capas de tejido y detenerse de forma automática antes de producir una lesión. Este proyecto generó una derivación en mi laboratorio para crear una aguja que se detuviera entre las diminutas capas del ojo a fin de administrar terapia genética en el fondo de ojo (imagina la dificultad de inyectar fluido entre dos globos sin que se salga fuera). A día de hoy, no existen métodos generalizados para administrar sin riesgos y de manera eficiente medicamentos en el fondo de ojo. Nos pusimos a trabajar en ello y ¡bum!, creamos una empresa llamada Bullseye Therapeutics, que fue adquirida por otra que está hoy haciendo avances en la administración de terapia genética para tratar la degeneración macular.

> Nos estamos ahogando en información a la vez que
> estamos hambrientos de sabiduría. El mundo a partir
> de ahora se regirá por personas capaces de sinteti-
> zar, de combinar la información correcta en el momen-
> to oportuno, pensar con criterio y tomar decisiones
> importantes con sensatez.[17]
>
> EDWARD O. WILSON

Un químico y sus viñetas

Modificar tu motor de búsqueda mental también ayuda a aprovechar las oportunidades inesperadas. En julio de 2007, el mismo mes en que se inauguró mi laboratorio, Praveen Kumar Vemula solicitó entrar a trabajar con nosotros. Su currículum resultaba impresionante, pero era químico y yo no tenía un puesto en el que encajaran sus cualificaciones. Estaba examinando el currículum cuando, justo al final, me llamó la atención algo muy inusual. Era un resumen en el que detallaba cada logro más importante de su carrera en una serie de viñetas simplificadas. Me quedé fascinado. ¡Nunca se me habría ocurrido mostrar datos en formato de tira cómica en un currículum! Cuando las observé más de cerca vi que las imágenes eran tan explicativas que no hacía falta leer el texto en absoluto. Había comunicado la información esencial con un elemento visual irresistible.

Vemula era un supercomunicador. Más allá de su notable trabajo como científico, tenía el talento de un contador de historias para crear imágenes que transmitiesen los puntos clave de la parte científica. Llevaba un programa de ciencias en la radio donde explicaba conceptos al público general. Seguí mirando el currículum y vi que tenía algunas aficiones interesantes, incluido el bádminton a un nivel bastante serio. Todo ello denotaba que se trataba de una persona creativa que vivía en consonancia con sus pasiones. Aunque no tenía entre manos ningún proyecto que encajara bien con sus competencias, le ofrecí un trabajo porque sabía que era importante que tuviésemos diversidad creativa en el laboratorio.

Vemula demostró una curiosidad sin límites y el deseo de dar buen uso a sus dotes y su empeño. No solo le entusiasmaba avanzar en su campo de conocimiento, sino también buscar aplicaciones prácticas. Para él, la química era otra especie de taller artístico, y las moléculas, su medio. En una ocasión utilizó moléculas especializadas para formar un hidrogel (con la consistencia de la mantequilla a temperatura ambiente) que, al aplicarlo o inyectarlo, permitía la administración precisa de medicamentos en articulaciones artríticas o zonas inflamadas. Como respuesta a enzimas inflamatorias, la molécula podía dividirse por la mitad —desmontarse— y usarse para administrar todo tipo de medicamentos que se introdujeran en el gel durante el proceso de creación de la molécula.

Sin embargo, había un obstáculo formidable: el complejo proceso de aprobación legal y producción que sería necesario, que podría fácilmente frustrar los esfuerzos de dar un uso práctico al nuevo material. Desarrollaríamos un nuevo proceso usando un nuevo material, pero la cuestión clave era: ahora que teníamos el proceso ¿existía un material que ya estuviera recogido en la lista GRAS (de materiales seguros) de la FDA que pudiera funcionar para nuestro fin?

Si existiera, sería posible darle un uso nuevo a una sustancia ya disponible y rentable. Tuvimos la alegría inmensa de encontrar agentes alternativos en la lista GRAS, incluida la consabida vitamina C y un emulsificador usado para hacer helado, que podían convertirse en el sistema de administración de medicamentos contra la inflamación más simple del mundo.

El trabajo de Vemula condujo al avance de dos nanotecnologías más para tratar dolencias que afligen a decenas de millones de personas solo en Estados Unidos. La primera, para el tratamiento de alergias de contacto en la piel (como la alergia al níquel), que se calcula que afectan a entre el 10 y el 20 por ciento de la población. La segunda, que se encuentra en la fase previa a la realización de pruebas clínicas, para el tratamiento de la enfermedad inflamatoria intestinal (EII), que se calcula que afecta a 23,5 millones de personas en Estados Unidos; también puede utilizarse para tratar otros trastornos inflamatorios.

Vemula demostró ser una de esas joyas escondidas que llegan sin avisar a la bandeja de entrada de tu correo. Como oportunista activo, se presentó ignorando los límites convencionales y el estilo de currículum de un químico en busca de trabajo y adoptó un enfoque más creativo. Trabajar con él ha sido uno de los mejores momentos de mi carrera. Si yo no hubiera sido también un oportunista activo, habría dejado de leer su currículum al ver que era químico, sabiendo que no tenía un puesto específico para él. Los dos tuvimos suerte, pero aumentamos las probabilidades de tenerla por ser oportunistas activos usando un motor de búsqueda vibrante de energía.

Linda Stone: maximizar el potencial para tener suerte

La gente suele atribuir el éxito a la buena suerte de estar en el lugar adecuado en el momento adecuado. Pero ¿qué quiere decir eso? ¿Y si pudieras maximizar el potencial de la buena suerte? Hacer un hoyo a la primera jugando al golf[18] es un logro inusual para cualquier persona, pero si eres un golfista profesional, tus probabilidades se multiplican por cinco respecto de las de un no profesional. ¡Con la práctica adecuada, podemos aumentar las probabilidades de tener suerte en cualquier campo!

Veamos la historia del ascenso de Linda Stone como líder pionera en la innovación tecnológica desde sus inicios como maestra y bibliotecaria de escuela hasta llegar a los altos puestos directivos que desempeñó en Microsoft. A nadie se le ocurriría decir que solo tuvo suerte. Trabajó muy duro desde el principio y se dejó llevar por sus pasiones en cada paso del proceso, impulsada por el deseo de hacer avanzar los modos en que la tecnología podía mejorar nuestra vida. Es lo que lleva haciendo desde entonces. Cuando hablamos sobre su carrera, me llamó la atención la gran cantidad de veces que había aprovechado el momento, a veces incómodo o adverso, y lo había convertido en una oportunidad saltando a la acción, como explicaré a continuación.

De joven, siempre se había interesado en la tecnología y los ordenadores, y dejó el barrio de las afueras de Chicago donde había crecido para asistir al Evergreen State College en el estado de Washington. Eligió Evergreen después de ver un reportaje de televisión en el programa *60 Minutes* sobre esta universidad pública de ciencias y artes tan poco convencional. La razón fue simple: «Me pareció interesante y decidí ir». Evergreen era conocido por ser un refugio de pensadores creativos, y Stone prosperó en aquel entorno riguroso e inconformista.

En el sótano de la biblioteca de Evergreen encontró un taller de madera totalmente equipado y practicó haciendo cucharas. También encontró un sistema informático PLATO primitivo y se dedicó a trastear con las tarjetas perforadas y diversos programas.

Cuando se graduó en Evergreen, aceptó un trabajo de maestra y bibliotecaria en un colegio infantil. También enseñó a profesores en activo y en prácticas. Después tuvo un accidente de coche grave y perdió el uso de la pierna derecha durante un largo periodo de recuperación, por lo que tuvo que cancelar un viaje con su novio para practicar el esquí de travesía. El novio (que sí fue al viaje) le dejó antes de marcharse un ordenador 4 K Timex Sinclair y un libro sobre el código de programación BASIC (siglas en inglés de Beginner's All-purpose Symbolic Instruction Code). Stone utilizó el periodo de convalecencia para aprender más cosas sobre tecnología y acabó ayudando a introducir los ordenadores en el distrito escolar donde había trabajado. También dirigió programas de desarrollo profesional para enseñar a profesores en prácticas el lenguaje Logo y cómo podían usarse los ordenadores en la educación.

Stone aún se maravilla de la serendipia que guio su enrevesado camino profesional. Por ejemplo, en 1984, Stone asistió por sus propios medios a la primera convención de Logo, organizada por Seymour Papert y el MIT Media Lab. Al término de una ponencia sobre creatividad comenzó a charlar con la mujer que estaba sentada a su lado. Stone mencionó que el contenido de la ponencia le había recordado a una empresa llamada Synectics y un libro relacionado con ella, así como algunas experiencias que ella había tenido en Evergreen. «¡Yo trabajo para Synectics!», exclamó la mujer. Y, de repente, Stone entró en aquella órbita.

«¡Qué casualidad!, ¿no?», dice Stone, aún asombrada por aquel golpe de suerte y lo que siguió. Al visitar las oficinas de Synectics, comentó que le interesaría mucho llevar el enfoque de la empresa a su distrito escolar y les preguntó si se plantearían difundir su formación en caso de que Stone consiguiera ayudas para financiar el proyecto. Los representantes de la empresa propusieron a su vez a Stone que los ayudara a abrir sus primeras cuentas de ventas.

A pesar de no tener experiencia en ventas, Stone dijo que sí. Ese año escolar, durante sus descansos para comer, se dedicó a llamar a empresas para vender los servicios de Synectics. En el distrito escolar le concedieron días para acudir a la formación de Synectics varias veces al año y, para asombro suyo, consiguió varias cuentas para Synectics en Seattle. Más sorprendente aún para Stone, cada vez que acudía a un taller de Synectics, le caían ofertas de trabajo de parte de representantes de las empresas participantes.

Un día, en uno de los talleres, alguien de Apple Computer se acercó a ella para ofrecerle trabajar con ellos. Stone usaba productos de Apple, por lo que le pareció una oportunidad excelente, pero lo que realmente le llamó la atención fue la razón por la que la empresa estaba interesada en ella. «Nos gusta contratar a gente como tú —le dijeron—. No siempre buscamos un conjunto de conocimientos específicos. A veces solo buscamos a alguien que piense de manera creativa. Y tú eres ese tipo de persona».

Stone aceptó el puesto. Y, luego, cada cambio que hizo, desde Apple hasta Microsoft, se debió a la misma razón: quería explorar lo que estaba por llegar, quería desarrollar maneras en que la tecnología pudiera mejorar nuestra vida, maximizando la creatividad tanto de forma individual como colectiva, y quería trabajar con otras personas que sintieran la misma pasión.

Stephen Wilkes: viajar en el tiempo para inspirarse

Existe una química impredecible en la creación de redes de contactos que a veces no valoramos hasta que echamos la vista atrás y vemos cómo ha surgido la serendipia. Me acordé de esto cuando hablaba con Stephen Wilkes, célebre fotógrafo cuyas icónicas panorámicas parecen ser una sola instantánea, pero, en realidad, se trata de composiciones de imágenes tomadas desde el mismo punto de vista. Sus fantásticos paisajes comprimen el tiempo. En su épica exposición *Day to Night*, cada imagen panorámica era una composición de más de mil imágenes que Wilkes había tomado del mismo lugar, disparando continuamente del día a la noche para captar la luz cambiante. Desde Central Park hasta el Serengueti, Wilkes ha desarrollado su singular estilo y técnica a lo largo de décadas de proceso creativo. Durante nuestra conversación no dudó en reconocer la importancia de las diversas influencias creativas que han moldeado su obra. En cierto sentido, esas influencias han ido creando también una composición de distintas capas a lo largo del tiempo.

Por ejemplo, los paisajes urbanos contemporáneos y la gente a la que capta con un detalle tan meticuloso podrían parecer muy alejados de la vida campesina holandesa del siglo XVI. Sin embargo, Wilkes describe sus primeras influencias, el Bosco y Pieter Bruegel el Viejo, con una sensación de inmediatez que se salta siglos enteros. El fotógrafo se acuerda de cuando estaba en séptimo, en el instituto, y, en un viaje que hicieron al Metropolitan de Nueva York, vio por primera vez una pintura de Bruegel: *La cosecha*.

Se acuerda de estar ante el cuadro, fascinado: «Nunca había visto nada semejante. Recuerdo acercarme a él y mirar a la gente pequeñita que había en los campos. Casi sentía el sudor que les corría por la frente. Cada uno, ocupado en sus distintas tareas, parecía estar viviendo su propia historia en aquel paisaje épico. Era de lo más fascinante. Aquel paisaje pintado de aquel modo y las narrativas representadas en él me afectaron de un modo emocional muy muy profundo. La gente me pregunta que dónde está mi inspiración. Pues cuando vi aquel cuadro me dejó una huella muy honda».

El joven Wilkes pronto descubrió a otro maestro holandés, el Bosco, que había influido a Bruegel. Sobre la diferencia de unos cuatrocientos años entre ellos y él, comentó: «La inspiración en el arte trasciende las generaciones».

> Ha sido un viaje fascinante. Encuentro que mantengo esa energía a mi alrededor, esa energía positiva de gente que cree, de gente que no afloja hasta conseguirlo, hasta que las cosas ocurren: conseguiremos la foto, los animales terminarán apareciendo, terminarán viniendo a beber.[19]
>
> STEPHEN WILKES

En el mundo pospandémico, LIT tiene un sorprendente papel en la recuperación de las interacciones sociales. Somos una especie social, y la pandemia fue una interrupción drástica, como cuando llega una tormenta que arranca las líneas eléctricas. Por muy urgente que tuviera que ser esa interrupción como medida de salud pública, la reanudación intencionada de las interacciones se convirtió en una necesidad.

Como hacemos cuando se nos cuelga el ordenador y damos a «Reinicio» o a «Restaurar ajustes», cada vez que se perturban las estructuras sociales podemos usar la oportunidad para elegir nuevos ajustes con mayor intencionalidad: restaurar los que ahora reconocemos como valiosos, y quizá tomar decisiones distintas respecto de otros, reemplazando algunos a los que nos habíamos habituado por otros que sean más conducentes a iluminar activamente el mundo con una luz nueva.

La serendipia y la buena suerte tienen una especie de aura mística, pero no hace falta que estemos esperando a que se alineen las estrellas y desear que lo hagan pronto. Hay gente que duda a la hora de interactuar, pero hay gente que no: es una característica de nuestra especie social. A veces, lo único que se necesita es una chispa para volver a establecer la conexión. También podemos ser conscientes de lo que desencadena el miedo a nivel individual (cosas como el miedo al rechazo) y darnos cuenta de que, aunque ese miedo esté integrado en nuestra genética, podemos anularlo para ser oportunistas activos e impulsar las mejores versiones de nosotros mismos.

Haz sinergia con tus superpoderes

Como individuos, nuestra diversidad neurológica implica que todos podemos tener distintas experiencias y que nos han condicionado de maneras diferentes. Aunque provengamos de la misma familia y hayamos crecido en el mismo lugar, las diferencias cerebrales pueden llevarnos a gravitar hacia cosas diferentes o hacernos tomar decisiones muy distintas. Mi hermana y yo solo nos llevamos unos años y se puede decir que crecimos en el mismo entorno, pero de niños éramos bastante distintos y, con el paso de los años, a nuestra diferenciación se agregó la distancia geográfica. Ya como adultos, unos treinta años después, la preocupación compartida por nuestros padres nos volvió a acercar y nos hizo redescubrir y valorar en el otro cualidades tanto prácticas como espirituales.

En las familias y en otros ámbitos más extensos, existe una riqueza por explorar en la interacción, siempre abierta a cosas nuevas que podamos aprender y aportar. Esto puede aplicarse de un modo más general a cómo ampliamos nuestros círculos sociales, nos implicamos en la comunidad y participamos en iniciativas y propuestas de colaboración en nuestra localidad y más allá. En nuestro laboratorio y en otros entornos de

trabajo, la sinergia de las fortalezas de un equipo diverso mejora la resolución de problemas.[20]

Temple Grandin ha apuntado que a menudo nos centramos demasiado en las cosas que tienen que arreglarse (edificios, puentes y otras infraes-
tructuras, por ejemplo), pero pasamos por alto la cuestión de quién podrá
hacer el trabajo. Insiste en la mayor atención que deberíamos prestar al
pensamiento neurodivergente (y, en especial, al hiperenfoque tan característico de él) como «esencial para la innovación y la invención».[21]

Para alimentar el factor LIT y crear interacciones y colaboraciones más
fructíferas (y disfrutables), ten en mente estos puntos:

- Una mezcla de experiencia y conocimientos ayuda a enmarcar un
  debate de manera que no sea probable que domine ningún punto
  de vista.

- Es muy emocionante la diversidad en la forma de abordar problemas y generar soluciones, sobre todo en equipos con gente de muchos países, culturas y sistemas educativos diferentes que no estén
  ligados a procesos de pensamiento occidentales.

- Una ética en la que la meta sea minimizar el ego y maximizar el intercambio entre disciplinas anima a la gente a asumir riesgos intelectuales y a retarse unos a otros con el ánimo de alcanzar una meta
  en grupo.

- En un entorno de oportunistas activos todo el mundo lee y se prepara para interactuar energéticamente con el asunto que se va a tratar
  y para avanzar en la conversación y el pensamiento del equipo.

Cuando el equipo es el correcto, los resultados pueden ser espectacu-
lares.

«En el laboratorio reconocí el poder del pensamiento colaborativo»,
me dijo Susan Hockfield. Como neurocientífica, antes de pasar a desempeñar puestos de alta dirección en Yale y el MIT, participó en reuniones
del laboratorio que generaron ideas y nuevos enfoques para problemas de
investigación. «Para mí, esa era la magia: un puñado de personas inteligentes trabajando en partes relacionadas de un nuevo problema. Y que a

alguien se le ocurra una idea que no habría tenido estando solo o sola constituye la magia de aunar cosas. No se trata de una sola persona, sino de un grupo de personas que puede cavilar sobre algo muy complejo y difícil y, de alguna manera, esa mezcla mágica de mentes produce algo formidable».

> Nuestros entornos, nuestro mundo, nuestras comunidades no son sanas si solo existe un tipo de pensamiento.[22]
>
> LISA SASAKI, Smithsonian Institution

El altruismo contagioso: LIT para hacer el bien

Poco después de que Rusia invadiera Ucrania a principios de 2022 y, según se cree, más de 10 millones de personas huyeran de sus hogares, mucha gente en todo el mundo quería ayudar pero no veía cómo. Yo estaba entre ellos. Una mañana, alguien que conozco en LinkedIn subió una publicación donde proponía abrir su laboratorio en el Reino Unido a estudiantes refugiados ucranianos. Pensé en ello unos días y me di cuenta de que podía hacer lo mismo. Subí una publicación a LinkedIn y, de repente, tenía cuarenta y ocho mil visitas y se había generado una interacción y un debate profundos y significativos. Pregunté a un par de personas del laboratorio si estarían interesadas en ayudar y al instante se apuntaron. Pregunté al vicepresidente de investigación del hospital si podría ayudarnos con los visados que hicieran falta y demás burocracia y también estuvo dispuesto a colaborar. El proceso acabó llevándonos a ayudar de maneras que nunca habría imaginado, incluso creamos oportunidades de empleo para un estudiante de odontología, un cirujano de trasplantes y un pediatra. Y lo único que hizo falta fue una pequeña chispa para catalizar la aportación de mucha gente que quería marcar la diferencia.

Cuando miras al mundo como una oportunidad enorme de conectar cosas que están divididas, de aprender de otros y sobre otros, de compartir y de influir de forma positiva, no tardas mucho en encontrar a alguien un poco más adelantado que tú en el camino y puedes aprender de esa persona. En la búsqueda de tales oportunidades, me inspiran los muchos modos que ha encontrado la gente de usar las redes sociales y el activismo comunitario para conectar rápidamente con personas necesitadas y movilizar respuestas que marquen la diferencia. El impulso hacia el altruismo,[23] que algunos dicen que forma parte de nuestro código genético (el llamado «gen altruista o protector», el impulso de compasión que nos lleva a tender la mano a alguien que lo necesita), nos permite pasar de la tendencia a la acción para lograr un bien mayor. Como una fuerza gravitatoria, esta herencia evolutiva puede hacer converger recursos y superar obstáculos generados por la distancia, la apatía o la inercia organizativa.

«Nuestra evolución de mamíferos y homínidos ha creado una especie (nosotros) con notables tendencias a la bondad, el juego, la generosidad, el respeto y el autosacrificio, que son vitales para las tareas clásicas de la evolución: supervivencia, replicación genética y convivencia grupal»,[24] ha dicho Dacher Keltner, director del Laboratorio de Interacción Social de Berkeley al hablar sobre su libro *Born to Be Good: The Science of a Meaningful Life*. Imagina que cada vez que te sientes conmovido, emocionado, empático, compasivo, protector, solidario o comprensivo, tu cerebro se enciende, listo para saltar ante la oportunidad de actuar impulsado por ese sentimiento. Y cuando lo haces y a otra persona le afecta ese pensamiento, su cerebro también se enciende: ¡LIT!

Los oportunistas activos buscan ideas, las intercambian y las sintetizan

Ven la realidad como un potencial infinito: cerebro de alta energía sin fronteras. Acceden a ideas y conocimientos (y también energía y entusiasmo) para inspirar pensamiento nuevo y acelerar los buenos resultados. Los libros y revistas, pódcast, charlas TED, aficiones y viajes son puntos de acceso fácil. A nuestro cerebro le encanta centrarse en cosas con un enfoque muy pequeño (como si ilumináramos algo con una minilinterna), pero podemos abrir la vista con una mentalidad expansiva y ver y buscar oportunidades de conexión de un modo más amplio. Cuanto más interactúes con el mundo, más potenciarás las probabilidades de buenas rachas y éxito. Del pensamiento lateral, De Bono dijo también esta famosa frase: «No puedes excavar un hoyo en un lugar diferente si te dedicas a cavar más hondo en el mismo sitio».[25] Desde entonces, se han hecho muchas metáforas con sombreros y hoyos, y repetido lemas como «No caves más hondo, cava en otro sitio».[26] El oportunista activo cava más hondo y también en otro sitio. He aquí algunas estrategias LIT para el oportunismo activo:

- Abre las puertas para que la oportunidad no tenga que ir a llamar a tu puerta. Charla con desconocidos. Conoce a amigos de tus amigos. Interactúa con personas que sepan cosas distintas que tú. Cuando cojo un Uber, charlo con el conductor y normalmente me quedo pensando sobre algo que me ha dicho.

- Proponte reconocer los límites de tu experiencia personal que pueden crear puntos ciegos o sesgos inconscientes y que puedes cambiar mediante esfuerzos intencionados para ver y aprender más, e interactuar de manera más proactiva.

- Valora la neurodiversidad como un activo. El término se usa muy a menudo para identificar los déficits o diferencias de aprendizaje, pero no para valorarlos como activos. Todos estamos hechos de fortalezas y capacidades; estamos todos en un continuo. Cuando conozcas a alguien que parezca estar orientado de forma distinta que tú, presta atención. Cuanto más nos propongamos aprender de nuestras diferencias, mayor será el beneficio.

- En los equipos de trabajo, utiliza la colaboración dirigida para maximizar la esencial diversidad de un equipo de pensadores ágiles y profundos. Busca colegas que aporten conocimiento y experiencia que no tengas todavía, que aporten energía para generar empuje, que ayuden a pensar sobre un problema de forma distinta.

- Mantén la curiosidad y estate abierto a sorpresas. Después del nacimiento de mi hija Jordyn en 2009, durante la presentación ante un comité de subvenciones de una solicitud para una ayuda pequeña a mi laboratorio, tuve que parar a descansar porque casi me quedo dormido de pie de lo cansado que estaba. Después, uno de los miembros del comité me propuso que quedásemos para tomar un café. Estaba en un periodo interminable de solicitud de subvenciones y mi primer pensamiento (producido por la falta de sueño) fue: «¿De verdad quiero ocupar más tiempo e ir a tomar ese café?». Entonces, en medio de la neblina, vislumbré el destello de una chispa y pensé: «¿Adónde podría llevarme ese café?». Y quedé con aquella persona y nuestra conversación condujo a la creación de dos empresas y a que el laboratorio recibiera cuatro años de financiación (de otra fuente distinta) para continuar con nuestro trabajo.

- Identifica habilidades que tengan otros a tu alrededor y tú no. No permitas que interfiera la vergüenza o la autocrítica. Se trata de una autoevaluación sincera y del propósito de dar con personas que destaquen y aprender de ellas. Hazles preguntas. Estudia cómo se desenvuelven. Busca en ellas destrezas que puedan convertirse en tus propias destrezas.

- Ofrécete voluntario.[27] Sigue tus intereses o escucha las necesidades más urgentes y presta ayuda. Es un modo excelente de aportar a otros y de enriquecer tu vida con metas.

Pellízcate el cerebro
La atención es tu superpoder

Interrumpe la deriva mental y las distracciones con «tirones» intencionados

Tenemos la capacidad de atender, solo que nos olvidamos de cómo activarla.[1]

ALEXANDRA HOROWITZ,
*On Looking: A Walker's Guide
to the Art of Observation*

Cuando tenía unos ocho años nos fuimos a vivir al campo. Estaba en tercero y, aunque mi TDAH se vino conmigo y continuaron mis tremendos problemas de atención en el colegio, pronto descubrí algo sorprendente sobre mi vida en mi nuevo territorio. Después de las clases pasaba a menudo horas en nuestro patio trasero o explorando los campos y bosques de los alrededores, y una tarde en que avanzaba por el largo camino de grava que llevaba a nuestra casa, al pasar por delante de un viejo árbol nudoso, me llamó la atención algo pequeño que colgaba de una rama. Me pareció extraño, pero asumí que formaba parte del árbol. Entonces me acerqué más y vi que se movía un poco. Al fijarme mejor percibí el destello de unos dientecitos. «¡Dios!… ¡Un murciélago!». Me fascinó verlo… ¡y me impactó! Retrocedí con cuidado, pero sin poder dejar de mirarlo con atención. Al final eché a correr los metros que me quedaban (pasando un puente sobre un arroyo y subiendo una cuesta) hasta la casa para contárselo a mi familia. A lo largo de los siguientes dos años comencé a darme cuenta de que estaba constantemente fascinado por toda la naturaleza que me rodeaba y, a pesar de mis problemas para concentrarme en el colegio, no tenía problemas para centrarme en ella. Al mirar desde mi patio trasero veía tantas cosas que explorar: un bosque, el campo de un agricultor, un arroyo... Y cuando exploraba y encontraba algo que me atraía, me resultaba fácil examinar las cosas con incluso más atención. Entonces me di cuenta de que también me ocurría así con algunos libros, en concreto los que detallaban hechos y los que contenían bromas. No necesitaba obligarme a concentrarme con ese tipo de libros porque (a) los hechos eran interesantes, (b) las bromas eran graciosas y (c) el material se presentaba en porciones justo del tamaño pequeño que a mí me venía bien.

En un momento dado empecé a preguntarme: «¿Hay algo aquí que pueda transformar en una estrategia que me ayude a prestar atención en el colegio?». En la naturaleza, cuando me fijaba en algo interesante, era como un pellizco: atraía mi atención y expulsaba el resto de los pensamientos. No solo eso, sino que mi cerebro con TDAH lo sentía de un modo distinto al de las distracciones usuales. En lugar de añadir caos a mi mente, aquel tipo de pellizco me hacía sentir centrado y tranquilo, pero, a la vez, me motivaba. Y, en aquel estado mental sereno y motivado, podía centrar mi atención en cualquier cosa y la energía fluía justo hacia ella. En aquella época, con el marco de referencia de un niño de diez años formado por *La guerra de las galaxias* y los *Masters del Universo*, el pellizco me parecía como una especie de superpoder.

Así que, junto a otras estrategias convencionales que me estaban enseñando para tratar de abordar el aprendizaje académico con más eficacia, comencé a experimentar con modos de usar el pellizco de manera intencionada: pellizcar a mi atención para sentirme sereno, alerta y centrado en lo que yo eligiese centrar mi atención. Con lo de hacer la cama por la mañana, por ejemplo: mi madre siempre quería que la hiciese, pero yo siempre dejaba esa tarea para el final en mi lista de prioridades, así que necesitaba encontrar un modo de priorizarla centrando en ella mi atención. O hacerme algo de comer y luego recogerlo todo: era más fácil hacerme algo de comer que limpiar después, pues mi mente estaba ya en la siguiente cosa y no se sentía motivada para recoger. Seguía costándome concentrarme en el colegio, pero mediante este proceso me di cuenta de que tenía potencial, de que había una reserva de energía atencional a la que podía acceder; solo tenía que averiguar cómo hacerlo de manera fiable. Comencé a experimentar con modos de desbloquearla y, poco a poco, averiguar cómo aplicarla a todo, incluido el colegio. En el colegio tenía un alto grado de ansiedad que a menudo entorpecía cualquier tipo de progreso, pero traté de seguir con mis experimentos.

No tenía ni idea de por qué funcionaba el pellizco. No ha sido hasta hace poco cuando, curioso sobre cómo altera un pellizco físico el flujo sanguíneo en la piel de alrededor y si podría existir un paralelo neurológico, encontré una posible explicación en la descripción de un concepto de neurociencia documentado por primera vez hace un siglo: la hiperemia funcional.[2] En su obra, el fisiólogo y científico Angelo Mosso[3] estudió el flujo sanguíneo cerebral en pacientes con heridas en la cabeza o circunstancias quirúrgicas que dejaban expuesto el cerebro a la observación directa a largo plazo. Hoy, los escáneres cerebrales y otro tipo de investigaciones muestran que cuando se activan las neuronas en un área localizada del cerebro crece el flujo sanguíneo hacia ella reforzando rápidamente el suministro de oxígeno y nutrientes. Parece pues que no hace falta encontrarte de repente un murciélago para pellizcar tus neuronas y activar un incremento del flujo sanguíneo. Cuando puedes elegir el momento y las circunstancias para usar el pellizco, mucho mejor.

En un mar de distracciones, ¿por qué añadir otra?

En una profética observación en su libro de 1971 *Computers, Communications and the Public Interest*, el premio Nobel Herbert A. Simon escribió: «Por tanto, la abundancia de información genera pobreza de atención y una necesidad de repartirla de manera eficiente entre la sobreabundancia de fuentes que podrían consumirla».[4] Medio siglo después estamos solo empezando a asumir esa realidad. Hoy, la distracción crónica se ha convertido en una característica representativa de la vida contemporánea.

Pero la culpa no es solo de la vida contemporánea. Los circuitos cerebrales primitivos siguen impulsando las reacciones de supervivencia que distraen nuestra atención. El cerebro está «programado para deambular», como dice el fisiólogo Daniel Goleman. Piensa en ello como en una mirada errante, una tendencia natural a volver al modo primitivo itinerante, con todos los sentidos vigilantes ante posibles amenazas u oportunidades. Esas oportunidades y amenazas eran presas, depredadores o quizá algo entre la vegetación o el paisaje que pudiera indicar un problema potencial. El problema de hoy es que los dispositivos, el entretenimiento y los algoritmos digitales diseñados para engancharnos lo hacen atrayendo la atención de la mente primitiva deambulante.

Con el cerebro programado para priorizar señales relacionadas con la supervivencia, es fácil desviar nuestra atención y permanecer en estado de alerta con el radar mental escaneando el horizonte para saltar ante el siguiente pitido. Pero eso no significa que no podamos hacer nada al respecto o que nuestra facilidad para distraernos no tenga encaje en los tiempos actuales. Podemos sacar partido de ese sistema y beneficiarnos de él.

Porque el cerebro humano no está solo programado para deambular, sino también para la fascinación. Cuando algo o alguien excita nuestro interés, sea un depredador, una presa u otro punto de curiosidad, el cerebro lo registra como una novedad y se activa una cascada de respuestas neuroquímicas. Algunos efectos duran solo milisegundos, otros pueden extenderse a lo largo de varios minutos, pero lo cierto es que mediante distintos mecanismos pueden intensificar los sentidos, mejorar la percepción, aumentar la motivación y la capacidad de reacción y generar otros efectos positivos en nuestro sistema de procesamiento de recompensas, aprendizaje y memoria. El juego continuo entre la respuesta del cerebro a la novedad y la atención centrada, la itinerancia y la fascinación mantiene la carga de energía necesaria para realizar el esfuerzo.

El pellizco activa y mantiene tu atención, permitiéndote centrarte de manera más deliberada en lo que quiera que elijas y ajustar el enfoque como desees, a la manera de los anillos de enfoque de un microscopio. Al examinar una muestra, se usa primero el anillo macrométrico, para un primer enfoque general. Luego, con el anillo micrométrico, se afina el enfoque en distintos aspectos de la muestra. Ahora imagina que puedes dirigir tu atención de modo similar a cualquier cosa, pasando de la inicial toma de conciencia (un enfoque general, pero dirigido) a una dimensión que da más nitidez o más amplitud al enfoque. También puedes pensar en el pellizco como en una linterna de atención que primero diriges a algo específico para iluminarlo y luego acercas para verlo con más definición o alejas para iluminar un espacio mayor.

La neurociencia ha explicado que se pasa de la falta de atención a la atención focalizada gracias a un minúsculo grupo de células situado en la base del cerebro, donde este se conecta con la médula espinal: el llamado *locus coeruleus*. En primer lugar, el lóbulo frontal del cerebro nos ayuda a prestar atención participando en el procesamiento emocional e inhibiendo impulsos primitivos, organizando, planificando y tomando decisiones. Por otro lado, el pequeño grupo de células del *locus coeruleus* desempeña un papel esencial en la atención modulando la excitación, la alerta y la orientación. Es la principal fuente del neurotransmisor llamado «noradrenalina». Este «lugar azul», traducción de su nombre en latín, rige la atención ayudándonos a considerar la información relevante. El nombre proviene del tono azulado que le aportan los gránulos de melanina que contienen las neuronas. Un dato que resulta interesante es que la gente con TDAH muestra un procesamiento de la noradrenalina alterado.

Cuando el cerebro responde al pellizco atencional se implica en otros procesos cognitivos y cerebrocorporales (sentidos, emociones, memoria) que impulsan más pensamiento y acción intencionados. En esencia, puedes continuar dirigiendo y redirigiendo o renovando tu atención para mantener el flujo de energía LIT intensificada. Podemos usar la atención de modo deliberado para entrar en un estado de flujo con una concentración muy aguda y una distracción mínima. Practicar el pellizco ayuda a desarrollar esta habilidad (fortalecer las conexiones neuronales que crean nuevos hábitos intencionados) y acaba entrenando al cerebro para hacerlo a voluntad: LIT a demanda. En la práctica, la sucesión de pellizcos deliberados y continuados precipita y se solidifica en una nueva conciencia tanto de nosotros mismos como de cuestiones sobre las que tenemos curiosidad o por las que sentimos pasión. Por ejemplo, centrándonos primero en algo externo (una situación o un comentario que haga alguien), podemos realizar el pellizco para reconocer las emociones que experimentemos en respuesta a ese elemento externo y descubrir así algo más profundo en nuestro interior.

Como práctica, prueba estos tres pasos para realizar el pellizco, y el cuarto para un beneficio extra:

- Centra la atención en algo que excite tu curiosidad o te genere molestia, o bien algo que te calme: la vista desde tu ventana favorita, una foto o un objeto personal muy querido, o quizá tu perro o tu gato. En el momento en que lo hagas, percibe el cambio que se produce en la energía de tu atención.

- Utiliza esa atención que has avivado mediante el pellizco para conectar a un nivel más profundo con el objeto en el que te estás centrando: examina la idea que ha excitado tu curiosidad; reflexiona más sobre el asunto que te preocupa o te molesta; mira con más atención lo que ves por la ventana o la foto que tienes en la mano; céntrate en tu mascota con mayor detenimiento.

- Saborea este momento de conciencia intensificada para que tu experiencia sea más profunda. Luego repite el pellizco para centrarte con aún mayor atención; o también puedes cambiar la perspectiva para abarcar más con la mirada.

- Fluye. Me he dado cuenta de que si puedo resistirme a las distracciones alrededor de cinco minutos y centrarme en algo que elija yo mismo, esa combinación me ayuda a fluir.

La atención es la herramienta más poderosa del espíritu humano. Podemos potenciarla o intensificarla con prácticas como la meditación, la respiración o el ejercicio; dispersarla con tecnologías como el correo electrónico, los mensajes de texto y las redes sociales; o alterarla con sustancias farmacéuticas. Al final, sin embargo, somos plenamente responsables de cómo elegimos usar este recurso tan extraordinario.[5]

LINDA STONE, *The Attention Project*

Mis experimentos con la atención surgieron de la necesidad, pues los problemas que tenía con ella me hacían casi imposible aprender nada en el colegio y socavaban mis relaciones y mis interacciones sociales. Mi mente sigue vagando como una loca, no solo cuando leo. También me cuesta escuchar un audiolibro o ver una película más de unos minutos, porque enseguida la mente me empieza a vagar y necesito rebobinar para enterarme de lo que estoy oyendo o viendo. Durante años creí que las técnicas de gestión del tiempo serían la solución a mis problemas de atención. Sin embargo, al final descubrí que el mecanismo organizativo de la gestión del tiempo no abordaba la cuestión que a mí me afectaba. Aunque reservara momentos para dedicarlos a algo o a alguien, durante ese espacio de tiempo no podía gestionar mi atención, bien por no estar lo bastante interesado o presionado en ese momento, bien por no lograr dar el primer paso.

Al final, con experimentación, a los trece años y ya en octavo, me di cuenta de que, en el caso de mis particulares dificultades con la atención, (1) necesito dar un montón de pasos pequeños para avanzar y, (2) por muchas veces que dé esos pequeños pasos, siempre me cuestan mucho. Tengo que centrar mi atención para engañar al cerebro y aterrizar en el planeta Tierra... ¡y luego dar ese paso adelante! Por lo general, basta una pequeña cantidad de impulso para crear más y vencer esa resistencia inicial.

El pellizco demostró ser la técnica perfecta. En aquella época no tenía ni idea de por qué me sentía como si siempre estuviera ante alguna fuerza fantasmal que me chupaba la atención, y lo achacaba a mi cerebro extraño y defectuoso. Sin embargo, por muy inusual que pueda ser mi cerebro (en términos de diagnóstico), cuando miro atrás, me doy cuenta de que la fuerza fantasmal que sentía es una característica completamente normal del cerebro: tuya, mía, de todo el mundo. Los científicos la llaman red neuronal por defecto (RND). La neurociencia, basándose en estudios de patrones de onda, frecuencias y otros datos, describen la RND como una función fundamental del cerebro que genera una corriente estable de actividad de fondo. Dicho con otras palabras, si alguna vez te has sorprendido soñando despierto o en un bucle de rumiación, lo más probable es que tu cerebro te haya llevado a la RND. A través de la lente LIT, la RND es como un canal por donde fluye una corriente de información que siempre está generando el cerebro. Cuando estamos operando en modo CBE, no sintonizamos con ella, solo la oímos como un ruido de fondo. Pero si accionamos el interruptor LIT (sintonizando con intención) y de repente descubrimos que no es ruido, encendemos nuestro propio Discovery Channel. Un dato interesante es que, en un estudio de la variabilidad de este modo por defecto y el TDAH, los investigadores encontraron mayores patrones de activación de la RND en pacientes con TDAH que no se medicaban que en personas sin este trastorno. Esa variabilidad también se asoció con un rendimiento bajo en realización de tareas asignadas.[6]

¿Estática cerebral, ruido blanco o «lista de reproducción» del pellizco?

Para resumir, experimentamos con frecuencia nuestra mente errante como una distracción incómoda o como una diversión agradable. La contemplación, la creatividad espontánea o la claridad que genera la mente desconcentrada puede resultar un alivio respecto del ritmo apresurado del día, pero no tanto cuando ocurre en el momento inapropiado y la desconcentración y dispersión mental nos perjudica. La mente sin ataduras ¿es amiga o enemiga?

Hasta hace poco, los científicos consideraban la RND como un simple sonido neural, una especie de estática de nivel bajo. Estudios recientes indican que podría tratarse más bien de una especie de «lista de reproducción», un proceso de revisión continuo que usa el cerebro para mantener en constante reproducción la memoria, los significados, las predicciones y las posibilidades, como si fuera una especie de *mashup* de todos los elementos del pasado, del presente y predictivos que nos constituyen. Podría ser que la RND tuviera, en parte, una función que nos vuelve locos cuando nos sentimos abrumados por ella: la de ofrecer al cerebro hipótesis de lo que podría ocurrir, de lo que otros podrían decir o de los posibles resultados de distintas alternativas, como un modo de hacernos una composición de lugar sobre las cosas sin tener que vivir todas las versiones, una especie de ensayo general sin exigencias de interpretación.

Los estudios[7] indican que cuando nos centramos en una tarea, la charla de la RND se vuelve menos intrusiva; cuando estamos desconcentrados, la charla se hace más presente o intrusiva. Sea como sea que experimentes la RND (soñando despierto, como serena reflexión o teniendo los pensamientos en bucle característicos de la llamada «mente mono»), ¿fluyes o entras a dirigir? La naturaleza tiene una aplicación para eso: el control cognitivo,[8] es decir, la capacidad del cerebro de ser flexible, adaptativo y orientado a metas. Puedes usar esta reactividad y adaptabilidad neural para interrumpir y redirigir tu pensamiento. Con un pellizco LIT, podrías utilizarla para aguzar tu enfoque en el asunto que tengas entre manos o para desviar tu atención a otra cosa totalmente distinta. En cualquier caso, cuando desvías la atención a propósito, puedes acceder a esta capacidad integrada en tu cerebro para usarla como desees.

Cuando la novedad de un estímulo (en este caso el pellizco) se agota, el cerebro ajusta su respuesta, por lo general con una reacción menos pronunciada, aunque varía en función de otros factores, como lo que esté ocurriendo alrededor y las influencias internas, que podrían ser fisiológicas o deberse a otros impulsos neurales que estén teniendo lugar a la vez.

En estudios recientes con medición de la actividad cerebral[9] se ha perfeccionado la comprensión de la variabilidad neuronal, es decir, de las fluctuaciones irregulares de los impulsos del cerebro cuando responde a estímulos. Durante mucho tiempo se asumió que estas variaciones eran otro ejemplo de ruido neuronal y se consideró que quizá no tenían trascendencia. Sin embargo, ahora los científicos creen que la variabilidad neuronal puede ser un mecanismo de equilibrio adaptativo que interviene en las respuestas del sistema nervioso y el aprendizaje.

Según investigadores del Instituto Max Planck para el Desarrollo Humano, los estudios[10] indican que es justo la variabilidad neuronal la responsable de que se den comportamientos apropiados. Cuando se pide a alguien que procese un rostro, recuerde un objeto o resuelva una tarea compleja, para que el rendimiento cognitivo sea óptimo, se requiere la capacidad de modular la variabilidad en cada momento del proceso. A medida que el proceso se estabiliza, se reduce la variabilidad, lo que constituye una buena señal.

Si la atención centrada calma la variabilidad neuronal y aquieta el ruido,[11] las lluvias de ideas son un recurso de larga tradición para animar un poco las cosas. ¿Qué mejor modo de generar ideas nuevas (estímulos) que avivar la variabilidad neuronal, en lugar de aquietarla? He diseñado el proceso de lluvia de ideas del laboratorio en torno a este concepto como un modo de superar nuestras zonas de confort de ideas familiares y áreas de especialización y transitar por la excitante frontera de las posibilidades. Muchas veces los problemas médicos que abordamos nos han llegado sin resolver porque se han planteado desde un punto de vista demasiado restringido. Al ir alternando entre estados centrados y descentrados, maximizamos la diversidad de las ideas nuevas y planteamos el problema desde ángulos diversos. Con este método solemos ser capaces de descubrir aspectos que a otros les han pasado desapercibidos, lo que aporta vías nuevas hacia una solución potencial. Las preguntas sirven para realizar ese pellizco que nos ayuda a avanzar con paso firme hacia un nuevo territorio en nuestro proceso de innovación inspirado en la biología.

> Enfocar como un láser, en lugar de como una linterna.[12]
>
> MICHAEL JORDAN

Sobrepasar los límites de la percepción

Hacemos esto todo el tiempo en el laboratorio. En muchos momentos críticos de nuestro trabajo, las cosas dan un giro inesperado o se nos resisten las soluciones. Y tratamos de usar esos momentos para volver a centrar nuestra atención y acometer el asunto con renovada energía. Cada dos por tres tenemos que «pellizcar» nuestra percepción más allá de lo posible, así como desafiar siempre y dinamitar a menudo el llamado pensamiento de grupo (que favorece las ideas más dominantes), los dogmas que existen en el campo en cuestión, las suposiciones de otras personas, e incluso las nuestras propias. Cada uno de nosotros enfoca y reenfoca de esta manera, y podemos hacerlo de forma colectiva, en plan equipo de relevos. En un entorno de lluvia de ideas como el nuestro, suele haber alguien que tiene un momento de inspiración que carga el ambiente para el resto.

Al mirar a problemas nuevos, es importante tratar de llegar a nuevas soluciones y resistirse a la tendencia de la mente a considerar tecnologías o soluciones ya existentes, que por lo general conducen a resultados subóptimos. Cuando empezamos, revisamos las tecnologías que ya tenemos en nuestro haber, pero somos cautos con el impulso natural o la tendencia a ir hacia lo que ya conocemos, ya que se pueden perder recursos y un tiempo precioso (fácilmente un par de años, que es lo que puede durar un ciclo de investigación) tratando de adaptar tecnologías ya existentes, solo para encontrarnos con nuevas complejidades y acabar dándonos cuenta de que necesitábamos pensar de forma diferente y plantear soluciones diferentes desde el principio. Trabajamos para evitar la vía de la menor resistencia. ¿Cómo? Usamos preguntas estratégicas para pellizcar nuestra atención.

¿Qué pueden hacer las tecnologías ya existentes? Y, lo más importante, ¿qué es lo que no pueden hacer? ¿Y cómo encaja esto con la definición del problema actual? Porque ahora lo más importante es: ¿qué se necesita?, ¿qué han probado otros?, ¿qué ha fallado?, ¿qué ha funcionado un poco, pero no lo suficiente?, ¿qué aspectos de la biología la medicina y la traslación (escalabilidad, patentes, ensayos clínicos, etcétera) es importante tener en cuenta al principio del proceso?, ¿cuál es el mejor resultado que han conseguido otros y en qué sistema o modelo?, ¿cuál es el resultado que necesitamos alcanzar si queremos dinamizar el sector y entusiasmar a inversores, colegas, la industria y la comunidad?, ¿qué nos permitirá avanzar en el campo en cuestión y beneficiar a los pacientes?

La mayor parte de las veces este proceso de revisión inicial nos ayuda a definir el nuevo problema con claridad. Entonces nos enfocamos solo en él y descartamos el trabajo y los problemas anteriores, junto con las tecnologías que desarrollamos en su día para abordarlos.

He aquí una versión optimizada y a cámara lenta de cómo usamos el pellizco en el entorno del laboratorio para acelerar nuestro proceso de resolución de problemas, pero también para profundizar en él. Estas son algunas de las preguntas que, en el marco de nuestra búsqueda de mejores adhesivos médicos, nos condujeron a rondas de debates exploratorios y a investigaciones que produjeron diversos resultados útiles, basados en la biología.

Pregunta: *¿En qué problemas podría ayudar la existencia de un adhesivo médico mejor?*

Esta pregunta nos obligó a realizar una indagación exhaustiva para definir el problema. Hablamos con médicos y sanitarios y con gente de empresas médicas, e identificamos la necesidad de un adhesivo para colocar dispositivos de monitorización en la tierna piel de los recién nacidos sin dañarla al retirarlos; para sellar un orificio en el interior de un corazón infantil (con el llamado defecto septal); para unir piel o tejido, pero sin dañar la piel como hacen las grapas (cuyos extremos han de doblarse para introducirse en el tejido y sujetarse), que además crean un entorno que atrae bacterias y requieren dispositivos voluminosos para colocarlas (por lo que no se las puede usar para procedimientos mínimamente invasivos con pequeñas incisiones).

Pregunta: *¿Qué mecanismos adhesivos han evolucionado en el mundo natural que podrían proporcionarnos inspiración?*
Ya habíamos trabajado antes en un adhesivo de tejidos inspirado en los guecos, pero no duraba lo suficiente en caso de entornos complejos como injertos de piel o en el interior de un corazón. Hicimos lluvia de ideas sobre diversas criaturas que se pegan a las cosas con las que se encuentran. Consideramos las probóscides de los mosquitos y las abejas, y un colega preguntó: «¿Y las púas del puercoespín?».

Pregunta: *¿Qué se sabe ya de las púas del puercoespín?*
Hicimos los deberes. Las púas del puercoespín norteamericano (en contraste con el africano) tienen barbas orientadas en sentido contrario a la punta. Las barbas son casi de la anchura del pelo humano. Cuando la punta de la púa se hunde en un tejido, las barbas dificultan su extracción.

Pregunta: *¿Qué más sabemos sobre cómo funcionan las barbas? ¿Por qué las púas del puercoespín se hunden con tanta facilidad en su objetivo y se quedan allí pegadas?*
Casi no hay investigación académica sobre las púas del puercoespín, sobre cuestiones tales como cuánta fuerza se necesita para que se hundan en la carne, cuánta para sacarlas, etcétera.

Pregunta: *¿Cómo podemos averiguarlo?*
Clavamos púas en tejido y observamos el lugar de entrada. Vimos que la mayoría de las púas tienen en la punta varias filas de barbas dentro de una zona de cuatro milímetros. Para nuestra sorpresa, comprobamos que hacía falta la mitad de fuerza para hundir una púa con barbas que una aguja del mismo diámetro o una púa a la que se le hubieran retirado las barbas. Y, a diferencia de las agujas ordinarias o las grapas, que crean diminutos desgarrones al penetrar en el tejido, una púa con barbas crea un orificio liso, así que el tejido queda protegido de infecciones que pudieran anidar en los bordes de los desgarrones.

Pregunta: *¿Y si ponemos púas sintéticas en ambos extremos de una gra-pa biodegradable y eliminamos así la necesidad de doblarlos introduciéndo-los en el tejido?*

Supongo que has pillado la dinámica: cada pregunta ayuda a centrar nuestra atención en la exploración más significativa y en nuevas preguntas.

«Empujones» y matices

Mi colega Vivek Ramakrishnan apunta que cuando el cerebro se acostumbra a lo que al principio ha considerado novedad, podría pensarse que será necesario hacer o buscar algo mejor o más grande que lo anterior para mantener el interés. Sin embargo, él recomienda desarrollar la práctica de observar los cambios más sutiles en las cosas que nos rodean o, como él lo llama, la impermanencia de las cosas. Examinaremos esto con más detalle en el capítulo titulado «Pulsa el botón de pausa», pero, para resumir, la idea es que al sintonizar con los cambios perceptibles más pequeños, seremos conscientes del contraste entre un día y el siguiente, lo que bastará para mantener el interés del cerebro. No es necesario que el pellizco sea muy grande; puede tratarse de algo que solo encienda la chispa que cree la conexión (que ponga la pelota a rodar) y reduzca con efectividad la energía de activación necesaria para realizar un cambio intencionado, en lugar de tener que esforzarnos en ejercer control mediante la voluntad.

Entre las tácticas de pellizco que a mí me funcionan están leer fragmentos de texto de abajo arriba o comenzar un ensayo por el final. Me ayudan a enfocar mi caprichosa atención. Cierto es que yo soy un ejemplo extremo, pero se puede sacar mucho partido del hecho de que la atención se centra automáticamente cuando hay una alteración, algo nuevo o algo que no nos resulta familiar. Para mí, pellizcar el cerebro significa poder aplicar ese proceso a voluntad a cualquier cosa: trabajar en un proyecto, hablar con un colega o planificar el siguiente paso de tu carrera, por ejemplo. Pellízcate el cerebro para atraer su atención y luego céntrate en cualquier cosa que desees.

Déjate atraer en silencio por el fuerte tirón de lo que
en realidad amas.[13]

RUMI

La complejidad de tu vida y los retos de tu trabajo pueden diferir de
lo que nosotros afrontamos en el laboratorio, pero el proceso del pellizco
(el proceso LIT) es de aplicación universal. La gestión de nuestra atención
cotidiana define nuestra vida entera. Cualquier persona que esté implica-
da en algo que requiera una atención continua (sea un proyecto, la vida en
familia, una relación o el sueño de su vida) sabe cómo se siente uno cuando parece estar desvaneciéndose la energía para hacerlo. El poder del pellizco inyecta nueva energía que revitaliza tu atención, y reflexionar sobre
tus opciones ya es un comienzo.

Resiste los tirones; ve a por el empujón

Los «tirones» de atención son cosas que interrumpen tu atención y tiran de
ella. Un «empujón» atencional es un cambio que inicias tú mismo. Muchos
de los tirones de tu vida son, siendo sinceros con nosotros mismos, de baja
prioridad y muy poco valiosos. Puede tratarse de hábitos de pensamiento:
por ejemplo, entrar en bucle reviviendo hechos o sentimientos pasados, rumiar problemas o preocuparse. Puede tratarse de hábitos de respuesta. Por
ejemplo, sentir que tenemos que responder a todo el mundo al instante.
A veces hay otro hábito anejo: el uso mecánico de los medios o las redes sociales, fumar, beber o comer por diversión, o un uso no tan mecánico de
los medios, pero sí excesivo, sobre todo de las redes sociales.

Por paradójico que parezca, hasta el gigante de las redes sociales TikTok
ha defendido «la pausa» en comparecencias parlamentarias ante el repro-
che de que no hace nada para mitigar el uso excesivo de la aplicación por
parte de los jóvenes. Hace poco, la plataforma ha anunciado un mecanismo de limitación diaria de sesenta minutos para los usuarios de menos de
dieciocho años (que, en realidad, puede superarse con unos pocos toques).
Las investigaciones[14] demuestran que hacer una pausa para decidir si continuar o desconectarse podría llevar a algunas personas a elegir lo último.

Tracy Elizabeth, jefa de seguridad familiar y salud en desarrollo de TikTok, ha declarado: «Esa pausa durante la que necesitan pensar de manera proactiva sobre lo que están haciendo y decidir si quieren seguir usando la aplicación es lo que en realidad importa».

Aunque este tipo de «banda de frenado» es probable que no funcione para todo el mundo, forma parte de un importante proceso de reconocimiento de los tirones de baja prioridad para reducirlos y tratar de sustituirlos por empujones intencionados (decisiones conscientes que realizamos para centrar la atención en algo que merezca la pena). Cuanto más se practique, menor será la energía de activación necesaria para dejarlos pasar (menos energía hará falta), y más fácil será centrar la atención en lo que más nos importe (y sentiremos la gratificación con más rapidez).

«Puedes poner en práctica fricciones[15] que te obliguen a hacer una pausa y pensar por un momento antes de iniciar un comportamiento mecánico —dice Katy Milkman, profesora de ciencia conductual en la Escuela de Negocios Wharton de la Universidad de Pennsylvania y autora de *How to Change: The Science of Getting from Where You Are to Where You Want to Be*—. Así, en lugar de dar paso a la parte automática de la mente, ofrecemos al menos a la parte pensante la oportunidad de decir: "¿Es esto de verdad lo que quiero hacer ahora mismo?"».

Pilates, pódcast y una nueva práctica

Cuando tantas cosas que nos importan en la vida (familia, amistades o incluso un trabajo que nos gusta) son una constante, pueden convertirse en un telón de fondo que demos por sentado. Dicen que lo extraordinario suele no verse a simple vista, por lo que puede que necesites pellizcarte el cerebro para percibirlo y responder a ello.

Yo tardé bastante en reconocer la importancia de la interconexión mente-cuerpo-espíritu,[16] incluso a pesar de la larga experiencia de Jessica, mi mujer, como instructora de pilates, una disciplina que incorpora estas tres dimensiones. Así que me sorprendió que fuera el pilates, gracias a la serena ayuda de Jessica, lo que acabó abriéndome una vía de exploración espiritual. En ella he descubierto que la atención consciente a nuestras capacidades espirituales innatas o intuitivas fortalece las conexiones, estimula las redes neuronales. Cuanto más exploro la vida interior, menos energía de activación necesito para probar a hacer algo, leer cualquier cosa, escuchar un pódcast o plantear un tema de conversación en la mesa con mis hijos.

El pilates fue el pellizco que necesitaba para variar la atención, en mi caso, hacia el interior. Todos tenemos una capacidad intuitiva que nos sirve de brújula moral, una voz interior que nos guía hacia lo que es mejor para nosotros. Pero a menudo ignoramos esas pistas. Pellizcar la atención para que se dirija a nuevas áreas de interés, incluida la vida interior, abre emocionantes (e infinitas) vías nuevas.

Algunas tácticas de pellizco podrían parecer triviales, pero suelen funcionar. Por ejemplo, hacer un descanso y dar un paseo, sobre todo por la naturaleza, o abordar algo completamente distinto. A veces puede ayudar el mero hecho de dirigir la atención a un proyecto diferente. Cada vez que mueves algo del segundo plano del cerebro al primer plano, ese cambio tiene la potencialidad de crear nueva energía. ¿Cuáles son, según nuestra experiencia, los elementos que atraen la atención del cerebro con más fuerza, solidez y consistencia? La curiosidad, el entusiasmo y el propósito. Estos motivadores ayudan a que la mente deje de deambular para fijarse en algo y pasar a la acción. En situaciones diarias, un simple pellizco puede dar un impulso a cómo te sientes y cómo piensas en un momento dado para ayudarte a saltar a la acción. En las reuniones, sobre todo cuando siento que estoy gravitando hacia lo transaccional, me recuerdo a mí mismo (lo que constituye un ligero pellizco) que la persona o personas con las que voy a reunirme son lo más importante en su propia vida: ¡voy a reunirme con seres humanos! Cada uno de nosotros está inmerso en su propio viaje, y ese hecho forma parte del contexto de nuestra conversación igual que cualquier otro punto que pueda haber en el orden del día.

La motivación pega fuerte

La investigación sobre la motivación y la atención[17] ha demostrado que los niveles altos de motivación promueven un aumento de la capacidad de centrar nuestra atención. La motivación puede cambiar a lo largo del tiempo o variar según las circunstancias, de modo que, para poder pellizcar el cerebro resulta crucial tener claro qué te estimula y por qué. Cuando vemos a alguien que corre un peligro inminente y queremos ayudarlo, fijamos nuestra atención firmemente y es poco probable que la desviemos. Sin embargo, por lo general, nuestras metas u objetivos no son tan urgentes, por lo que, si queremos alcanzarlos, tenemos que buscar un modo de sostener la atención y la motivación. Tanto si la motivación es intrínseca como si se trata de una recompensa externa (dinero, un ascenso o una compra que vayamos a realizar), recordarnos a nosotros mismos nuestro objetivo y por qué es importante nos conecta con la energía emocional, con el deseo que nos está impulsando, y puede generar el pellizco.

PERFECCIONA EL ENCAJE ATENCIÓN-MOTIVACIÓN

Los motivadores personales pueden generar la energía necesaria para entrar en acción cuando diriges tu atención hacia ellos. Echa un vistazo a esta lista para ver si uno o dos en particular son relevantes para ti en este momento. ¿Cuál es el factor que te sirve de motivación para algo que está ocurriendo en tu vida actual? ¿Hay alguna cosa que quieras cambiar o que desees tener más en tu vida?

Algunos motivadores o recompensas que pueden ayudarte a centrar el pellizco:

Propósito	Bienestar físico	Poder
Deseo	Conexión	Dinero
Curiosidad	Logro	Novedad
Fascinación	Amor	Plazos
Urgencia	Supervivencia	Miedo
Sanación	Expectativas	Dolor

La pareja y la paternidad son «pellizcos» potentes

Cuando conseguí un puesto en la facultad, en 2007, una científica del MIT me advirtió sobre la naturaleza adictiva de la universidad. «Debes tener cuidado —me dijo—. He visto muchos matrimonios derrumbarse. El trabajo te consume. Procura vigilar eso». En aquel momento pensé que nunca me pasaría algo así. De lo que no me daba cuenta es de que yo ya era adicto al trabajo.

Había conocido a Jessica, mi mujer, siete años antes, cuando estaba escribiendo mi tesis doctoral, y ya entonces le dedicaba más horas al trabajo que la mayoría de la gente que conocía, y eso que estoy hablando de personas muy trabajadoras y motivadas. Trabajar mucho era para mí una manera de evitar la vergüenza que había sufrido por mis diferencias en el aprendizaje, pero, afrontando las cosas de un modo más sano durante el proceso (topar con el problema, reordenar mis estrategias, volver a intentarlo), había encontrado fortalezas en mí y había descubierto que la ingeniería biomédica encajaba a la perfección conmigo y con mi hiperactivo y neuroatípico cerebro. Resolver un problema me hacía querer llegar más lejos y definir otro más complejo que pareciera irresoluble: el «perdedor» siempre retándose a más.

Por su parte, Jessica actuaba en el terreno de sus propios intereses en torno al potencial humano, la salud y el bienestar, el ejercicio físico y la espiritualidad, todo lo cual me parecía vagamente interesante y admirable, pero, de algún modo, lejano a mi existencia adicta al trabajo. Nos casamos y tuvimos a nuestros dos hijos, Josh y Jordyn, a la vez que crecieron también los compromisos y las exigencias de mi trabajo. Yo no quería ser para nadie como el típico paso que lo ralentiza todo en un proceso químico, así que tenía la política de responder a la gente el mismo día en cualquier caso, aunque implicara quedarme despierto toda la noche. Con el tiempo tripliqué el tamaño de mi laboratorio contratando investigadores más brillantes y apasionados y, en colaboración con emprendedores, inversores y otros expertos en medicina traslacional, pusimos en marcha empresas para llevar las innovaciones a la práctica clínica. Me encantaba, ¡estaba enganchado!

Por supuesto, mi vida familiar se desintegró. Trabajar me hacía sentir bien. Cuando no lo hacía, estaba por los suelos. Sin embargo, a menudo sentía un tirón intuitivo que señalaba que algo no iba bien. Jessica me presionaba para pasar más tiempo con la familia, pero yo no era capaz de ver cómo salir de aquel carril rápido de la adicción al trabajo. Me creé una ilusión de equilibrio trabajo-familia para evitar sentirme culpable. Llegaba al punto de ponerme, en los actos escolares, a buscar a padres con los que pudiera conectar porque tuvieran experiencia en algún campo relevante para los proyectos que llevaba el laboratorio en aquel momento. La pasión y el propósito relacionados con el trabajo canalizaban mi cerebro desbocado como si fuera un tren bala. Cuando trataba de desconectarme para estar con mi familia, me sentía incluso más estresado porque no había conseguido algún objetivo específico en el trabajo.

Me pasaba igual con mis hijos: «Solo cinco minutos más», decía, a pesar de haber prometido hacer algo con ellos. A veces, Jessica y los niños esperaban en el coche mientras yo me apresuraba a contestar unos pocos correos electrónicos más. Al final dejaron de esperar y se iban sin mí. Josh, que de pequeño me pedía que jugara con él al fútbol, dejó de hacerlo.

Cuando llegó la pandemia y empezamos a trabajar desde casa, mi vida pegó un frenazo allí, en nuestro salón. El laboratorio se centró en ayudar con proyectos relacionados con el COVID. Diseñamos nuevas mascarillas, herramientas de diagnóstico, elementos terapéuticos y un espray nasal para arrinconar y matar virus. Estaba muy implicado en el trabajo. Sin embargo, durante el confinamiento pude ver lo que me había estado perdiendo: una relación atenta, valiosa y emocionalmente íntima con mi familia. Había sido un padre y un esposo ausente y distraído durante demasiado tiempo. Me di cuenta con gran dolor: tenía que hacer un cambio consciente para poner fin a algunos de aquellos patrones de conducta.

Para pasar tiempo con Jordyn comencé a ir también en el coche cuando Jessica la llevaba al colegio. Yo quería despedirla y desearle que tuviera un buen día, pero al final pasábamos los dos el trayecto mirando el móvil. Ella mandaba mensajes a sus amigos; yo leía correos electrónicos, programaba reuniones, planeaba estrategias. Aquello tenía que cambiar. Así que una mañana, en lugar de ponerme a mirar el correo, le pasé el móvil y le pregunté si quería mirar unas fotos antiguas nuestras. Por suerte, aceptó y luego se rio y dijo: «¡Me encanta!». Pasamos el resto del trayecto mirando fotos y disfrutando de recuerdos divertidos, graciosos y de los buenos momentos. Puede que fuera una cosa pequeña para mi hija, pero para mí fue algo enorme y el comienzo de una intención más consciente de resistir el tirón gravitatorio de mi trabajo y pellizcar mi atención para centrarla más en mis hijos y mi vida familiar.

Se dice a menudo que la mejor táctica en cualquier situación es afrontarla teniendo una estrategia en mente. Mantén tu intención en primer plano y céntrate en los pasos específicos que te harán permanecer en el curso correcto. Y esto tanto vale para una reunión como para una relación, un proyecto o un plan. Si voy a reunirme con alguien y quiero transmitirle que lo valoro en tanto que individuo que tiene su propia vida y prioridades, resulta útil llevar ese pensamiento y esa intención al primer plano de la mente al entrar en el lugar de la reunión. Si voy a acompañar a mi hijo en un momento en el que sé que necesita mi sostén, cuando me acerco a él elijo de forma consciente canalizar mi energía de apoyo. Podemos experimentar con esta profundización de la intención mediante las distintas formas en que encuadramos y centramos la atención una vez tras otra. La energía del pellizco se renueva sin fin.

Pellizca con un propósito. Diferencia entre el querer hacer algo, el tener que hacerlo y las bajas prioridades. Explora y experimenta para encontrar pellizcos que te aporten el mayor impulso posible y empléalos para diferenciar entre lo que te es esencial, lo que no lo es tanto y lo que te parece de poco valor.

Pellizca para lo positivo. Centra la atención en tu propósito[18] y apunta a las experiencias que puedan crear recuerdos positivos o aumentar tus reservas de energía para lo que consideras importante. Al centrar la mente en tus prioridades, estas se harán más fuertes y lo trivial tendrá menos poder.

Despierta a lo que está oculto a plena vista. Tómate un momento de calma contigo mismo y haz inventario para asegurarte de que no estás olvidándote de atender aspectos importantes de tu vida. No es necesario culparse o avergonzarse de nada; se trata de evaluar y clarificar qué cosas podrían necesitar más (o menos) tu atención. Podrían ser compromisos con otras personas o con cuestiones que son importantes para ti, pero también podría ser cuidarte más, deshacerte de cosas o vigorizar y nutrir la mente mediante el ejercicio, la meditación, la música o el arte.

Descubre los puntos de pellizco en cualquier cosa en cualquier momento. Piensa en la última vez que fuiste consciente de los pasos que se necesitan para hacer cosas cotidianas como acercarte al buzón, dar la vuelta a la manzana con el perro, doblar la ropa de la colada o hacer la comida. Lleva tu atención a esos momentos, al hecho de poder dar cada uno de los pasos, al ritmo y el fluir del momento, a la repetición, la intención y el resultado. Usa puntos de pellizco para reducir la energía de activación necesaria y potenciar tu motivación o tu empuje como parte de una práctica de *mindfulness*. Por ejemplo, si quieres motivarte para cocinar, podrías pellizcar tu atención centrándote en los pasos que te producen disfrute: lo agradable que es trocear hortalizas con un cuchillo bien afilado o fijarse en las formas que quedan al cortar.

Pellízcate para resistir los tirones y condiciónate en función de nuevos factores. Cobra conciencia de aspectos que definen tu estilo vida, como el modo en que nos hemos condicionado para responder mecánicamente a correos, mensajes, llamadas, plazos de proyectos, redes sociales e incluso el tiempo que pasamos con la familia. Necesitamos descondicionarnos de todo ello para condicionarnos de manera acorde con nuestras verdaderas intenciones. Antes me sentía compelido a dejar lo que estuviera haciendo para responder, pero ahora me pregunto: «¿He pedido yo a alguien que me pregunte esto ahora mismo? ¿Es esto algo que había planeado hacer justo ahora? Si pudiera elegir qué hacer en mi trabajo o cómo pasar el tiempo con mi familia o conmigo mismo ahora, ¿en qué me centraría?».

Cambia el enfoque. Varía la energía que te rodea con un pensamiento sobre cómo pueden afectar a los demás tus respuestas o expectativas. Prueba a cambiar el foco de ti mismo a un área más amplia que tenga en cuenta a los demás.

Busca en la naturaleza algo nuevo y distinto. Mira alrededor y sintoniza con algún aspecto de la naturaleza: la hierba que crece en las grietas de la acera, el tronco podrido lleno de insectos y organismos que participan en la descomposición, las aves que recogen ramitas para hacer el nido... La lista de detalles fascinantes es interminable. Si prestas atención, la transferencia de energía te revitalizará. La naturaleza siempre aporta algo.

Engánchate al movimiento
Es la clave del éxito evolutivo

Da cualquier paso pequeño (en lo que sea) para activar energía nueva

El viaje más largo que haremos nunca los seres humanos es el que va de la mente al corazón.[1]

JEFE DARRELL BOB, guardián del conocimiento
indígena de la nación St'at'imc

El mundo natural tiene mucho que enseñarnos sobre el movimiento. No estoy sugiriendo que debamos emular la manera en que se desplazan las babosas o los gorriones. Caminar erectos sobre dos piernas nos ha funcionado bien. Pero si miramos a nuestro alrededor, veremos que el movimiento en sentido amplio define el planeta en el que vivimos, desde las migraciones en masa de animales hasta la tectónica de placas, las mareas, los meandros de los ríos, las semillas y esporas que viajan por el aire, los microbios que pasan de un organismo a otro, las especies «invasoras»... y nosotros.

«El movimiento de los organismos individuales, uno de los aspectos fundamentales de la vida en la Tierra, es un componente crucial de casi cualquier proceso ecológico y evolutivo»,[2] ha escrito Ran Nathan en el ensayo «An Emerging Movement Ecology Paradigm», publicado en la revista *Proceedings of the National Academy of Sciences*. Como somos animales, esto se aplica también a nosotros en términos biológicos. Sin embargo, como humanos, conscientes como somos de la vida interior y la dimensión espiritual que también tenemos, hemos de reconocer que el movimiento abarca también ese territorio. Algunas especies siguen las señales naturales para migrar a lo largo y ancho de grandes espacios geográficos, desplazándose en función de las estaciones y de las fuentes de alimento que determina el reloj estacional. Nosotros hemos organizado las cosas de manera que no tengamos que desplazarnos estacionalmente para sobrevivir, pero eso no significa que no necesitemos la aventura que proporciona la migración: los retos, las historias compartidas, el aprendizaje de irse de casa y volver. La naturaleza sigue hablándonos con señales intuitivas para guiar nuestro movimiento hacia la salud física y una rica y reconstituyente vida interior.

Resulta de gran relevancia la conversación del cuerpo con la naturaleza, el contexto y las señales que la naturaleza nos dirige y que tan a menudo perdemos de vista en lo que nos concierne a nosotros, pero reconocemos y valoramos en las enseñanzas insólitas de aves, hormigas y árboles. Cada ser vivo que existe hoy en día lo hace porque su especie evolucionó en respuesta a señales del entorno natural, un diálogo fluido. La conversación biológica entre organismo y entorno les permite a ambos evolucionar y prosperar.

En las primeras líneas de este capítulo se afirma que el viaje más largo que podemos hacer cada uno de nosotros es aquel que va «de la mente al corazón». ¿Cómo podemos activar nuestro corazón para que se mueva con esta intención? ¿Cómo podemos avanzar en ese viaje vital? «La mente crea el abismo y el corazón lo cruza»,[3] escribió el maestro indio Sri Nisargadatta Maharaj. El cerebro vigilante suele amplificar lo negativo y nos hace quedarnos atascados en los problemas. Sin embargo, podemos empezar a generar movimiento para cruzar el abismo observando y sintiendo las reacciones del cuerpo a fin de conocer cómo experimentamos las cosas. Esto nos puede ayudar a calmar las reacciones físicas del cuerpo, aquietar la mente y crear el puente que nos permita movernos con el corazón hacia una experiencia indivisible del todo.

Más allá de la métrica metabólica del ejercicio o de estar en buena forma física, el movimiento está entrelazado con nuestro desarrollo social y emocional y con la salud y el bienestar a lo largo de nuestra vida. Si alguna vez te ha conmovido alguna cosa (una historia, un acontecimiento que te haya hecho llorar), entonces has sentido la energía emocional que puede hacerte pasar de un estado de ánimo a otro. Piensa también cómo puede transformar la energía la meditación, pasando del caos a la calma y con un efecto medible en las ondas cerebrales que se asocian con esos estados.

Para muchos animales, la capacidad de encontrar comida y refugio, de migrar y adaptarse para seguir a las fuentes de alimento a lo largo de las estaciones y de aparearse y reproducirse es la medida de su éxito evolutivo. Si queremos colocar nuestro listón un poco más alto, no solo para sobrevivir, sino también para prosperar y vivir con plenitud nuestro potencial y nuestra aportación a este planeta, podemos empezar adoptando una visión más holística del movimiento en todas sus dimensiones. Desde el paisaje más íntimo de la vida interior hasta realidades y relaciones más terrenas, pasando por experiencias trascendentales, nuestra capacidad de actuar y explorar es infinita.

«La gente físicamente activa es más feliz y está más satisfecha con su vida —ha escrito la psicóloga y educadora Kelly McGonigal en *The Joy of Movement: How Exercise Helps Us Find Happiness, Hope, Connection, and Courage*—.[4] Esto es así tanto si su actividad preferida es andar como correr, nadar, bailar, montar en bicicleta, practicar deportes, levantar pesas o hacer yoga». Tras revisar las investigaciones que se han realizado sobre la materia, McGonigal ha concluido que las «personas que están activas con regularidad le encuentran más sentido a su vida y experimentan más gratitud, amor y esperanza. Se sienten más conectados con sus comunidades y tienen menos probabilidades de sufrir soledad o de deprimirse». Los beneficios, que se dan a cualquier edad y se aplican a todos los estratos socioeconómicos, parecen ser universales. «Además, los beneficios psicológicos y sociales de la actividad física no dependen de ninguna capacidad física en particular ni del estado de salud —apunta—. Las sensaciones positivas descritas antes, desde la esperanza y encontrarle sentido a la vida hasta el arraigo, están vinculadas en primer lugar y principalmente al movimiento, no a la forma física».

El movimiento también ha proporcionado siempre una vía para la expresión creativa, la serena autorregulación y la contemplación espiritual a través de la danza, el taichí, el yoga y otras prácticas. La vida interior florece con el reto de una buena sesión de ejercicio no menos que el cuerpo. La acción genera impulso y el impulso cataliza la energía para el cambio, tanto en nuestra vida diaria como en el mundo.

A mí me gusta el aspecto del gozo, el deleite.

Cuando hablo de caminar no me refiero a nada que
tenga que ver con hacer ejercicio [...], sino que es en
sí misma la empresa y aventura del día. Si haces ejercicio, ve en busca de las fuentes de la vida.[5]

HENRY DAVID THOREAU

La conciencia y la capacidad de realizar acciones inspiradas son aspectos característicos de nuestra especie, igual de innatos que nuestros
atributos físicos y que evolucionaron a la vez que la exigencia de cazar
y recolectar o la periódica necesidad de migrar a territorios más hospitalarios. La visión holística de la interconexión mente-cuerpo-espíritu, que
hace cincuenta años la medicina occidental consideraba un concepto mar-
ginal, está hoy bien establecida, adaptada de antiguas prácticas orienta-
les, popularizada para los gustos modernos occidentales y también incluida,
como se ha reconocido más recientemente, en los principios centrales de
las enseñanzas indígenas, arraigada en nuestros orígenes y nuestra relación con la naturaleza.

«Olvidamos que el cuerpo está conectado al cerebro —dice Caroline Williams, autora de *Move: How the New Science of Body Movement
Can Set Your Mind Free*—.[6] Podemos usar el cuerpo como una herramienta que afecte al modo en que pensamos y sentimos, como una línea
directa con la mente». Gabe DeRita, el coach que abandonó una lucra-
tiva carrera en ventas de software sin tener ni idea de qué haría a continuación, ha dicho que había una cosa que tenía muy clara y era el instinto
de que aunque su envidiable trayectoria laboral le estaba haciendo prosperar en la vida, él no sentía que estuviese yendo en la buena dirección.
De forma intuitiva, eligió el reto físico de la vuelta al mundo en bicicleta para aclarar su cabeza, activar su corazón y perseguir una vida consciente y plena.

Las investigaciones científicas nos dicen que la actividad física puede
tener muchos efectos positivos en el cerebro y la mente al estimular la liberación de factores neurotróficos, endorfinas, endocannabinoides y otros
neurotransmisores. En grados diversos, esos beneficios están asociados
con la actividad física, con independencia de dónde hagas ejercicio. Sin
embargo, la actividad al aire libre parece proporcionar más beneficios,

incluida la exposición a la luz natural que, entre otras cosas, estimula la producción de vitamina D. Además, el cerebro aprovecha más el ejercicio al tener que adaptarse al terreno y otros factores, así como la necesidad de prestar atención para evitar lesionarse. Sin embargo, los mecanismos de algunos de los beneficios de la actividad al aire libre aún no se comprenden bien, y los científicos se preguntan si existe algo más específico en nuestra relación con el entorno que influye en ellos.

Lo que me preocupa, y la razón por la que vuelvo a la vida de las hormigas y los árboles, es que la supervivencia a largo plazo de todas las especies depende de su relación dinámica con su entorno, y nosotros estamos perdiendo nuestra conexión. Esto es más que el lamento de un científico que se inspira en la biología. «La conexión de las personas con la naturaleza parece estar cambiando y esto tiene importantes implicaciones en cómo interactuamos los humanos con la naturaleza», escribieron los autores de «The Great Outdoors: How a Green Exercise Environment Can Benefit All», estudio de 2013 que aspiraba a mejorar el acceso a entornos de ejercicio verdes.[7] Como Dacher Keltner apuntaba en *Awe: The New Science of Everyday Wonder and How It Can Transform Your Life*, la afinidad que sentimos con la naturaleza cuando estamos al aire libre es resultado de la interacción aún por definir de la naturaleza con el sistema nervioso humano. «Existen componentes químicos en la naturaleza que nos calman[8] —dice—. El olor de una flor o de la corteza o la resina de un árbol activa partes del cerebro y del sistema inmunitario. Nuestro cuerpo está programado para responder a la naturaleza de un modo abierto, vigorizante y fortalecedor».

Muchos estudios nos muestran que los humanos pasan casi el noventa por ciento del tiempo en interiores. En Estados Unidos, solo uno de cada cuatro adultos y uno de cada cinco estudiantes de enseñanza secundaria realizan los niveles recomendados de actividad física, según el Centro Nacional para la Prevención de Enfermedades Crónicas y el Fomento de la Salud. Este déficit tiene altos costes, pues contribuye a las enfermedades cardiacas, la diabetes de tipo 2, el cáncer y la obesidad. Además, los bajos niveles de actividad física son responsables de ciento diecisiete mil millones de dólares de gastos sanitarios anuales. Por el contrario, la actividad física contribuye al crecimiento y el desarrollo normales, reduce el riesgo de padecer enfermedades crónicas y nos ayuda a funcionar mejor durante el día y a dormir mejor por la noche. Las investigaciones siguen encontrando nuevas pruebas de que incluso los episodios breves de actividad física pueden mejorar nuestra salud y nuestro bienestar.

La naturaleza «amaña» las cosas a nuestro favor

No es que hayamos nacido para correr, o, para ser más precisos, hacer ejercicio. No es así. De hecho, aunque hemos evolucionado para movernos con más eficiencia y eficacia, estamos programados para evitar realizar esfuerzos innecesarios. Los humanos evolucionamos para ser activos a nivel físico, pero no para hacer ejercicio, según el biólogo evolutivo de Harvard Daniel E. Lieberman, autor de *Exercised: Why Something We Never Evolved to Do Is Healthy and Rewarding*. Desde los primeros tiempos, nuestra supervivencia exigía actividad física, pero hacer ejercicio por salud y bienestar, como lo enfocamos hoy, va en contra de nuestro instinto más profundo de conservar energía para la caza. «Los humanos tenemos este instinto tan arraigado de evitar la actividad física innecesaria porque hasta hace poco era beneficioso evitarla», dice Lieberman.[9]

Tenemos que obligarnos a movernos, sobre todo si el estilo de vida sedentario moderno ha sustituido a uno físicamente activo en nuestra vida diaria. Aunque la búsqueda de comida y la caza han sido reemplazadas por ir al supermercado y pedir comida rápida, nuestros genes siguen codificados para la actividad y nuestro cerebro está programado para dirigirla, como ha escrito el psiquiatra John J. Ratey en *Spark: The Revolutionary New Science of Exercise and the Brain*. «Si eliminas esa actividad, estás perturbando un equilibrio biológico delicado que ha sido perfeccionado a lo largo de más de medio millón de años —dice—. Dicho con otras palabras, necesitamos activar nuestro metabolismo de la resistencia para mantener el cuerpo y el cerebro en condiciones óptimas».[10]

La naturaleza «amaña» las cosas a nuestro favor si damos los más simples pasos para ponernos en movimiento. Los beneficios para el cerebro y el cuerpo están entrelazados de forma inextricable. Durante el ejercicio, el cuerpo libera varios agentes para proteger el cerebro y el cuerpo del estrés, incluido el factor neurotrófico derivado del cerebro (BDNF, según sus siglas en inglés). Se sabe que el BDNF ayuda a fomentar la supervivencia y la maduración de las células nerviosas y la regulación de los receptores que sustentan la memoria del aprendizaje y la neuroplasticidad.

Piensa en ello como en un baile de neuronas. Los estudios mediante escáneres cerebrales han mostrado el complejo patrón de movimientos que subyace a nuestra capacidad para bailar e incluso marcar con el pie el ritmo de la música que oímos.[11] Un estudio con abuelas y nietas[12] que realizaban actividades de danza interpretativa concluyó que la actividad compartida estimulaba el ejercicio, fomentaba sensaciones positivas y mejor humor y acercaba a abuelas y nietas, además de variar la percepción de las jóvenes sobre el envejecimiento. Los investigadores ven un potencial enorme en el baile como intervención creativa, sobre todo para los mayores, que pueden mejorar la fuerza muscular, el equilibrio y la resistencia, prevenir la ansiedad y la depresión y ayudar a contrarrestar la demencia.

«Cada vez que haces ejercicio estás dándole al cerebro un baño de burbujas neuroquímico, y estos baños de burbujas, tomados con regularidad, también pueden ayudar a proteger el cerebro a largo plazo de trastornos como el alzhéimer y la demencia»,[13] dice la neurocientífica Wendy Suzuki, profesora de neurociencia y psicología en el Centro de Neurociencia de la Universidad de Nueva York y autora del libro *Healthy Brain, Happy Life: A Personal Program to Activate Your Brain and Do Everything Better*. En una revisión de estudios[14] publicada en la revista *Brain Plasticity*, Suzuki y su equipo apuntaron que incluso una sola sesión de ejercicio[15] (principalmente aeróbico o de resistencia) aumenta los niveles de neurotransmisores como la dopamina, la serotonina y la noradrenalina, potenciadores del humor que también pueden mejorar la memoria y la atención durante las tres horas siguientes. Los efectos conductuales más constantes son una mejora de la función ejecutiva, mejor estado de ánimo y menores niveles de estrés. Los efectos positivos en la cognición y el estado de ánimo benefician la salud mental a nivel general, razón por la que la autora recomienda incorporar ráfagas de actividad en el día a día. Todo, por pequeño que sea, ayuda.[16]

La inercia es el primer obstáculo: pequeños pasos para superarla

Saber que algo nos beneficia no aumenta necesariamente la motivación para hacerlo. Si así fuera, solo necesitaríamos propósitos de Año Nuevo una vez en la vida. Cuando la información no enciende la chispa, la inspiración puede ser una manera de arrancar. A menudo invito al laboratorio a expertos, triunfadores u orientadores en materia de bienestar para que den charlas a la hora de comer. Una vez vino un levantador de pesas profesional. No nos puso a todos a levantar mancuernas, pero nos habló sobre algunos de los retos que había afrontado en su vida y cómo la halterofilia le había ayudado a superarlos, y describió cómo había ido mejorando cada vez más. Todos hemos visto apasionadas charlas TED de atletas u otras personas que nos han inspirado. Sin embargo, ni siquiera esas charlas bastan siempre para motivarnos y adoptar el hábito de hacer ejercicio o actividad con constancia.

No hay necesidad de sentir vergüenza; la evolución nos ha puesto entre la espada y la pared cuando se trata de gastar energía frente a conservarla. Lo natural es mantener la inercia, como señala Lieberman. Recordemos que, en términos evolutivos, ahorrar energía era esencial para la supervivencia. ¿Cómo podemos superar la inercia o el tirón hacia abajo que nos mantiene en el estado de cerebro de baja energía? Aunque la programación del cerebro nos pone por defecto en modo eco para conservar energía, a diferencia de los osos cuando hibernan, los humanos podemos anular ese ajuste con atención consciente y estrategias prácticas que nos ayuden a pasar del modo eco al activo y luego permanecer en este último.

Podemos tomar prestadas técnicas del modelo persuasivo del diseño y adaptar las estrategias de enganche de la industria del marketing a fin de disminuir la energía de activación necesaria para ponernos en marcha (quizá iniciando un programa de ejercicios), minimizar obstáculos, maximizar recompensas y cultivar de forma consciente un hábito de acción frente a uno de inacción y así engancharnos al movimiento. Sí, tenemos programada la inercia de conservar energía, pero también contamos con la capacidad de cambiar de hábitos por elección, interceptar esos mensajes antiguos y anularlos.

No pasa nada hasta que algo se mueve. Cuando algo vibra, los electrones del universo entero resuenan con ello. Todo está conectado.[17]

ALBERT EINSTEIN

Encuentra lo que te funciona: metodología LIT para la experimentación

Cuando hablamos del movimiento como punto de encendido LIT, como una herramienta que podemos usar con intención, la idea es aprovechar el poder del movimiento como fuente de energía. El cómo y el cuándo van a ser diferentes para cada uno y quizá también variarán para la misma persona en momentos distintos. Algunas horas del día son más conducentes a realizar algunas actividades que otras. Quizá, si te sientes incentivado para caminar cuando puedas hacerlo con un amigo, y menos si lo haces tú solo, busques una hora que os sirva a los dos. Nuestros ritmos circadianos y las fluctuaciones naturales de nuestra química determinan nuestros momentos óptimos para comer, dormir, aprender y relajarnos. Cuando queremos disminuir la energía de activación necesaria para cualquier cosa que queramos hacer, ayuda tener ese empuje circadiano natural de tu lado.

La experimentación es el proceso ideal para descubrir qué tipo de movimiento te funciona para ti y cuándo hacerlo. No se trata de un proceso caprichoso. Tú eres el laboratorio, el investigador principal, el sujeto de pruebas específico y el autor del artículo publicado en tu propia revista (¡sin plazos de entrega!). Puedes utilizar tecnología vestible como un Fitbit o un reloj digital más elaborado para registrar datos, o el método tradicional de escuchar a tu cuerpo.

Es interesante que sepamos bastante rápido si un ejercicio o incluso una práctica de meditación está teniendo efecto, pues sentimos la experiencia con plenitud. El cuerpo, el cerebro y los estados mentales y tus emociones te aportan información; solo tienes que tomar nota. Por ejemplo, si estás corriendo y te sientes eufórico (o incluso bien y cansado, sobre todo bien), entonces sabes que estás haciendo el ejercicio correcto para alcanzar un resultado positivo y deseable. Podrías sentirte genial después o podrías sentir el «dolor bueno» de una sesión de ejercicio vigorosa. Sin embargo, si con un ejercicio en concreto no te sientes bien o no tiene el efecto deseado, puedes revisar los factores causantes y o bien modificar la técnica, o bien cambiar a otra cosa.

Sintonizarse con estas sutiles señales interiores puede ser muy útil al comenzar un programa de ejercicios o al ajustar sus detalles para maximizar los beneficios y minimizar las lesiones. Hace años asumí en un momento dado que había estado ganando peso gradualmente, lo que me motivó bastante para intentar perder peso. Al principio reduje la ingesta de alimentos, pero no funcionó. Entonces me centré en comer menos carbohidratos. Sin embargo, después de varias semanas, la aguja de la báscula seguía sin moverse. Desanimado, pero sin perder la determinación (e inspirado por otras personas a las que había visto esforzarse para perder peso), decidí que el único modo de adelgazar iba a ser empezar a correr, así que me puse las zapatillas de deporte y me lancé a ello. Al principio perdía el aliento con rapidez y sentía una resistencia importante a seguir corriendo. A veces parecía que estaba hiperventilando: tensión en el pecho, sensación de pánico, cerebro gritando «¡Para!». Busqué en internet y encontré distintas indicaciones sobre cómo respirar de manera efectiva al correr. Probé la respiración diafragmática, una técnica rítmica en la que inhalas contando tres pasos y exhalas contando dos o tres. También experimenté con otras técnicas. Al final encontré una estrategia de respiración que reducía la ansiedad y me permitía estar más relajado y correr más tiempo.

Entonces surgió otro obstáculo: poco después de empezar con mi propósito de correr, comenzaron a dolerme tanto los tobillos que apenas podía andar. En un momento dado, roto de dolor, me fui cojeando a urgencias. Me aconsejaron que descansara (por suerte, los médicos no encontraron ninguna lesión). Investigué más en internet y me enteré de que es importante estirar en mitad de la sesión, así que empecé a hacerlo. También me compré unas zapatillas nuevas. Y el dolor desapareció. Para mí, esta experiencia es una página del manual de uso de la naturaleza: la que te dice que experimentes y evoluciones. Fui variando el tiempo de las sesiones, el ritmo y la duración; lo que funcionaba y lo que no; lo que me había funcionado hacía seis meses, pero no tanto después de que algunos factores hubieran cambiado. La experimentación era la clave, y el continuo ajuste de los detalles fue lo que me permitió mantener el programa en marcha.

Estaba desarrollando un sistema de iteraciones que me iba funcionando. Estaba evolucionando.

> Es raro decir esto en voz alta, pero al hacer ejercicio el cerebro se liberaba y se «soltaba», y luego de repente volvía al problema que estaba tratando de resolver, pero desde una perspectiva diferente, un enfoque totalmente distinto.
>
> TINA KESHAVARZIAN, exbecaria de Karp Lab

La actividad contemplativa o meditativa proporciona también información observable. Si la meditación sentado aumenta tu ansiedad, algo que le ocurre a mucha gente, prueba a meditar andando. Los primeros hallazgos científicos sobre los beneficios de la meditación provenían con frecuencia de estudios sobre monjes y otros «maestros de la meditación» que practicaban sentados. Sin embargo, hoy conocemos muchas opciones, incluidas la meditación andando y otras actividades diarias realizadas con conciencia plena, que proporcionan beneficios medibles para la salud. La clave está en experimentar, escuchar a tu cuerpo e ir ajustando.

Una ventaja de las tecnologías de registro de la actividad física es que proporcionan unos datos detallados que no conseguirías de ningún otro modo. En función del dispositivo o de la aplicación, los datos pueden incluir pasos, tiempo de pie, frecuencia cardiaca en descanso, frecuencia cardiaca media y variabilidad de la frecuencia cardiaca. Puedes utilizar esa información para ajustar el tiempo u otros aspectos del ejercicio, la meditación o cualquier otra actividad para alcanzar tus metas o perseguir tus intereses. El registro de los datos en tiempo real puede ser motivador, reducir la energía de activación necesaria y marcar la diferencia en muchos otros aspectos. Daniel Gibbs, amigo y neurólogo retirado que se encuentra en las primeras fases del alzhéimer, camina a diario y hace senderismo cuando puede, siempre apuntando al efecto aeróbico como opción de estilo de vida saludable que ha demostrado frenar el declive cognitivo. Como ha contado en sus memorias, *A Tattoo on My Brain: A Neurologist's Personal Battle Against Alzheimer's Disease*, en un momento dado comenzó a notar un ligero declive cognitivo, se olvidaba un poco más de las cosas y a veces sentía confusión. Se dio cuenta de que pensaba con más claridad durante el ejercicio y después, pero, en el ámbito de la ciencia, las observaciones personales de este tipo se descartan como anecdóticas, como datos interesantes pero no científicos. Sin embargo, los registros del dispositivo *fitness* lo confirmaban. De media, la puntuación de la evaluación cognitiva subía un 8 por ciento después del ejercicio aeróbico. Un día, tras una ardua caminata cuesta arriba, el dispositivo marcó 131 pulsaciones partiendo de una base de 64 al comienzo de la subida. Después del trayecto de tres kilómetros y 57 minutos desde la base de la lo alto de la cuesta, con un desnivel de 260 metros, la puntuación de evaluación cognitiva había aumentado un 15 por ciento. Para Gibbs, el sofisticado programa de registro de datos, la información en tiempo real y el hecho de que todo formase parte de un ensayo clínico aumentaban el disfrute de la caminata: «Me gusta la objetividad de los datos. Es una visión hacia dentro de mí mismo que agradezco».

La variabilidad de la frecuencia cardiaca (VFC) es la fluctuación del intervalo de tiempo entre latidos. Yo utilizo ese dato para decidir si es un buen día para hacer ejercicio intenso. He notado que mi nivel de VFC baja después de hacer una sesión de ejercicio intenso. Si la VFC es más baja de lo normal, significa que el cuerpo está aún recuperándose, y el día que tengo esa medida reduzco el ritmo del ejercicio o lo omito sabiendo por qué no tengo suficiente energía, en lugar de culparme por imaginar que estoy cansado.

El enfoque experimental, tanto si es asistido tecnológicamente como si no, te ayuda a explorar los factores ocultos que dirigen tu pensamiento y tus conductas y a tener más claro lo que quieres hacer, y te libera de los hábitos que han estado frenándote. Todos tenemos el péndulo interior que oscila entre la afinidad y la aversión, como entre polos magnéticos opuestos. Sin una intención consciente que nos guíe, es fácil ser atraído hacia un punto u otro por cosas que surjan en el momento. Una sorpresa o el estrés causado por un hecho no relacionado con tu plan de salir a caminar puede tirarlo por la borda de repente, e incluso podrías acabar «comiéndote tus sentimientos» ingiriendo comida que por lo general no elegirías porque, bueno, el objetivo sano del día ya está perdido, así que qué más da…

Algo tan simple como una pregunta que te hagas a ti mismo puede interrumpir ese impulso. Ahí va un pequeño ejemplo: una tarde me entraron ganas de chocolate, así que comí un poco. Luego me entraron ganas de más, así que comí más. Entonces, por tercera vez, sentí ganas y, cuando estaba a punto de comer más, me detuve el tiempo suficiente para preguntarme: «¿Seguiré teniendo ganas dentro de cinco minutos si no me lo como ahora?». Así que me entretuve haciendo cosas durante cinco minutos, y cuando pasó el tiempo, el impulso había desaparecido y ya no quería comer más. Oímos hablar mucho sobre el poder de vivir en el momento. Sin embargo, yo me pregunto si a veces no estamos demasiado en el momento. Con solo imaginarnos en los siguientes cinco minutos, nos daríamos cuenta de que las urgencias y los impulsos que parecen tan perentorios en el momento pueden desvanecerse igual de rápido. Esta impermanencia de nuestro interior, esta variabilidad de la mente puede ser nuestra aliada, puede ser el factor LIT que utilicemos para hacer revivir nuestra intención. Date permiso para improvisar y usar el poder de tu impermanencia en tu beneficio.

Cuanto más a menudo logres hacer una pausa e interceptar tu pensamiento con intención LIT, más fortalecerás ese patrón de conducta en el cerebro. Al hacerlo, la dinámica de poder irá desvinculándose de los factores culturales y otros factores externos que dirigen tus conductas para asentarse en tu propio epicentro de poder. Esto es particularmente importante hoy, pues las fuerzas culturales están aún más amplificadas por el tirón ubicuo del ámbito digital y las redes sociales. «La evolución cultural es hoy la fuerza dominante del cambio evolutivo que actúa en el cuerpo humano —apunta Daniel Lieberman—.[18] La lección más útil que podemos aprender de la rica y compleja historia evolutiva de nuestra especie —advierte— es que la cultura no nos permite trascender nuestra biología».

Y nuestra biología dice que necesitamos movernos.

Los humanos son una fuerza de la naturaleza; actúa como tal

Una de las grandes lecciones que he aprendido sobre el entrenamiento de la resistencia me la enseñó Ed McCauley, que daba clases de lengua cuando yo estaba en noveno curso en el instituto. Su clase me costaba mucho, pero yo estaba decidido a mejorar y, aunque Ed era un profesor duro que tenía expectativas altas sobre mí, era una persona sabia, una joya de profesor. Quedaba con él a menudo durante sus horas de oficina, después de las clases, e incluso a veces los fines de semana. Se sentaba conmigo y me ayudaba a ver las cosas desde distintos ángulos. Tenía la paciencia de invertir tiempo en mí para que fuese mejorando poco a poco. Desarrollé la pasión de impresionarlo con mis avances. Pensándolo ahora, impresionar a alguien a quien admiras es una motivación muy fuerte. Yo no tenía confianza en mí mismo para juzgar mi propio crecimiento, pero impresionar a Ed significaba que estaba siguiendo el proceso correcto para mejorar. Y creo que, ahondando un poco en todo aquello, me sentía así porque él me estaba ayudando a creer en mí mismo. Ed nunca parecía perder el optimismo a pesar de que trabajar conmigo debió de ser como una especie de maratón.

Pienso en él ahora, en este contexto de movimiento, ejercicio y dispositivos de registro de datos porque hay algo que estos últimos no pueden decirte. Ed me lo dijo en aquella época y a veces lo oímos aducir como razón para mantener los deportes en los colegios y animar a los chavales a meterse en un equipo, sin importar sus capacidades atléticas. Ed decía que la gente que había visto prosperar más en la vida eran los que corrían, que correr tenía algo que entrenaba otra cosa más profunda, una resistencia para la vida: te entrenaba para comprometerte y para perseverar, a pesar de los obstáculos. Al comprometernos a correr, desarrollamos resistencia en muchas áreas de la vida. A veces el cuerpo quiere parar, pero podemos usar el cerebro, ser nuestro propio entrenador y mandarnos seguir. Correr no es para todo el mundo, pero el consejo de Ed sí: no dejes de moverte.

> Como corredores, podíamos percibir el ritmo de la tierra. Éramos capaces de sentir el latido del planeta. Eso era lo que nos daba fuerza y resistencia. La tierra te eleva. Y, mientras corremos, somos capaces de oír, en nuestro corazón, la voz de los ancestros animándonos a seguir.[19]
>
> Líder espiritual DAVE COURCHENE recordando al equipo indígena que participó en el relevo de la antorcha en los Juegos Panamericanos de 1967, en el documental *Run as One: The Journey of the Front Runners*

La resistencia tiene su propia recompensa

Cuando Joe De Sena creó la marca de actividades deportivas de resistencia Spartan en 2009, lo hizo en una bucólica finca de Vermont a la que su mujer y él se habían ido a vivir para criar a sus hijos, abandonando la vida en una gran ciudad y una carrera en Wall Street. Describe varios de los negocios que intentaron crear (una tienda, una gasolinera), ninguno de los cuales despegó lo suficiente, por lo que había empezado a desesperarse un poco. Su viaje personal con los retos de resistencia había empezado unos años antes, cuando aún vivían en la ciudad. Un día se había estropeado el ascensor del edificio de oficinas donde trabajaba y tuvo que usar las escaleras, donde, por casualidad, conoció a un hombre que entrenaba en ellas periódicamente por su afición a la carrera de aventura. Entablaron conversación, comenzaron una rutina de entrenamiento diario juntos, y Joe se enganchó. Pronto se apuntó a hacer carreras de aventura por distintos lugares del mundo, y comenzó a entrenar y orientar a otras personas interesadas en esta práctica.

Un día un amigo lo apremió a crear un circuito de carreras de obstáculos en su finca de Vermont. «Yo era un emprendedor nato, así que mientras montaba el circuito me puse a pensar que podía crear algo así, y que sería divertido. ¿No sería genial tener un negocio en el que estuvieras haciendo algo que te apasionara?». Pero el concepto de carrera de obstáculos no acababa de convencerlo.

El mundo de las carreras de aventura (con kayak, en bicicleta, corriendo) era como un deporte olímpico. «Parecía algo con sentido». Sin embargo, una carrera de obstáculos que ponía a los participantes a competir no solo sobre un terreno irregular, sino también amañado con zonas de barro y alambres de espino... Recuerda que en aquel momento le pareció un despropósito. «¿Quién querría apuntarse a algo así?».

Pues se apuntaron quinientas personas ávidas de «castigo». Y así fue como nació Spartan Race, que creció para convertirse en líder mundial de los circuitos de carreras de obstáculos. «Ahora entiendo por qué —dice—. La gente está muy desconectada y quiere volver a conectarse. Así que nosotros los ayudamos a hacerlo. Somos una vía para reconectarse con la Tierra, y con uno mismo. La gente me manda correos diciendo "Me cambiaste la vida". Pero no fuimos nosotros. Nosotros solo pusimos la plataforma.

Fueron ellos quienes cambiaron su vida. Y es curioso, porque lo único que necesitaban para darse cuenta era algo de barro y de alambre de espinos, y sudar un poco: "Madre mía, esto es lo que debería estar haciendo para vivir de forma sana"».

Existe en todos nosotros una tensión sobre cuándo dejar de hacer las cosas. Siempre está esa cuestión de lo lejos que podemos llegar con algo, no solo en un momento dado, sino en cuanto a ser conscientes de nuestro potencial. Es como si viviéramos en una burbuja de nuestro tamaño, que nos permite dilatarnos y crecer, pero imaginásemos que la superficie es rígida cuando, en realidad, es elástica. Si tenemos la voluntad de hacerlo, podemos ampliar nuestro potencial. Pero solo nos daremos cuenta de cuál es cuando empujemos la burbuja y veamos que se dilata.

De Sena insiste en que podemos hacerlo. Su energía es contagiosa. No hace falta correr una Spartan Race para que te motive. Es el perfecto entrenador «de bolsillo» (la voz en tu cabeza). Cuando estoy a punto de parar porque me falta ese poquito extra que podría añadir a la sesión de ejercicios o a la caminata (o la solicitud de subvenciones, la presentación o la investigación de ideas, es decir, cualquier cosa que exija atención o energía de manera sostenida), oigo en mi mente: «Tengo tiempo; quizá pueda hacer solo un poquito más». Joe encarna esa energía LIT y solo pensar en Joe ya me hace seguir un poco más.

Me gusta pensar que hay siempre cerca para inspirarnos gente como De Sena y otras personas con ese tipo de energía contagiosa. Mi hijo es *quarterback* en el equipo de fútbol americano del instituto, y Chad Hunte, su entrenador, es una fuente de energía en movimiento sin límites, un auténtico mentor que ve el potencial de los jugadores y los ayuda a darle rienda suelta, enseñándoles habilidades de liderazgo tanto para el campo como para fuera de él.

He conocido a gente como esta en todas partes, gente que, encendiendo una chispa, es capaz de cambiar mi actitud en un momento. ¿Quién es tu Joe? ¿Quién es tu entrenador de bolsillo?

Tanto si los conocemos en persona como si leemos sobre ellos, siempre ayuda tener a alguien cuya energía y determinación nos estimule y nos ayude a seguir adelante. Si estás dispuesto a esforzarte, busca a personas que crean en ti, te apoyen y te animen a sacar lo máximo de ti. Puedes hacerlo.

Me gusta el movimiento que tiene sentido, que me enseña algo. Practicando los movimientos que aprendo en pilates a mi propio ritmo y sin expectativas, he creado un camino para guiar a mi mente subconsciente que, por ejemplo, ha mejorado mi postura. Practico moviendo el cuerpo rápido y lentamente de todas las maneras en las que se supone que debe moverse, lo que entrena el cerebro y relaja la mente, y me siento fenomenal.

JESSICA SIMONETTI

Elige una cadencia consciente

La necesidad de actuar rápido a lo largo del día puede acabar agotándonos. Ir acabando las cosas de una lista proporciona enseguida una sensación de logro, pero puede llegar a ser adictivo. Cuanto más rápido actúas, antes llegan las recompensas mediante ráfagas de adrenalina y endorfinas. Sin embargo, la velocidad, si no se controla, puede desequilibrar la oscilación del péndulo. Igual que la inercia. Presta atención a lo rápido o lento que te mueves en distintos aspectos de tu vida, y ajústalo para generar una cadencia consciente.

Por ejemplo, descubrí que durante la meditación, mi cerebro actúa un poco como mi teléfono, con notificaciones de cosas que necesito recordar para hacerlas: asuntos que había olvidado, cosas programadas, cualquier cosa y todo a la vez. Los cabos sueltos de la vida. «Me había olvidado de que tengo que volver a ponerme en contacto con alguien. ¿Cómo vamos a resolver el problema que nos está retrasando en uno de nuestros proyectos? La verdad es que llevo tiempo sin llamar a mis padres».

Cuando tengo estos pensamientos mientras medito, me crean cierta ansiedad que antes habría trasladado a una acción rápida, interrumpiendo la meditación. Sin embargo, cuando medito de forma activa, aunque la mente no pare, he aprendido a desconectarla del impulso de actuar. Así, la quietud física permite que mi mente se ralentice mientras repito mi mantra, un sonido que me centra y forma parte de mi práctica de meditación.

Una semana típica para cualquiera de nosotros proporciona muchas oportunidades de percibir la cadencia y descubrir modos de ajustar el ritmo, el foco y la intensidad para conseguir variedad y equilibrio. Yo busco periodos en los que pueda dejar la mente libre de tareas y estar presente en conexiones más profundas con los demás. Siempre es un trabajo en curso, pero una semana LIT incluye periodos de trabajo intenso; periodos de alcanzar un cupo de trabajo determinado; periodos de dejar que la mente deambule; periodos de conexión intencionada conmigo mismo, con la familia, las mascotas y el mundo natural; periodos de ayudar a otras personas mediante mentorías u otros servicios, y periodos de esfuerzo que suelen culminar en mayores conocimientos, motivación y acción.

> Con el tiempo, la práctica de la meditación hace más fácil elegir en qué centrarse, qué soltar, qué conservar, qué permitirse, qué dejar de lado, qué potenciar o qué reiterar.[20]
>
> JILL SATTERFIELD, «Mindfulness at Knifepoint»

Necesitamos estar en contacto tanto con nuestros movimientos lentos como con los rápidos y tratar de ser conscientes de esta cadencia que subyace en todas las áreas de la vida. La meditación es una de las muchas estrategias útiles de experimentación para desarrollar esa conciencia. Por ejemplo, he experimentado (con cierto éxito) para ver cómo puedo reemplazar las distracciones comunes de mi trabajo por meditación. He descubierto que no necesito distracciones para tomarme un descanso si, en lugar de eso, medito entre quince y treinta segundos: ¡una micromeditación! No lo hago en cualquier momento. Espero a que haya un rato de calma en el trabajo o a sentirme atraído hacia algo que no es importante en ese instante. Cierro los ojos, hago unas pocas respiraciones y vuelvo a abrir los ojos, con ningún otro fin más que descansar un poco.

A menudo soy capaz de volver a la tarea que tenía entre manos o al menos pasar a un estado mental diferente, más calmado, y quizá dedicarme a otra tarea que estaba también en espera y luego volver a la original. Durante el curso de un día, sustituir distracciones mecánicas por momentos, aunque sean breves, de meditación consciente (sobre todo, acompañada de una respiración sosegada o de una práctica de respiración de ritmo más rápido) influye positivamente en cómo pienso y me siento.

Las distracciones comunes, como consultar las redes sociales o tomar un tentempié, se pueden hacer con rapidez o despacio. Podemos hacer una pausa antes de saltar a Instagram. O masticar más despacio. O podemos respirar unas pocas veces antes de lanzarnos a responder a alguien. Entra en contacto con los ciclos de tu mente; observa cómo evolucionan a lo largo del día los movimientos que realizas hacia distintos estímulos o hacia el reposo. Es un proceso de descubrimiento. Te aventuras hacia delante o acoges lo que es y lees las señales que te llegan de dentro para averiguar con qué tienes afinidad o qué te inspira e ilumina tu espíritu. El viaje y el proceso mismo de descubrimiento tienen un propósito. Alcanzar esa conciencia, percibir el misterio y su valor también sirven para iluminar el camino. Elige una cadencia consciente.

No hemos evolucionado para desear correr sin razón por la sabana, pero a nivel genético tampoco estamos preparados para sobrevivir y prosperar como especie sedentaria que se alimenta de comida basura. Hemos estado viviendo un experimento longitudinal en tiempo real, y los resultados no son muy alentadores. Nuestro antojo de comida basura es un ejemplo. Los receptores del gusto de la lengua humana han evolucionado para ayudarnos a determinar qué alimentos son seguros y cuáles peligrosos. Pero no están preparados para la comida procesada hipercalórica de hoy, con alto contenido en azúcares y grasas, diseñada para explotar lo vulnerables que somos a la ingesta compulsiva de alimento.

En su libro *Hooked: Food, Free Will, and How the Food Giants Exploit Our Addictions*, Michael Moss, periodista de investigación ganador del Pulitzer, describe cómo estimula la comida rápida el circuito de recompensas del cerebro interfiriendo en nuestro apetito y convirtiéndonos en comedores compulsivos. También aprovecha el instinto evolutivo de ahorro de energía del cerebro. «Cuando vivíamos en sociedades de cazadores-recolectores, en lugar de perseguir un impala para cenar, tenía mucho más sentido agarrar a un cerdo hormiguero que no pudiera escapar, es decir, tender al menor gasto de energía»,[21] dijo Moss en 2021 en una entrevista con Civil Eats, organización de noticias sin ánimo de lucro centrada en el pensamiento crítico sobre el sistema alimentario norteamericano.

La fácil disponibilidad de alimentos muy procesados y el exceso de sal, azúcar, grasa y calorías vacías que contienen los hace muy atrayentes. Sin embargo, resultan mortales a largo plazo, sobre todo si se combinan con sedentarismo y falta de horas de sueño, algo que ocurre muy a menudo. Las sesiones de Netflix de madrugada con galletas Oreo contienen un triple veneno, como explica Satchin Panda, profesor en el Laboratorio de Biología Regulatoria del Instituto Salk y autor del esclarecedor libro *The Circadian Code*.

Según Panda, si ignoramos el reloj interior del cuerpo, nos ponemos en peligro. «Los ritmos circadianos son horarios interiores presentes en cada célula y órgano del cuerpo, incluido el cerebro»[22] y constituyen «el programa maestro que determina a qué hora del día o de la noche se activa o desactiva cada gen de los veinte mil que tenemos, y, por tanto, cada célula».

Bien mantenido, el programa dirigido por el ADN nos ayuda a prevenir enfermedades, a mejorar el funcionamiento del sistema inmunitario, a acelerar los mecanismos de reparación, a supercargar el metabolismo, los mecanismos de desintoxicación y los de reparación del ADN, y a optimizar el funcionamiento del cerebro para gozar de buena salud emocional e intelectual.

Por suerte, la guía de Panda para la optimización circadiana es bastante sencilla: unas ocho horas de sueño de manera constante; treinta minutos al aire libre durante el día; treinta minutos de ejercicio, y un horario de comidas constante que alargue el ayuno durante las primeras horas de la mañana y concentre la ingesta de alimentos en las siguientes ocho-doce horas eliminando la costumbre de picar algo antes de acostarse. Por desgracia, las presiones de la vida contemporánea nos llevan a sabotearnos el bienestar (a nosotros y a nuestros niños) a diario.

Esta relación de *laissez-faire* con nuestra realidad biológica es insostenible. Sin embargo, nos hemos dado prisa en engancharnos y, en cambio, vamos muy despacio en la comprensión de las consecuencias: los hábitos sedentarios nos enlentecen. A nivel mental, caemos en el modo de baja energía. Físicamente, engordamos, somos menos ágiles y resistentes y tenemos menos reflejos. Sin movimiento, la vida interior languidece también. El viaje interior no es menos vital para nuestro bienestar que el externo, y requiere atención, un tipo de energía y un compromiso especiales para reflexionar, ahondar y perseverar en la exploración de nuestra dimensión interna.

Pensemos en la prevalencia del uso del alcohol en nuestra sociedad, lo destructivo y hasta letal que resulta para tantas personas y, sin embargo, lo atractivo que puede llegar a ser como manera de afrontar momentos o pensamientos incómodos que genera el cerebro.

Hablo por mi experiencia personal. Al principio de mi carrera llegó un punto en el que me tomaba dos copas de ron por la noche para hacer la transición entre la jornada diurna en el laboratorio y el «turno nocturno» de más trabajo que realizaba después de llegar a casa. Pasé por situaciones predecibles: siempre me sentía cansado y, a veces, deprimido y con menos control de mis emociones. El alcohol puede dar la sensación de crear movimiento en las relaciones al reducir las inhibiciones o barreras, pero no es probable que ese movimiento merezca la pena si no se considera cuáles son esas barreras, cómo se han generado y cómo resolverlas de manera sana, sin incurrir en conductas dañinas para la salud. Otro efecto secundario del alcohol es que puede afectar a la calidad del sueño, lo que neutraliza los efectos beneficiosos de los neurotransmisores positivos que nos proporciona el movimiento.

Nuestro sofisticado cerebro puede ser una ventaja, pero solo si lo utilizamos para tener en cuenta las consecuencias de nuestras decisiones y nuestras acciones (o inacciones), para ver los obstáculos y los peligros de la trayectoria que llevamos y para realizar una corrección del rumbo. No hay ventaja evolutiva en la autodestrucción.

El Carrusel del Progreso de Walt Disney ha experimentado actualizaciones periódicas a lo largo del tiempo, pero después de que unos problemas técnicos lo inhabilitaran hace unos años, algunos críticos propusieron que se desmontara por considerarlo un concepto obsoleto. Sea cual sea el destino de esta atracción del parque temático, necesitamos revisar nuestra línea argumental del progreso, actualizarla para que represente a humanos activos que interactúen entre sí y con la naturaleza, y que utilicen la tecnología con el fin de crear un futuro sostenible para la humanidad y el planeta. No podemos permitirnos esperar. Necesitamos salir del carrusel y empezar a movernos.

¡Dale caña!

Puedes aumentar la cantidad de movimiento en tu vida o probar a hacer nuevos movimientos de manera sencilla, sobre todo si reduces la cantidad de energía de activación necesaria para comenzar creando, por ejemplo, un reto o una recompensa que potencien tu motivación. Una vez que te pongas en marcha, el impulso y el bucle de retroalimentación positiva te ayudarán a seguir y a dejar en la memoria la huella de ese movimiento inicial. Podrás recordar esa sensación de impulso si te hace falta en el futuro para volver a encender una chispa después de una posible interrupción o ralentización en tu actividad. Experimenta con lo siguiente:

- **Crea una pequeña fricción, una adversidad intencionada.** Tomar el camino más difícil puede ser un reto positivo y crear un estado mental de fortaleza que te mantenga en movimiento. La adversidad nos mantiene a todos en movimiento, sube el listón a la hora de poner a prueba nuestras habilidades a diario y nos recuerda nuestros puntos fuertes y los puntos que podemos mejorar, proporcionando dirección para el crecimiento futuro. Joe De Sena, que es también atleta de resistencia, busca las pruebas físicas más exigentes en distintos lugares del mundo, como Suiza o Mongolia. Por supuesto, no es necesario llegar a esos extremos; basta con crear un desafío que te lo parezca a ti.

- **Hazlo por la energía.** Percibe los cambios de energía hacia dentro y hacia fuera que ocurren como resultado del ejercicio. A menudo, hay un empujón inmediato que puedes aprovechar para sostener tu progreso. Percibe cómo altera tu motivación y tu optimismo la energía, mejorando tu estado de ánimo y tu alerta mental, las interacciones con los demás, y el rendimiento en todos los frentes. A medida que vas identificando ese patrón de energía intensificada después del ejercicio, ve creando tus retos para sacar provecho de ese impulso. Ejercítate para llenarte de energía.

- **Comienza temprano si te viene bien.** Empieza el día con movimiento, pues es probable que estimule tu motivación para tomar decisiones más sanas durante el resto del día, además de ayudarte a reducir la tendencia a distraerte. Aunque solo sea hacer diez sentadillas o estiramientos mientras esperas a que se hagan las tostadas o el café, ¡muévete!

- **Haz las reuniones y los descansos paseando para potenciar el pensamiento creativo.** Para activar el pensamiento divergente de un modo más intencionado, llévate las reuniones de lluvia de ideas fuera de la sala de reuniones. Unos investigadores de Stanford[23] han averiguado que caminar potencia la inspiración creativa. Comparando los niveles de creatividad de la gente mientras camina frente a cuando están sentados, el resultado creativo aumentaba una media del sesenta por ciento en el primer caso. Caminar estimula la generación de ideas. Deja la silla para cuando toque el trabajo de detalle que requiera centrarse en respuestas específicas y correctas.

- **Deja que te mueva lo que más te importe.** Encuentra lo que te carga emocionalmente. ¿Hay alguien o algo en tu vida que ames mucho? Podría ser un niño, una pareja, un animal, incluso un árbol o un jardín. Ve a abrazarlo. Cuando me siento distraído y, sobre todo, cuando empiezo a tender hacia el uso de tecnología, me acerco a mis perros y los abrazo. Puede parecer cursi, pero esa es la transferencia de energía exacta que me levanta el ánimo, y después de un momento breve puedo volver al trabajo con una sensación fresca de energía y un propósito centrado.

- **Date un descanso.** Muestra un poco de autocompasión cuando decaiga tu motivación o cuando, por cualquier razón, necesites descansar. Los descansos nos pueden ayudar a encontrar una cadencia consciente. Nos proporcionan un momento para poder hacer una transición desde algo en lo que estemos perdiendo interés o impulso hacia algo más relevante. En lugar de echarte la culpa, reconoce que a veces necesitas descansar, sin más; que hacer algo otra vez, empezar algo nuevo o experimentar más puede ser motivador en sí mismo.

Enamórate de la práctica
Saborea las alegrías de un cerebro fuerte

Disfruta de las recompensas de la repetición y el gozo de las mejoras graduales

Nunca practico, siempre toco.[1]

WANDA ALEKSANDRA LANDOWSKA,
clavecinista y pianista, 1879-1959

Richard Turner, quizá el más famoso «manipulador de cartas» (o mago de cartas), no es solo defensor de la práctica, sino que está obsesionado con ella. Mientras hablas con él, tiene una baraja en la mano y voltea las cartas, las abre en abanico y las mueve de muchas maneras que la mayoría de la gente no puede hacer ni con las dos manos. Manipula las cartas mientras ve la televisión o espera en una cola o hace ejercicio en el gimnasio o come, y hasta en los momentos que la mayoría de nosotros llamaríamos «de caer dormidos». Según me ha confesado, baraja y corta con los ojos cerrados, se detiene en medio de un movimiento cuando el cerebro desconecta para echar una cabezada o dormir por la noche, y reanuda el movimiento en el instante en que se despierta.

«La gente dice que la práctica conduce a la perfección —afirma Turner, al que la Academia de Artes Mágicas ha declarado dos veces "Cartomago del año"—. Yo no lo creo así. Lo que yo creo es que es la práctica perfecta la que conduce a la perfección».

¿Qué es «perfecto» para Turner? «Yo pienso en cuál es la meta —cuenta—. Digamos que la meta es sacar la carta decimoséptima de la baraja con una sola mano. En ese caso, vuelvo atrás para ver cómo puedo manipular la baraja de tal manera que al girarla salga la carta decimoséptima. Entonces la pillo con el dedo índice y el corazón, y luego le doy la vuelta con el pulgar para mostrarla». Y lo hace.

No puedo decir que Richard Turner sea lo que llamaríamos una persona normal: ninguna persona común y corriente puede hacer lo que él hace con una baraja. Sin embargo, él es más que un manipulador de cartas. Es un fanático del ejercicio físico y cinturón negro de sexto grado de kárate Wado Kai. Da charlas inspiracionales. Y, aunque no le gusta darle mucha importancia, es ciego.

Turner desarrolló una enfermedad degenerativa de la retina cuando tenía nueve años, tras un episodio de escarlatina. Su visión se deterioró con tanta rapidez que, a los trece, era de 20/400. Si lo empujan a hablar sobre el asunto, dice que para él esas circunstancias son solo un trasfondo. Él prefiere centrar la conversación en las cartas, las cartas, las cartas, y su pasión (hay quien diría compulsión obsesiva) con la práctica. Considera que su capacidad para manipular las cartas es un don natural. Sin embargo, es lo que hacemos con lo que tenemos lo que nos puede llevar a dominar una disciplina.

La práctica es un proceso que, para cualquiera de nosotros, resulta tanto engañosamente simple como lleno de capas de matices, sorpresas y revelaciones asombrosas. Las cosas no son como se ven a simple vista. La práctica nos ayuda a aprender o a dominar una materia, pero, además, tiene un efecto efervescente. En el cerebro, a medida que la repetición y el reto estimulan la neuroplasticidad, se crean nuevas rutas neuronales cada vez más intensas que se entrelazan e impulsan conexiones en red que afectan a nuestro estado de ánimo, cognición, memoria, motivación y capacidad de atención. Las demandas de energía del cerebro también varían a medida que las acciones que antes eran nuevas y difíciles se hacen más rutinarias y, al final, más automáticas o incluso inconscientes, liberando recursos para reabastecer las reservas de energía o dedicarlos a actividades nuevas. Los resultados convergen, pues la práctica crea un paradigma de crecimiento y plenitud en todos los ámbitos: trabajo, estudio, actividad atlética, relaciones, meditación, espiritualidad. Incluso las tareas del hogar pueden dejar de ser tediosas cuando las vemos como práctica y valoramos su proceso y la recompensa.

La satisfacción y la confianza que provienen de un progreso bien ganado también se pueden transferir a otras partes de nuestra vida, creando energía que nos ayude a fortalecer nuestro empeño. Todo ello puede implicar hacer cosas como tres repeticiones más en un ejercicio físico, practicar un poco más de tiempo con un instrumento musical, dar una nueva respuesta a una cuestión antigua, mejorar la comunicación con alguien o tratar ciertas situaciones de otra manera.

Resulta gratificante superar la resistencia natural del cerebro al ejercicio, tanto físico como mental, y conseguir algo que sea importante para nosotros. Pero incluso aunque no creamos que algo sea vital (por ejemplo, no somos corredores profesionales o planchar no nos parece glorioso), aún podemos experimentar las recompensas que depara la práctica como repetición que tiene un propósito. Una vez que la práctica comienza a hacer efecto, la experiencia positiva y la recompensa cerebral la hacen más placentera y avivan la confianza que nos genera mejorar en esa actividad. «Si puedo hacer esto, quizá también pueda hacer esto otro».

Pienso en ello como en enamorarse de la práctica. Se trata de algo más que de autodisciplina y no es tampoco como una obligación. Cuanto más valores las sutilezas y las mejoras graduales, más gratificante se te volverá la práctica y más nuevas posibilidades te abrirá. Puede que incluso empieces a experimentarla como satisfactoria en sí misma, sin que exista una meta más allá de estar plenamente presente en el momento. Mi nueva conciencia de la práctica como una herramienta LIT me ha ayudado (por fin) a desarrollar una apreciación del propio camino y «de sus giros y curvas, del esfuerzo que hemos de poner para avanzar por él» según lo ha descrito el maestro budista estadounidense Justin von Bujdoss.[2]

La disciplina genera disciplina. Cuanto más hagas una cosa, más podrás hacerla y, también, mejor la harás.

RICHARD TURNER

Nelson Dellis: claridad en una crisis

El campeón de memoria Nelson Dellis no destacaba en este ámbito cuando era pequeño. No se le daban muy bien ni las matemáticas ni los números. Según sus propias palabras, era un niño normal y corriente. Sin embargo, después de que diagnosticaran a su abuela con alzhéimer, Dellis se obsesionó con la memoria, en concreto con las técnicas que usan los campeones de memoria estadounidenses para recordar grandes cantidades de información. Dellis empezó con una baraja. No siendo un prodigio sobrenatural de las cartas como Turner, al principio le costaba bastante recordarlas en el orden correcto. Al final, haciendo uso de técnicas de memorización y con mucha práctica, rebajó el tiempo a veinte minutos, luego a quince. Fue haciéndose cada vez más rápido y llegó un momento en que solo tardaba cuarenta segundos.

Dellis no nació campeón de memoria; ninguna hazaña precoz en su infancia anunció su brillante futuro en este campo. Todo fue cuestión de práctica. Los hábitos que desarrolló en torno a la práctica demostraron que se trataba de una habilidad transferible: una capacidad de concentración muy marcada que llegó a salvarle la vida en una funesta escalada del monte Everest en 2021, su cuarto intento de coronar la cima.

La de 2021 fue una temporada dura en el Everest: la climatología fue inusualmente mala, con dos ciclones seguidos, y a la tensión que vivían los equipos se añadían las preocupaciones derivadas del COVID. El equipo aprovechó una tregua que dio el clima para avanzar hacia la cima y Dellis sobrepasó los 8.300 metros de altitud llegando a la que los escaladores llaman zona de la muerte, donde la presión atmosférica es insuficiente para la vida humana. En aquel momento, el agotamiento hizo que Dellis se decidiera a dar la vuelta. «No quería causar problemas más arriba —dijo—. Me costó tomar la decisión, pero era lo correcto».

A esa altitud no solo es bastante difícil respirar, sino que, además, la privación de oxígeno afecta al cerebro, causa confusión y nubla el juicio, algo que ha llevado a la muerte a algunos escaladores. Que Dellis tuviera la claridad mental necesaria para tomar la decisión de dar la vuelta es impresionante, sobre todo considerando todo lo que había invertido en entrenamiento, preparación, viaje y otros gastos, además del aspecto emocional.

Mientras los otros siguieron adelante, Dellis esperó en el campamento para continuar el descenso con ellos. Le pregunté si había experimentado con la memoria estando a gran altura.

«Siempre llevo cartas encima para practicar, en especial en viajes donde sé que habrá bastante tiempo de inactividad. Por extraño que parezca, gracias a las técnicas de memoria, he sido capaz de memorizar una baraja en menos de un minuto en la zona de la muerte —me contó—. Es de locos, ¿verdad?».

Con una mente tan impresionante que le permite realizar tanto hazañas memorísticas como escalar montañas, ¿cree Dellis que su pensamiento de alto rendimiento le viene de serie?

«Siempre he tenido tendencia a probar cosas nuevas, tanto físicas como mentales. Me pasa desde pequeño. Después de ganar el Campeonato de Memoria de Estados Unidos, la idea de que si practicaba mucho y me esforzaba podía tener un alto rendimiento empezó a traspasarse a otros aspectos de mi vida. Por eso, muchas de las cosas que hacía, tanto si tenían que ver con la memoria como con escalar, el ejercicio físico u otras cuestiones, las abordaba al mismo alto nivel, animado por ese propósito».

Una década después, en lo que quizá es un cambio lógico, la misma motivación y el mismo compromiso del periodo anterior de su vida lo llevaron a variar sus prioridades cuando, con una familia y un negocio, crecieron sus responsabilidades: «Antes creía que uno podía lanzarse a hacer algo, obsesionarse, trabajar duro y ver resultados —me confesó—. Ahora no hago las cosas con tanta despreocupación. Dado el tiempo y los recursos limitados con los que cuento, si quiero ver resultados, necesito usar el tiempo de manera muy selectiva y actuar con determinación».

En cuanto al Everest, el desafío sigue en pie. Tras haber hecho cuatro intentos en diez años y habiendo estado a 50 metros (en vertical) de la cima en el primero, el reto sigue siendo un motivador muy poderoso. Aunque cada vez que detuvo el ascenso fue por distintas razones, la decisión siempre requirió tener la mente clara para escoger la opción más sensata en las peores condiciones. En su opinión, fueron su práctica memorística y sus dotes mentales las que lo salvaron allí arriba. En concreto, el factor LIT de práctica memorística mantuvo su mente activa y lo ayudó a tomar la decisión con claridad en un momento de peligro extremo.

Chris Hadfield: práctica para lo impredecible

La práctica no solo perfecciona nuestros procesos cognitivos, sino que también moldea nuestra intuición, un activo muy valioso, como averiguó Chris Hadfield cuando necesitó adaptar sus competencias para navegar por el espacio.

Antes de convertirse en astronauta y comandante de la Estación Espacial Internacional, Hadfield practicaba el esquí alpino. El día de la carrera, para perfeccionar la visualización mental de la pista, la recorría entera en el sentido contrario, comenzando en la meta y ascendiendo por la cuesta. «Quería ser consciente de las sutilezas de la pista y compararlas con mi visualización mental, hacer todo lo que pudiera para tener una imagen clara en la mente», cuenta. Practicó la visualización del mismo modo mientras se preparaba para caminar en el espacio y vivir y trabajar en una nave espacial durante cinco meses.

Según Hadfield, el instinto humano no evolucionó para serle útil a un explorador espacial o un piloto de caza. «Para desarrollar esas competencias, necesitas cambiar tus instintos deliberadamente de modo que cuentes con la posibilidad de salir airoso en los momentos en que no tienes tiempo para realizar un análisis completo. Y el único modo de desarrollar ese conjunto completo de dotes instintivas es tener identificado tu objetivo, haber estudiado, examinado y entendido bien todas las variables» y, tal y como hacía con las pistas de esquí antes del descenso, «luego, practicar sin tregua, una y otra vez, en circunstancias cada vez más realistas».

Existen otras aplicaciones más «terrenales» de la práctica, como las que pueden fortalecer las dotes interpersonales. A mí, que he tenido que esforzarme enormemente para aportar energía nueva a la práctica, me ha inspirado saber cómo han usado otras personas su práctica de manera creativa (y deliberada) para afrontar sus propios retos. Y no siempre se trata de situaciones competitivas. En el caso de una colega, la cuestión era «de risa».

La epidemióloga de enfermedades infecciosas Steffanie Strathdee es conocida en Twitter con el sobrenombre de «azote de los supervirus». Este toque humorístico no fue siempre algo natural para Strathdee, profesora y vicedecana del departamento de Ciencias Globales de la Salud en la facultad de Medicina de la Universidad de San Diego, California. De adolescente, Strathdee se dio cuenta de que no entendía las sutilezas del humor. Se lo tomaba todo literalmente, desde los carteles publicitarios hasta las bromas. Se acuerda de haber visto un anuncio para la lotería que decía: «¡Retira a un millonario!» y que ella había pensado: «¿Por qué querría alguien dejar sin trabajo a un millonario?», hasta que se dio cuenta de que había malinterpretado el mensaje.

Años más tarde, ya encarrilada en su exitosa carrera, tomó conciencia de que su cerebro veía las cosas de manera distinta que la mayoría de la gente, lo que constituía una fortaleza para su faceta científica; sin embargo, no era capaz de captar las señales del humor y se cansó de perderse un aspecto de la vida social del que veía disfrutar a los demás. Se dio cuenta de que aquella laguna tan frustrante de su cerebro podría tener un origen neurológico, quizá atribuible al cerebro neuroatípico que reconocía en sí misma y en las descripciones del autismo de alto funcionamiento. Sin embargo, su agudeza analítica era una de sus principales fortalezas y, sabiendo que el enfoque analítico era el modo en que ella aprendía mejor, decidió aplicarlo a desarrollar esta faceta característica de la inteligencia social: el sentido del humor.

Estudió los cómics de Gary Larson *The Far Side* para deconstruir los elementos del humor, analizarlos y decodificarlos. Comenzó a incorporar cómics a sus lecturas y a desarrollar su propio estilo de humor, del mismo modo en que alguien aprende cualquier cosa nueva: con estudio, buenos guías (su marido, de humor irónico) y la práctica. Strathdee me explicó riéndose que la cosa había funcionado, pero que había tenido que practicar mucho a lo largo del tiempo. «Tuve que aprender a dejar de intentar explicar mis propias bromas a la gente. Si hacía falta explicar una broma, quizá no era graciosa».

Con práctica deliberada, fue capaz de sintonizar con el humor que la rodeaba y su proceso de decodificación fue así más rápido. Hoy, su sentido del humor es, en palabras de su marido, «de cerebrito pero adorable». Aún sigue puliéndolo. Una amiga le ha señalado que tiene dos risas características en respuesta a bromas: una es con el estómago, que es cuando «lo pilla»; la otra es una risa hueca, por lo general unos segundos después que el resto de la gente, que es cuando se da cuenta de que no lo ha pillado, pero todos los demás sí. Ahora es consciente de cuándo no identifica el humor y lo anota en su mente. «Lo guardo en un caja en mi cerebro hasta que lo puedo analizar y luego "ajusto el algoritmo"».

La práctica pone cerebro en los músculos.[3]

SAM SNEAD, leyenda del golf profesional,
récord de victorias en el PGA Tour

JoAnn Deak: la práctica fortalece el cerebro

Sean cuales sean las metas de bienestar físico o estilo de vida que logres alcanzar gracias a ella, la práctica, en efecto, lleva tu cerebro al gimnasio para que haga ejercicio. «Me gusta la metáfora de la musculatura», dice JoAnn Deak,[4] psicóloga preventiva, escritora y conferenciante que ayuda a padres, profesores y niños a entender cómo funciona el cerebro para que puedan interactuar mejor y con más felicidad. En el cerebro, la repetición de «bloques» neurológicos, es decir, emplear tiempo en repetir una tarea en concreto, cambia la química de todas las neuronas que se ponen en uso. Como técnica de fortalecimiento, la repetición ayuda a muscular el cerebro estimulando el crecimiento de las dendritas (las ramificaciones en las que terminan las neuronas), generando nuevas conexiones y fortaleciendo las ya existentes.

La práctica constante disminuye la energía de activación necesaria para iniciar una tarea y finalizarla, porque el cerebro ya no necesita comenzar de cero y forjar nuevas conexiones, sino que puede acometer con inmediatez lo que ya se le ha enseñado a hacer con cada sucesiva ronda de neuroquímicos empleados para la tarea, y acometerlo más rápido.

Con la práctica, y la combinación de dejar un rastro químico que se puede seguir con facilidad, generar dendritas y reducir el vataje, «se llega al punto en que tocar una pieza complicada de Mozart en el violín te sigue costando mucha energía, pero nada que ver con lo que te costaba hace diez años», dice Deak.

Si esto de que la práctica crea en el cerebro circuitos que permiten ahorrar energía suena sospechosamente similar al CBE (el estado cerebral de baja energía del que aspiramos a despertar usando herramientas LIT) es porque hace uso del mismo mecanismo que permite al cerebro saltarse los detalles repetidos. El modo en que utilices esa función es elección tuya: ¿permitirás que el piloto automático embote tu pensamiento o usarás la práctica para liberar poder cerebral y estimular el cerebro para que haga esfuerzos más creativos e interesantes?

A veces, la práctica nos lleva a los límites de nuestra capacidad o nuestra motivación por alguna cosa en un determinado momento. Me encanta correr, pero, por mucho que practique, no voy a convertirme en corredor olímpico. Y aunque tuve curiosidad y estuve practicando la meditación durante años, fue más una especie de recorrido turístico que una dedicación plena. El tirón fuerte no me llegó hasta que no sentí una motivación fuerte (querer tener una conciencia más plena y estar más presente para mi familia).

La motivación importa. Lo que nos importa, el modo en que pensamos sobre una meta o una intención, nos mueve. La motivación es estimulante, un elemento fundamental de nuestra interacción con el mundo y entre unos y otros. Como potenciador LIT para la práctica, la motivación también reduce la energía de activación necesaria, impulsa el esfuerzo y renueva nuestro compromiso con ella.

¡Divídelo! Prueba a hacer sesiones de práctica más breves y constantes

El papel de la práctica en la creación de nuevas conexiones sinápticas era en parte lo que le interesaba a Molly Gebrian, profesora de música y neurocientífica de la Universidad de Arizona, cuando se puso a explorar cómo se enseñaba a los estudiantes a tocar su instrumento, la viola. Por razones históricas y por su uso en la música popular, durante siglos la viola fue subsidiaria del violín, más pequeño y agudo, en las composiciones musicales. Sin embargo, en el siglo XX, a medida que la viola empezó a ser más apreciada gracias a su papel en los cuartetos de cuerda y en formas musicales más modernas, los materiales didácticos (estudios, escalas y técnicas atonales) se quedaron obsoletos.

«Es posible, por desgracia, que un violista acabe su educación musical sin haber interpretado nunca como solista una pieza escrita después de

1900»,[5] escribió Gebrian en su tesis doctoral de la Universidad Rice. Imaginemos, como explica Gebrian, a un estudiante de música que, desde su infancia temprana, haya practicado escalas, ritmos y tonalidades tradicionales y que de repente tenga que tocar música en la que pocas o ninguna de esas convenciones estén presentes. «Debido a la fuerza de la memoria muscular, los pasajes de escalas que no encajen en un marco de tonalidad mayor o menor pueden resultar incluso más difíciles de lo normal, porque el intérprete debe neutralizar al mismo tiempo la memoria muscular automática para las escalas tonales y, a la vez, tocar con precisión los motivos que haya escrito el compositor». La música moderna postonal es un lenguaje musical completamente diferente.

Este problema ha sido un punto central de los intereses neurocientíficos de Gebrian. Los músicos tienden a practicar técnicas y composiciones musicales durante cuatro o cinco horas diarias. Pero, como le ocurre a la mayoría de las personas, pocos entienden cómo practicar del modo más efectivo, nos dice Gebrian. «Las maneras en que el cerebro aprende más eficientemente suelen ser bastante antiintuitivas —nos ha dicho—. Los músicos tienden a pensar que necesitan practicar durante un gran bloque de tiempo esforzándose muchísimo. Si tienes una hora, la pasas entera con solo una cosa. Sin embargo, este no es el modo más eficiente de aprender».

En cuanto a la duración de la práctica, según Gebrian, es mejor hacerlo durante muchos periodos cortos, como por ejemplo, quince minutos por la mañana, quince a mediodía y otros quince por la tarde. Eso es porque la práctica estimula el cerebro para que establezca conexiones sinápticas nuevas o más fuertes, pero no durante la práctica misma. «El aprendizaje tiene lugar en los periodos entre prácticas —dice—. El cerebro tiene que experimentar cambios físicos para aprender, es decir, para retener la información. Para que el cerebro haga esa especie de reconstrucción, no puedes estar usándolo al mismo tiempo».

Los estudios indican que el cerebro no puede establecer conexiones que inicien el proceso de retención en tan poco tiempo como una hora. Reforzar una lección (digitación, movimiento del arco y memorización de una pieza) con una práctica posterior ayuda a fijar el aprendizaje. Con el tiempo, ciertas acciones que al principio eran difíciles se convierten en automáticas a medida que más neuronas establecen más conexiones.

Los estudios recientes demuestran que practicar una destreza también favorece la creación de mielina, una sustancia que actúa como aislante en las rutas eléctricas del cerebro. Cuando el recubrimiento de mielina se va espesando, ayuda a crear una especie de superautopista eléctrica, que también contribuye a la retentiva.

Existe, además, una fase de la práctica llamada «sobreaprendizaje». Es cuando continúas practicando una vez que ya dominas una destreza. Puede que ya no mejores tu forma de interpretar, pero continuar practicando a un nivel de dificultad alto puede afianzar tu capacidad de hacerlo. Los estudios también demuestran que sobreaprender puede ser tan potente que impida temporalmente un nuevo aprendizaje, de manera que la nueva destreza no prenderá hasta que no se absorba por completo la antigua. Un inconveniente paralelo puede provenir de la especialización y la práctica excesivas y afectar, en particular, al desarrollo cerebral durante los años formativos de la infancia y la adolescencia. Como Deak señala, «hay que tener cuidado con dedicar una cantidad de tiempo excesiva a las tareas porque entonces habrá otras áreas a las que no les estarás dedicando tiempo —advierte—. Cuando practicas mucho y creas más dendritas y rastros químicos y reduces la capacitancia, entonces el cerebro quiere hacer solo eso; quiere hacer lo más fácil. No quiere estar frustrado ni asumir la carga de trabajo» de las otras cosas, como la que requiere el desarrollo social o emocional.

Los descansos de la práctica, sobre todo cuando se está aprendiendo una nueva destreza, también crean en el cerebro un efecto de sobresalto que equivale a una ligera interrupción en el modo de retener nueva información, según Gebrian. «Cuando vuelves a la práctica de nuevo más tarde, el cerebro tiene un poco más de disposición a aprender. Pero también ha tenido la oportunidad de olvidar un poco. La nueva práctica se lo recuerda y le ayuda a afianzar la lección», explica Gebrian.

Un descanso puede ser el catalizador de una conexión en el cerebro entre puntos del pasado y el presente. Tenemos un rastro de experiencia de muchas cosas en nuestra vida, es decir, que ya hemos reducido la cantidad de energía de activación necesaria para la mayoría de las cosas. ¡Solo necesitamos recordar los puntos y unirlos! A menudo, lo único que nos hace falta es una comprobación rápida de las posibilidades que nos ayude a retomar el hilo.

Me gusta pensar en la práctica como una herramienta para cultivar la confianza, la precisión y la intuición en relación con la habilidad que estemos desarrollando en ese momento. Los bucles de retroalimentación neurológica que activamos mientras practicamos generan confianza en un conjunto de habilidades en expansión. Es decir, que la práctica no solo amplía una capacidad específica, sino que abre todo un universo de posibilidades, y no importa dónde comiences. Desde los deportes hasta la música o los hobbies, e incluso las interacciones sociales o volver a conectar con la Tierra, la práctica centrada cultiva la evolución en todo.

El gozo de la persistencia

Nelson Dellis describe tres motivaciones que mantienen su pasión por las proezas de memoria. «Practico porque tengo una apetencia desesperada de alcanzar metas», dice. La meta podría ser un número concreto o podría ser un récord que tenga otra persona. «Cuando voy avanzando y acercándome a ese número me siento cada vez mejor. Es por esa sensación por lo que vuelvo a practicar cada día». Los datos son otro factor motivador. Dellis registra los datos después de cada práctica para ver su progreso y analizar factores que podría modificar para mejorar. Lleva un registro de sus puntuaciones, de la hora del día a la que ha realizado la práctica y de cualquier factor externo que pueda haber contribuido a su rendimiento para mejor o para peor. «Tener esos datos delante cada día me ayuda a recordar el progreso que he hecho desde el comienzo», dice. Por último está lo que él llama rendición de cuentas personal. «Ver los datos diarios es como mirar un calendario lleno de X que muestra los días que he practicado sin fallar ninguno. Me hago adicto a mantener la racha. Los datos, más que motivarme para practicar, lo que hacen es que intente evitar perder días de práctica».

Sea lo que sea lo que te estimule puede convertirse para ti en el gozo de la práctica o, al menos, que ese sea el modo en que tú lo registras en el cerebro. Como explica Deak, hay evidencias de que mientras realizas algunas actividades o avanzas en la práctica de cualquier cosa, el cerebro produce dopamina y serotonina, lo que afecta a tu sistema emocional y te genera buenas sensaciones. El típico subidón de los corredores es una recompensa evasiva que mucha gente no llega a experimentar nunca, incluso atletas en el apogeo de su rendimiento. Sin embargo, entender cómo está afectando la práctica al cerebro puede ser una recompensa más interesante, fiable y duradera. Cuanto más positiva sea la sensación que asociemos a la práctica (valorando el progreso gradual y lo que está ocurriendo en el cerebro, por ejemplo), más desencadenará la práctica esas sensaciones de bienestar y más aumentará nuestra motivación para continuar. Los estudios sugieren que estar enamorado produce un aumento similar de sustancias neuroquímicas, así que ¿por qué no enamorarse de la práctica y disfrutarla más?

Tras años de estar empujándome a practicar, practicar y practicar, me resultaba difícil valorar lo que acabo de exponer. Pensaba que aspirar al «subidón del corredor» era el incentivo que estaba buscando. Deak fue muy esclarecedora a este respecto y, además, pude comprobar la mucha razón que tenía cuando, al poco, sufrí una lesión en el meñique de la mano izquierda. Me lo fracturé al tirar un balón de fútbol americano a mi hijo y tuve que llevar férula. Pero ¡qué ocasión tan afortunada! Por suerte, no hizo falta que me operasen y, típico de mí, me quedé fascinado con el proceso de curación de la lesión y la rehabilitación. La regeneración del hueso y la cascada de procesos curativos son biológicamente meticulosos, complejos y lentos. Si pudiéramos observarlos con un microscopio, sería una acción espectacular; sin embargo, a simple vista pasan desapercibidos. Nuestra única ventana al proceso curativo es algo pasado de moda: lo que vemos y sentimos.

Para la terapia física y ocupacional de mi dedo meñique tenía que realizar ejercicios diarios que fueron restaurando poco a poco su fuerza, flexibilidad y rango de movimiento milímetro a milímetro. Mi terapeuta me enseñó los movimientos exactos que tenía que hacer una y otra vez.

Esa fue la parte de la recuperación que llegué a valorar e incluso disfrutar. Era emocionante trabajar en algo, practicar diligentemente y ver y sentir el progreso. Sabía que si no trabajaba duro para recuperar el movimiento, quedaría limitado lo que podría hacer en el futuro con el dedo, y eso me motivaba aún más. Era gratificante ver el progreso milímetro a milímetro.

Si alguien me hubiera dicho alguna vez que un día me entusiasmarían tanto unos avances tan pequeños y graduales, siendo un dedo meñique el centro de atención, me habría reído. Sin embargo, eso fue lo que ocurrió. Mejoré y esa fue mi recompensa; no un «subidón», sino el progreso: un dedo meñique flexible y un cerebro más fuerte.

A veces lo que da frutos es practicar la paciencia: con nosotros mismos y con el proceso. Piensa en tu vida y seguro que encuentras tu propio gran recordatorio. Para mí, fue una experiencia que tuve en el instituto como el miembro «menos idóneo» del equipo de atletismo. Nunca destaqué en los deportes; de hecho, siempre era el último en ser elegido para los equipos durante el recreo o después de las clases. Pero en el instituto me apunté a lanzamiento de disco, de jabalina y de peso. No era un competidor demasiado prometedor, pero me gustaba lanzar el disco: el giro, no salirse del círculo, lanzar, el ángulo del disco, cómo se soltaba de los dedos… El señor Wade, que nos daba arte, programó la prueba de disco porque él había lanzado de pequeño y, cuando le pedí ayuda, accedió a enseñarme algunas mecánicas del lanzamiento.

Soy el tipo de persona al que nunca le salen las cosas a la primera, ni tampoco a la décima. Necesito ver las cosas muchas veces para captarlas. Pero el profesor fue paciente conmigo y me doy cuenta ahora, años más tarde, de que me enseñó a ser paciente conmigo mismo y a centrarme en el proceso. En aquel momento me sorprendió ver que podía hacer pequeños ajustes y mejorar. Cuando llegó el día de la gran competición, quedé el segundo de todo el instituto, lo que me clasificó para competir en la prueba de atletismo de la ciudad, en la que quedé tercero y alcancé un récord personal. Yo estaba exultante, pero lo más importante que aprendí (una lección para toda la vida) fue a confiar en el proceso. Por ejemplo, hace poco he averiguado que los estímulos positivos que recibía de aprender de un modo determinado (aprendizaje por refuerzo) eran los que hacían que la práctica fuera tan satisfactoria. También he averiguado que la formación de hábitos es más reactiva al contexto que a las metas.[6] Cuantas más señales positivas (incluidas las recompensas de dopamina) recibas por practicar una conducta, más posibilidades hay de que continúes haciéndolo y de que se convierta en un hábito. Por ejemplo, la supervivencia de los humanos primitivos implicaba localizar entornos donde hubiera alimentos, lo que generaba la producción de dopamina. Yo fui capaz de crear nuevos hábitos para ser productivo, generando dopamina en el contexto del trabajo.

Hay lugar en nuestra vida tanto para el confort de la rutina y los placeres que la práctica nos puede deparar como para la emoción de lo nuevo. Así lo señala Rudolph Tanzi, que ha encontrado ambas cosas en los mundos de la ciencia y de la música. Podemos practicar las dos cosas de forma activa, sobre todo si consideramos la práctica como parte de un continuo, no como un trabajo esclavo y estático o necesariamente orientado a una meta, sino como un camino hacia algo satisfactorio en sí mismo.

A Pablo Casals, quizá el mayor chelista de todos los tiempos, que empezó a tocar tres instrumentos cuando tenía cuatro años, le preguntaron cuando tenía ochenta por qué seguía practicando cuatro horas diarias. «Porque —contestó— creo que estoy progresando».[7]

Cambiar un hábito antiguo o desarrollar uno nuevo es un acto creativo en el sentido de que podemos elegir lo que nos funcione mejor a nosotros, determinar cuál será nuestro camino individual para practicar y decidir que vamos a persistir. Pensemos en las hormigas, con fama de tener lo que parece una persistencia robótica. Sin embargo, a su propia manera, tienen elección. En su disertación «The Homing of Ants: An Experimental Study of Ant Behavior»,[8] de 1907, el científico y educador Charles Henry Turner, conocido por sus pioneros estudios sobre el comportamiento de los insectos, describió un experimento en el que introducía un pequeño obstáculo (una sección inclinada) en el camino de unas hormigas que desarrollaban una tarea doméstica rutinaria. Al contrario de lo que se asumía en el ámbito científico en esa época, que implicaría una uniformidad en la reacción de las hormigas, Turner se encontró con otra cosa. «Así que dos individuos de la misma colonia, al mismo tiempo y bajo condiciones externas idénticas, respondían al mismo estímulo de formas muy distintas. A una hormiga la sección inclinada no le aportaba ningún valor psíquico; a la otra le servía de estímulo para pasar por ella. Para una, la sección inclinada era un estímulo repelente; para la otra, un estímulo atrayente. Cada una adquirió un modo distinto de lograr el mismo propósito y cada una retuvo y utilizó lo que había adquirido mediante la experiencia». ¡Las hormigas no tenían nada de robótico! De hecho, parecía que infundían «valor psíquico» a una opción frente a la otra.

Después Turner reflexionó sobre el poder del hábito (y la persistencia) en las hormigas, y también en nuestra especie: «Las hormigas no solo retienen, durante al menos varias horas, lo que han aprendido, sino que, además, una vez que se ha formado un hábito, es difícil que lo rompan. De vez en cuando he hecho experimentos con el fin de romper hábitos. He fracasado a menudo, al tener yo menos paciencia que persistencia las hormigas; en otros casos, por paciente persistencia, he tenido éxito».

Celebra todo lo que has ganado por el camino

Para obtener energía de la práctica, podemos experimentar con pasos simples que podríamos dar para mejorar o crecer en lo que estamos tratando de conseguir. Hace unos años, inspirado por la flexibilidad física de Jessica, me pregunté si yo tendría un potencial similar. Así que, guiado por la curiosidad, cada pocos días intentaba tocarme los dedos de los pies. Me estiraba hasta donde podía y contaba rápidamente hasta treinta. Luego empecé a contar hasta treinta y después hacia atrás hasta uno. En el momento en que empecé apenas podía pasar de las rodillas. Pero seguí practicando ese movimiento simple y acabé haciéndolo una vez al día con facilidad, mientras esperaba a que se calentara algo en el microondas. Fui mejorando cada vez más y la práctica se volvió más fácil. Al cabo de un par de meses podía tocarme los dedos de los pies. ¡Fue genial! Deseaba hacer el estiramiento todo el tiempo. Lo que más me impresionó no fue mi recién descubierta flexibilidad (aunque me sentía bien por haber alcanzado mi meta), sino que algo tan simple y quizá inconsecuente hubiera podido captar mi imaginación y mi compromiso. Me sentía también genial por eso (y, en mi siguiente control médico anual, me anunciaron que había crecido ¡casi dos centímetros!).

La investigación apunta el poder de la motivación para potenciar la respuesta del cerebro a cualquier cosa. La motivación disminuye la energía de activación necesaria y promueve la energía general, intensificando las recompensas de tu esfuerzo. Un cerebro fuerte también se convierte en un cerebro más feliz. Prueba estos potenciadores LIT:[9]

- **Socialízalo.** Si practicar en solitario te desalienta, pon a actuar tu «cerebro social» para potenciar tu motivación y tus recompensas. Somos una especie social. Practica con un amigo o un grupo. Planifica la primera sesión en el calendario y reduce la energía de activación necesaria para que el resto encaje en su sitio. El cerebro registrará como positiva, alentadora y estimulante la presencia de otras personas cuya energía y actitud sintonicen bien contigo. Si disfrutas de la energía competitiva o los métodos más marciales, busca un grupo o una persona que te estimule de esa manera. Si te sientes estancado con la práctica, revívela conectando con alguien que sea más diestro que tú o cambiando tu entorno de trabajo. Existen hoy todo tipo de espacios físicos y online de *coworking* donde puedes reunirte con desconocidos y compartir tus objetivos durante la siguiente hora o dos horas, trabajar en ello y volver a reunirte al final para hablar sobre lo que habéis conseguido.

- **Usa la inspiración para estimular la motivación.** En los medios encontrarás mucha inspiración y conocimientos que han alcanzado otras personas. Los documentales sobre músicos, artistas y atletas suelen revelar sus procesos de práctica. Ser testigos de ese nivel de pasión y compromiso puede estimular el nuestro. Ver el documental *Running the Sahara*, que cuenta la aventura de tres hombres que corrieron siete mil kilómetros por el desierto para concienciar sobre el problema del agua en África y recaudar fondos para programas de saneamiento y agua potable, colocó los retos que yo afronto a diario bajo una luz completamente distinta.[10] Para mi sorpresa, me dio una sensación de empoderamiento ver las posibilidades del potencial humano y lo mucho más lejos que podría llegar, cuánto más potencial podría extraer de mí mismo. La inspiración es un ejemplo excelente de transferencia de energía LIT.

- **Abraza la confianza que mira al futuro para estimular tu conexión y tu impacto.** Nos aguardan un potencial, un gozo, una liberación y una plenitud sin límites, pero suelen parecernos fuera de nuestro alcance hasta que damos el primer paso. Cuando se avanza hacia metas a largo plazo, hay otras recompensas, como la conexión con los demás y la confianza en que podemos hacer algo más beneficioso para nosotros mismos o nuestra comunidad. A medida que desarrollamos habilidades, descubrimos nuestra capacidad de orientar a otras personas y aprovechar el principio LIT de transferencia de energía para potenciar sus esfuerzos y los nuestros. Esta sinergia crea más confianza en la práctica a la hora de desarrollar habilidades nuevas o diferentes.

- **Libérate de las expectativas rígidas y disfruta de los placeres de la práctica.** Por lo general pensamos en practicar para dominar algo, pero a veces valoramos de forma innecesaria el rendimiento por encima del placer de practicar. Cuando nos mudamos cerca de un campo de golf público, decidí que tenía que mejorar y que ya no había más excusas. Practiqué con diligencia, pero enseguida sentí frustración y futilidad. Para revivir mi interés, miré vídeos formativos, me centré en partes específicas del *swing* y luego lo practiqué todo en el campo. Sentí el cambio al instante (en mi *swing* y en mi estado de ánimo) y fui redefiniendo mi enfoque cada semana. Volvió a ser divertido. Ahora ya no estoy practicando golf porque quiero centrarme en pasar tiempo con mi familia y desarrollar otras destrezas. Corre de nuestra cuenta redefinir nuestras expectativas en torno a la práctica para reflejar las prioridades y los intereses cambiantes, y aceptar el reto y la liberación que llevan aparejados.

- **Utiliza el impulso del grupo para potenciar el tuyo propio.** La práctica en grupo puede llevarte más lejos y hacerte participar en algo que te trascienda. Jessica y yo fuimos juntos a clases de yembé con otras personas. Alan Tauber, nuestro instructor, dice que lo único que hay que hacer es ir a clase, relajarse y tocar. Es impresionante, nos ha hecho tocar piezas complejas que no imaginábamos que seríamos capaces de tocar cuando nos apuntamos. Pero empezamos juntos y, por muy imperfecto que sea nuestro toque, muy pronto suena fenomenal a medida que la gente va haciendo ajustes. Quizá no puedas tocar todas las notas, pero sí muchas de ellas, y puedes oír el sonido de tu tambor y el de los demás y la armonía que forman. Siempre nos sorprende el resultado... ¡y lo único que tenemos que hacer es ir a la clase!

- **Saborea la paz mental que sientes en el momento de la práctica.** Practicar durante un periodo de tiempo ayuda a reducir la naturaleza distraída o transaccional de la mente: los deseos, la ansiedad, las preocupaciones por lograr algo u otros pensamientos intrusivos que nos acosan durante el día. La práctica puede ser meditativa, por ejemplo, mientras planchamos o lavamos los platos. Centra la atención en este aspecto repetitivo para apartar el resto de las cosas.

Haz cosas nuevas y diferentes

Invita a la sorpresa y la serendipia

Juega con las sutilezas y las novedades para generar nuevas posibilidades

Necesitas el cambio. De lo contrario perderás la energía para hacer cosas nuevas.

RUDOLPH TANZI, neurocientífico de la facultad de Medicina de Harvard y prominente investigador sobre el alzhéimer

Hasta Thoreau se marchó del lago Walden. Después de dos años paseando por la naturaleza, descubriendo nuevas dimensiones de la espiritualidad y la creatividad por la mítica senda menos transitada, se dio cuenta de que, al final, los caminos nuevos se vuelven rutinarios para el pensamiento. «Me marché del bosque por la misma razón que fui allí», escribió en la conclusión de *Walden*:[1] para hacer cosas nuevas. Escribiendo sobre el inevitable efecto de aburrimiento que conlleva la rutina, incluso aunque la hayamos elegido nosotros, concluyó: «Es extraordinario lo fácil e insensiblemente que caemos en repetir una rutina en concreto y la convertimos en un camino trillado».

Los estudios más avanzados con escáneres cerebrales muestran no solo el efecto de la rutina del que se lamentaba Thoreau, sino también algo más alentador: el poder que tienen los estímulos nuevos, diferentes o sorprendentes para activar el cerebro. En respuesta, el cerebro forja nuevas rutas neuronales que promueven no solo el desarrollo de las destrezas que podríamos asociar con la actividad atlética o el dominio técnico de una materia dada, sino también de la creatividad. Un estudio de 2022[2] para realizar una comparativa de inteligencia en artistas visuales y científicos excepcionalmente creativos indicó que, en el cerebro, la alta creatividad está asociada a una arquitectura funcional de red global más «aleatoria» que «eficiente», según Ariana Anderson y sus colaboradores. «Esta conectividad más aleatoria puede ser menos eficiente en muchas ocasiones, pero la arquitectura permite que la actividad cerebral tome "el camino menos transitado" y realice conexiones nuevas», afirman los estudiosos.

La práctica amplía e intensifica ese crecimiento, como hemos visto, pero, al principio, el factor LIT consiste en aprender algo nuevo. Cuando hemos aprendido algo de cierta manera, establecemos un camino o «pavimentamos una carretera» en el cerebro. Continuando con la metáfora, si aprendemos a conducir sobre una vía asfaltada, nos resultará difícil hacerlo, por ejemplo, por un camino de grava, porque aplicaremos las estrategias que aprendimos conduciendo sobre un terreno asfaltado. Necesitamos desarrollar nuevas conexiones sinápticas y practicar con ellas para adaptar nuestro estilo de conducción a una superficie distinta. La novedad y la motivación implicadas en esta actividad encienden el cerebro y ayudan a reducir la energía de activación necesaria.

A la inversa, la familiaridad no genera necesariamente rechazo, sino complacencia y puntos ciegos (al menos atencionales) en la conciencia visual del cerebro. El efecto Troxler[3] es un fenómeno perceptual que debe su nombre al médico y polímata suizo Ignaz Paul Vital Troxler. Troxler empleaba ilusiones ópticas para demostrar la atención decreciente del cerebro a ciertos objetos y colores en nuestra visión periférica y su preferencia por la novedad. Cuanto más nos habituamos, más imágenes estáticas desaparecen de la vista. Esta habituación, que es una función de la programación del cerebro para que sea eficiente, es lo que me permitió ignorar el televisor y la máquina de *pinball* de la habitación donde estudiaba en mi época universitaria, pero no las nuevas notificaciones de correo electrónico, que comenzaron a mediados de los noventa. Años más tarde me di cuenta del poder de la novedad como herramienta LIT, que podemos usar de forma intencionada.

En un mundo de complejidad y sofisticación donde la especialización se considera esencial para tener éxito, a menudo los logros más extraordinarios se deben a hallazgos fortuitos o a que se han abordado situaciones nuevas con mentalidad de principiante. Tanto en el trabajo como en casa, cuando todo el mundo cuenta contigo para que sigas haciendo lo que mejor se te da, da un paso deliberado para hacer algo nuevo. Sorpréndete a ti mismo. No solo se vigorizarán tus redes neuronales con la afluencia de las sustancias neuroquímicas que se generan como respuesta a lo inesperado, sino que además el efecto dominó de tu acción abrirá otras posibilidades.

Los muchos intereses de Grace (Teo) Katzschmann compendian una vida vivida siempre al borde de la novedad: nuevas cosas que aprender, nuevos modos de explorar sus intereses y nuevos trabajos que ejemplificasen su afán de lanzarse a aprovechar nuevas oportunidades pisando a fondo el acelerador.

Katzschmann, que se incorporó al laboratorio en 2009 y había estado como becaria el año anterior, tenía un grado en ingeniería química y biomédica por la Universidad Tecnológica Nanyang de Singapur recién terminado. Vino al laboratorio para hacer un doctorado en esas materias y, durante los cinco años que pasó con nosotros, se convirtió en una experta en biología e ingeniería de células madre en un contexto terapéutico.

Sin embargo, lo que acabaría llamando su atención fue un comentario de una paciente con distrofia muscular a la que conoció un día, sin tener nada que ver con su trabajo en el laboratorio, sino con la experiencia clínica que le exigían en el programa de doctorado.

«Como parte de mi programa de doctorado, nos dieron la oportunidad de pasar hasta tres meses en un entorno clínico hablando con médicos y pacientes para entender problemas del mundo real —cuenta Katzschmann—. Una de mis preguntas favoritas a los pacientes era: "¿Qué parte de tener salud echas de menos?"». Cuando planteó esa pregunta a la paciente con distrofia muscular, la mujer le dijo que había tardado una hora en vestirse esa mañana. «Echaba de menos su independencia en actividades pequeñas pero diarias como vestirse», cuenta Katzschmann.

Le tocó una fibra sensible por dos razones. En primer lugar, cuando era pequeña, su hermana mayor había sufrido más de diez cirugías correctivas de paladar hendido y labio leporino. La última, con dieciocho años, iba a ser solo cosmética, para arreglar la simetría de la nariz. «Mi hermana rechazó la operación diciendo que su nariz era así y que la aceptaba —cuenta Katzschmann—. Ese tipo de confianza en su aspecto fue para mí muy inspirador, sobre todo porque, cuando mi hermana era más joven, alguien le dijo que tendría que esforzarse más en la vida a causa de "su aspecto" y aquello me hizo ver que el aspecto podía tener una influencia significativa en cómo le va a uno en la vida». Por otro lado, cuenta: «Mi sueño de pequeña era ser diseñadora de vestuario para cine y televisión. Me gustaba la idea de poder transformar a la gente y crear narrativas a través de la ropa».

La respuesta de la paciente alumbró en Katzschmann una idea, algo completamente nuevo en su trayectoria. «Quería empezar a diseñar ropa para personas con discapacidades que resultara atractiva y fácil de poner», me contó. ¿El reto? «Tenía una educación convencional orientada a la ciencia y ningún conocimiento de diseño».

Así que Katzschmann centró su habilidad para resolver problemas en aprender sobre diseño, en concreto, sobre cómo diseñar prendas atractivas para personas con diversidad funcional o con limitación del movimiento. Asociándose con un amigo, planificó un programa educativo que incluía diseñadores, ingenieros, terapeutas ocupacionales y personas con diversidad funcional, que, juntos, crearon diseños que cumplían los requisitos. La organización sin ánimo de lucro, llamada Open Style Lab, se fundó en 2014 y, desde entonces, ha celebrado eventos de investigación, diseño y desarrollo cada año. Hoy está integrada en el programa educativo de la Escuela de Diseño Parsons y su concepto se ha imitado en otras instituciones académicas.

«Lo principal que me dio Open Style Lab fue confianza para sumergirme en ámbitos nuevos e ir organizándolo todo paso a paso», dice Katzschmann, que continuó su carrera dando clases en el MIT, actuando como socia capitalista en distintos emprendimiento, trabajando como analista de biotecnología y directora de investigación, y es hoy consultora de biotecnología en Suiza. «Tengo tendencia a que me guste probar cosas nuevas».

No todos estamos preparados para emprender en terrenos que no nos resultan familiares, pero sí tenemos una cosa en común: las experiencias, personas, ideas y retos físicos nuevos nos activan el cerebro y generan redes de posibilidades sinapsis a sinapsis. Las nuevas experiencias nos «encienden» (LIT). Y podemos empezar desde donde estamos.

Del genetista ganador del Nobel Phillip Sharp me llama mucho la atención su firme propósito de reunirse con gente nueva para oír perspectivas diferentes no solo en relación con la ciencia, sino también a nivel general. Como hay muchas personas que reclaman su atención, se le ocurrió una idea para proteger su tiempo y el de ellos. Divide las solicitudes que le hacen en dos categorías que considera de igual importancia. En primer lugar, atiende a los compromisos de más largo plazo; en segundo lugar, las oportunidades que le permiten «saltarse la rutina» y reunirse o tener una experiencia con alguien nuevo o experimentar algo nuevo. «Evita la rutina y usa el tiempo para tomar muestras de nuevos espacios y nuevas ideas —aconseja—. Es fundamental y necesario tenerlo en el calendario».

Rudy Tanzi apunta el valor de la variedad en nuestros hábitos diarios. Cuando estás realizando actividades rutinarias, el cerebro enciende las mismas redes una y otra vez porque ya las conoces. Esas redes neuronales contienen tus hábitos, patrones repetitivos, gustos y aversiones, todos establecidos a lo largo del tiempo, pero también son potencialmente un obstáculo para lograr estados mentales LIT. Aprender y practicar cosas nuevas hace uso de energía mental, pero también la genera.

«Es importante entender que el condicionamiento, la repetición y los patrones que crean orden son como una estructura, como una casa —explica Tanzi—. Cada vez que los rompes y haces algo nuevo introduces caos y perturbación, pero el cambio te mantiene renovado y te aporta energía».

El patrón repetitivo es el enemigo, según él. «El patrón crea orden, pero el mismo patrón repetido una y otra vez se convierte en algo estancado y empieza a deteriorarse. Necesitamos cambiar; de lo contrario, nos perdemos la energía de hacer cosas nuevas».

Tanzi considera que el miedo y el deseo son las motivaciones principales que rigen todo lo que hacemos. Evitamos lo que tememos y nos vemos atraídos hacia lo que deseamos. Su propia historia de luchar contra el miedo para hacer algo fuera de su zona de confort, junto con las experiencias positivas resultantes, lo han ayudado a centrarse más allá del miedo, según afirma. Aunque nuestra amígdala siga activando alarmas, no hace falta que respondamos a ellas con miedo. Podemos elegir redirigir esa energía y conectarla con una anticipación positiva, en lugar de con temor.

> Debes hacer lo que crees que no puedes hacer.[4]
>
> ELEANOR ROOSEVELT

Katzschmann, por ejemplo, dice que casi no le influye el factor miedo cuando está motivada para probar algo nuevo. Lo atribuye a la memoria selectiva, el entusiasmo y su disposición a pedir ayuda cuando la necesita. «Tengo una memoria malísima para los momentos bajos de mi vida —explica—. Me resulta difícil recordar momentos específicos en los que me haya sentido sin respuestas, pero creo que, en general, los he sorteado buscando a gente que sabía lo que estaba haciendo en áreas donde yo me sentía perdida e invitándolos a ayudarme». Podemos hacer lo mismo a propósito (considerar el aspecto positivo de un mal recuerdo), desarrollando la habilidad de dejar ir las cosas, no aferrarnos a los pensamientos negativos o al miedo; reconocer los pensamientos y luego dejar que pasen, como haríamos en un viaje por carretera en el que parásemos en muchos lugares sin que ninguno fuese el destino final. Practicar así el desapego puede reducir la energía de activación necesaria para hacer algo nuevo que quizá nos intimide un poco.

Tanzi apunta que, a pesar de su preferencia por dar un cambio radical a las cosas, no siempre es fácil. Sin embargo, cuando siente una punzada de ansiedad, utiliza en el momento una meditación sencilla que le permite enfocarse en su propósito: cerrar los ojos para concentrarse en la respiración. Esta recompensa positiva desarma la resistencia. Haciendo algo así el cerebro será tu aliado, gracias a la neuroplasticidad que le permite adaptarse a nuevas demandas alterando su estructura y redes mediante la generación de nuevas neuronas y conexiones neuronales, a la vez que elimina patrones del pasado que se usan muy poco o nada.

Experimenta con distintas estrategias para identificar herramientas que te permitan dejar atrás el miedo y probar nuevas cosas. Una que me suele funcionar es no pensar más de la cuenta en la situación; darle al cerebro analítico un descanso y realizar un salto intuitivo. Intento no dejar que interfieran las experiencias pasadas o que me generen prejuicios respecto de nuevas experiencias. Otras herramientas:

- Tratar de identificar el origen del miedo y determinar si ese miedo es realmente útil.

- Ejercita la actitud de sentirte más cómodo teniendo menos control sobre las situaciones para que el elemento de incertidumbre no sea justo el que desencadene el miedo. Ciertos patrones mentales suelen validar pensamientos incómodos y les dan el poder de vetarnos, con lo que, al final, permitimos que la incomodidad rija nuestras decisiones. Por ejemplo, en una situación en la que tenemos menos control, podríamos sentirnos inclinados a creer que todo podría ir mal y entonces decidir abandonar o no actuar. Sin embargo, podríamos optar por dejar existir esos pensamientos, pero sin basar en ellos nuestras decisiones.

- Cuestiona pensamientos o creencias que no te hacen bien, en lugar de no hacerlo. Pregúntate si ese pensamiento es un absoluto: «¿Es esto malo para mí? ¿Va a causarme daño? ¿Qué es lo peor que podría ocurrir? ¿Podría aprender algo de esto? ¿Podría descubrir cosas? ¿Podría surgir algo que resultase útil?».

Cuestionar los pensamientos que nos frenan abre espacio y libera energía para un diálogo interno. Tanzi sugiere un sencillo ejercicio de visualización para variar el tipo de destrezas cerebrales que pones en juego. Para interrumpir o poner en tela de juicio el patrón de pensamiento negativo, «haz un gesto con las manos para alejar las palabras», reduciendo, en efecto, la energía y la atención que les dedicas. Al no existir palabras que ejerzan tracción, puedes empezar a entrenar el cerebro para desengancharte del mensaje. Dicho de otra manera, podemos entrenar al cerebro para que sea menos analítico y esté más en contacto con la experiencia plena del momento. Cuando noto que algún pensamiento de escasa utilidad me ha desviado, trato de examinarme en ese momento o después para averiguar por qué me estoy quedando dentro de mi propia cabeza, confinándome y limitándome, en lugar de conectarme con el mundo exterior. Me he pasado la vida perfeccionando habilidades para centrar mi atención y mi cerebro analítico, pero a veces necesitamos interrumpir esa parte de la mente de manera deliberada cuando eso es lo que más beneficioso nos va a resultar.

> La neuroplasticidad va más allá del poder de la mente sobre la materia. Es la mente convirtiéndose en materia cuando tus pensamientos crean nuevas redes neuronales.[5]
>
> DEEPAK CHOPRA y RUDOLPH E. TANZI,
> *Super Brain: Unleashing the Explosive Power of your Mind to Maximize Health, Happiness and Spiritual Well-being*

Actúa contra la tendencia natural del cerebro

No todo el mundo cuenta con proyectos apasionantes en los que sumergirse, como le ocurre a Katzschmann, ni está en el caso de Rudy Tanzi, con la emocionante diversidad de opciones que le permiten desde trabajar en el tratamiento sofisticado de datos hasta hablar en comparecencias parlamentarias, pasando por tocar el teclado junto a un grupo de rock estelar. No pasa nada. Lo que importa es el acto de hacer algo distinto en el momento. Casi cualquier cosa que hagas, la más pequeña desviación de una rutina, estimulará el cerebro, puenteará su resistencia natural al cambio y creará una apertura para que se generen conexiones neuronales con nueva creatividad. Los cambios más pequeños pueden encender el cerebro y arrancar el motor de las posibilidades. Algo tan sencillo como escribir con tu mano no dominante, andar o conducir por una ruta distinta para ir a un lugar cotidiano o hablar con un desconocido o con alguien a quien sueles pasar por alto activará circuitos de aprendizaje en el cerebro. Incluso si no pretendes nada muy ambicioso y espectacular, y solo tienes la intención de darle al cerebro un estímulo sano, esta es la vía. Pedirle al cerebro que vaya contra su tendencia natural crea una irritación cognitiva que puede estimular la creatividad. Y probar a hacer algo nuevo o arriesgado activa la liberación de dopamina, gratificando el esfuerzo.[6] Recuerda el consejo de Joe De Sena de crear algún tipo de adversidad cuando haces ejercicio. Resulta que al cerebro también le gusta ejercitarse.

Tendemos a pensar que el cultivo del desarrollo cognitivo es una cosa de la infancia, y buscamos escuelas, juguetes educativos y actividades que cumplan ese papel. Sin embargo, también a medida que envejecemos, el cerebro está preparado para sacar el máximo partido de hacer cosas nuevas. Según avanzamos por las fases del desarrollo adulto, interactuamos de manera diferente con experiencias que albergan nuevo potencial para nosotros porque en el cerebro maduro de una persona de mediana edad los dos hemisferios comienzan a trabajar juntos de forma más estrecha. «El cerebro disfruta de cualquier actividad que haga un uso óptimo de sus dos hemisferios —afirma Gene D. Cohen, pionero en el campo de la psiquiatría geriátrica—. Es como chocolate para el cerebro, como tener una nueva capacidad o habilidad».[7]

> A los cien años, mi mente es superior —gracias a la experiencia— a cuando tenía veinte.[8]
>
> RITA LEVI-MONTALCINI,
> neuróloga italiana y premio Nobel

En el estudio The Synapse Project[9] sobre el efecto de una actividad sostenida en la función cognitiva de los adultos mayores, realizado en 2014, los investigadores concluyeron que aprender nuevas habilidades con cierta exigencia cognitiva (en el caso del estudio, *patchwork* y fotografía digital) y seguir practicándolas (en el estudio, un mínimo de tres meses) mejora el funcionamiento de la memoria de los adultos mayores.

El efecto dominó de la novedad o la extensión cognitiva en el cerebro es también impresionante: «Ninguna parte del cerebro funciona por sí sola —nos cuenta la psicóloga y escritora JoAnn Deak—. Por ejemplo, cuando aprieto un botón, no estoy usando solo mi sección motora, sino también la zona que recibe la información de mis propioceptores. Estoy usando el córtex visual y el de procesamiento. En cualquier momento, hasta para la tarea más simple, emplearé de diez a treinta o cuarenta sectores distintos del cerebro».

El medallista olímpico Adam Rippon contó que le atrajo la idea de participar en el programa de televisión *Dancing with the Stars* porque le pareció un reto, el tipo de experiencia que siempre está buscando. «Como competidor, soy consciente de que cuando me he empujado a salir de mi zona de confort es cuando más vivo me he sentido, cuando más he logrado dar de mí mismo —me dijo—. Estar en *Dancing with the Stars* fue alejarme de mi elemento, pero eso era justo lo que quería: algo distinto, algo que no hubiera hecho nunca.

»Cuando sales de tu zona de confort aprendes más cosas de ti mismo. Averiguas cómo abordas distintas situaciones y presiones. Así que estoy muy contento de haberme decidido a participar, a pesar de que fue todo un poco loco (más de lo que había imaginado). Sin embargo, al mismo tiempo, fue divertidísimo y muy gratificante».

«Desfamiliarízate» para transformar tu perspectiva

Elegir ver algo con nuevos ojos puede convertirse en una experiencia nueva y sorprendente. El poeta y teólogo Pádraig Ó Tuama ha reflexionado sobre su palabra rusa favorita: остранение (*ostraneniye*), que puede traducirse como «desfamiliarización». En el arte y la literatura, este vocablo se ha usado para describir obras que toman lo familiar y lo representan de formas sorprendentemente distintas que sacuden nuestros sentidos y estimulan perspectivas nuevas. Pensemos en las pinturas de la lata de sopa gigante Campbell's de Andy Warhol, que convirtieron la ubicua marca en una célebre expresión artística, o novelas como *Rebelión en la granja*, de George Orwell, que presenta a animales de granja como complejos personajes humanos en un oscuro drama político. No obstante, Ó Tuama destaca cómo puede ayudarnos la desfamiliarización a ver con ojos nuevos cosas del día a día como tener una conversación sin prisas con una persona que acaba de entrar en tu círculo o incluso con un desconocido en una cafetería o durante un vuelo.

«La desfamiliarización es una de las cosas que espero de una buena conversación —escribió Ó Tuama en una presentación por correo electrónico del pódcast semanal *On Being*—. Oír algo que me haga ver el mundo de la otra persona de un modo nuevo y cambiar mis actos en consecuencia. Ver ideas antiguas bajo una nueva luz, donde lo familiar sea menos familiar».[10]

Los astronautas (y, de un tiempo a esta parte, pasajeros célebres que han orbitado la Tierra) han descrito un efecto similar al observar el planeta a distancia, desde el espacio. De todas formas, una experiencia de desfamiliarización que está al alcance de cualquiera la tenemos en nuestra propia mano. El antiguo concepto griego de *holon* describe la conciencia de que algo puede ser un todo en sí mismo y, a la vez, formar parte de algo mayor. Por ejemplo, si nos miramos el pulgar, lo podemos ver como tal, pero si ampliamos el campo de visión, lo veremos como parte de la mano, y luego la mano como parte del brazo, el brazo como parte del cuerpo, etcétera. En última instancia, podemos ampliar el campo de visión hasta vernos a nosotros mismos (o a cualquiera) como parte de la humanidad o de una especie entre el resto de las especies con las que compartimos el planeta.

«El concepto de *holon* es tan importante porque, en cuanto empiezas a pensar en la imagen completa, te das cuenta de que, en realidad, solo estás viendo una parte de un todo mayor. En cuanto esta realidad te hace clic en la cabeza, cambia tu perspectiva de todo en el mundo, de todo —dice Deak, que usa el ejercicio del pulgar para enseñar a los niños sobre el cerebro—. No puedes mirar ya igual ni un coche, ni un insecto ni nada, porque, de repente, todo es holónico».

La cosa no es solo estar abierto a la sorpresa y acogerla, sino también, si hace falta, generarte a ti mismo el elemento de sorpresa cambiando conscientemente tu perspectiva para ver algo en un contexto distinto. O mirar con más detenimiento. La novedad puede enganchar tu atención, pero el matiz puede conservarla para siempre porque no hay fin para nuestra capacidad de ver lo nuevo. Revelar la siguiente capa, hacer el siguiente descubrimiento personal de cómo está todo conectado e interconectado, renueva una y otra vez la misma cosa.

> Lo que los expertos hacen es sustituir la novedad por el matiz. Por eso nunca se aburren.[11]
>
> ANGELA DUCKWORTH

En el laboratorio, constituye una parte esencial y emocionante de nuestro proceso, y donde más evidente se hace es en nuestras presentaciones de los miércoles.

Cada miércoles, alguien del laboratorio presenta un resumen de su proyecto. Los nuevos suelen empezar del modo en que lo hacen la mayoría de los jóvenes científicos: mostrando diapositiva tras diapositiva de métodos experimentales, datos y resultados. Yo los interrumpo, les hago preguntas que podría plantearles gente que no estuviera familiarizada con el proyecto, del tipo de «¿Por qué tus experimentos son pertinentes?», «¿Qué es lo más crucial que podríamos averiguar?» o «¿Por qué tus resultados son importantes?». Una de mis favoritas, con el ánimo de activar las cosas, es: «¿Cuál es el mejor resultado publicado y hasta qué punto necesitamos mejorarlo?». Es la pregunta «¿Por qué hacerlo?», la más simple que nos podemos formular para cuestionar nuestras propias conclusiones.

A menudo, la respuesta comienza con una frase superficial del tipo de «Estamos haciendo este experimento para ayudar a los pacientes» o «Estamos haciendo este experimento para poner a prueba X o Y». Pero, tras seguir sondeando, las respuestas comienzan a pasar del nivel superficial a uno más hondo. El objetivo real del debate es asegurarnos de que no perdemos el contacto con los objetivos más profundos y de mayor nivel: ¿qué estamos intentando averiguar y cómo va a ayudarnos a mejorar las cosas para los pacientes y para la sociedad? En el laboratorio, la ética del «hacerlo nuevo» genera emocionantes innovaciones, a veces dando un giro a métodos convencionales o abordando un problema desde un ángulo distinto. He aquí dos ejemplos recientes:

- **Un espray nasal para recubrir el epitelio con una sustancia que puede capturar y matar virus y bacterias.** Cuando llegó la epidemia de COVID, reconvertimos el laboratorio para ayudar como pudiésemos. Un ensayo publicado que nos llamó la atención describía el modo en que el virus prosperaba en las células del epitelio nasal. Ya habíamos trabajado en unos experimentos piloto para crear un espray nasal que administrase medicamentos a través del epitelio, pero en aquel nuevo contexto vimos una oportunidad de alterar el rumbo. No usaríamos el recubrimiento nasal como conducto, sino como barrera. Así que nos dispusimos a crear una película protectora que actuase a largo plazo para limitar la exposición del cuerpo a patógenos y matarlos lo antes posible.

- **Un gel inyectable dedicado a la administración continuada y medida de analgésicos.** Un problema con las inyecciones y los dispositivos existentes para el tratamiento del dolor de espalda y rodilla es que muchos de ellos no funcionan demasiado bien o tienen efectos de muy corta duración. Decidimos colaborar con un experto en la materia mediante un método que hace uso de una sustancia con efectos a corto plazo, pero que la protege en el interior del cuerpo y la va administrando poco a poco y justo cuando resulta necesaria, de modo que una sola inyección proporciona potencialmente alivio durante meses.

Aprovecha los encuentros casuales

Nuestra genética nos inclina, como especie, a ser supersociales y a adaptarnos con rapidez por nuestra propensión a generar conexiones dinámicas con otras personas. A nivel biológico y psicológico, estamos equipados para adaptarnos a lo fortuito de la vida y también para conectarnos con otras personas y permanecer sincronizados en medio de la variabilidad neuronal y el entorno aleatorio. Sin embargo, nuestras interacciones sociales tienden a producirse en un ámbito estrecho porque a menudo gravitamos hacia círculos sociales que nos resultan familiares, lo que limita nuestra exposición a nuevos estímulos y a fuentes de creatividad. En 2015, me surgió la oportunidad de trasladar el laboratorio de su ubicación cerca del MIT, en Cambridge, a un nuevo edificio en el Área Médica y Avanzada de Longwood, en Boston. No había una razón obvia e inmediata para el traslado; el laboratorio llevaba ocho años en el mismo lugar y todo era genial. Así que, al principio, no estaba a favor del cambio.

Temía el traslado por el esfuerzo que supondría. Habría que pausar los proyectos durante la mudanza y también estaba el asunto delicado de que teníamos muchas sustancias químicas que transportar. Pero cuanto más lo pensaba, más me daba cuenta de que el cambio puede mover cosas, sobre todo cuando te pone en medio de un flujo de actividad que proporciona mayores oportunidades para encuentros aleatorios con gente y proyectos de interés. Así, en 2017 hicimos el traslado al nuevo edificio, que forma parte del Hospital Brigham and Women's (la institución donde empecé mi carrera), lo que nos ha llevado, de hecho, a todo tipo de encuentros fortuitos con médicos y colegas, que se han producido tanto en pasillos como en presentaciones y grupos de debate. Esta facilidad para hacer intercambios nos ha permitido poner en pie muchos proyectos nuevos en colaboración con médicos de enfermedades infecciosas, especialistas en pulmón y anestesistas con los que nunca me habría encontrado en la ubicación anterior del laboratorio. El edificio también alberga unas instalaciones clínicas sólidas, en cuyo departamento de ortopedia estuve recibiendo tratamiento hace un par de veranos, cuando me lesioné la muñeca al caerme jugando al golf. Lo más importante es que ahora estamos muy cerca de un entorno con pacientes y médicos, que son los que en última instancia inspiran nuestro trabajo.

Aunque parezca contraintuitivo pensar que podemos aportar intención a lo aleatorio, es posible cambiar nuestra «relación» con la aleatoriedad y, al hacerlo, potenciar la capacidad del cerebro para la creatividad. He aquí una manera de pensar sobre ello, extraída del modelo que ofrece la naturaleza y de distintas teorías, sintetizado y muy simplificado: estamos hechos para la adaptabilidad, hemos nacido en un entorno que está repleto de hechos espontáneos y aleatorios, desde moléculas impredecibles hasta anomalías en el clima y el comportamiento social de la gente que nos rodea. Una de las funciones sobre la que han teorizado los científicos en relación con la red neuronal por defecto (RND), que siempre está en modo itinerante, es que capta elementos al azar y está constantemente procesándolos como parte de la narrativa imprecisa que la mente teje y vuelve a tejer sobre hechos pasados, hipotéticos y futuros. La creatividad humana es muy adaptativa; bajo nuestro nivel de conciencia, el cerebro siempre está tomando muestras del entorno y concibiendo modos de responder ante él. Nuestra mente suele gravitar hacia la comodidad de la estructura, que puede ser útil para aprender, comparando y contrastando todo lo que experimentamos. Sin embargo, también podemos desarrollar una autoconciencia que nos avise cuando estemos gravitando hacia la estructura en momentos en que no sea beneficioso (por ejemplo, burocracia, normas culturales dañinas). La aleatoriedad sería una «señal de alarma» útil en este sistema creativo.

Si pones algo de tu parte, se darán serendipias, ocurrirán hechos aleatorios y vivirás encuentros que te pongan en el camino de «colisiones» sociales fortuitas con gente nueva y nuevas experiencias.

> Es fundamental que salgas por completo de tu zona de confort. Por la mañana, date una ducha fría: haz algo tan difícil que el resto del día te parezca fácil.
>
> JOE DE SENA

Sal de tu zona de confort para entrar en la zona LIT

He aquí unos simples pasos que pueden prepararte la mente para cambios de más envergadura. Cuanto mayor sea el salto de fe (cuantos más riesgos asumas), mayores serán los saltos que des la siguiente vez (más riesgos estarás dispuesto a asumir). ¿Sientes alguna resistencia? Recuerda que es natural, pero también que la ansiedad, el miedo y otras sensaciones incómodas pueden alimentar el crecimiento.

Reduce la energía de activación necesaria centrándote en los aspectos positivos y redefiniendo la incomodidad como una señal positiva. Trabaja en desarrollar una nueva destreza que te saque de tu zona de confort. Di «sí» a tareas fuera de ámbitos que domines con la idea de encontrar a otras personas con más experiencia en ese campo a medida que los necesites. De esta manera también estarás generando resiliencia ante fallos futuros (inevitables y previsibles).

A continuación, detallo algunas estrategias que a mí me han ayudado a afrontar las cosas nuevas con más facilidad:

- Prioriza ayudándote de un calendario. Convierte en una costumbre encontrarte con nuevos contactos en otros campos (prueba a hacerlo como mínimo una vez al mes) para aprender más sobre ellos y sobre su trabajo, y ver qué conocimientos podrías compartir con ellos que sean de su interés.

- Di «sí» a tareas o invitaciones que te saquen de tu zona de especialización. Colocarte en entornos que no te resulten familiares o ponerte a realizar tareas para las que no estés muy preparado puede estimular tu energía creativa para superar el reto. Mientras lo haces, el cerebro desarrollará nuevas conexiones que te proporcionarán más recursos y más resiliencia y confianza de cara al futuro.

- Cambia algunos hábitos simples, como la mano con la que te cepillas los dientes, con la que coges el tenedor o con la que te enjabonas en la ducha. Prueba a lanzar la pelota o el frisbi con la mano no dominante. A la hora de comer, prueba a cerrar los ojos un rato mientras das unos pocos bocados y siente cómo se despierta tu conciencia del sabor y la textura de la comida.

- Crea un archivo de notas en el ordenador con ideas sobre cosas que te gustaría probar. Incluye una mezcla de «inmersiones rápidas»: visitar un nuevo parque, probar una gastronomía que no te sea familiar, aprender pasos de baile para principiantes en YouTube... Aspira a la variedad, añade objetivos fáciles a corto plazo y otros más exigentes a largo plazo. Repasa esta lista a menudo para agregar ideas e inspirarte.

- Asiste a una charla (en persona o por Zoom) de un experto en algo por lo que sientas curiosidad.

- Añade a tu lista un par de canciones de reproducción que no tengan que ver con tus preferencias musicales habituales.

- Envía una nota personal de agradecimiento a alguien a quien veas cotidianamente.

- Trata de terminar la ducha con un rápido y enérgico cambio al agua fría. Luego prueba a hacer lo contrario: empezar la ducha con agua fría. Se dice que la sauna produce la liberación de dopamina y betaendorfinas (supresores del dolor), que crean una sensación de euforia, calma y tolerancia al dolor, y que el frío crea un estrés hormético, que aumenta la sensibilidad del cerebro a las endorfinas y la norepinefrina, lo que incrementa la tolerancia al estrés.

- Realiza las tareas domésticas valorando de manera consciente las cosas que puedes hacer para que tu entorno sea más habitable.

- Frecuenta lugares donde los encuentros sociales fortuitos con gente nueva y nuevas experiencias puedan ocurrir poniendo poco esfuerzo de tu parte. Comienza una conversación con alguien en una cola para pagar u ofrécete voluntario en un banco de alimentos o una protectora de animales del barrio y charla con la gente.

- Prueba a empezar el día coincidiendo con el amanecer, da un paseo al atardecer o escoge algún momento del día para estar al aire libre y prestar atención a los matices de la luz, los colores, los sonidos, la temperatura y otras experiencias sensoriales.

- Varía la perspectiva. Si estás centrándote mucho en el detalle, cambia a un punto de vista más amplio. Observa las situaciones desde un ángulo diferente. Pasa de un pensamiento más intenso a centrarte en algo más manual, algo físico que te haga moverte.

Céntrate más allá del fallo

Prepara energía para una acción renovada

Utiliza la carga emocional del fallo para reorientar la canalización de tus esfuerzos

> He fallado más de nueve mil lanzamientos en mi carrera. He perdido más de trescientos partidos. Han confiado en mí para lanzar el tiro que podría haber ganado el partido y he fallado veintiséis veces. He fallado una y otra vez en mi vida. Y esa es la razón por la que he triunfado.[1]
>
> MICHAEL JORDAN

Diana Nyad, la célebre nadadora de resistencia, obtuvo notoriedad en 1975 al rodear a nado la isla de Manhattan (un trayecto de cuarenta y cinco kilómetros) en un tiempo récord. Cuatro años más tarde, el día de su trigésimo cumpleaños, nadó ciento sesenta y cuatro kilómetros desde la isla Bimini del Norte, en las Bahamas, hasta Juno Beach, en Florida. En aquel momento era el trayecto marítimo a nado más largo registrado nunca y lo realizó en veintisiete horas y veintiocho minutos, una proeza increíble.

Lo que se conoce menos son los fracasos de Nyad. Los menciono aquí porque, dentro del panteón de los fracasos, donde constan desde los menores hasta los significativos, desde los insignificantes hasta los desastrosos, estos fracasos fueron «buenos». Sin embargo, el valor de cada fallo no resultó obvio en el momento.

Con veintitantos años, Nyad se propuso la meta de recorrer a nado sin paradas el trayecto de Cuba a Florida, una distancia de ciento setenta y siete kilómetros, equivalente a casi cuatro maratones, por aguas a menudo tormentosas y plagadas de tiburones y de unas medusas particularmente venenosas. El primer intento lo llevó a cabo en 1978. Por razones de seguridad, nadó en el interior de una jaula para tiburones. Recorrió una distancia de ciento veintidós kilómetros durante cuarenta y dos horas, pero vientos contrarios y olas de dos metros y medio la desviaron hacia Texas. El oleaje la lanzaba contra los barrotes de la jaula y tuvo que abandonar. Al año siguiente, tras la hazaña Bimini-Juno Beach, se retiró de la natación de resistencia y dio inicio a una larga carrera en el ámbito del periodismo y los medios de comunicación.

Sin embargo, nunca abandonó el deseo de nadar de Cuba a Florida, por lo que, más de treinta años después del primer fracaso, organizó un equipo de apoyo y comenzó a entrenar para volver a intentarlo. Fracasó dos veces en 2011, una por un ataque de asma y otra porque unas medusas se le adhirieron alrededor del cuello, por todo el brazo derecho y por la espalda entera.

Una tormenta eléctrica puso fin al cuarto intento tras cincuenta y una horas en el agua, y cualquiera habría pensado que aquel nuevo fracaso pondría punto final al empeño. Sin embargo, en 2013, al quinto intento y con sesenta y cuatro años, completó la travesía en cincuenta y dos horas y cincuenta y cuatro minutos.

Tambaleándose en la orilla y rodeada por el público que la vitoreaba, instó a perseverar en la consecución de los sueños y a tener muy presentes tres cosas. Primero: no rendirse jamás.[2] Segundo: nunca se es demasiado mayor para perseguir los sueños. Y tercero: trabajar con otros cuando sea necesario, como hizo ella. «Parece un deporte solitario, pero es un trabajo de equipo», dijo.

¿Qué había cambiado entre su primer intento fallido, sus tres siguientes fracasos y su triunfo final? Que aprendió algo en cada trayecto. Descartó la jaula para tiburones y confió en cambio en compañeros de equipo especializados en repeler tiburones. Aprendió a protegerse de las picaduras de las medusas. Se formó en gestión náutica. Nunca dejó de entrenar.

«La vida no es como queremos que sea —me dijo—. Lo mejor que podemos hacer es actuar. Yo no tengo miedo de fracasar; tengo miedo de no intentarlo».

Mientras hablábamos, me di cuenta de que estaba oyendo una historia épica de evolución personal, una sucesión de momentos de descubrimiento seguidos por modificaciones que, puestos todos juntos y con algo de suerte en variables como la meteorología, alcanzó una conclusión exitosa: Nyad, maltrecha y exhausta, pero triunfante, llegando a la playa. Me recordó el trabajo que hacemos en el laboratorio y cómo nos enseña a enfocarnos hacia delante y a considerar los fallos como una parte intrínseca, valiosa y esencial del éxito.

Bob Langer: no perderse en los fallos

Vivimos en una cultura que desaprueba los fallos. Y, por supuesto, a nadie le gusta fracasar. Sin embargo, los fallos ocurren, desde los de grandes dimensiones, como los desastres de los trasbordadores espaciales Columbia y Challenger, hasta otros más ordinarios como la quiebra de un negocio o no aprobar un examen. Aunque es importante aprender de los fallos, lo más importante es el proceso en el que uno se embarca para responder ante ellos y el modo en que cambia ese proceso con el tiempo.

Esto lo sabe de sobra cualquiera que trabaje en la investigación científica. En mi laboratorio fracasan nueve de cada diez experimentos. O no conseguimos resultados o el que conseguimos no es como esperábamos. Hacer buena ciencia requiere la determinación de seguir intentándolo, reflexionando, ahondando y pensando en nuevas maneras de abordar un problema. Hay quien dice que no se ha fracasado hasta que no se ha dejado de intentar algo. La iteración (la modificación continua de ideas hasta que surge el enfoque más efectivo) es una herramienta muy potente para comprender a fondo un problema y las formas de abordarlo y solucionarlo, e incluye complicaciones, reveses, resultados imprevistos y fracasos.

Por supuesto, a veces fracasar resulta demoledor para nuestro intelecto, nuestro ánimo y nuestra cuenta bancaria, sobre todo si hemos invertido demasiado capital personal en una solución que no funciona. La respuesta LIT aprovecha la oportunidad que surge del fracaso. Reflexiona profundamente sobre ello. Consúltalo con la almohada. Reúne ideas y genera una nueva iteración del plan. Toma el concepto de «mentalidad de crecimiento» y ponlo a actuar. Refiriéndose a los conceptos desarrollados y popularizados por la psicóloga y profesora de Stanford Carol Dweck en su libro *Mindset: The New Psychology of Success*, Peter Bregman, CEO de una empresa de coaching para ejecutivos, escribe en la *Harvard Business Review*: «Si tienes una mentalidad de crecimiento,[3] entonces usas los fallos para mejorar. Si tienes una mentalidad fija, puede que nunca falles, pero tampoco aprenderás ni crecerás». Yo cada vez que fallo ¡siento como si me hubieran dado un puñetazo en la cara! Pero trato de recordar que los ejemplos de éxito suelen tener una correlación con ejemplos similares de fallos que han llevado a alguien a perseverar.

En 2007, recién estrenado en mi puesto en la facultad del Hospital Brigham and Women's, tras un periodo de aprendizaje de tres años en el laboratorio de mi mentor Bob Langer en el MIT, estaba deseando acometer una amplia gama de proyectos. Pero para poder llevarlos a cabo manteniéndome a mí, a mi pequeño equipo y el laboratorio, necesitaba conseguir subvenciones. Las ayudas a la investigación no caen del cielo. Las valoran comités que examinan todas las solicitudes con escepticismo. En los Institutos Nacionales de Salud, por ejemplo, menos del veinte por ciento de las solicitudes llegan a buen puerto, y la proporción cae a menos del diez por ciento en el caso de algunos institutos y tipos de ayudas.

Durante mis primeros dos años y medio en la facultad, el índice de éxito de mis solicitudes de subvención era pésimo. Presenté más de cien propuestas y las rechazaron casi todas. Cada vez que recibía una negativa era como una bofetada. A menudo empeoraba las cosas dejando que el ego saliera a relucir. Cuando recibía una negativa de subvención o de publicación de un ensayo, me decía a mí mismo que los miembros del comité estaban locos, que el proceso de selección era injusto, que mi duro trabajo se merecía una recompensa, etcétera.

En aquella época estaba atrapado en la indignidad del fracaso y desesperado por tener éxito. Pensaba en las subvenciones día y noche y no pegaba ojo. Era brutal, tanto que más de una vez Jessica me preguntó si creía que estaba siguiendo la trayectoria correcta en mi carrera. La presión era inmensa.

Pero Bob Langer me enseñó a no perderme en los fracasos. Me dijo: «¡Lo que importa son las subvenciones que sí consigues!». Así que me puse a averiguar por qué no estaban funcionando mis solicitudes de subvención. Asistí a seminarios y charlas sobre cómo escribir propuestas. Comencé a escuchar con más atención a colegas y mentores, que decían que mis solicitudes necesitaban más datos preliminares como primera prueba de concepto. Presté cuidadosa atención a quienes opinaban que los métodos que proponía no ahondaban lo suficiente, que me faltaba detallar planes alternativos, que los proyectos eran demasiado arriesgados o que carecía de la especialización necesaria para sacarlos adelante.

Aprendí que había que eliminar riesgos al solicitar subvenciones, incluyendo datos que resultasen prometedores, un equipo de laboratorio con la especialización necesaria, detalles específicos sobre el trabajo y los planes experimentales, revisión del trabajo ya realizado en el mismo ámbito, y pruebas de que estábamos haciendo las preguntas adecuadas para marcar la diferencia. En términos de LIT, necesitaba cambiar el enfoque de mis solicitudes de subvención de modo que pasaran de la energía potencial a la acción y el impacto. Las opiniones que me daban cada vez que fallaba eran valiosísimas para aprender a preparar solicitudes que tuvieran éxito. Al final me di cuenta de que no estaba fallando al redactar solicitudes de subvenciones, sino que estaba embarcado en un proceso para aprender a hacerlas bien. Con cada fracaso, internalizaba las opiniones y buscaba oportunidades para incorporarlas en la siguiente propuesta. Poco a poco empecé a pensar en mi «producto» en términos de la evolución del método tanto como de las subvenciones concedidas. Al final, durante el tercer año de vida del laboratorio, conseguí tres ayudas NIH de gran envergadura con las que quedó asegurada nuestra base de financiación.

La financiación sigue generándome preocupación; nunca se va del todo. Sin embargo, me preocupo desde un lugar completamente distinto porque mis colegas (gente con ideas claras) y yo hemos demostrado que tenemos un sentido profundo del «por qué», que sabemos cómo abordar problemas, formular respuestas y trasladar nuevos conocimientos a avances médicos que puedan mejorar la vida de millones de personas.

Se hizo cada vez más evidente que el obstáculo real para la innovación es que la gente tiene miedo de fracasar.[4]

SAMUEL WEST,
creador del Museo del Fracaso

El sesgo frente al fracaso nos impide gestionar mejor los fallos

¿Por qué somos tan reacios a hablar sobre nuestros fallos? Hacerlo nos roba la oportunidad de sacar el máximo partido de ellos. Según Allison S. Catalano, que investigó sobre cómo aprender de los fallos para el doctorado que realizó en el Imperial College de Londres, este silencio nos pasa factura.[5] Catalano y sus colegas estudiaron el por qué y el cómo del fenómeno de que casi no se mencionen los fallos en la literatura académica, aunque estén a la orden del día en la práctica. «A pesar del papel central que tiene el error en todos los empeños humanos, las palabras que usamos para describir nuestra desviación del resultado ideal denota un bagaje emocional y un estigma social —escribió—. Comprendemos de forma instintiva que experimentar reveses ofrece oportunidades sólidas de aprendizaje y crecimiento, pero también internalizamos mensajes desde la infancia que nos dicen que hay que evitar los fallos, con lo que nos negamos a nosotros mismos la oportunidad de aprender de ellos».

La investigación de Catalano se centró en equipos y organizaciones dedicados a la conservación medioambiental, al ámbito de la protección y mantenimiento de ecosistemas. Ella sugiere que quienes practican su disciplina (y otros) deberían comenzar a aceptar «la naturaleza inevitable del fracaso». No cree que resulte útil que las revistas académicas, los sitios web y los boletines de noticias disuadan tradicionalmente a sus autores de escribir sobre sus fallos. «Al final, el éxito genera complacencia y exceso de confianza, refuerza el *statu quo*, crea un caldo de cultivo cultural menos tolerante con la experimentación y el cambio y aumenta la aversión al riesgo», ha escrito. Ninguna de estas cosas beneficia a la ciencia.

Catalano y sus colegas identificaron una serie de sesgos cognitivos que suelen disuadir a los gestores de reconocer los fallos y usarlos con sabiduría (el modo en que los sesgos cognitivos limitan la capacidad de afrontar los fallos y aprender de ellos puede aplicarse de manera general a todos nosotros). Además de otros sesgos cognitivos más familiares, como el de confirmación y los puntos ciegos, el estudio sugiere que puede haber otros sesgos influyéndote si tiendes a hacer lo siguiente:

- Asumir que tu visión del mundo es la «real» y quienes no concuerdan con ella son ignorantes, irracionales o están equivocados (actitud conocida como «realismo naíf»).

- Preferir en gran medida evitar pérdidas a obtener ganancias (actitud conocida como «aversión a la pérdida»).

- Culpar de los malos resultados a defectos de otra persona, en lugar de a factores situacionales que pueden haber estado más allá de la capacidad de control de esa persona (actitud conocida como «error de atribución fundamental»).

- Vincular una serie de hechos no relacionados para formar una historia de apariencia lógica al imponer un patrón de causalidad en lo que observas (fenómeno llamado «falacia narrativa»).

- De manera sistemática, pasar por alto información crucial, relevante y de fácil acceso (actitud conocida como «conciencia limitada»).

Superar estos sesgos abre una visión más precisa, amplia y matizada tanto del éxito como del fracaso. Con esa claridad, descubrirás mayor valor en algunos de tus fallos y percibirás cosas nuevas que podrían beneficiarte.

Demostrar que algo no funciona

Wilhelm Conrad Röntgen, físico e ingeniero mecánico alemán, y primer galardonado con el Nobel de Física, descubrió los rayos X de forma inesperada cuando estaba estudiando la radiación catódica, producida al aplicar una carga eléctrica a dos placas de metal dentro de un tubo de vacío. Röntgen se dio cuenta de que una pantalla sensible a la luz que había cerca producía una luz suave. Pasó semanas buscando la fuente de aquel sorprendente brillo y al final descubrió los rayos X. La historia del descubrimiento de Röntgen, como la de muchos otros integrantes del panteón de los Nobel, celebra los rodeos y las vías indirectas que acaban llevando (a veces de manera sorprendente) al éxito.

En 2011 se concedió el Nobel de Física a Saul Perlmutter (Laboratorio Nacional Lawrence Berkeley) y al equipo de Brian P. Schmidt

(Universidad Nacional Australiana) y Adam G. Riess (Universidad Johns Hopkins e Instituto de Ciencias del Telescopio Espacial). Los equipos de Perlmutter y de Schmidt y Riess creían que demostrarían que la expansión del universo se está ralentizando. En cambio, en 1997, averiguaron que en realidad se está acelerando a causa de la «materia oscura», una constante cosmológica presente en todo el espacio. «Cuando comenzamos el proyecto, creíamos que íbamos a hacer una simple medición del brillo de supernovas y a averiguar si el universo iba a acabarse —contó Perlmutter en una entrevista años más tarde—.[6] Al final descubrimos algo totalmente inesperado. Lo hemos comparado a lanzar una manzana al aire y ver que, en lugar de caer hacia el suelo, sale disparada al espacio exterior moviéndose, de forma misteriosa, cada vez más rápido».

Perlmutter hace hincapié en que «la ciencia no va de intentar demostrar algo, sino de intentar averiguar de qué modo te equivocas y tratar de encontrar cuáles son tus errores».[7]

Es importante recordar que Perlmutter había iniciado su trabajo dieciocho años antes. Ninguna parte de su investigación fue por un camino directo, como cuando «encuentras A, que te lleva a B». Por el contrario, consistió en una tenaz búsqueda de información sobre supernovas haciendo uso de telescopios terrestres y espaciales, software informático de fabricación propia que analizaba grandes porciones del espacio estrellado, reorganizaciones de mapas basadas en el descubrimiento de una nueva subclase de supernova, la construcción de un nuevo tipo de cámara de gran angular y muchísimas más cosas: iteraciones tras iteraciones basadas en el trabajo realizado en casa, en el extranjero y en el espacio.

Muy pocas personas en el mundo se embarcan en una indagación científica tan intensa, pero los siguientes principios sobre cómo responder de manera productiva a sorpresas, decepciones y fracasos son útiles para todo el mundo:

- Considera los baches del camino como oportunidades para realizar ajustes en tu proceso. Fracasar duele, pero también prepara el camino para el siguiente avance. Aprovéchalo al máximo. Una noche de sueño reparador puede ayudar a aliviar el disgusto, y la reflexión, e incluso las emociones que puede sacar a la luz, casi siempre conducen a nuevas ideas.

- Fomenta en el trabajo y en casa una cultura basada en que los intentos no fructíferos (o los fructíferos que demuestran que algo no funciona) sean fuente de debate y acciones beneficiosas. Cuando el fracaso se entiende como parte de un proceso (y está previsto), estos dos tipos de resultados se convierten en oportunidades para estimular la creatividad, maximizar el aprendizaje y sustentar la colaboración y el trabajo en equipo. Todo el mundo mejora su proceso de resolución de problemas.

- Busca sesgos cognitivos que podrían estar interfiriendo en tu análisis de una situación. Con frecuencia, cuando estoy seguro de que tenía razón a pesar de que algo haya salido mal, hay muchas probabilidades de que necesite repensar mis suposiciones.

Apunta al fracaso constructivo

Hasta las grandes ideas fracasan cuando no se valora lo suficiente cómo deben interactuar con el mundo real. Esto le ocurre a la gente en todas las áreas de la vida: tardan en descubrir que su gran idea no convence al resto del equipo u organización (¡o familia!) o que no han tenido en cuenta unas consideraciones prácticas que plantean nuevos problemas. En mi campo, hay investigadores que fundan una empresa para hacer llegar sus inventos a la sociedad, pero no comprenden que el mercado para su producto o servicio es muy pequeño. O no se dan cuenta de que el nuevo enfoque de un problema debe encajar dentro de un sistema de distribución ya establecido o que necesitan utilizar una nomenclatura estándar de la industria y no los términos científicos que usamos en los laboratorios. Tienen estrechez de miras. Piensan: «Mi idea revolucionará este proceso». Y no se plantean si la idea encaja en la práctica ya establecida. A mí me pasó algo parecido hace años, cuando no fui capaz de conseguir financiación para el proyecto de células madre dirigidas porque era demasiado complejo. El inversor potencial lo vio enseguida; yo no. Sin embargo, esa lección transformó el proceso del laboratorio de allí en adelante.

Cuando nos quemamos por estas cosas, a menudo es porque hay un enganche emocional. Pero una vez que recuperamos la calma es posible salir a flote con puntos de vista valiosos y a menudo más centrados, de los que podremos hacer uso en nuestro siguiente empeño.

Si eres capaz de tomarte con filosofía no acertar la primera vez, aprender de ello y pasar a lo siguiente, aumentarán mucho tus probabilidades de éxito. Ten en mente cuatro puntos en este proceso de vida y aprendizaje:

- Fracasar para después avanzar es una estrategia ganadora siempre que esté inserta en un proceso evolutivo que te permita ser consciente de los fallos y asimilar lo aprendido. Sin un proceso para avanzar de manera más inteligente, la aburrida fase de «meseta» de la evolución puede hundirte si te quedas estancado en ella demasiado tiempo. Y necesitas personalizar el proceso para que te funcione a ti.

- Es fundamental aprender de otros, pero tienes que averiguar qué es lo que te funciona mejor a ti en cada momento. Es importante observar los procesos de otros, e incluso probarlos, pero, al mismo tiempo, debes reconocer que tienes tus particularidades, que pueden conectar bien con ciertas cosas, pero no con otras; asimismo, tus particularidades y esas conexiones también pueden cambiar y evolucionar.

- Los planes y pasos de ejecución detallados son geniales cuando las cosas funcionan, pero cuando no es así, puede ser emocionante cambiar a un modo de hacer creativo. La clave está en identificar lo que te permita experimentar algún avance. Por muy gradual que sea, el avance inyecta nueva energía.

- Céntrate en el fracaso constructivo: aprende de los fallos y obtén información clave que abra un proceso de ajustes orientado al objetivo final. Como ha dicho Michael Jordan, «Para aprender a tener éxito, primero tienes que aprender a fracasar».[8]

Muchas de las personas a las que admiramos han pasado por estos procesos, han aprendido las duras lecciones que había que aprender y las han aplicado para continuar adelante. En el laboratorio, es lo que nos motiva para encontrar el modo de superar un obstáculo o un revés. Pasamos muy rápido del modo creativo a la ejecución y, si las cosas no funcionan, volvemos al modo creativo, que siempre es muy satisfactorio. Al hacerlo reponemos energía, y cuando volvemos a abordar el problema normalmente nos sentimos más motivados que cuando empezamos y han aumentado nuestras probabilidades de tener éxito. Son justo los ganadores quienes suelen ofrecer las perspectivas más elocuentes sobre el fracaso. Pongamos el ejemplo de lo que dijo la estrella de la NBA Giannis Antetokounmpo en una rueda de prensa justo después de que su equipo, los Milwaukee Bucks, perdiera ante los Miami Heat en las eliminatorias de la NBA de 2023: «No es un fracaso; son pasos que se van dando hasta llegar al éxito. Michael Jordan jugó quince años y ganó seis campeonatos. ¿Fueron los otros nueve años un fracaso? ¿Me estás diciendo eso? No, ¿verdad?, entonces la pregunta sobra, no es correcta. En los deportes no hay fracasos. Hay buenos y malos días; algunos días eres capaz de triunfar y otros días no».[9]

Tierra, trágame

Mi fallo más memorable[10] (porque el aguijón emocional retiene los recuerdos) fue en mitad de una charla TED, la primera que daba. Me olvidé del texto.

Fue en la charla importante a la que me he referido al principio del libro, la que me generó tanto nerviosismo cuando me la propusieron y que al principio no quería dar. No había memorizado nada muy significativo desde la universidad y, peor aún, salí del programa de biología de la Universidad McGill porque no quería tener que memorizar. No sabía si sería capaz de hacerlo. Pero al final acepté la propuesta.

Sabía que necesitaría ayuda para preparar la charla y la encontré, pero la memorización es algo que solo puede hacer uno mismo, y mi cerebro convierte esa tarea en una pesadilla. Me esforcé y experimenté, y al final vi que podía memorizar porciones de veinte segundos si las practicaba una y otra vez. Después, era cuestión de juntarlas. Sin embargo, no me resultaba fácil saber qué porciones iban juntas. Aunque las memorizase en el orden correcto, mi cerebro no percibía la cohesión entre ellas y las mezclaba. Así que tuve que practicar las transiciones para fijar el orden. Una vez memorizada la charla de quince minutos, me puse a practicar la ejecución. Practiqué ante distintos grupos; hasta alquilé un auditorio en el MIT para ponerme en situación. La opinión de los grupos me fue útil, pero cualquier cambio daba al traste con la memorización y tenía que empezar de nuevo la charla.

Estaba de los nervios según se iba acercando el día. El equipo técnico nos advirtió que el mando de las diapositivas funcionaba solo hacia delante. Si necesitaba ir hacia atrás, me tocaría avisar a la gente de detrás del telón. Aquello no entraba dentro de lo que yo había practicado. Trataron de animarnos a los que nos estábamos preparando para salir a escena diciéndonos: «Si os paráis, sonreíd y tratad de recomponeros».

La noche anterior casi no dormí. Poco antes de salir al escenario me tomé un paquete entero de pastillas para la tos para tener un subidón de azúcar. Ya en el escenario del Centro John F. Kennedy para las Artes Escénicas, en Washington, D. C., cinco cámaras de alta definición empezaron a seguir todos mis movimientos para transmitir en directo mi charla al mundo mundial: ¡intimidante! El presidente de mi hospital estaba allí, entre el público; él también iba a dar una charla.

Al principio todo salió bien. De hecho, me sabía tan de corrido la charla que empecé a pensar en otras cosas mientras hablaba (típico en mí). Sin embargo, de repente me di cuenta de que me había comido una frase. «¡Oh, mierda!». Me centré tanto en el error que me trabé y me olvidé por completo de en qué punto estaba de aquella charla que me sabía tan bien que era casi como si la estuviera dando un robot. Guardé silencio. «Mierda, mierda, mierda… Me han dicho que sonría… ¡Venga, pues hazlo!». Así que sonreí, pero pensando «Oh, mierda», y enseguida me sentí como si llevara siglos sonriendo. En ese momento de máxima presión de mi vida, con todo el mundo mirándome, lo único en lo que podía pensar era «Estoy fracasando pública y espectacularmente. ¿Qué hago? ¿Qué hago? Avanzar las diapositivas». Lo hice… y la siguiente estaba en blanco. Entonces recordé que había puesto aquella diapositiva en blanco como una señal para mí. Y pude seguir adelante.

Me recuperé y, cuando me iba, el jovial organizador me aseguró que la charla había ido bien y que el equipo de producción podía recortar de la versión final la pausa que había hecho. Cuando terminé, la gente que se acercó me dijo que habían notado la pausa, «pero ¡qué recuperación tan buena!».

Desde entonces he sabido que si algo así volvía a ocurrirme, podía recuperarme. Solo eso ya redujo la energía de activación necesaria para hacer más cosas. Mejor aún, aprendí lo que necesitaba hacer para mejorar mi proceso, para prepararme a mí mismo y mis materiales de un modo más efectivo de cara a ese tipo de actos (incluido el prepararme para lo imprevisto).

A Chris Hadfield se le pregunta a menudo sobre reveses y sorpresas que haya experimentado durante su larga carrera como piloto de caza, comandante de la estación espacial y orador. «Sí, puede ocurrir con frecuencia —me dijo—. Pero, con suerte, antes de que la situación llegue a tener consecuencias muy graves o que el efecto dominó sea irreversible, tendrás suficiente dominio de las destrezas que te permitan reconducirla de manera que, aunque no vayan las cosas por donde querías, al menos no te caigas con todo el equipo. Casi nunca hacemos nada a la perfección, pero asumir que habrá fallos es fundamental para tener éxito y rendir al máximo. De hecho, es recomendable empeñarse en buscar los fallos, pues lo mejor es que se den lo antes posible, cuando las consecuencias no son tan graves».

Stuart Firestein, profesor de biología de la Universidad de Columbia, en su libro *Failure: Why Science Is So Successful*, describía el fracaso como «un reto, casi un deporte por el modo en que dispara la adrenalina».[11] Firestein sugiere que nos pongamos en guardia ante el fracaso y aprovechemos la parte de la lucha de nuestra reacción automática de «luchar o huir». Hay que ser como Rocky Balboa. «Averiguar por qué este o aquel experimento ha fracasado se convierte en una misión. Eres tú ante las fuerzas del fracaso —escribió—. ¿No ves que es más probable que ocurra un descubrimiento importante en ese estado que cuando solo estás tabulando los resultados de una prueba experimental "exitosa"? Los fallos favorecen a la mente preparada, y preparan a esa mente».

Tener altas expectativas puede ser inspirador y motivador, pero una mentalidad rígida de «todo o nada» hará que te sea más difícil levantarte si caes, aprender de los fallos y mejorar para el siguiente intento.

Maria Pereira, cofundadora y jefa de innovación de Tissium, empresa que crea materiales biodegradables para la reconstrucción de tejidos, trabajó en el Karp Lab en una investigación que condujo a la creación de un adhesivo que puede sellar orificios en vasos sanguíneos grandes y en el interior del corazón. Como los fallos repetidos eran inevitables, dada la mezcla de factores que tenían que converger perfectamente para que funcionase la nueva tecnología, gestionar las expectativas y decepciones de todo el mundo era esencial para mantener la energía en niveles altos. «No se trata solo de mantener tu motivación —dice—, sino también de ayudar a otros a entender que forma parte del proceso y hay que seguir implicándose».

> No hay nada malo en tener un objetivo. Lo que crea infelicidad es aferrarse al objetivo y a la expectativa del resultado y resistirse a los cambios.[12]
>
> JAMES DOTY

Reconoce lo lejos que has llegado

Todas las criaturas y las plantas que están vivas hoy han superado todo tipo de retos y han resuelto problemas insuperables. ¿Te parece que los dinosaurios son un fracaso? ¡Poblaron la Tierra durante ciento cincuenta millones de años! El *Homo sapiens* entró en escena hace solo unos pocos cientos de miles de años. Si los dinosaurios hubieran «tenido éxito», seguramente no estaríamos sosteniendo esta conversación. Por supuesto, no hay modo de saber lo que nos tiene reservado la evolución. Puede que ni siquiera la naturaleza lo «sepa», pues la evolución es un proceso. Lo que está claro es que dentro de nuestro característico repertorio de destrezas adaptativas de supervivencia está la de que podemos usar nuestra inteligencia del modo más, vamos a decirlo, inteligente. Podemos salir de cualquier versión de pensamiento primitivo que nos mantenga estancados en la ciénaga primordial y elegir una respuesta que nos sirva. En mi caso, una de mis reacciones al fracaso es echarme la culpa, en lugar de considerar que puedo hacerlo de otra manera la próxima vez que se dé una situación similar, por lo que las cosas irán mucho mejor; es decir, en lugar de accionar el interruptor para cambiar de negativo a positivo. Sigo trabajando en ello.

Cuando dependemos de que el entorno en el que vivimos sea seguro, nuestra genética nos programa para evitar cualquier fallo a fin de sobrevivir. También estamos programados para aprender de los fallos y así evitar cometerlos en el futuro. Así que podemos ajustar todo ello a nuestra conveniencia reconociendo el valor de los fallos por el potencial que tienen de aportarnos conocimiento, y recogiendo de cada experiencia toda la información que nos pueda resultar útil. No dejes que el miedo te impida hacer cosas que entrañen un riesgo mínimo, pero tengan un alto potencial positivo.

Dale la vuelta al fracaso para generar creatividad

A nadie le gusta ahondar en su decepción cuando está sufriéndola, pero, en última instancia, se encuentra el modo de seguir adelante. A veces es para llegar a un resultado feliz en un proyecto o en una situación; otras veces, para desviarnos o experimentar cambios que acaban conduciendo a mejores tiempos. Cuando puedas, tómate un momento para reflexionar y anotar qué obstáculos o reveses memorables viviste como fracasos, pero desempeñaron un papel importante en un resultado positivo final. Consulta la lista la próxima vez que necesites recordar las cosas que has superado en el pasado. Mi propia lista tiene al menos veinticuatro. Ahora veo todas y cada una de las solicitudes de financiación rechazadas (más de cien) bajo una luz distinta que cuando la decepción era reciente.

Apúntate estas maneras de redefinir el fracaso y reflexionar sobre él para reconducirlo hacia el éxito:

- Considera el fracaso como una herramienta de resolución de problemas. Cada innovación es producto de una iteración continua, de ajustes en nuestro pensamiento o en el proceso a medida que descubrimos puntos de vista nuevos o que habíamos pasado por alto. En el ámbito científico, el objetivo no es tener éxito desde el principio, sino desarrollar un proceso de aprendizaje mediante la experimentación. En el laboratorio nunca tenemos toda la información que necesitamos al principio. Usamos los fallos para descubrir continuamente nueva información y nuevas soluciones y puntos de vista.

- Aspira a recuperaciones más rápidas. Recentra tu atención y hazte preguntas provechosas usando el modo «lluvia de ideas».

- Resístete a la impaciencia cuando las mejoras son graduales. Las pruebas llevan tiempo. Busca puntos débiles en el sistema y habla sobre ellos con un equipo de gente que piense de maneras diversas. Vuelve a comenzar si es necesario.

- Pide a la gente de tu círculo que haya tenido éxitos que te hable sobre sus fracasos y cómo los superó.

- Crea en casa y en el trabajo una cultura de «fallos rápidos»: un espacio seguro para cometer fallos y aplicar el proceso de aprender de ellos. El objetivo es estimular la creatividad, maximizar el aprendizaje, acabar con la parálisis de la perfección y fomentar la colaboración y el trabajo en equipo.

- Crea un equipo de asesores que identifiquen los puntos débiles, te animen a ir más allá de lo que crees que puedes ir y aporten la chispa LIT necesaria para reavivar la energía si decae después de un fracaso.

- Reflexiona sobre un fracaso que hayas tenido que al final te llevara a evolucionar o progresar y cómo hiciste para superarlo. Considera cómo te ayudó el tiempo a afrontar tus emociones cuando estaban al rojo vivo, a encontrar apoyo en los demás, a beneficiarte de dormir bien y a tener la oportunidad de reflexionar y actualizar tu mentalidad a fin de generar nuevas ideas y sentir un entusiasmo renovado.

- Cuando puedas valorar con tranquilidad los altibajos que te han conducido al éxito, crea una lista de fracasos del pasado. ¡La mía es larguísima! Echar la vista atrás puede ayudarte a mantener los errores en perspectiva, y tu historia también puede ayudar a otras personas.

- Integra en tu vida el método de prueba y error y reconoce que el fracaso forma parte del proceso de la naturaleza. La evolución tiene continuidad a gran escala, pero también a nivel personal. Estamos hechos para sostener esa continuidad haciendo uso de nuestra extraordinaria capacidad de realizar razonamientos complejos, mirar hacia dentro en introspección y tomar decisiones que nos permitan evolucionar y prosperar infinitamente.

Sé humano

Sé humilde

Deja que el asombro sea tu punto de acceso a la inspiración y a tu capacidad de contribuir al bien común

Ten la humildad de aprender de quienes te rodean.[1]

JOHN C. MAXWELL,
asesor de liderazgo, escritor y sacerdote

En muchas culturas, tradicionalmente, cuando entras en casa de alguien te quitas los zapatos y los dejas en la puerta. Es una sencilla muestra de respeto, un modo de reconocer que estás entrando en el espacio de otra persona con humildad. De forma simbólica, has dejado tu ego en la puerta.

Si, en algún momento de tu vida, has asimilado la idea de que ser humilde significa ser sumiso o débil, la ciencia dice otra cosa. Cada vez más investigadores sugieren que las personas que practican la humildad gestionan mejor el estrés, tienen más salud física y mental y son más tolerantes a la ambigüedad y las diferencias que las personas menos humildes.[2] Cuando pensamos en lo que beneficia a las demás personas y lo valoramos, se activan distintas redes neuronales, algunas relacionadas con el aprendizaje cognitivo y otras con la inteligencia emocional, todo lo cual fomenta sentimientos de conexión con los demás y, a un nivel más amplio, un sentimiento de humanidad: la cara exterior de la humildad. Conduciéndonos así, se expande nuestro potencial para resolver problemas que pueden beneficiar al bien común y tener una gran repercusión. El amor, la bondad y la inteligencia social, con los que está conectada la humildad, nos hacen ser conscientes de que cada persona y situación tiene algo que enseñarnos. Los miembros de un equipo (o personas en una sala, un coche, una relación o la sociedad) que se sienten escuchados, valorados, alentados e incluidos generan confianza, elemento fundamental de las relaciones. La dinámica beneficia a todo el mundo. Cuando dejas tu ego en la puerta, liberas un espacio valioso para cosas más importantes. En concreto, la humildad nos ayuda a superar tres obstáculos comunes que nos ponemos a nosotros mismos. La humildad nos permite:

- Superar el pensamiento egocéntrico y centrado en uno mismo que tapa lo que es importante para los demás.

- Participar de una realidad mayor y más compleja que incluye nuestra relación con el mundo natural.

- Desarrollar una perspectiva sobre nosotros mismos y el mundo que nos sirve de brújula interna para actuar y dar sentido a nuestra vida.

May-Britt Moser: una situación en la que todos ganan

Podría parecer que la humildad no tiene nada que ver con el descubrimiento de las células cerebrales esenciales para el sentido de la orientación, razón por la que la psicóloga noruega May-Britt Moser obtuvo un premio Nobel en 2014. Moser argumenta con vehemencia lo contrario. Moser; su marido entonces, Edvard Moser; y John O'Keefe, colega de ambos en la University College de Londres, compartieron en 2014 el Premio Nobel de Fisiología o Medicina por sus descubrimientos acerca de las células que conforman el sentido de la orientación en el cerebro. En 1971, O'Keefe había descubierto ese tipo de célula cerca del hipocampo, una zona situada en el centro del cerebro. En 2005, los Moser descubrieron que cuando una rata pasaba por ciertos puntos organizados espacialmente en forma de red hexagonal, se le activaban células nerviosas que formaban un sistema coordinado para la orientación. Después demostraron cómo cooperaban entre sí estos distintos tipos de células.

Las células, que los Moser llamaron «de posición», proporcionan un sistema interno de coordinación, esencial para orientarnos, para saber dónde estamos y cómo nos desplazaremos a otro lugar. En cierto sentido, constituyen una metáfora muy apropiada del modo en que May-Britt Moser considera que la humildad y una profunda sensibilidad colaborativa son coordenadas emocionales que rigen la manera de trabajar en su laboratorio. Sin estos valores internos como coordenadas, no habría existido la pasión y el empeño que los llevó al podio del Nobel.

Moser, psicóloga además de neurocientífica, cita la cultura como factor significativo; en el caso de su laboratorio, la mezcla de dos culturas: la tradicional noruega y la diversa y multicultural de los integrantes del laboratorio. La primera, que hace hincapié en el trabajo duro, en la no imposición, el igualitarismo, el respeto a los demás y la responsabilidad social compartida, asigna un alto valor a la humildad, así como a la excelencia. La comunidad diversa y multinacional del laboratorio, reflejando muchos valores similares de distintas maneras, aporta una química vibrante a la dinámica social y de trabajo. Las investigaciones también han concluido que el liderazgo humilde suscita esa cualidad en los demás, creando equipos más cohesivos que destacan, algo con lo que Moser está de acuerdo.

El Instituto Kavli emplea a gente de más de treinta países «porque queremos personas diversas para poder tener debates interesantes sobre la ciencia y otros aspectos —dice Moser—. Todos necesitamos retos para nuestro pensamiento, y esos retos nos hacen crecer y comprender cosas que antes no comprendíamos».

La gente humilde ve el valor que tienen los errores y la información que proporcionan de cara a aprender.[3]

CHRISTOPH SECKLER, catedrático de
Estrategias de Emprendimiento,
Escuela de Negocios ESCP, Berlín

Algunos de los mejores altos directivos con los que he trabajado reconocían que era inevitable que tuvieran lagunas en su pensamiento y siempre buscaban gente que pusiera a prueba lo que hacían y lo sometiera a crítica. Este tipo de personas reconocen lo que no saben y son conscientes de que otros pueden arrojar luz sobre cosas que demuestren ser útiles o conducir a algo que lo sea. La perspectiva externa puede venir de alguien a quien ya hayan considerado como un recurso valioso o de alguien totalmente inesperado.

En el laboratorio es necesaria cierta cantidad de ego para afrontar los retos diarios que se nos presentan. Cuando el fin de tu trabajo es encontrar soluciones a problemas que nadie ha podido resolver antes, pasas la mayor parte del tiempo confrontando los límites de lo que se conoce con tu propia ignorancia. Es una lección de humildad y además no hay promesa de alivio inmediato. ¿Pueden los tentáculos de las medusas servir de verdad como modelo para enganchar ciertas células en el torrente sanguíneo? ¿Es posible estimular partes diminutas del sistema inmunitario para potenciar la capacidad de luchar contra el cáncer? La respuesta a ambas preguntas es que sí, lo hemos hecho, pero puedo dar fe de las lecciones de humildad recibidas al toparnos con los límites de lo que conocíamos y que nos hacían volver la atención a otros lugares para buscar nuevas pistas y redoblar esfuerzos.

Si queremos entender por completo problemas insuperables y resolverlos, tenemos que ser capaces de pedir ayuda; buscar gente que sepa más que nosotros o piense de otra manera, y ver qué surge cuando nos juntamos con ellos. Con frecuencia tenemos que oír las cosas varias veces y de varias maneras distintas para internalizarlas, hacer conexiones y reajustar nuestro camino. A veces la lección de humildad proviene de oír cosas que puede que no queramos oír porque nos hacen confrontar inseguridades, miedos o sesgos que no queremos reconocer que tenemos. Utilizar experiencias que nos dan lecciones de humildad para variar nuestro pensamiento y nuestro enfoque es LIT... y es emocionante. También puede herirnos el ego. Y ante eso te digo una cosa: ¡aprovecha las oportunidades que te ofrece el ego herido!

En mi propia evolución me ayudó (me liberó) darme cuenta de que soy más feliz y me entusiasmo y apasiono más por mi trabajo cuando estoy rodeado de oportunidades para aprender (y recibir lecciones de humildad) que me metan en cintura y me hagan consciente de lo mucho que no sé. Es emocionante llegar a hacer cosas que nunca podría hacer yo solo y ver a la gente del laboratorio con esa misma actitud al avanzar hacia nuestras metas más importantes. Para ello, nunca puedo dormirme en los laureles y debo mantener siempre abiertas líneas de comunicación con los miembros del laboratorio. No me es posible saberlo todo, pero sí crear un entorno con libertad de movimientos y la mínima jerarquía (solo cuando resulta útil), centrarme en hacer el trabajo importante y tratar de contratar a gente que sepa mucho sobre cosas que yo ignoro, para que juntos podamos hacer avanzar la conversación de maneras novedosas. Al mismo tiempo, para mí, que tengo TDAH, un día normal y corriente puede estar lleno de constantes lecciones de humildad. En mi mente se disparan todo tipo de pensamientos y necesito tomar continuamente un montón de decisiones sobre qué decir, qué no decir, en qué implicarme (o desimplicarme) y qué dejar pasar, sin saber nunca qué cosa impredecible se me pasará por la cabeza o qué otra cosa inesperada se negará a dejar de vueltas en ella.

La humildad no requiere delegar en otras personas; si fuera así, no sería una herramienta LIT. Aunque puedas buscar los conocimientos especializados de otras personas, también hay que estar preparado para cuestionarlos. A veces, cuando trabajamos con personas que tienen conocimientos en áreas en las que nosotros somos legos, podemos tender a confiar en su juicio o aceptarlo. Sin embargo, en un entorno en el que cada suposición se pone a prueba y se examina con lupa, las dos partes del intercambio se benefician del respeto y la apertura mutuos a lo que el otro tiene que ofrecer. El economista estadounidense y profesor de Yale Robert J. Shiller lo expresa así: «Los errores de juicio pueden afectar hasta a las personas más inteligentes a causa del exceso de confianza, la falta de atención a los detalles o la confianza excesiva en el juicio de otros cuando no se es consciente de que esos otros pueden no estar emitiendo juicios independientes, sino siguiendo los que hayan realizado otros».[4]

Es importante abrirse a la incomodidad de darse cuenta de que no sabemos y de que tenemos estrechez de miras con respecto a todo, aunque pensemos que no. Yo esto lo encuentro estimulante, pues genera energía que se puede canalizar al servicio de soluciones innovadoras.

> Creo que en la naturaleza existe un magnetismo sutil que nos dirigirá correctamente si nos libramos a él de forma inconsciente.[5]
>
> HENRY DAVID THOREAU,
> «Walking», *The Atlantic*

Dacher Keltner, director y fundador del Centro de la Ciencia de la Felicidad y profesor de psicología en la Universidad de California, Berkeley, escribe sobre el poder que tienen el asombro y las lecciones de humildad para cambiarnos. En su libro más reciente describió el aspecto neurofisiológico de este fenómeno: cómo cambian el cerebro las experiencias, incluso el recuerdo que tenemos de ellas. Se trata de algo novísimo, un espectacular paso adelante para la ciencia moderna, que durante tanto tiempo ha dejado de lado este asunto. Keltner apunta que los hallazgos de las investigaciones refrendan las enseñanzas indígenas tradicionales que siempre han sostenido que «formamos parte de un ecosistema, que nuestros cuerpos forman parte de él».[6] Según Keltner, son ciertas en cierto sentido las ideas del «yo separado», distinto de otras personas y de la naturaleza, pero a un nivel más amplio estamos sincronizados tanto con otras personas como con el mundo natural.

Dave Courchene: el encuentro de la ciencia y el espíritu

Siento mucha afinidad con el modo en que las enseñanzas de los indígenas hacen hincapié en la humildad como una competencia esencial y la vinculan con la calidad de nuestra relación con la naturaleza y la espiritualidad. Estos principios, considerados leyes sagradas, tienen su raíz en el entendimiento de que la Tierra y el Espíritu son fuerzas vivas que podemos integrar por completo en nuestra vida para alcanzar una existencia plena.

«Es una verdad muy simple y básica que la madre Tierra es una entidad viva. Está viva igual que tú y que yo», me decía por Zoom durante la pandemia el difunto doctor Dave Courchene, prominente líder espiritual de la nación Anishinaabe de Manitoba, Canadá. «Nosotros, aquí sentados, somos solo una parte de la red de vida a la que llamamos seres humanos. Hay muchos otros seres en ella. La gente habla de interconexión, de que estamos todos relacionados y conectados, y eso es una verdad absoluta. Lo que le ocurra a una parte de esa red de la vida afectará a la totalidad».

Las lecciones de la naturaleza están siempre presentes, pero para acceder a ellas primero tenemos que reconocer que, sean cuales sean nuestros conocimientos y especialización individuales, nos faltan piezas y perspectivas esenciales que solo otras personas con distintas experiencias nos podrán proporcionar.

Entre los distintos tipos de conocimiento e inteligencia están el conocimiento científico, el intuitivo y el espiritual, y ninguna cultura o modo de conocimiento convierte a los demás en irrelevantes. El líder Courchene apuntaba a las décadas de debates con científicos y representantes de otras disciplinas, cuyo marco a la hora de abordar los problemas y las soluciones globales se ha basado en postulados fundamentados en la clásica evidencia científica. Esta mentalidad pasa por alto o ignora los profundos conocimientos de otro tipo que han sustentado la supervivencia de la humanidad durante miles de años.

El cambio climático ha puesto de manifiesto el déficit del discurso. «Todos están tratando de averiguar cómo abordar el cambio climático y lo hacen desde su mentalidad, de lo que han aprendido como científicos o intelectuales. Para los pueblos indígenas la conversación según su mentalidad y su propia inteligencia está en definir nuestra relación con la Tierra y en la simple comprensión de algo que siempre hemos dicho: "Lo que le hagas a la Tierra te lo haces a ti mismo; porque tú eres la Tierra". Lo vemos hoy más que nunca: que lo que le hemos hecho a la Tierra nos lo hemos hecho a nosotros mismos».

> Busca lo sagrado en las cosas ordinarias con gratitud en tu corazón y ten por seguro que lo encontrarás.[7]
>
> SARAH BAN BREATHNACH

Hablamos con Courchene el verano anterior a su muerte, en diciembre de 2021, tras dedicar su vida a la creación del Turtle Lodge, un centro internacional para la educación y el bienestar indígena, en Manitoba, Canadá, en la punta sur del lago Winnipeg.

El Turtle Lodge es hoy un centro cultural pujante[8] no solo para comunidades indígenas de todo el mundo, sino también para cada vez más personas que están tomando conciencia de que el conocimiento y la sabiduría acumulados a lo largo de miles de años por la experiencia indígena es de crucial importancia para todos nosotros. En culturas de todo el mundo existen recursos similares cuya rica experiencia con los factores medioambientales, incluido el factor humano, es una fuente de conocimiento sustentadora de vida. Tenemos todo lo que necesitamos para sustituir el orgullo por humildad y alumbrar así un pensamiento LIT que nos haga encontrar nuevos caminos hacia delante.

Hay quien dice que la espiritualidad crea esos caminos y nos permite transitar por el plano temporal con la piedra angular de la trascendencia presente en especial a través de la naturaleza y las lecciones de humildad que nos puede dar si nos abrimos a ello. Sin embargo, como afirmaba Courchene, esta actitud puede ser muy difícil de mantener en el entorno cultural de hoy: «No es fácil hacer llegar este mensaje a personas que son muy intelectuales. Las personas están muy acostumbradas a la evidencia científica: debe haber pruebas de que existe el espíritu. Y eso es algo que no podemos hacer. Cuando hablamos del espíritu, entramos en una dimensión del entendimiento totalmente distinta. Sin embargo, en el modo de vida de los pueblos indígenas, esa es la realidad de nuestro mundo: la existencia de una influencia espiritual que muchos de nosotros consideramos la más poderosa.

»Cuando los europeos llegaron al continente, no reconocieron ni respetaron que estábamos muy avanzados a nivel espiritual y que esa espiritualidad se reflejaba en el modo en que cuidábamos la tierra y en el modo en que los niños eran el centro de nuestras comunidades», me dijo. A pesar de los esfuerzos sistemáticos de los colonizadores por eliminar a los pueblos indígenas[9] (arrebatándoles sus tierras y su vida y obligándolos a la asimilación al separarlos de sus hijos y prohibirles el uso de su lengua y la práctica de sus costumbres y rituales tradicionales), los valores centrales que siguen enseñándose hoy en las leyes sagradas y la educación tribal continúan siendo los mismos que se habían venido transmitiendo generación tras generación durante milenios. El hecho de que la humildad siga siendo una enseñanza esencial ha despertado nuevo interés ahora que la ciencia está alcanzando las mismas conclusiones que lleva tanto tiempo atesorando la inteligencia indígena, ahora que hay más personas interesadas en aplicar estos conocimientos fundamentales y estas perspectivas para tratar de generar un equilibrio en nuestro mundo natural y atajar las consecuencias catastróficas del cambio climático.

La sabiduría indígena entiende que cada ser vivo tiene un papel particular que debe desempeñar. Cada ser está dotado de ciertos dones, su propia inteligencia, su propio espíritu, su propia historia.[10]

ROBIN WALL KIMMERER, *Gathering Moss:
A Natural and Cultural History of Mosses*

Lynne Twist: transformar premisas y potenciales

El mundo de la filantropía dio un vuelco cuando Lynne Twist, activista global que en aquel entonces trabajaba para acabar con el hambre en el mundo, tuvo la inspiración de dar un cambio radical a su método de recaudación de fondos, basado en el tradicional modelo de beneficencia en el que los donantes ricos definen un problema y el plan para solucionarlo, a menudo sin la participación relevante de quienes van a recibir los fondos. Trabajar con miembros de culturas indígenas de todo el mundo fue lo que le abrió los ojos al problema que había con esa dinámica de poder. El sesgo implícito se hizo explícito: los que tenían ayudaban a los que no tenían, de los que solo se esperaba que estuvieran agradecidos, por mucho que la inyección de dinero o la escasa preparación de los voluntarios pudiera provocar perturbaciones en la comunidad. Los proyectos fracasaban con frecuencia debido a una falta fundamental de comprensión de las raíces de los problemas. Aprendida la lección de humildad y guiada por la intuición, Twist reconceptualizó su misión como «recaudación de fondos con el corazón» y fue pionera de un nuevo paradigma de la filantropía basado en la creación de colaboraciones en las que los recursos de todo el mundo se consideran aportaciones valiosas, y se aplica un proceso de resolución de problemas riguroso que genera una acción estratégica para canalizar dinero, tiempo, especialización y conocimientos profundos del problema, de manera que se consiga el mayor impacto posible. El siguiente paso de Twist fue cofundar Pachamama Alliance, que colabora con pueblos indígenas de la selva amazónica para preservar sus tierras y su cultura. Twist describe la colaboración entre iguales como esencial y aleccionadora, en especial para quienes vienen de fuera de la cultura a la que quieren ayudar a implantar cambios efectivos y sostenibles. Explica que aprendió esas lecciones al principio de su trabajo con comunidades del África subsahariana y Asia, donde la clave para abordar el hambre y la pobreza era empoderar a las mujeres para que fuesen líderes fuertes en las comunidades y emprendedoras en lo económico.

Cuando Pachamama Alliance empezó a colaborar con pueblos indígenas de la selva amazónica, Twist fue preparada para una dinámica similar, pero descubrió algo muy distinto. Las comunidades no estaban empobrecidas ni pasaban hambre. Y la visión que tenían las mujeres de su poder y sus estrategias como promotoras de cambios diferían de la versión occidental del empoderamiento. De hecho, las primeras acciones directas para cambiar ciertas costumbres en la comunidad fueron rechazadas por las propias mujeres. Por ello, durante más de una década, la colaboración se centró en abordar otros retos a los que se enfrentaban estas comunidades, cuya supervivencia estaba amenazada por la deforestación.

Con el tiempo, las mujeres solicitaron la ayuda que determinaron que necesitaban: acceso a un programa de obstetricia para mejorar significativamente la educación de las mujeres y las prácticas en el ámbito del embarazo y el parto. Para lograr su objetivo y compartir estos conocimientos entre las tribus de la región, las mujeres lanzaron iniciativas de alfabetización y liderazgo para niñas y mujeres y comenzaron a viajar de comunidad en comunidad enseñando las técnicas. El resultado del programa de formación en obstetricia ha supuesto mucha menos mortalidad entre las mujeres y los bebés en los vulnerables periodos pre y posnatales.

Dejar en la puerta los postulados y las ideas preconcebidas, desarrollar relaciones basadas en el respeto y escuchar para aprender era y continúa siendo esencial, dice Twist. «Aprendí que no ayudaba para nada lo que yo pensase sobre lo que podían hacer o deberían hacer. Son ellas quienes tienen que ver la apertura. Y una vez que ellas la ven, podemos ofrecerles una colaboración entre iguales. No se trata de dar a "los que no tienen". Son las mujeres las que conocen el territorio, la lengua, las que saben cuáles son las necesidades, lo que pueden y no pueden encajar. Esos son los activos que ellas tienen y nosotros les aportamos los recursos financieros que pueden ayudarles a que funcione ese programa».

Quienes están más cerca del problema son, con frecuencia, quienes más cerca de la solución están. Es igual de importante saber cuándo dar un paso atrás que cuándo dar un paso adelante.

REGINALD «REGGIE» SHUFORD,
director ejecutivo del
Centro de Justicia de Carolina del Norte

Fascinación, humildad y... LIT

Casi cualquier día en el laboratorio nos encontramos en algún punto de un proyecto en el que estamos buscando señales de cómo ha resuelto un problema la naturaleza. En lo referente a los procesos, ingeniosos diseños y patrones que han evolucionado a lo largo del tiempo geológico, una telaraña no es menos espectacular que el Gran Cañón. Lo que encontramos en esas búsquedas es asombroso e inspirador y recibimos una lección de humildad al ser testigos de la creatividad de la naturaleza y su precisión en la resolución de problemas, al darnos cuenta de cómo nos puede orientar. Un ejemplo que me pone la carne de gallina con solo recordarlo es el de los tentáculos de las medusas.

En el tratamiento de la metástasis del cáncer, una vez que el tumor principal del paciente ha sido extraído quirúrgicamente, sigue siendo un reto identificar la medicación que pueda acabar con el cáncer residual. Un enfoque prometedor es tomar una muestra de la sangre del enfermo y hacerla pasar por un dispositivo que aísla las células cancerosas provenientes de la metástasis. El problema es que el dispositivo solo captura células en una superficie; las células que circulan no se pueden capturar. Y las que quedan adheridas a la superficie (por anticuerpos) es casi imposible extraerlas intactas para identificar qué medicamento podría matarlas.

Así que nos preguntamos: ¿qué criatura de la naturaleza puede capturar cosas a distancia? ¡Las medusas! Tienen tentáculos largos que pueden extender lejos del cuerpo para capturar alimentos y presas. Así que desarrollamos unos tentáculos sintéticos hechos de ADN que pudieran adherirse en concreto a la superficie de células cancerosas, rodearlas e inmovilizarlas en nuestro dispositivo. Fuimos capaces de igualar el alto índice de eficiencia de métodos anteriores, pero también de hacerlo con un índice de flujo diez veces mayor, es decir, podíamos hacer fluir diez veces más sangre a través de nuestro dispositivo en la misma cantidad de tiempo. Y como los tentáculos artificiales están hechos de ADN, podíamos añadir enzimas para desprender las células, que quedaban intactas y en condiciones viables para estudiarlas y encontrar la medicación que pudiera acabar con ellas. Tras más o menos un año de investigación y desarrollo, el momento en que pudimos ver por el microscopio el efecto de los tentáculos de ADN capturando las células cancerosas fue impresionante. Aún puedo rememorarlo y sentir la fascinación que nos invadió a todos. Nos maravilló (y nos dio una lección de humildad) que una solución que la naturaleza había diseñado para la supervivencia de las medusas hubiera servido, gracias a la imaginación humana, para desarrollar una nueva herramienta que ayudara a los enfermos de cáncer.

El trabajo inspirado en la biología suele ser así de aleccionador. Pero esto es solo la mitad de lo que conlleva. También está el factor humano. La gente puede ser increíble cuando uno se toma el tiempo de escuchar las historias u observar los actos cotidianos de lo que Dacher Keltner llama «belleza moral»:[11] bondad, valentía, superar de obstáculos, salvar vidas. Basándose en dos mil seiscientas historias que recogió por todo el mundo y analizó para su libro, Keltner identificó y clasificó las fuentes más comunes de fascinación experimentadas por la gente. «Una y otra vez, la razón por la que la gente más se fascina y emociona es otra gente —dijo—. Algo que no pensaríamos posible, dado lo que vemos en Twitter e Instagram, pero es una tendencia muy profunda emocionarse y llorar pensando en cosas de las que son capaces otras personas».[12]

No hace falta irse muy lejos para encontrar ese tipo de emoción. En el laboratorio, como en tantos otros lugares de trabajo, con el tiempo nos enteramos de las historias de unos y otros a través de conversaciones casuales. Algunas son sobre miembros de la familia, otras sobre esperanzas y sueños, retos e infortunios individuales y la perseverancia con la que se han afrontado. En el laboratorio también compartimos historias de manera deliberada. Dos o tres veces al año, nuestra reunión de los miércoles para presentar proyectos se convierte en algo distinto: la dedicamos a que la gente hable durante tres minutos de un tema que les apasione o les despierte la curiosidad. Puede ser cualquier cosa. Hace poco habló una persona interesada en los monólogos cómicos y nos deleitó con uno; otra habló sobre la panadería que su familia había tenido durante muchísimos años y que se vio obligada a cerrar durante la pandemia de COVID, y la resiliencia que los llevó a proponerse la reconstrucción del negocio como una misión vital. Alguien habló sobre natación sincronizada de competición y cómo se había desmayado durante un ejercicio por contener la respiración demasiado tiempo. Otra persona habló sobre cuando estaba en la banda de música del colegio y nos hizo cerrar los ojos mientras tocaba. Otro momento memorable fue el que nos deparó el biólogo celular Dustin Ammendolia, amante de las hamburguesas, con un rap sobre los mejores sitios de Boston donde comerlas.

Para mí hay algo fascinante en todas estas historias, una especie de estado de flujo. En parte es por la experiencia compartida, pero hay también algo muy energético en la pasión y la curiosidad, tanto si se centra en la biología como en las hamburguesas. Cuando accedes a esa energía y la reconoces en la gente que tienes al lado, resulta cautivador.

> La fascinación nos empuja a ampliar nuestra visión de las cosas.[13]
>
> DACHER KELTNER, científico y escritor

Bob Langer: el legado de un padre como piedra angular

A Bob Langer se lo admira unánimemente por ser una especie de fuerza de la naturaleza, un gran innovador y una figura prominente de la medicina traslacional. A lo largo de su prolongada y distinguida carrera ha hecho varios descubrimientos que han trastocado las convenciones del sector, revolucionando la manera de administrar medicamentos. Se estima que sus invenciones han beneficiado a un veinticinco por ciento de la población mundial, incluidos los 3.900 millones de personas que han recibido la vacuna de Moderna en todo el mundo, basada en décadas de investigación sobre la administración de medicamentos en su laboratorio.

Sin embargo, entre los que conocen a este genio, es legendaria su humildad. Langer ve potencial en todas las personas y lo demuestra. Hace que todo el mundo se sienta importante respetando su tiempo, su esfuerzo y sus intereses. No duda en reconocer y expresar consideración por el trabajo individual y las aportaciones de los demás. En los proyectos orienta a la gente en una dirección positiva y las ayuda a encontrar el encaje correcto. Confiesa que su mayor fuente de orgullo no son sus logros, sino la gente que se ha preparado en sus laboratorios.

Esto último es destacable en el mundo académico, donde la competitividad y el ego pueden desplazar a otros valores positivos.

Langer se considera una persona feliz gracias al afecto de su familia, la pasión y el sentido que encuentra en su trabajo y su creencia en que la gente tienen un fondo bueno.

«He tenido suerte», dice. Su madre, que siempre ha sido ama de casa, sigue preguntándole si se ha abrigado bien cuando hace mucho frío. Su padre, que murió con sesenta y un años, cuando Bob tenía veintiocho, le dejó dos historias que siempre ha guardado en el corazón, piedras angulares en las que apoyarse en los momentos difíciles y que le han servido de inspiración para su visión del mundo.

Una es personal. «Mi padre creció en los años de la Gran Depresión, una época muy difícil en la que se dieron muchos suicidios de gente que, de la noche a la mañana, pasó de ser multimillonaria a no tener dinero alguno. Después luchó en la Segunda Guerra Mundial, donde vio morir a amigos suyos y a muchas otras personas». Estas experiencias tan duras constituyeron lecciones de humildad para él. «Pasara lo que pasara —cuenta—, mi padre siempre decía que, para él, todos los días que había vivido después de la Segunda Guerra Mundial eran como un regalo. Esto para mí fue una enseñanza».

La otra pertenece a la historia del béisbol, pero la trasciende y nunca se aleja de la mente de Langer mientras trabaja en la consecución de avances en la medicina. El legendario Lou Gehrig, de los Yankees de Nueva York, murió de esclerosis lateral amiotrófica (ELA) en 1941, con solo treinta y siete años de edad. La enfermedad lo obligó a dejar el béisbol, pero el emotivo discurso de despedida que dio durante un homenaje que se le dedicó dos años antes de su muerte siempre fue para el padre de Langer una fuente de inspiración que compartió con su hijo. «El discurso fue increíble, dio las gracias a sus padres y a mucha gente y dijo básicamente: "Sé que mucha gente piensa que he tenido muy mala suerte, pero hoy me considero el hombre más afortunado que pisa la Tierra. He recibido muchísimo". Y pensé: qué manera tan formidable de mirar la vida. Un tipo que acaba muriendo en la flor de la vida de una enfermedad terrible y que le dice al mundo que ha sido el hombre más afortunado que pisa la Tierra. Cada vez que pienso en esa historia y en toda la gente que ha tenido ELA después de él, toda la gente que ha tenido mala suerte, pienso: pero qué manera de mirar la vida…».

> Los humildes son quienes no piensan solo en el pasado, sino también en el futuro, pues saben cómo mirar adelante para extender sus ramas, y recuerdan el pasado con gratitud. [...] Los orgullosos, sin embargo, repiten, se vuelven rígidos y se encierran en esa repetición, sienten certidumbre sobre lo que ya saben y tienen miedo de cualquier cosa nueva porque no pueden controlarla.[14]
>
> Papa FRANCISCO

Cómo aplicarlo en tu casa

Algunas de las mayores lecciones de humildad que he recibido han sido en mi papel de padre. La labor de los hijos no es actuar de maestros de los padres, pero, si tenemos un poco de suerte, los hijos acaban dejando en evidencia nuestras peores inclinaciones y enseñándonos el camino. Ya sabemos que la resolución de problemas puede ser un poco enrevesada y, en lo que se refiere a educar a los hijos, pensar que sabemos cómo son las cosas por haber sido ya niños no es sino un obstáculo. En el mejor de los casos, recuerdas cómo era ser un niño de la edad de tu hijo y empatizas con él. En el peor de los casos (o al menos uno que no ayuda mucho), omites la empatía o incluso el interés y te pones a dirigir, asumiendo que lo que te funcionó a ti a su edad puede funcionarles a ellos (y no solo puede, sino que «debe»). Y si no funciona, el fallo es suyo, no tuyo, porque lo que te dice tu propia experiencia es que eso funciona.

Definir problemas y resolverlos es lo que hago para ganarme la vida, y podría resultar natural asumir que puedo transferir mi saber en ese campo del trabajo a casa. La cosa es que en el laboratorio, y en cualquier otro entorno de trabajo, una parte esencial de la resolución de problemas es el proceso de iteración, el continuo trabajo de reajuste en el que redefinimos el problema juntos y hacemos lluvia de ideas para buscar soluciones y cómo seguir adelante. Existe mucha escucha y aprendizaje en ese proceso. En familia, la evolución de nuestra definición de lo que es importante para nosotros suele perderse. Como padres, puede que consideremos solo lo que es importante para nosotros hoy, en el momento, y remarco lo de «nosotros»: nos olvidamos de comprobar lo que nuestros hijos consideran importante. Las mayores desconexiones que he experimentado tanto en casa como en el trabajo se han dado cuando no me he detenido a considerar la definición de otras personas de lo que es importante para ellas. Y a veces lo único importante, lo único que necesitan es que los apoyes.

Así que para mí fue una sorpresa cuando, estando Josh en séptimo, su tutor me llamó y me sugirió que reconsiderase la versión de «campaña para lograr la excelencia» que estaba aplicando para que mi hijo alcanzara su pleno potencial. ¿Por qué?, le pregunté. El tutor me dijo que estaba interfiriendo en los esfuerzos de mi hijo para lograr justo ese objetivo.

Reflexioné mucho sobre el asunto. Yo me había basado en mis difíciles años de colegio, en las lecciones que tanto me había costado aprender y las estrategias que había utilizado para alcanzar la excelencia. Me parecía que estaban suficientemente probadas. El afán de ahorrar a mis hijos las dificultades por las que yo había pasado en mi infancia me había llevado a aplicarles mis métodos sin darme cuenta de que usar mi modelo para mi versión del compromiso y el éxito no funcionaba, porque mis hijos no eran yo, eran ellos. Una vez que acepté lo obvio (para todo el mundo, menos para mí), pude descartar mi «manual» y aprender nuevas estrategias.

Tuve que practicar mucho. Necesitaba aprender a escuchar sin ser reactivo, a conversar sin dar órdenes camufladas de estímulo, a valorar el tipo de personas que eran y a disfrutar de ellos a medida que crecían.

Mis hijos continúan dándome lecciones de humildad. Me he dado cuenta de que el mejor pensamiento LIT a veces implica estar presente solo para escuchar, estar disponible, estar cerca, prestar a alguien (y en especial a nuestros hijos) nuestra atención sin distracciones, sin juicios. Ya hay una cosa que les envidio: mis dos hijos son muy trabajadores; sin embargo, tienen un equilibrio trabajo-ocio mucho mejor que el que yo he sido capaz de tener nunca. Tomo nota.

Podría haber ahorrado a todo el mundo (a mí también) un montón de angustia si hubiera seguido mis propios consejos y hubiera dejado mis zapatos (y mi ego) en la puerta hace años. Pero aún tengo mucho que aprender. En un ejercicio de humildad, sigo aprendiendo.

La belleza que tiene aceptar nuestra humanidad (incluida la humildad) como herramienta LIT es que podemos empezar desde el punto en el que estemos ahora mismo, sin prerrequisitos, y la energía de activación será baja. En la próxima conversación que sostengas con alguien o la próxima vez que pienses sobre una situación o una persona, prueba a mirar intencionadamente con interés y apreciación, aunque solo sea por un momento. Si alguien está intentando conectar contigo en una conversación, pero lo único que hace es ponerte tenso, piensa que en ese momento puede estar manifestando una inseguridad o ejecutando de forma automática algún algoritmo interno que obedece a un mal hábito. Busca el modo de neutralizar tu propia reacción impulsiva, dale una excusa para no seguir o reorienta la conversación para que os permita conectar de verdad.

Abundan las oportunidades. Con frecuencia, cuando siento un nudo de resistencia o una necesidad acuciante de tener razón, si me paro a considerar por qué, me doy cuenta de que hay algo en la situación que ha activado un impulso para defender o proteger esa pequeña fortaleza del yo. Si me pregunto por qué, casi siempre me doy cuenta de que, con mucha probabilidad, la reacción tiene que ver con un instinto de supervivencia primitivo, que está errando el tiro. Cambiar de un marco centrado en «mí» a uno centrado en «ti» me ayuda a valorar mucho mejor lo que la otra persona está aportando a la situación.

Considera experimentar también con estas maneras prácticas de acceder a la fascinación y de poner la humildad en juego:

- Conéctate con la naturaleza de la manera que puedas. Somos una mota diminuta en la vastedad del universo, a la vez que un componente fundamental de la rueda de la humanidad y, a mayor escala, de la naturaleza. Reflexiona sobre ello. Valorar nuestra pertenencia a un ecosistema es una experiencia espiritual que nos da una lección de humildad.

- Busca la belleza moral (bondad, valor, superar obstáculos) en la gente cotidiana y retén ese pensamiento. Retén también el sentimiento.

- Felicita a los demás no por el resultado final, sino por la valentía que han tenido al intentarlo, la persistencia al practicar, la actitud que les ha permitido seguir adelante, los riesgos que han asumido a pesar de la adversidad, lo mucho que se han esforzado.

- Comparte enseguida el mérito cuando te felicitan por algo.

- Tómate las críticas como una oportunidad de averiguar cómo estás afectando a los demás a pesar de tus buenas intenciones. Cuando alguien te dice que has dado un paso en falso, trata de reconocerlo y de reflexionar sobre cómo podrías canalizar esa información para mejorar.

- Cuando hayas cometido un error, tómate tiempo para reflexionar y discúlpate.

- Si tienes conocimientos que otros no tienen, cuéntales cómo los has adquirido y ofrécete para ayudarles a aprender.

- Cultiva el hábito de encontrar lo bueno que hay en los demás, y reconócelo, sobre todo en el caso de los niños.

- Prueba a pasar del pensamiento centrado en «mí» al centrado en «ti». Escucha y entérate de lo que es importante para las otras personas. Moléstate en preguntar.

- Escucha cuando las personas en quienes confías quieren ayudarte a ver algo que no estás viendo y son sinceras sobre algo que dices o haces.

- Trata de valorar los momentos de humildad de la vida. Cuanto más te preocupes por seguir intentándolo, más experimentarás la humildad y más esclarecedora será.

Pulsa el botón de pausa
Reserva tiempo para ser y contemplar

Dedica tiempo a un ocio sin prisas,
a estar en soledad y a practicar el silencio
para recargar tu espíritu

> Todos necesitamos que se nos recuerde que debemos permanecer conectados con la esencia de lo que somos, cuidar de nosotros mismos mientras avanzamos, tender la mano a los demás y hacer una pausa para maravillarnos y para conectar con ese lugar desde donde todo es posible.[1]
>
> ARIANNA HUFFINGTON

Hacía diez años que un amigo común me había presentado a Vivek Ramakrishnan y habíamos conversado un rato cuando, en un Zoom durante la pandemia, volvimos a coincidir los tres de nuevo. Ramakrishnan dirige estudios relacionados con el emprendimiento empresarial en la Universidad de Connecticut y, en el transcurso de aquella reunión por Zoom, lo invité a dar una charla en el laboratorio, pero no sobre su trabajo en el emprendimiento y la innovación médica, sino acerca de su inusual práctica de meditación.[2]

Durante el Zoom estuvimos cada uno reflexionando sobre nuestras carreras, pero también sobre cómo nos había afectado el COVID. Ramakrishnan mencionó que había empezado a estudiar con más detenimiento la intersección entre la meditación y la red neuronal por defecto (RND)

haciendo lluvia de ideas frecuentemente con un destacado neurocientífico y asistiendo a retiros de meditación para desarrollar su práctica. Yo había empezado hacía poco a experimentar con las técnicas de meditación,
así que mi interés no era solo casual. De hecho, estaba muy intrigado.

Siempre buscando modos de llevar nuevas ideas y conocimientos al laboratorio, le pregunté si estaría dispuesto a unirse a nosotros por videoconfe-
rencia y la cosa se convirtió en una convergencia de energías. Desde su primera charla en el laboratorio ha vuelto por petición popular y ahora viene a
vernos cada pocos meses y nos habla de sus nuevos descubrimientos sobre la
naturaleza de la impermanencia, su larga indagación filosófica y un proyecto
de fotografía que tiene en su blog, además del interés en estrategias de gestión de la mente itinerante regida por la RND para no estar a merced de sus
derivas y distracciones. El proyecto sobre la impermanencia es una de
esas estrategias, una sencilla y práctica actividad que solo requiere de tu persona, una cámara (sirve la del móvil) y un momento de tu atención.

Volveremos a ella un poco más adelante, pero recuerda que, da igual
cómo elijas variar la energía dentro de tu día, tanto si es cambiando el ritmo como redirigiendo tu atención, concederte un descanso considerable
le da a tu cerebro, tu mente, tu cuerpo y tu espíritu la oportunidad de re-
sincronizarse. Desacelerar es una destreza que se puede aprender. Pero es
necesario dar al cerebro un tiempo para que procese por completo la información que proviene no solo del mundo exterior (mediante la vista, el
sonido, el gusto, el olor y el tacto), sino también de dentro. El cerebro está
recibiendo constantemente señales químicas y eléctricas de los sistemas de
nuestros órganos, así como de fuentes emocionales y otras intuitivas más
sutiles (esas corazonadas que consideramos una especie de intuición tienen una base biológica en las comunicaciones entre las vísceras y el cerebro). Y, por último, el cerebro debe integrar esa información para coordinar una respuesta en tiempo real. Todo esto (estas miles de millones de
neuronas ordenando y enviando señales y coordinando respuestas) sucede más rápido de lo que podemos observar. Sin embargo, podemos inter-
ceptarlo. Podemos elegir hacer una pausa para que los ritmos del cerebro
se reconecten con los más fundamentales ritmos de la naturaleza en todas
sus sorprendentes dimensiones. También podemos tratar las pistas intuitivas como invitaciones a detenernos y ser receptivos a las distintas energías que emergen cuando lo hacemos.

A veces solo necesitamos un descanso para clarificar nuestros pensamientos e intenciones y poder corregir el curso que llevamos. O para desbloquearnos. Las conductas reactivas pueden atascarnos o llevarnos a dar bandazos, distanciándonos de la gente, cuando lo único que deseamos son simples conexiones. Sin embargo, funcionamos con la respuesta emocional porque su energía de activación es menor; es más fácil explotar que calmar esos impulsos.

Aprende de la sabiduría del invierno

Los ritmos de la naturaleza nos muestran que el tiempo de descanso, lejos de ser un tiempo vacío o desperdiciado, está lleno de una actividad sustentadora de vida que es diferente de lo que por lo general consideraríamos actividad. En la naturaleza, el tiempo de reposo del invierno podría parecer estéril. Sin embargo, es un periodo esencial en el que la tierra y la mayoría de las plantas y animales se reponen y se preparan para los periodos creativos y de intensa actividad energética de la primavera y el verano. Este ciclo intemporal es un exponente de cómo funciona la inteligencia evolutiva en esta época antinatural de velocidad digital, estrés y actividad constante.

Todas las formas de vida dependen del poder rejuvenecedor de la pausa.[3] Sus señales biológicas están insertas en nuestros ritmos circadianos. Sabemos por intuición, y la ciencia lo confirma, que la pausa del sueño es esencial para la vida. Por regla general, el cuerpo nos indica que debemos dormir por la noche o cuando estamos cansados e, idealmente, asignamos un tiempo a esa pausa. La ciencia nos dice que el sueño libera al cerebro a fin de que pueda desviar energía para, entre otras cosas, realizar tareas de mantenimiento de todos los sistemas, así como procesos regenerativos, incluido el mantenimiento rutinario de las neuronas, el procesamiento de los residuos celulares y la preparación para reiniciar de nuevo el organismo. Cuando nos despertamos sintiéndonos descansados es por una razón: el cerebro ha estado trabajando ¡mientras en realidad dormía! La falta de sueño crónica o dormir mal, que es la norma para muchos trabajadores y para padres, bebés y niños pequeños, tiene efectos adversos en la salud. Al final, si no dormimos, morimos.

No solo necesitamos hacer una pausa para dormir, sino otras pausas durante el día para poder rendir mejor y cuidar nuestra salud mental. Sin embargo, demasiado a menudo pasamos por alto esa necesidad y no somos capaces de oír los avisos que nos da el cuerpo, especialmente en medio del estrépito de la era digital. Las señales siguen existiendo,[4] pero a medida que nos alejamos cada vez más de la sincronía con la naturaleza, nos hemos hecho sordos a ellas.

Necesitamos una estrategia en nuestra vida para hacer pausas intencionadas. Igual que el planeta en invierno, debemos dedicar tiempo a conservar la energía, descansar, reponernos y prepararnos para reanudar nuestras actividades con renovada energía. Para llevar la estrategia LIT un paso más allá, no hace falta esperar a las señales de que nos estamos quedando sin energía para tomarnos un descanso. Podemos ser proactivos y hacer la pausa para reponernos antes de que se gaste la energía. A través de los ritmos circadianos, la naturaleza nos dice que prioricemos, que interrumpamos el horario artificial que nos imponen las exigencias culturales y que utilicemos nuestra capacidad de acción para contradecirlas. Esta necesidad no es más egoísta o autoindulgente que otras necesidades humanas básicas. El tiempo de reposo es una fase esencial del ciclo de energía cerebral. Es una necesidad, no una opción.

Los investigadores Sooyeol Kim, de la Universidad Nacional de Singapur; Seonghee Cho, de la Universidad del Estado de Carolina del Norte, y YoungAh Park, de la Universidad de Illinois, han concluido que incluso los microdescansos (periodos muy breves de relajación durante la jornada laboral) mejoran la concentración y reducen la fatiga.[5] Los microdescansos son una «estrategia de gestión de energía efectiva mientras se está trabajando», escribieron, animando a las empresas a dar cabida a los microdescansos para «tener una papel activo en promover una cultura que vele por la salud y la autonomía de los trabajadores».

La práctica musical proporciona una analogía muy útil, como demuestra el estudio de Molly Gebrian sobre sesiones de ensayo óptimas para concertistas e intérpretes. Según Gebrian, la práctica estimula el cerebro para que establezca nuevas conexiones sinápticas o para fortalecerlas, pero esto no ocurre durante la práctica misma. «El aprendizaje tiene lugar durante los descansos entre las prácticas. [...] El cerebro tiene que realizar cambios físicos para aprender, es decir, para retener información. Y para que haga ese tipo de reconstrucción, no se lo puede estar usando a la vez». Los espacios «vacíos», los descansos entre las notas de nuestra ajetreada vida, son vitales para la creatividad y para todos nuestros procesos mentales. Es en las pausas donde el cerebro consolida y restaura sus reservas de energía para las nuevas rondas de actividad.

Si introduces música en tus pausas, mejor que mejor. Nuestra sintonía con la música tiene efectos medibles.[6] En función del ritmo de la música y de lo que se acerque al de nuestra respiración, la música afecta a los sistemas cardiovascular y respiratorio y estimula la atención y la concentración, según un estudio que comparó los efectos de la música en músicos y no músicos. Los dos grupos disfrutaban de los efectos beneficiosos de escuchar música y, curiosamente, una pausa en la música también aportaba más relajación. Parece que tanto el aprendizaje como la relajación sacan partido de las pausas.

> La práctica de la atención plena es una pausa: el espacio entre el estímulo y la respuesta. Ahí es donde radica la elección.[7]
>
> TARA BRACH

Emocionante experimento sobre la impermanencia

La «constante charla del cerebro, el monólogo interior y el flujo aleatorio de pensamientos hacen que algunas personas encuentren difícil sentarse a solas con sus pensamientos durante largos periodos de tiempo», dice Ramakrishnan. En lugar de sentirnos acosados por estos fenómenos, podemos hacernos amigos de ellos. Usar la intención para señalar una pausa ayuda a entrenar el cerebro para que desarrolle esa capacidad. «El acto mismo de la observación altera el modo en que el cerebro procesa la información y cómo asigna valores a nuestros altos y nuestros bajos —dice Ramakrishnan—. Cambia el umbral de la percepción. No necesitamos un alto muy alto para sentir placer, y el cerebro no asigna valores bajos arbitrarios si las cosas no son como queremos. Se puede entrenar el cerebro para que note cambios pequeños en la vida diaria, y existe una alegría sutil en percibir lo bonito que puede ser el cambio».[8]

La mente itinerante sigue, al fin y al cabo, funcionando a su manera. Piensa que es como un paseo al azar, igual que el que los primeros humanos darían por la sabana, alerta y conscientes de su entorno, vigilantes ante amenazas y cosas de interés. Investigaciones recientes indican que el valor adaptativo del flujo aleatorio de pensamientos es que existe un gran potencial para descubrir nuevos puntos de vista gracias a las conexiones fortuitas. La mente itinerante puede ser molesta cuando la circunstancia en la que estamos requiere concentración y no distraerse. Sin embargo, cuando no existe esa presión, la RND puede ser una aliada, y te es posible acceder a ella (y con entusiasmo) si te das a ti mismo permiso y el tiempo necesario. Como herramienta práctica para observar en directo lo que está ocurriendo en tu mente, la RND está siempre en marcha. En modo CBE, tenemos tendencia a oírla como un simple ruido estático (lo que antes consideraban los científicos que era). Sin embargo, hoy sabemos que es una corriente creativa de la que nos podemos aprovechar a voluntad.

Cuando los miembros del laboratorio experimentaron con actividades del proyecto de impermanencia, algunos sacaban fotos de alguna cosa y, a la vez, hacían una pausa para conectarse con lo que fotografiaban y las sensaciones que tenían mientras hacían la foto. Sea cual sea el modo que elijas para dedicarte a observar los matices de la naturaleza, con o sin cámara, el acto de apreciar es importante, pues reprograma el cerebro para intensificar la conexión.

Yo decidí sacar fotos de la misma flor a lo largo de varios días para notar los cambios sutiles que tiendo a perderme (por ejemplo, cuando ves un árbol lleno de hojas y no notas que está perdiéndolas hasta que ya casi no le quedan). Al sacar fotos de la flor todos los días comencé a advertir muchos cambios interesantes, como por ejemplo en el color y la dirección hacia la que miraba. Eran cambios bastante llamativos, pero no los habría percibido si no hubiera sacado las fotos, incluso aunque hubiera estado mirando la flor a diario. Sigo sin notar siempre cambios individuales, pero me he sincronizado más con la dinámica vibrante de todas las cosas, lo que me hace sentir ráfagas de fascinación. Hace poco he empezado a ser consciente de cómo se mecen al viento las copas de los árboles, algo que antes no veía a menos que lo buscase de manera intencionada. Ahora, todas las mañanas trato de desayunar mirando por la ventana para ver cualquier movimiento de la naturaleza y sentir una pequeña fascinación para comenzar el día.

El ritmo apresurado de lo cotidiano, algo a lo que nos hemos habituado, significa que el cerebro tiene que hacer un esfuerzo extra para desacelerar y hacer una pausa. Necesitamos aprender esa habilidad y practicarla para retenerla, sobre todo teniendo en cuenta el fuerte tirón que ejercen sobre nosotros el entorno artificial de cosas hechas por los humanos, los medios comerciales y los mensajes que recibimos. La vida va también mucho de enseñarnos a nosotros mismos de lo que somos capaces y cómo avanzamos por el camino que hemos elegido. Ayuda hacer pausas cada tanto para comprobar dónde se están dando los cambios graduales en nuestra vida y, siguiendo las señales de la naturaleza, centrarnos con intención en esa dirección.

> Una vida bien vivida también va mucho de no tener ninguna meta. Los amigos hacia los que más tiendo viven los placeres del momento. Tengo que recordarme constantemente contemplar el horizonte, alzar la vista al cielo, mirar a mi perro a los ojos y limitarme a sentir.[9]
>
> DIANA NYAD

¿Es «estar quemado» la nueva norma?

Antes de que existiera la neurociencia para explicar las razones, ya sabíamos que quien solo trabajaba y trabajaba sin nunca descansar no solo se aburría, sino que era una persona aburrida. Hoy sabemos por qué, y esa es la razón de que encontremos mesas de ping-pong y de billar, futbolines y zonas de descanso en tantas empresas de alta tecnología y otros lugares de trabajo donde se les da gran valor a la creatividad y el pensamiento innovador. Es la misma razón por la que un humano primitivo de hace cuarenta mil años cogería un colmillo de mamut y lo tallaría para convertirlo en una flauta. El juego enciende el cerebro, en concreto, el cerebelo. Incluso la contemplación ociosa conecta con la corriente de imágenes y pensamientos aleatorios y convierte la RND en una fuente de ideas y puntos de vista nuevos. Los niños desarrollan sus funciones ejecutivas (conductas de control, atención, planificación, toma de decisiones, cambio de tareas) mediante el juego, y los adultos pueden hacer lo mismo. Incluso en medio del trabajo más serio y de las consideraciones más complejas o de una intensa presión, un breve descanso puede calmar el cerebro o estimularlo, permitirle consolidar la nueva información y más o menos recomponerse y reanudar la tarea con renovado vigor.

Solo trabajar y casi no tener ocio empuja al cerebro, desbordado, al modo CBE para buscar activamente rutas cognitivas donde la menor resistencia permita ahorrar energía. El aburrimiento, la depresión, la ansiedad, el agotamiento mental y la falta de sueño son consecuencias que no sorprenden a nadie, pero, aun así, alarmantes.

David F. Dinges, profesor y jefe de la División de Sueño y Cronobiología del Departamento de Psiquiatría de la Escuela de Medicina Perelman de la Universidad de Pennsylvania, lamenta que hayamos internalizado las insanas expectativas y exigencias del trabajo sin descanso. «La gente ha llegado a valorar tanto el tiempo que con frecuencia el sueño se considera una molesta interferencia, un estado inútil en el que se entra cuando no se tiene suficiente fuerza de voluntad para trabajar más duro y más horas».[10] Apunta que «el sueño es esencial para la cognición cuando estamos despiertos, es decir, para la capacidad de pensar con claridad, estar vigilante y alerta y mantener la atención». En otras palabras, el sueño es necesario para la autorregulación que nos permite gestionar el estrés y funcionar bien.

Jenny Odell, artista multidisciplinar, educadora y autora de *How to Do Nothing: Resisting the Attention Economy*,[11] ha escrito que muchas de las ideas de su libro evolucionaron a lo largo de los años que ha pasado enseñando arte y defendiendo la importancia del descanso ante los estudiantes de las carreras de Diseño e Ingeniería de la Universidad Stanford, «algunos de los cuales no comprendían esta necesidad». Describe excursiones con su clase de diseño durante las que, en un momento dado, el grupo se detiene y «no hace nada» durante quince minutos. Para algunos alumnos resultaba confuso o insoportable. «Entre mis alumnos y mucha gente que conozco, veo mucha energía, mucha intensidad y mucha ansiedad. Veo a la gente atrapada […] en una mitología de la productividad y el progreso, incapaz no solo de descansar sino de ver dónde está».

No tendríamos que luchar tanto con nosotros mismos para ejercer nuestra fuerza de voluntad si nos diésemos cuenta de que, en realidad, es la autorregulación (cómo gestionan el cerebro y el cuerpo el estrés a nivel fisiológico) la que determina nuestra energía y, por tanto, la atención que prestamos a cualquier tarea dada. Los descansos reparadores son esenciales para una autorregulación efectiva. Aunque el cerebro ansíe estimulación para funcionar bien, también necesita descansar de la sobreestimulación. Sin embargo, como sabemos por los comportamientos excesivos que tenemos con los videojuegos y la televisión, la mente consciente no siempre sabe cuándo debe pasar al modo manual para cambiar los ajustes. La autoconciencia es un aspecto esencial de la autorregulación porque necesitamos ser capaces de percibir las señales de que nos hace falta un descanso. De lo contrario, pasamos por delante sin verlas y acabamos sufriendo consecuencias que podríamos haber evitado. Se trata de la calidad de tu vida y de cómo contribuyes a ella cuando estás despierto.

La parte positiva es que una vez que reconoces el valor del descanso, se reduce la energía de activación necesaria para convertirlo en una prioridad y se abre ante ti todo un mundo de opciones.

> Hablamos de descanso mental, aunque lo que realmente queremos es descansar de la mente.[12]
>
> NAVAL RAVIKANT

Busca cosas cotidianas que te aminoren el ritmo que llevas o que aporten calma a tu espacio.

↓

Vigila las reacciones al cambio de tu mente, tu cuerpo, tu estado espiritual y otros sentidos.

↓

Dale una oportunidad al cambio; saboréalo.

↓

Pulsa el botón de pausa más a menudo para conectarte con tu centro y nutrir todo tu ser.

Si tu mente quiere deambular, ¡ábrele las puertas!

La paradoja del modo cerebral en el que la mente deambula es que aunque pueda ser una molestia y distraernos, la mente dispersa también puede ser un rico recurso que aprovechemos cuando nos demos el tiempo necesario para hacerlo. «Que sea negativo que la mente deambule depende de un montón de factores, como por ejemplo si es a propósito o de manera espontánea, el contenido de las divagaciones y qué tipo de estado de ánimo tenemos», apunta la psicóloga Jill Suttie,[13] que ha escrito largo y tendido sobre la ciencia de la psicología positiva. «En algunos casos, la mente dispersa puede conducir a la creatividad, a mejorar el estado de ánimo, tener mayor productividad o alcanzar metas concretas».

Me gusta el concepto de paseo de Thoreau, que consiste en salir a caminar «con un espíritu aventurero perenne», por muy breve que sea el trayecto. La observación detenida de la naturaleza merece nueva atención a la luz de los descubrimientos de la neurociencia sobre los beneficios colaterales que tiene para el cerebro y el cuerpo. Pienso en ello como en una especie de fusión mental, un estado en el que no solo se observa la naturaleza, sino que es la naturaleza quien dirige hacia dónde va la mente. Este estado de fusión en el que la naturaleza lleva la voz cantante tiene un efecto positivo en el cerebro, pues su plasticidad le permite amoldarse a la experiencia.

Un fin de semana, mi hija Jordyn y yo fuimos con los perros a pasear por los bosques cercanos a nuestra casa y, aunque al principio ella no quería porque dice que no le gusta nada andar entre los árboles, durante el paseo acabamos viendo a muchos otros perros, cosa que le encantó. Lo que había empezado como una cosa en su mente acabó siendo otra. También traté de comprobar si el paseo me afectaba el resto del día y me sorprendió descubrir que sí. Esa noche cuando me fui a la cama, aunque la mente se me llenó de las preocupaciones y las cuestiones sin resolver habituales, también hicieron aparición algunos aspectos del paseo. Mi hallazgo anecdótico: aquello a lo que nos expongamos durante el día puede dejar huella en nuestros pensamientos durante los momentos de reflexión y dispersión mental, haciendo que, durante el descanso, la mente pueda volverse un recurso más rico.

Me encanta dar paseos y abrir los sentidos a la naturaleza. Sobre todo, me gusta caminar por la playa y meditar visualmente mientras miro las piedras que hay dispersas por la arena. Encuentro rejuvenecedor todo lo que calme la mente. Me gusta echar siestas cortas y algunas de mis mejores ideas se me han ocurrido en la ducha. Tanto si es un cuarto tranquilo como salir a pasear, necesitamos darnos un espacio que nos permita liberar las tensiones.

STEPHEN WILKES

Los secretos del cerebro cuando duerme

Lleva mucho tiempo considerándose el sueño como una forma de descanso única y esencial para la salud física y mental. Según Robert Stickgold, profesor de psiquiatría de la facultad de Medicina de Harvard, hay una buena razón por la que se recomienda a la gente que «lo consulte con la almohada» cuando debe afrontar una decisión importante o confusa. El sueño contribuye a la plasticidad cerebral permitiendo que el cerebro consolide recuerdos y forme nuevas conexiones neuronales. «Ahora tenemos claro que el sueño media en el procesamiento del aprendizaje y la memoria», han concluido Stickgold y su colega Matthew Walker en su ensayo «Sleep, Memory and Plasticity», publicado en la *Annual Review of Pshchology*.[14] El psiquiatra e investigador sobre la creatividad y el envejecimiento Gene Cohen ha contado que en una ocasión le vino durante un sueño la solución a una ecuación que se le resistía, materializada en una sopa de letras.[15]

Visto a través de la lente LIT, podría ser aún más fascinante el cuestionamiento de la noción clásica del cerebro durante el sueño «como un fenómeno de todo o nada» que han propuesto los autores de un estudio publicado recientemente en la revista *Nature Communications*.[16] Los investigadores han hallado «ondas lentas» localizadas, un patrón de actividad cerebral que es característico de la transición hacia el sueño, pero también se cree que está asociado con los sueños y el sonambulismo y que desempeña un papel importante en la consolidación de la memoria.

Lo anterior significa que en las distintas partes del cerebro pueden coexistir distintas etapas del sueño, lo que se denomina «sueño local». Todas las tradiciones religiosas del mundo han considerado los sueños como acontecimientos espirituales vitales en la transformación personal y en la comunicación con el mundo espiritual.[17] Algunos aspectos de la actividad cerebral de ondas lentas también pueden ayudar a explicar lo que ocurre en el cerebro durante el estado de vigilia cuando experimentamos lapsus de atención, como cuando soñamos despiertos, nos distraemos o la mente se nos queda de repente en blanco. Según los investigadores, este fenómeno del sueño local de ondas lentas también podría desempeñar un papel importante en las respuestas lentas o las impulsivas, y no solo cuando quien las experimenta está agotado, sino también en el caso de lapsus mentales ocasionales de personas bien descansadas.

Todo ello pone de manifiesto el potencial que tiene el cerebro de estar funcionando de distintas maneras a la vez en un momento dado, un efecto LIT local con intersección de circuitos corticales locales en estados distintos de velocidad de ondas. Es especialmente emocionante plantearse que, en función de cómo pulsemos el botón de pausa, podremos aprovechar toda la creativa variedad de posibilidades que nos ofrece el cerebro.

Puedes experimentar con tu sueño para encontrar señales que denoten conexiones entre ese periodo de descanso y cómo te sientes y funcionas estando despierto. Por ejemplo, fíjate en el último momento en que comes antes de acostarte (y, por tanto, cuánto te dura el ayuno hasta la siguiente comida) o cómo te sientes al día siguiente si miras pantallas justo antes de irte a dormir, si tomas melatonina o si buscas maneras de reducir la frecuencia cardiaca antes de acostarte experimentado con rituales de relajación. También puedes usar un dispositivo para registrar mientras duermes la frecuencia cardiaca y su variabilidad, la frecuencia respiratoria y el tiempo que pasas en sueño profundo/REM.

> Todo el mundo se merece un día libre en el que no tenga que afrontar problemas y buscar soluciones. Cada uno de nosotros necesita apartar las preocupaciones que no van a apartarse solas.[18]
>
> MAYA ANGELOU

Un experimento con la meditación

Nunca pensé mucho en la meditación hasta después de la universidad, cuando llegué a Boston y al laboratorio de Langer. Estaba entusiasmado y quería alcanzar mi máximo potencial, hacer más, perseguir los intereses que tenía en los métodos de otros y mis propias curiosidades, y hacerlo todo de la manera más eficiente. Acabé descubriendo (y sigo aprendiendo la lección a día de hoy) que cuando tienes demasiados compromisos y te dispersas en exceso, puede resultar abrumador. En aquel momento, pasé esto por alto y me apliqué a todo lo que pude. Sin embargo, con el tiempo, me di cuenta de que mi salud mental estaba empezando a sufrir.

Buscando un nuevo enfoque, escuché aplicaciones y pódcast de meditación, y la repetición acabó reduciendo la energía de activación necesaria para ponerme a experimentar con ello, lo mismo que el aterrizaje forzoso que supuso el COVID. Pensé que me podría funcionar. Recordaba una experiencia que había tenido en el instituto con hipnotismo cuando, en un programa de conferencias sobre liderazgo, me ofrecí voluntario para ser hipnotizado. Aún recuerdo cómo sentí el cerebro aquel día. Mientras estaba hipnotizado, la mente consciente se desaceleró y fue como si las inhibiciones y los filtros hubiesen desaparecido. De modo implícito, la mente subconsciente se volvió más alerta, abierta y disponible. Durante aquellos pocos minutos me sentí fuera de mi habitual mente distraída. Aquella experiencia permaneció en mi recuerdo hasta que, años después, me abrí a la espiritualidad, la meditación y las prácticas de *mindfulness*. Jessica llevaba años leyendo libros sobre espiritualidad y yo le había oído hablar de ello, pero nunca lo había sentido como algo relevante para mí.

Al final, después de oír a Jerry Seinfeld hablar de ello en un pódcast, me puse a practicar meditación trascendental. Encontré un profesor en Boston, me descargué la aplicación, hice los ejercicios y miré los vídeos. Comencé a practicar veinte minutos dos veces al día. Aprendí cómo evitar prestar atención a pensamientos que me distraían. Ya solo el hecho de ser capaz de dejarlos ir me resultaba liberador. Hoy en día uso la meditación trascendental cuando siento que mi mente se empieza a distraer o cuando quiero variar mi energía. Solo cierro los ojos y repito mi mantra entre quince y veinte segundos. El efecto es bastante potente y la distracción se disipa. Crea la pausa que necesito desesperadamente para no dejarme llevar tanto por pensamientos sobre cosas que son inconsecuentes en el panorama más amplio.

No hay que darle demasiadas vueltas a la meditación para la atención plena. Ya tienes las herramientas para interrumpir el circuito primitivo y tomar el control mediante un sencillo ejercicio meditativo. Solo hace falta guardar silencio y prestar atención. Se puede conseguir una pausa relajada haciendo uso de mecanismos básicos de meditación; preocuparse demasiado por la técnica puede echar a perder la calma.

James Doty, neurocirujano e investigador sobre la compasión de la Universidad Stanford, aconseja sentarse en silencio en una habitación. Pon la espalda recta y las manos en las rodillas y relájate. «Limítate a respirar, no hagas nada más. No hace falta siquiera pensar en la meditación para entrar en un estado meditativo. El mero hecho de inspirar hondo por la nariz y espirar por la boca te pone en ese estado». Puedes probarlo ahora mismo si quieres.

Muchas tradiciones y prácticas de meditación, como la meditación caminando, ni siquiera requieren sentarse. Vivek Ramakrishnan considera meditación su práctica de impermanencia a través de la fotografía.

Sea cual sea la postura que elijas, las experiencias meditativas nos llevan del sistema nervioso simpático (el vigilante y reactivo) al parasimpático y el llamado modo de descanso y digestión. En él pasan cosas buenas: aumenta la variabilidad de la frecuencia cardiaca, bajan la tensión sanguínea y los niveles de cortisol, se estimula el sistema inmunitario, se reduce la propagación de proteínas inflamatorias y tienes acceso a las áreas cerebrales del control cognitivo para poder tomar decisiones mucho más reflexivas y acertadas.

> Casi todo volverá a funcionar otra vez después de desconectarlo unos minutos, incluido uno mismo.[19]
>
> ANNE LAMOTT

El silencio frente a la estimulación

Un día, al entrar en el coche con Jessica, encendí la radio, algo que hago siempre sin dedicarle ningún pensamiento en concreto. Ella comentó que, siendo un hábito muy común (e inocuo), se preguntaba qué sería lo que nos impulsa a hacerlo. Apagué la radio, pero lo que me llamó la atención fue mi proceso de toma de decisiones. Existe una atracción hacia la estimulación sin pensar en su propósito: la estimulación por la estimulación. No es que disfrutar de la música o querer escuchar un programa de radio o un audiolibro no sea razón suficiente, que lo es. Sin embargo, no es necesario rellenar todos y cada uno de los espacios vacíos. Podemos tomar la decisión consciente de optar por menos estimulación, aunque solo sea por periodos breves. A veces lo que más necesita nuestro ser sobreestimulado es el silencio.

En el coche, aquel día, me sorprendió ver lo liberador y personal que podía ser el silencio. Nadie me estaba marcando la pauta con su orden del día, no me llegaba ningún mensaje publicitario, ni ningún sonido de fondo estaba estableciendo la tónica de mi día; no había distracciones, ni siquiera de las buenas, y no existía la posibilidad de que mi atención se viera interferida por algún propósito alternativo; no había ningún cebo para mi atención. Todos mis sentidos estaban en tierra, en reposo y recargándose para intervenir, renovados, en el día que tenía por delante.

El silencio es enriquecedor en muchos sentidos. Nos permite escuchar a nuestra mente, estar en contacto con pensamientos que existen en un registro más tranquilo, que quizá no son oídos hasta que se les da un espacio menos concurrido para que asomen.

Al escoger el silencio, podemos estar en contacto con nuestros pensamientos. Por muy aleatorios o insustanciales que puedan parecer, nuestros pensamientos son como biomarcadores de lo consciente y lo inconsciente, piezas de nuestro inventario, información que nos dice algo sobre el estado de la mente. Es lo que buscan los médicos: biomarcadores que revelen una enfermedad o dolencia. Podemos aprender a buscar los biomarcadores LIT de un modo similar, escogiendo el silencio para escuchar nuestros pensamientos. Detectaremos patrones que quizá queramos cambiar o temas a los que necesitemos prestar atención.

Sentarse en silencio al aire libre puede ser muy gratificante, pues lo normal es que el silencio empiece a llenarse con los sonidos de la naturaleza y, si los escuchamos, pueden sintonizar con nosotros de un modo extraordinario. En este caso no se trataría de silencio estrictamente, sino de un descanso de los sonidos del entorno manufacturado que por lo general nos rodea.

> Cuando digo «escuchar», me refiero a escuchar más allá de la voz humana, más allá del ámbito de lo humano. No hay ningún lugar del planeta en el que haya silencio de verdad, porque siempre hay algo que vive aparte de los humanos y que está haciendo algo. Siempre se va a oír algo. Empezarás a oír los sonidos que hay más allá de la voz humana.[20]
>
> PANDORA THOMAS,
> experta en permacultura
> y activista por la transformación social

Se puede bajar activamente el volumen de los estímulos sensoriales humanos diarios de maneras simples. Esa es, al fin y al cabo, la premisa LIT fundamental: que podemos confluir con nuestro propio pensamiento y dirigirlo. Por lo general, dejamos que las influencias externas (redes sociales, un artículo, un pódcast, un documental, incluso la publicidad) afecten cómo nos sentimos y cómo pensamos. Sin embargo, nuestro ser interior merece ser escuchado. La soledad nos sostiene. Elige hacer un descanso, usar menos los dispositivos digitales y prescindir de otras interrupciones y distracciones.

«Hoy en día necesitamos hacer un esfuerzo específico para recuperar la oportunidad de estar solos —escribe el director general de Salud Pública Vivek Murthy en *Together: The Healing Power of Human Connection in a Sometimes Lonely World*—. Hace falta ese espacio en blanco que nos permita suspender de forma deliberada el barullo mental y experimentar nuestros sentimientos y pensamientos. Hoy esa libertad no se alcanza con facilidad, pero justo por eso resulta aún más importante reservar tiempo para estar solo de manera regular».[21]

> La continuidad de la atención plena nos permite co-
> rregir el curso a lo largo del día. Empiezan a sernos
> familiares los lugares donde nos quedamos atorados
> y, con el tiempo, comenzamos a hacer las pausas de
> manera más natural. Es un pequeño reseteo: una res-
> piración aquí, otra allá.[22]
>
> KATHY CHERRY, «A Reminder to Pause»

Pausas involuntarias y potentes

Me ha intrigado también ver de qué otras maneras puede actuar la pausa. Hay personas que conocemos, experiencias que tenemos o cosas que aprendemos que puede parecer que desaparecen de forma gradual y aleatoria de nuestra mente, como si hubieran pasado a estar en un «descanso» indefinido, pero entonces, en lo que parece una coincidencia o un caso de serendipia, se vuelven a cruzar en nuestros caminos en un nuevo contexto o una nueva experiencia, como si descubriésemos un rastro de migas de pan y, de repente, el camino adelante ya no es aleatorio, sino que está pavimentado con nueva energía, intención y propósito. A veces en la vida alguien dice algo y hasta que no pasa un tiempo eso no se vuelve relevante. Una amiga que fundó hace poco una organización sin ánimo de lucro me dijo que alguien a quien había conocido hacía años le había dicho que cuando estuviera cerca de jubilarse le interesaría hacer algo para ayudar a los países en desarrollo. Pasaron diez años y, hace poco, le vino la conversación a la mente y se puso en contacto con esa persona. Ahora están trabajando en un equipo que se dedica a mejorar la atención médica en un pueblo remoto de África.

Michael Gale, otro amigo, que luchó contra el consumo excesivo de alcohol durante veinte años, tuvo que parar cuando le diagnosticaron diabetes de tipo 1 al cumplir los cuarenta. Alrededor de la misma época había empezado a hacer terapia, asistió a su primer festival de yoga y encontró el diario de su abuelo (mientras vivía en casa de sus padres durante la pandemia de COVID). Estas experiencias lo llevaron a empezar su propio diario para sus futuros nietos y también para aprender sobre sí mismo. En ese crisol de circunstancias, encontró la excusa que le hacía falta para contrarrestar la presión social que le hacía beber, y la perspectiva necesaria para pulsar el botón de pausa y ponerse a reflexionar. La urgencia repentina de su problema de salud y una mayor autoconciencia lo llevaron a reconocer otras oportunidades y se sintió muy motivado para dar pasos de manera activa y comenzar una transformación vital que continúa hasta hoy. Se propuso entenderse mejor a sí mismo y se rodeó de amigos que apoyasen esta aventura.

«Todo este nuevo mundo y mentalidad se desarrollaron cuando aprendí a decir "no" y a estar más conectado con mi vida interior, mi familia y la naturaleza —dice—. Mi vida anterior, en la que decía "sí" a todas las fiestas, viajes, copas y amigos nuevos, está desapareciendo poco a poco, y ahora tengo la mente clara para darme cuenta de todo mi potencial en esta vida. El amor tiene un nuevo significado para mí. Y todo tiene que ver con mi deseo de conectarme más conmigo mismo y con quienes me rodean».

Gale dice que ahora lleva tres diarios: uno para tomar notas cada día, otro para hacer lluvias de ideas y un tercero para registrar cosas que hacer relacionadas con el trabajo. Tomados juntos, ofrecen una especie de vista tridimensional de adónde está dirigiendo su atención y su intención, y dónde puede haber huecos que indiquen oportunidades de reflexionar de manera más consciente y dejar que los nuevos puntos de vista lo guíen. Al leer el diario de su abuelo, que era médico, Gale encontró un impulso inesperado que lo ayudó a variar el enfoque de su vida. Su abuelo había empezado el diario a los diecinueve años, escribiendo sobre sus dos primeros años en la universidad. Luego las entradas pararon y volvieron a empezar (¡en el mismo diario!) al cumplir sesenta y cinco años, continuando durante diez años hasta el fin de sus días. Gale notó el cambio entre las reflexiones de su abuelo de la época de observaciones y preocupaciones cotidianas sobre su vida universitaria y las que consumían sus pensamientos en la última década de su vida. Al ir cumpliendo años empezó a escribir casi exclusivamente sobre sus hijos y sus nietos, de vez en cuando de algo que hubiera encontrado en la playa ese día y sobre las dolencias de sus pacientes. Para Michael, el mensaje que lo hizo reaccionar fue el poder de la familia y el amor que encontró en aquellas páginas, algo en lo que se centra ahora con intención en sus propios diarios.

«Escribir el diario y reflexionar me ha acercado a mi familia —añade—. Ser consciente de cuánto los quiero, combinado con terapia y una rutina de respiración y meditación por la mañana, me ha permitido darme cuenta de que también puedo quererme a mí mismo y de la increíble importancia que eso tiene».

En muchas ocasiones de la vida cambian nuestras circunstancias de pronto (un accidente, una enfermedad, una lesión, una pérdida) y la pausa no solo es involuntaria, sino que nos desagrada o incluso tiene efectos devastadores en nosotros. La trillada afirmación de que «todo ocurre por una razón» requiere un sistema elaborado de creencias propio, pero la contundencia de la pausa no tiene fisuras. El lienzo en blanco que crea se convierte en lo que nosotros queramos hacer de él, y esto se aplica tanto a las experiencias más personales e íntimas como a situaciones similares a la pausa pandémica, que se convirtió en punto de inflexión vital para tantas personas por muchas razones.

Tanto si elegimos hacer una pausa como si nos vemos obligados a ello por las circunstancias, en el instante en que ese espacio se nos abre, está lleno de posibilidades. Eso es lo único que sabe el cerebro. Y tanto si la pausa es solo un transcurso inevitable del tiempo (como la consideraban los garantes de la salud pública durante la pandemia) como si acaba convirtiéndose en un punto de inflexión profundo, podemos reconocer el patrón de posibilidades y crear oportunidades (y estar atentos a las que surjan) para volver a activarnos con nueva intención y propósito.

Haz lo que te haga feliz

La posición de Bob Langer como uno de los mayores innovadores del mundo en biociencia se sustenta en una parte de su día que él dice que es esencial para sacar lo mejor de sí: el tiempo de ejercicio. Se ejercita en una bicicleta estática, una elíptica y una cinta de andar (a baja velocidad y alta pendiente) varias horas al día y, en muchas ocasiones, cuando lo llamas se oye de fondo el suave zumbido de este equipamiento.

Como todo el mundo que conoce a Langer sabe esto de él, le pregunté por el papel que desempeña en su proceso de pensamiento. «No lo sé, no te puedo responder. Creo que sencillamente me hace feliz».

El pensamiento creativo de Langer se acelera cuando hace un descanso para ejercitarse, y eso le hace feliz. Un ejemplo: hace un montón de años cogió un avión para ir a Florida a dar una conferencia en la Asociación Americana del Corazón, y, como tenía noventa minutos libres antes, fue al gimnasio del hotel y se montó en la bici estática. Cogió una revista *Life* que estaba por allí y empezó a leer para entretenerse. «Una de las cosas que decían es que en el futuro las abolladuras de los coches tras un accidente podrían calentarse y arreglarse, o sea, como si dijéramos curarse. Y yo pensé: "Ah, pues quizá podría inventar materiales, polímeros, que favoreciesen lo que se llama memoria de la forma". Dicho con otras palabras, que pudieran "curarse" (cambiar de forma). Y esto me llevó a pensar: "Bueno, si consiguiéramos hacer eso, podríamos hacer suturas que se cosieran solas y todo tipo de cosas similares". Y todo eso pasó mientras estaba en la bici, sin que me lo propusiera».

(P. D.: Y entonces lo inventó: polímeros biodegradables y elásticos con memoria de forma para aplicaciones biomédicas potenciales).

La idea de pausa de Langer incluye muchos estímulos, por lo que podría no encajar en el concepto de hacer un descanso que tenemos la mayoría. Sin embargo, para él significa que puede poner «en pausa» el resto de las reuniones que suele tener a diario y el trabajo que hace en el ordenador. Tanto si queremos hacer lo mismo como si no, la recompensa es a lo que deberíamos aspirar: ¡haz algo que te haga feliz! El caballo de tiro de tu cerebro también será más feliz.

Cultiva y practica la destreza de pulsar el botón de pausa

Para disfrutar de una pausa reparadora, aunque sea breve, aléjate de la lista de cosas que hacer. Resístete al impulso de llenar la pausa de tareas productivas que tenías pendientes. Cuando la mente quiera adelantarse para que te pongas con una tarea pendiente, ten preparada una instrucción mental que te ayude a descartar esa idea: «Puede esperar. Ahora vive el presente». Haz una pausa para enraizarte en el momento y estar abierto a señales internas y de tu entorno. Prueba lo siguiente en distintas situaciones:

- Reconsidera la necesidad de la velocidad. Sé consciente de si apresurarte a hacer las cosas se ha convertido en algo habitual. Evita eliminar el tiempo que necesitas para tomar descansos o para que ocurran cambios.

- Sal fuera con la cámara para hacer microdescansos y fotografiar árboles o flores. O saca fotos de plantas de tu casa o de la oficina. Haz una pausa antes de pulsar el botón para sentirte conectado más profundamente con la vida que tienes delante.

- Saborea. Sintonízate con la experiencia sensorial de los momentos de rutina. Y sácales más partido. Sustituye un rato de mirar redes sociales por un paseo o cierra los ojos mientras escuchas música. Cambia una comida rápida por una opción más sana y saborea la preparación de la comida igual que la propia comida.

- Planifica o improvisa tu propio retiro de silencio. Trata de limpiarte de estímulos: prueba a viajar o conducir algunas veces sin tener de fondo la radio con noticias, comentarios, pódcast o música.

- Familiariza al cerebro y al cuerpo con señales que te hagan cambiar de marcha. Experimenta para encontrar las que mejor te funcionen. Como señales sensoriales podrías usar la de abrir la ventana para que entre aire fresco y sonidos, o encender una vela aromática. Otras cosas que pueden a ayudarte a cambiar la energía son imágenes mentales o recuerdos relajantes, o hacer estiramientos o meditación.

- Piensa en las razones que pueden hacerte tender más hacia un tipo de descanso en lugar de otros, y si podrías elegir conscientemente uno diferente para generar un potenciador de LIT. Cuando estoy a punto de meterme en las redes sociales, por ejemplo, con frecuencia es porque estoy aburrido o me siento incómodo o mi entorno necesita un cambio. Pero hay mejores opciones para abordar estas sensaciones, como hacer una meditación de veinte segundos, escuchar un momento con los ojos cerrados, beber un vaso de agua, hacer estiramientos, caminar por la casa o sentarse en un lugar distinto.

- Coloca tus expectativas en una escala móvil para que puedas disfrutar por completo de un descanso breve tanto como de uno más largo, pues cada uno es una experiencia distinta.

- Cultiva «terceros lugares» fuera de casa y del trabajo, donde puedas disfrutar de interacciones casuales y espontáneas con otras personas, conversaciones que no tengan nada que ver con la productividad o simplemente charlar de manera relajada. Piensa en parques, zonas naturales, cafés, bibliotecas y librerías, gimnasios, playas o espacios públicos agradables, incluso tu patio trasero.

- Prueba a escribir en el diario (o a bocetear, o garabatear incluso) al aire libre como modo de dejar que el mundo natural penetre en tu proceso mental y físico, así como en tu expresión. Deja entre las páginas una hoja o un pétalo de flor como recuerdo.

- Respira. La pionera tecnológica Linda Stone apunta que nuestro estado de hiperalerta continuo nos crea una sensación artificial de crisis constante y genera excesivo cortisol y norepinefrina. Estos efectos negativos empeoran con lo que ella llama «apnea de pantalla», provocada por la mala postura ante una pantalla, que lleva a contener el aliento en ciertos momentos o a una respiración poco profunda. La respiración es clave en el control de la atención, la cognición, la imaginación y la memoria. Haz una pausa para reponerte.

Estrecha lazos con la naturaleza

Revitaliza tus raíces

Reconoce tu lugar en el ecosistema natural y conéctate con los potentes recursos de la vida para florecer

> Muy adentro, seguimos teniendo el deseo de reconectarnos con la naturaleza, que fue la que modeló nuestra imaginación, el lenguaje, el canto, la danza y nuestro sentido de lo divino.[1]
>
> JANINE BENYUS, bióloga

Cuando era pequeño, oíamos aullar a los lobos por la noche en los campos y bosques de los alrededores, e incluso a veces en el césped de la parte delantera de nuestra casa. El agua del arroyo estaba limpia, pero no era lugar para jugar descalzo ni en verano, pues ese territorio pertenecía a las sanguijuelas y los cangrejos de río, y a las tortugas que mordían a la mínima de cambio y ocupaban nuestro patio trasero para poner sus huevos. Desde que tengo memoria, mi padre nos cogía a mi madre, a mi hermana y a mí y nos llevaba a dar vueltas en coche sin un destino en mente, solo para explorar. Crecí en una ciudad pequeña de sesenta y cinco mil habitantes y a mi padre, que era dentista, le gustaba curiosear por la naturaleza y los pequeños pueblos y pasear por sitios donde hubiera ríos y lagos. Como vivíamos lejos de la ciudad, esos paseos en coche eran siempre por tierras agrícolas y ganaderas y demás zonas rurales. Entrábamos en los caminos privados solo para ver qué había al final. Parábamos en los puestos de las granjas para comprar fruta o bayas frescas. También íbamos con frecuencia a festivales de artesanía y distintos mercadillos donde se vendían todo tipo de objetos artísticos y artilugios hechos a mano. Al final, estos viajes se fueron haciendo más largos y nuestro destino favorito era una cabaña en los bosques, junto a un lago.

Esas excursiones eran sencillas, nada demasiado ambicioso; no hacíamos largas caminatas ni nada que pudiera llamarse expedición. Que no fueran nada extraordinario no reduce el efecto que una relación casual y espontánea con la naturaleza puede tener en un niño. Años más tarde, cuando viajaba por carreteras remotas y paisajes poco familiares en la India, Italia o Gran Bretaña, la sensación de estar recorriendo un lugar del planeta donde el mundo natural estaba más presente que el creado por los humanos siempre me tocaba la misma fibra sensible. Me sentía (y aún me siento) atraído por esa presencia cercana de la naturaleza, la oportunidad de observar y estar tranquilo, y la fascinación ante lo que quiera que se presente.

La naturaleza ha sido siempre un refugio para el espíritu, como han recogido poetas, músicos, filósofos y textos sagrados. Las investigaciones científicas han avanzado en nuestra comprensión del correlato neuronal en el cerebro de los efectos beneficiosos de la fascinación o de lo que consideramos experiencias espirituales o trascendentes.

Cuando pregunté a Pandora Thomas, la activista experta en permacultura de la que hablaré un poco más adelante, cómo de literal era su afirmación de que los árboles le hablaban, fue porque otras personas me habían contado interesantes variaciones de esta experiencia: una voz interior, un sonido envolvente que solo ellos oían, la sensación de la presencia emocional profunda de un guía superior, un espíritu protector y reconfortante. Algo en «el registro del alma», dijo alguien.

Tanto si oyes cantar a los árboles como si no, y tanto si sientes que mantienes una conversación con la naturaleza como si no, por tu mera existencia, estás siempre inmerso profundamente en ese diálogo. Préstale oídos y déjalo entrar.

En el capítulo anterior me extendí sobre por qué hacer pausas, estar en silencio, practicar la atención plena de manera deliberada y dar otros pasos similares es tan importante para el estado LIT. Quiero desarrollar más un aspecto de esta cuestión: los modos en que interactuamos con la naturaleza y por qué nuestras interacciones pueden ser relevantes para nuestros procesos mentales y nuestro bienestar.

La naturaleza no nos aporta siempre los chutes de dopamina o la estimulación constante y las gratificaciones variadas que nos ofrecen nuestros dispositivos y medios digitales. No saciará nuestros deseos de la misma manera. Sin embargo, es poco probable que sintamos online algo parecido a la fascinación que nos invade cuando contemplamos un cielo estrellado por la noche o la silueta de una garza azul recortándose serenamente contra el horizonte mientras amanece o la proeza de ingeniería del nido de un pájaro o de una colmena, o las mismas criaturas que los han construido. «En la naturaleza impera el orden —escribe el poeta y activista medioambiental Gary Snyder en su libro *The Practice of the Wild*—. Si algo parece caótico es solo porque pertenece a un orden más complejo».[2] La complejidad de la naturaleza es la nuestra propia, innata, y, por muy misteriosa que a veces nos parezca, resulta esencial para nuestro bienestar. «Es ese aspecto de nuestro ser el que guía nuestra respiración y nuestra digestión —escribe Snyder—, y cuando lo observamos y lo sabemos apreciar, constituye una fuente de inteligencia profunda».

Existe un amplio y creciente cuerpo de estudios que lleva décadas estableciendo que la naturaleza nos hace bien; que el tiempo que pasamos en ella nos aporta salud, nos hace felices y más resilientes a nivel físico y mental, incluso más inteligentes, considerando los beneficios neurológicos que potencian la función cognitiva de jóvenes y personas mayores y que sustentan el crecimiento y el desarrollo saludables, en concreto para los niños. Pasar tiempo en la naturaleza no solo reduce el riesgo de desarrollar algunas enfermedades crónicas y tiene efectos terapéuticos medibles sobre la ansiedad y la depresión, sino que además sustenta un crecimiento emocional y social más robusto y puede fomentar el arraigo, un aspecto esencial de la salud mental, sobre todo para quienes sufren aislamiento o alguna enfermedad. Y no solo eso, la farmacia de la naturaleza (plantas, animales, organismos unicelulares y sustancias con propiedades medicinales y curativas) nos ha salvado a todos.[3] Los procesos de la naturaleza que limpian y cultivan el planeta nos han permitido sobrevivir como especie.

La naturaleza nos invita y, en concreto, nos permite variar nuestra actitud, centrarnos mejor, calmar nuestra mente programada para reaccionar ante los estímulos y apaciguar nuestros sentidos sobrecargados. ¿Te aburres en la naturaleza? Eso es algo que merece consideración. Demuestra lo lejos que nos hemos apartado de nuestro lugar en el mundo natural. Es útil saberlo. Pero además podemos usarlo para encontrar el factor LIT. Los estímulos que recibimos de la naturaleza son distintos de los que generan los entornos fabricados por el ser humano. Todo lo que experimentamos en la naturaleza, incluido el aburrimiento, nos empuja —impulsa, alerta— para que cambiemos de marco mental, nos centremos más e interactuemos con nuestro entorno natural. Dale una oportunidad. Sal fuera y busca una planta o una flor que no hayas examinado nunca; escucha los sonidos de los pájaros y los insectos, el rumor del viento o las voces menos ruidosas de los árboles y las plantas, que son con frecuencia el fondo amortiguado de nuestro día a día. Estar presente y conectarte de este modo puede calmarte la mente y reducir la urgencia para desviar la atención en busca de más estimulaciones sensoriales.

Experimenta para reconocer cómo afecta la naturaleza a tu estado de ánimo y tu energía. En distintos entornos al aire libre, fíjate en qué sientes tanto física como emocionalmente: aburrimiento, serenidad, paz, ansiedad, rumiación negativa, etcétera. Observa qué cambia cuando introduces modificaciones: sumergirte en silencio en lo que te rodea de pie o sentado, dar un paseo, cuidar el jardín. ¿De qué manera, por muy leve que sea, varía el estado de tu mente? Haz una pausa para contemplar la sensación de conexión, la inteligencia corporal en pleno funcionamiento.

> Adopta el ritmo de la naturaleza; su secreto es la paciencia.
>
> RALPH WALDO EMERSON

Siempre hay algo nuevo

Piensa en el tiempo que has invertido averiguando cómo funciona un móvil o un dispositivo nuevo o un juego. Al principio, la sensación es genial: hacernos con el mecanismo de cosas nuevas o que no nos resultan familiares, descubrir fallos en el sistema y soluciones alternativas, pasando a veces horas con el departamento de asistencia técnica. Me ha ocurrido. Parece lo más natural del mundo querer saber más cosas nuevas y mejores. Es la adaptación hedónica, también conocida como rueda del hedonismo, concepto que postula que por mucho que tengamos, acabamos acostumbrándonos a lo nuevo y queriendo algo más; sentimos que necesitamos más para ser felices y estamos insatisfechos si no lo conseguimos. Sin embargo, hay una diferencia entre «conseguir cosas nuevas» y «hacer cosas nuevas», algo que siempre me esfuerzo por recordar. El mundo natural puede ayudarnos con esto. Como consumidores, estamos inmersos en un entorno de «conseguir cosas nuevas», a pesar de que sepamos que las cosas materiales, incluso las que tienen un valor y un propósito, no forman parte de nosotros. Pero si te sumerges en la naturaleza para una experiencia de «hacer algo nuevo» (por muchas veces que lo hayas hecho ya), saldrás del papel de consumidor a un entorno que gratifica la simple conexión. Sabemos que las nuevas experiencias modelan el cerebro y se convierten en parte integrante de quiénes somos. Así que, ¿qué mejor que el mundo natural para integrarlo en tu ser?

Haz una pausa, abandona las pantallas y la tecnología el tiempo suficiente para interactuar con el entorno natural del modo que puedas. Cuando salimos, aunque sea brevemente, del espacio artificial que nos rodea, la naturaleza nos agarra y nos abraza. Y siempre está disponible (¡somos nosotros quienes no siempre lo estamos!). Necesitamos estrechar esos lazos. En la naturaleza siempre hay algún nuevo matiz, algo nuevo.

Recuerdo jugar en el colegio a un desafío al aire libre que se llamaba Juego de Supervivencia (o también Depredador/Presa). Creo que a mí me tocó jugar de herbívoro. El juego, que tenía materiales de apoyo informativos bastante divertidos e interesantes (del tipo de los que le gustaban a mi cerebro), era formidable: correr por entre los árboles cambiando el ecosistema social habitual de la clase a una dinámica y jerarquía opuestas. Me ayudó a valorar mejor la importancia, la diversidad y el equilibrio de los ecosistemas y la interdependencia entre ellos, además de la sensación de estar siempre en marcha, con solo breves momentos de calma y seguridad. Todas las personas que participábamos teníamos ventajas y limitaciones. Para mí fue muy estimulante. La descripción que se hacía en el juego de los ecosistemas grandes y pequeños sigue hoy en mi memoria, sobre todo en el contexto de LIT. Los ecosistemas tenían que equilibrarse para que la vida pudiera continuar. Pero ¿qué sostenía la vida? La energía que fluía por los ecosistemas. Cada organismo del ecosistema tenía cierto papel que se basaba en cómo adquiría y liberaba la energía. Hoy, la necesidad que tenemos de aportar energía (energía LIT) a nuestro ecosistema es crucial.

Este juego multijugador y multiplataforma (bosque y aula) era cautivador, presentaba la información de un modo nuevo y atrayente, estimulaba el cerebro y abría los canales del aprendizaje. La naturaleza no puede siempre presentar su información de un modo tan atractivo. Hay lluvia, insectos y un montón de otras cosas. Pero si nos paramos a aprender el «lenguaje» del entorno natural, nos será posible acceder a mucho más de lo que ningún juego pueda ofrecer nunca, incluida una dimensión espiritual.

Con frecuencia pienso que muchos de nosotros sabemos que necesitamos una dosis de naturaleza, pero eludimos buscarla. Lo posponemos y le quitamos prioridad como algo que haremos cuando tengamos tiempo, pero el momento nunca llega. Nos exigimos cada vez más y durante más tiempo hasta que al final llega la señal de que ya es el momento: hemos enfermado, estamos agotados o quemados. Sin embargo, eso es como esperar a deshidratarse para beber agua. O esperar (indefinidamente) al momento adecuado para ir al gimnasio, pedir ayuda, ir al médico a hacer un control o… póngase aquí lo que corresponda. Cuando nos centramos en una vida ajena a lo natural, por muy buena que nos parezca, nuestros procesos cognitivos están demasiado ocupados para liberar ancho de banda y dedicarlo a la naturaleza y a nosotros mismos como parte de ella. Si estabas esperando una señal del universo para reconectar, piensa que este libro podría serlo.

Mientras pensaba a qué gente podría entrevistar para este capítulo, a qué personas cuya vida y sustento estuvieran profundamente arraigados en su relación con el mundo natural, me vinieron a la cabeza tres en particular. En breve hablaré de ellas. Para resumir diré que son una agricultora, un científico y un guía espiritual, cada uno de ellos representante y visionario de un aspecto de nuestro planeta.

La bioinspiración es tan antigua como la orilla del mar y, como he expresado ya en las historias sobre el laboratorio y otras, un campo sofisticado de la ciencia en la actualidad, fuente de innovaciones que han transformado la medicina y salvado vidas innumerables. Sin embargo, como las historias sobre la creación y las tradiciones de las culturas indígenas nos recuerdan, mucho antes de que la ciencia formalizara estos estudios, la naturaleza era ya entendida como la fuente más vital de la sabiduría humana y de las acciones más inspiradas de los humanos. Por muy distanciados de los elementos que podamos vivir y trabajar a diario, nuestra vida está definida por nuestra relación con la naturaleza, y nuestra capacidad para la vida LIT se ve acrecentada por esa conexión.

> Caminar es la gran aventura, la primera meditación, una práctica primordial para el género humano, que aporta vigor y alma. Caminar ofrece el equilibrio exacto entre el espíritu y la humildad.[4]
>
> GARY SNYDER, *The Practice of the Wild*

Mis paseos por el bosque y las incursiones que hacemos con el laboratorio en la naturaleza siempre han estimulado nuevo pensamiento y han demostrado ser esenciales para que avancemos en nuestro trabajo. Más allá de esta evidencia anecdótica (como la que te hayan deparado tus experiencias más memorables), la investigación ha demostrado que pasar el tiempo en la naturaleza no solo aporta una amplia gama de beneficios físicos y mentales, sino también autorregulación y desarrollo espiritual. La naturaleza en alguna de sus formas está en la base de todas las herramientas LIT porque, como ya se ha dicho, no estamos separados de la naturaleza, sino que «somos naturaleza»; nuestros procesos mentales están integrados e inextricablemente entrelazados con ella a nivel físico, mental, social, emocional y espiritual. Si dejamos de lado alguno de estos aspectos y perdemos esa fuente de energía, reducimos nuestro potencial. ¡Interaccionar con todos ellos es LIT!

Dave Courchene: una visión y una búsqueda

De todos los intentos de la ciencia y la filosofía por explicar la dinámica profunda de las energías entrelazadas que nos constituyen, para mí el modelo más poderoso es el de la búsqueda de la visión, como denominan las tradiciones indígenas a un rito de paso que se basa en una experiencia de inmersión en la naturaleza. La búsqueda solitaria, siempre con la guía de un mentor, puede constituir una apasionante y clarificadora experiencia que resulte no solo transformadora, sino también trascendente.

«Una vez que estás en la naturaleza, no puedes evitar sentir algo —contaba el difunto Courchene—. Desde luego, oyes la voz de la naturaleza, hasta puedes olerla; hay muchas cosas en los sentidos de los seres humanos. Si los sintonizamos con la propia naturaleza, creceremos y nos acercaremos más a satisfacer nuestro auténtico propósito como seres humanos en este mundo. Se nos ha dado un propósito colectivo universal: el de ser auténticos administradores de la naturaleza, el de cuidarla».

Fue durante su búsqueda de la visión (una serie de ellas que llevó a cabo hace años) cuando le vino el sueño y la visión de Turtle Lodge. Primero, sin embargo, tuvo que pasar por un periodo de sanación, algo que su abuela le había dicho que era esencial. Ahí fue donde comenzó su viaje: a partir de la frustración y la rabia.

Oriundo de Canadá, durante su infancia, Courchene fue testigo de la casi total asimilación forzosa que había sufrido su cultura tribal, al igual que ha ocurrido con otros pueblos indígenas. Muchas de las ceremonias tradicionales, lenguas y otras señas de identidad cultural se habían eliminado por la fuerza o habían ido desapareciendo a causa de los programas escolares y las leyes impuestas por gobiernos hostiles a su presencia. De joven, Courchene sentía rabia por lo que les había ocurrido a los pueblos indígenas de todo el país. «Quería hacer algo, pero no sabía qué». Así que pidió consejo a las abuelas de su nación.

Los ancianos tienen un papel muy respetado como mentores y líderes espirituales de la comunidad, y las abuelas son una fuente especial de guía moral y vital que ha sido valorada a lo largo del tiempo en muchas tribus. Cuando Courchene pidió consejo a las abuelas sobre qué hacer, le dijeron que la búsqueda de la visión sería fundamental en su camino. El primer paso no fue internarse en el bosque en solitario; una abuela le dio el siguiente consejo: «Lo primero que tienes que hacer es librarte de tu rabia, porque la rabia no traerá nada positivo a tu vida. Te vas a hacer daño a ti mismo y a otras personas. La rabia es como un pequeño punto negro que puede entrar en tu corazón y extenderse con mucha facilidad».

Courchene se tomó este sabio consejo muy en serio. Asistió a cada vez más ceremonias sagradas a partir de los veinte años y comenzó a sentir un cambio importante en su vida. En los rituales basados en la naturaleza y especialmente en los celebrados con percusiones tradicionales «había algo que me hacía sentir bien —me contó—. Encontraba consuelo en las ceremonias a las que asistía y empecé a sentirme atraído por los tambores de nuestro pueblo. Cada vez que oía uno me emocionaba; a menudo hasta se me saltaban las lágrimas. Y no entendía muchas de estas cosas. De modo que fui a visitar a más ancianos y empecé a recibir más enseñanzas que me ayudaron a iniciar un camino en la vida que me aportó alegría, consuelo y, por supuesto, muchos retos».

Su profundo aprendizaje de las Siete Leyes Sagradas de la cultura indígena comenzó con su madre y el ejemplo que le dio, luego creció con su nuevo apoyo en el ritual y la práctica. «Fue cuando pasé por una serie de búsquedas de la visión para tratar de sentirme mejor cuando encontré lo que estaba buscando —me dijo—. Tuve la visión de Turtle Lodge, que se manifestó en un sueño muy hermoso que trataba sobre construir este lugar. [...] No había dinero ni nada por el estilo, era solo un sueño. Creo que fue entonces cuando mi vida comenzó a sanar».

Para mí, la tradición de la búsqueda de la visión, y la de Courchene en particular, encarna la experiencia LIT como un proceso. En el caso de Courchene, la rabia era el punto de dolor que en un principio lo motivó a buscar el consejo de las abuelas, lo que accionó el interruptor que lo llevó de la conciencia del malestar a la acción. A través del consejo de los ancianos, las ceremonias y los valores de su comunidad, profundamente arraigados en la naturaleza, surgió su sueño de Turtle Lodge, que dio lugar a la creación de un lugar donde gente de todo el mundo y diversas culturas puede ponerse en contacto directo con el conocimiento, la sabiduría, las ceremonias, las tradiciones y la educación indígenas como vía sagrada para la curación a través de la naturaleza. Lo que quizá sea más importante de todo es que la tradición está basada en nuestra relación con la naturaleza, en lugar de desconectada de ella, como tantas cosas de nuestra vida contemporánea.

La simple comprensión de algo que siempre ha dicho nuestro pueblo: «Lo que le hagas a la Tierra, te lo haces a ti mismo; porque tú eres la Tierra». Y lo vemos hoy más que nunca: lo que le hemos hecho a la Tierra nos lo hemos hecho a nosotros mismos.

DAVE COURCHENE, nación Anishinaabe

David Suzuki: encuentra tu lugar en la red de la vida

David Suzuki, científico canadiense y decidido activista medioambiental, fue directo al grano cuando hablamos no mucho después de su ochenta cumpleaños. Me contó que se había reunido con el CEO de una empresa petrolífera importante que había pedido hablar con él sobre algunas cuestiones polémicas en relación con el desarrollo. Suzuki accedió, pero puso una condición: que primero hablarían de ser humano a ser humano (sin que influyeran otras motivaciones, ni la de Suzuki, ni la del sector petrolífero u otros) para encontrar cosas comunes de interés, como humanos, sobre las que fundar la relación en la que luego se basaría la conversación. Al fin y al cabo, dijo, «si no podemos ponernos de acuerdo en nada, ¿de qué demonios sirve hablar sobre oleoductos, emisiones de carbono e impuestos a las emisiones?». Aceptada la condición, comenzó la reunión y Suzuki cuenta que empezó a hablar él, refiriéndose a lo más común y fundamental de lo humano: la biología. ¿Podrían estar de acuerdo en nada más que cuatro hechos básicos biológicos?

En primer lugar, «si te quedas tres minutos sin aire, mueres. Si tienes que respirar aire contaminado, te pones enfermo. Así que ¿coincidiría usted conmigo en que el aire limpio es un don de la naturaleza que aceptamos y tenemos la responsabilidad de proteger, porque ese aire también lo utilizan el resto de los animales terrestres?».

En segundo lugar, «estamos hechos de casi un setenta por ciento de agua. No somos más que una gota de agua con bastante espesante añadido como para no escurrirnos por el suelo, pero perdemos agua constantemente por la piel, la boca, la nariz y las ingles y no podemos pasar más de entre cuatro y seis días sin agua, o moriremos. Si bebemos agua contaminada, nos ponemos enfermos. De modo que con el agua limpia pasa lo mismo que con el aire limpio: es un don de la naturaleza que tenemos la responsabilidad de proteger».

Continuó: «Con la comida es un poco distinto. Podemos vivir mucho más tiempo sin comida, pero si pasamos entre cuatro y seis semanas sin alimentarnos, moriremos. Y casi toda la comida proviene de la tierra. Así que la comida y la tierra limpias son como el aire y el agua limpios».

Presentó la fotosíntesis como un elemento sagrado y vital de la naturaleza. La fotosíntesis representa el fuego. Es el proceso mediante el que las plantas absorben la luz del sol (energía) y la almacenan como energía química que luego se nos transfiere cuando comemos plantas o animales. Quemamos la energía de las plantas para alimentarnos, igual que aprovechamos la energía del sol que almacenan los combustibles fósiles, la madera, el estiércol o la turba. «Y el milagro es que esas cuatro cosas que los pueblos indígenas llaman tierra, aire, fuego y agua, que son fuente misma de subsistencia para nosotros, esos elementos nos los suministra la red de la vida —dice—. Para mí, el milagro de la vida en este planeta es que es justo la red de la vida la que limpia, crea y amplifica lo que necesitamos para subsistir. Esta es la base fundamental de nuestra vida y nuestro bienestar».

El CEO era «buena persona», pero se molestó cuando Suzuki dijo que todos éramos animales y compartíamos estas necesidades básicas. Como me dijo Suzuki: «Vamos a ver, soy biólogo. Si no es usted un animal, entonces debe de ser una planta». Cuando hablamos, hacía ya tiempo que había tenido lugar la conversación con este CEO. Sin embargo, han sido décadas las que se ha pasado Suzuki explicando estos hechos básicos e ineludibles a otros CEO y agentes del poder, así como a públicos más amplios, lo que nos ayuda a comprender su impaciencia ante la arrogancia de nuestra especie.

Para él, el amor propio lo único que hace es acelerar nuestra extinción. Sin comida, agua y aire limpios, sin plantas que conviertan la luz del sol en energía que podamos consumir, seremos polvo. Esos hechos biológicos de la vida, puntales de nuestra existencia, no cambian.

«Estamos tan emocionados de lo inteligentes que somos que hemos elevado nuestras creaciones por encima de la naturaleza», dice refiriéndose a los productos manufacturados y los sistemas que los sustentan, creados a expensas de sistemas medioambientales vitales para sobrevivir.

Los investigadores siguen descubriendo nuevas evidencias sobre las complejas interconexiones de la vida en este planeta[5] y demasiado a menudo nos enteramos de que somos fuente de sufrimiento para criaturas cuya vida hemos ignorado por completo: arañas, gusanos, caracoles, langostas, pulpos e insectos, por nombrar solo unos pocos. Ahora que sabemos que estos seres no son inmunes al dolor, ¿cómo introducirlos en nuestra dimensión moral si antes no lo habíamos hecho?

«El reto de nuestro tiempo es redescubrir lo que hemos sabido durante la mayor parte de la existencia humana: nuestro lugar en esta red de relaciones —dice Suzuki—. Y luego moldear nuestras instituciones para asegurarnos de que no destruimos esa red a medida que vamos avanzando».

Si prestamos atención a la naturaleza, podemos dar un paso más, en lugar de limitarnos a leer u oír hablar de ella y de lo crucial que es para nuestra salud mental y nuestra supervivencia. Podemos dejar que la experiencia personal y la conciencia de las cosas nos motiven para actuar. Aunque nos queda mucho camino que recorrer, pues los daños llevan décadas creciendo y conduciéndonos a puntos de inflexión medioambientales,[6] podemos hacer lo siguiente: dejar a un lado el «nosotros los humanos» o el «nosotros» en general, dejar de ver el mundo a través de una lente que magnifica nuestra importancia.

> Simplemente enamorándote del mundo comenzarás a hacerlo mejor. Los seres humanos trabajarán hasta el último aliento para salvar algo que amen. Quien se enamore de la naturaleza estará dando el primer paso hacia salvarla.[7]
>
> MARGARET RENKL

Pandora Thomas: la permacultura como legado y como proyecto

Durante la mayor parte de su vida, Pandora Thomas ha sido «una de esas personas en continua variación», lo que para ella quiere decir que ha estado siempre escuchando las pistas que le da el universo para guiar sus siguientes pasos. Así que, prestando atención a esas pistas, estudió, enseñó y trabajó en el ámbito social durante las tres primeras décadas de su vida. Ha diseñado programas de estudios y enseñado en más de doce países, con grupos tan diversos como jóvenes iraquíes e indonesios, presos de la cárcel de San Quintín y hombres y mujeres recién salidos de prisión. Ha estudiado cuatro idiomas, aparece en documentales y ha recibido becas y subvenciones del Instituto para el Estudio de los Derechos Humanos de la Universidad de Columbia, el zoo del Bronx y Green for All. Ha trabajado seis años con Toyota para diseñar la Iniciativa Verde de la empresa. Y, más recientemente, ha vuelto adonde empezó: Berkeley, California, guiada por la práctica que siempre ha seguido de honrar a sus antepasados, es decir, oír la voz del legado de su familia afroamericana e indígena americana. Este legado incluye un fuerte vínculo con el mundo natural. «Me di cuenta de que no estaba solo pidiendo orientación al universo, sino más bien a todas las cosas: lo humano, lo no humano en forma de plantas y animales, pero también el mundo espiritual».

Al cumplir veintiocho, algo hizo clic en ella y le dio una respuesta clara. «Dejé mi trabajo y me hice naturalista. Invertí todo mi tiempo en ello por muy poco dinero, pero es lo mejor que he hecho nunca, ser naturalista —me escribió más tarde en un correo electrónico—. Y los árboles me salvaron. Los árboles escuchan, aman y continúan apoyándome y reflejando mi belleza sin otras expectativas aparte del hecho de que yo seguiré expulsando dióxido de carbono para que ellos lo consuman como alimento —añadía en el correo con un emoji de cara sonriente—. ¡Con ellos, puedo respirar!».[8]

Se sintió impulsada a desempeñar un papel que daría continuidad al legado de sus antepasados, no solo por ella misma, sino en un sentido mucho más amplio, en el seno del movimiento global de la permacultura. La permacultura es un enfoque de vida sostenible o restaurativa, con prácticas regenerativas agrícolas, que considera a humanos, agricultura y sociedad como parte del ecosistema natural.[9] En la permacultura, los humanos son solo una pequeña parte del ecosistema natural, a diferencia de aquel en el que vivimos la mayoría, diseñado con los humanos en el centro y en el que la mayoría de las acciones están pensadas para sustentar a los humanos y los recursos de los que nos alimentamos. Recoger agua de lluvia de los tejados, por ejemplo, se convierte en un modo de vivir de manera más integrada con la naturaleza. Todas las plantas y los animales se consideran vitales para la comunidad, pues se benefician mutuamente. Los alimentos, la energía y la vivienda se generan de manera sostenible.

La supervivencia humana siempre ha requerido estar en sintonía con los sistemas y los ritmos naturales. Tras la marginalización de la naturaleza y la sabiduría indígena por parte de la modernidad, se dio una revitalización de la permacultura como elección deliberada en los años setenta. Hoy ha surgido como una respuesta global al cambio climático, la degradación medioambiental y las desigualdades sociales y económicas que amenazan a la humanidad.

La Tierra es nuestra maestra más antigua. Ella nos ha dado a luz. ¿Cómo organizamos nuestra cotidianidad para honrar eso?[10]

PANDORA THOMAS

En la universidad, Thomas quería ser urbanista, es decir, planificar ciudades. Hoy, en esencia, se dedica a planificar el planeta. Como profesora y creadora de programas educativos, escritora de literatura infantil, diseñadora y activista, aporta principios ecológicos al diseño social y fomenta la permacultura social como otra manera de poner en marcha principios sostenibles. En 2020 fundó el Centro de Permacultura EARTHseed (EPC), una granja de permacultura de seis hectáreas, que también es centro de retiro y educación, en el corazón del área vitivinícola del valle de Sonoma, California. Se trata de la primera granja de permacultura de propiedad íntegramente negra y operada por afroindígenas. A Thomas le sirve muy bien para su intención de transmitir el legado de sabiduría de las tradiciones africanas e indígenas americanas de un modo que las hace accesibles a todo el mundo. En particular, según explica, incorpora los principios ancestrales de Ma'at, antiguos conceptos egipcios de verdad, justicia, armonía y equilibrio, especialmente relevantes para nuestra relación con la naturaleza: respetarás los lugares sagrados, no harás daño a humanos ni a animales, no tomarás más que los alimentos que necesites, no contaminarás el agua ni la tierra.

> El mejor remedio para quienes tengan miedo, se sientan solos o infelices es salir fuera, a un lugar donde puedan estar solos y en silencio, únicamente acompañados por el cielo, la naturaleza y Dios. [...] Creo firmemente que la naturaleza aporta consuelo a todos los problemas.
>
> ANNA FRANK, *Diario*

Thomas oye en los principios de la permacultura los ecos de su propia educación y los valores de su familia. «Todos tenemos el legado de los antepasados, pero, para mí, mi ascendencia afroindígena, humana y no humana, me puso en este camino. Mis padres me enseñaron a "escuchar". Así que, a pesar de su defectos y por la razón que fuera, me enseñaron a amar a los demás, a la Tierra y a lo espiritual que hay más allá de mí, y yo he sido capaz de escuchar, en lugar de estar siempre solo "hablando". Siento que, a lo largo de mi vida, he sido capaz de escuchar y observar. Luego conocí la permacultura. Es interesante, porque uno de los primeros principios de la permacultura es observar e interactuar. Así que yo tiendo a escuchar, lo que incluye cierto grado de fe en que hay cosas más allá de mí que me guían, si escucho».

Bioinspiración o bioexplotación: ¿cuál es tu estilo de relación con la naturaleza?

En el orden natural de las cosas, los humanos no son depredadores en el sentido convencional. Los depredadores alfa (los que están en lo alto de la cadena alimentaria y que no tienen depredadores naturales) son animales como los leones, las orcas y sus homólogos entre las aves y los reptiles más dominantes. Un ser humano desarmado en un entorno de depredadores no supone ninguna amenaza, sino más bien un aperitivo. Sin embargo, desde el punto de vista del impacto medioambiental, nuestra especie representa algo muy distinto. Armados con un sentido desmedido de nuestros derechos, con prioridades regidas por el beneficio y herramientas industriales para salirnos con la nuestra, somos una amenaza mortal para todo el mundo (incluidos nosotros mismos; como hemos eliminado a los depredadores en las comunidades en las que vivimos, los únicos que quedan son otros humanos que amenazan nuestra salud y nuestra seguridad). Seríamos más efectivos y prosperaríamos más si pudiésemos hacer que nuestra relación con el mundo humano y no humano fuera menos transaccional («¿Qué gano yo con esto?») y reconociésemos que formamos parte del mismo ecosistema natural. En ese sentido somos uno, y se aplica la tan citada sabiduría indígena: «Lo que hacemos a la Tierra nos lo hacemos a nosotros mismos».

Somos, como ha dicho el filósofo y agricultor japonés Masanobu Fukuoka, «naturaleza en funcionamiento». Somos naturaleza. Cuanto más claramente entendamos que los ciclos que rigen y sostienen toda la naturaleza son intrínsecos del equilibrio dinámico del planeta, mejor podremos crear viviendas y comunidades diseñadas para ser saludables, seguras y eficientes energéticamente, generar alimentos con prácticas sostenibles y gestionar nuevos retos basándonos en el profundo conocimiento de las fuerzas naturales que están en juego, en lugar de en el miedo o la avaricia.

> En nuestra cultura, nunca vamos a la tierra y tomamos algo de ella sin hacer antes una ofrenda (tanto si es de alimentos como de ropa o tabaco) en una ceremonia de agradecimiento para decir: «Gracias, madre Tierra. A pesar de lo que te hemos hecho, prevalece tu amor incondicional».
>
> DAVE COURCHENE, nación Anishinaabe

David Suzuki recuerda que estaba empezando su carrera como genetista, en 1962, cuando se publicó el libro de Rachel Carson *Silent Spring*. Era una señal de alarma basada en la evidencia de las consecuencias devastadoras que nos esperaban por el uso indiscriminado de pesticidas, sobre todo DDT. Suzuki, genetista recién salido de la universidad, centrado en los fragmentos más diminutos de partículas de vida microscópicas, se quedó muy impactado. «Me di cuenta de que, al enfocarnos en algo, perdemos todo sentido del contexto que hace interesante lo que estamos estudiando. No tenemos ni idea de cómo funciona el conjunto. Entonces me di cuenta de que cuando Paul Müller descubrió que el DDT mataba insectos, ganó un premio Nobel por ello en 1948 y todo el mundo pensó: "¡Qué manera tan excelente de controlar las plagas!". Y me sorprende que los ecologistas no dijeran: "Un momento, vamos a ver: hay quizá una o dos especies de insectos que pueden considerarse plagas para los humanos. ¿Por qué usar algo que mata a todos los insectos, que son el grupo de animales más importante del planeta, para deshacerse de uno o dos que son plagas? ¿Qué innovación es esa?". Los genetistas podrían haber dicho: "Mirad, estáis a punto de entrar en una rueda interminable. Empezáis seleccionando esto y luego tendréis que seleccionar las mutaciones, con lo que vais a tener que seguir inventando nuevos tipos de pesticidas, y no tendrá fin". Pero, por supuesto, no prestamos ninguna atención. Nos quedamos atorados en lo potente que era el DDT.

»Una y otra vez, elegimos lo que parece una idea genial —dice—, pero no vemos el contexto en el que va a tener efecto y acabamos pagando un precio enorme».

Tenemos que ir más allá del factor «impresionante» que favorece innovaciones que controlan la naturaleza sin ponderar cuidadosamente las consecuencias de que esas medidas acaben poniendo en riesgo la estabilidad del ecosistema. Deberíamos preguntar en cualquier situación: ¿qué podría enseñarnos la naturaleza sobre este asunto?

Janine Benyus, cofundadora del Instituto de la Biomímesis, afirma que «las respuestas a nuestras preguntas están por todas partes; solo tenemos que cambiar la lente a través de la que miramos el mundo».[11] Como ha escrito en su libro *Biomimicry*,[12] «cuanto más funcione nuestro mundo como la naturaleza, más probabilidades tendremos de perdurar en este hogar nuestro en el que no estamos solos».

> Quienes contemplan la belleza de la Tierra encuentran reservas de fuerza que perdurarán mientras perdure la vida. [...] Hay algo infinitamente curativo en los ciclos de la naturaleza: la certeza de que tras la noche viene el amanecer y, tras el invierno, la primavera.[13]
>
> RACHEL CARSON, *The Sense of Wonder*

Courchene apuntaba que «hemos recibido el don de la elección. Los animales no la tienen. Cada mañana cuando te levantas siempre tienes la opción de elegir cómo quieres vivir. Todo el mundo tiene esa opción, pero creo que, en algún momento, hay que pararse y decir: ¿es sostenible el modo en que estamos viviendo?».

Los secretos de la naturaleza que se ocultan a plena vista

En el campo de la bioinspiración, cuando miramos a la naturaleza para buscar ideas, estrategias, mecanismos y adaptaciones que hayan evolucionado a lo largo del tiempo geológico, con frecuencia descubrimos que la naturaleza ya ha contestado una pregunta o resuelto un problema de un modo que podría ayudarnos. Sin embargo, por lo general no podemos limitarnos a imitar a la naturaleza y, por desgracia, tampoco sabemos siempre cómo preguntar ni existe un índice maestro de la obra natural. De todas formas, cuanto más experimentamos y descubrimos esos secretos y cómo adaptarlos, más contribuimos a crear ese índice para que otros puedan usarlo, algo que resulta emocionante por sí solo.

Por ejemplo, el laboratorio se propuso crear, con un socio especializado en dermatología, una crema de uso tópico para ayudar a la gente con alergia al níquel. El níquel es un metal que se usa en objetos cotidianos que suele entrar en contacto con la piel. Del mismo modo que ciertos protectores solares aplican una capa de nanopartículas a la piel para cerrar el paso al sol, nos propusimos desarrollar nanopartículas seguras que pudieran unirse para recubrir la piel e impedir que absorbiera el níquel. Acabamos determinando que podíamos formular para este uso una crema con carbonato cálcico, material presente en las conchas marinas y la caliza. Así que realizamos estudios moleculares para examinar el proceso de enlace e identificar el tamaño correcto de las nanopartículas y la formulación, a fin de obtener la máxima eficacia y seguridad. Y pusimos en poco tiempo la crema a disposición de los usuarios como producto de cuidado de la piel. Al cabo de algún tiempo descubrí que la naturaleza ya había resuelto este problema: en el fitoplancton, formado por plantas microscópicas que son vitales para el ecosistema marino. Algunos de estos organismos viven en capas del mar donde están expuestos de manera natural a metales pesados, y se ha descubierto que usan carbonato cálcico para crear placas protectoras en su exterior. Sean cuales sean los demás beneficios de estas placas protectoras, es muy probable que entre ellos esté el de proteger el plancton de la absorción de metales pesados.

Este tipo de descubrimientos ocurren todo el tiempo, aunque rara vez son noticia y suelen languidecer en revistas científicas. Sin embargo, la genialidad de la naturaleza puede inspirar la perseverancia. Hace unos diez años, un colega y su equipo desarrollaron un modo de hacer filtros a partir del xilema de coníferas para purificar agua (eliminar bacterias) y hacerla potable. El xilema de las plantas tiene células especializadas[14] que transportan agua y minerales disueltos desde las raíces al resto del árbol. Inspirándose en el proceso natural, los investigadores desarrollaron un filtro de baja tecnología y crearon un prototipo con material fácilmente disponible, barato, biodegradable y desechable. El filtro podría tener una repercusión enorme en partes del mundo donde el agua contaminada es fuente creciente de enfermedades y hay una necesidad urgente de atajar el problema. De un tiempo a esta parte, el prototipo del equipo se puso a prueba con éxito en la India y a día de hoy están investigando cómo aplicarlo de manera generalizada.

> Por mucho que me olvide de regar el jardín o por muy frío que sea el invierno, los brotes siguen tratando de salir y las hojas, de volver. A pesar de todo lo que le ha ocurrido a la vida a lo largo de milenios (incluido el impacto de un asteroide), la Tierra sigue generando belleza y maravillas, y continuará haciéndolo.[15]
>
> SAMBHAV SANKAR,
> vicepresidente de programas, Earthjustice

En el diálogo profundo pero con frecuencia distraído de la humanidad con la dimensión no humana del mundo natural, incluso aunque vayamos buscando soluciones, solemos ignorar los mensajes de advertencia que tenemos justo delante. «La naturaleza enviará un mensaje, quizá leve, y, si no hacemos caso, volverá a hacerlo aumentando la fuerza o el dolor que cause —apuntaba Courchene—. El dolor es muy buen maestro, el mejor de todos. Si tienes dolor, haces todo lo que puedes para tratar de librarte de él. El dolor en sentido espiritual es un mensajero que dice: "Bueno, quizá necesitas pensar en alguna cosa, quizá necesitas cambiar"».

El problema es que la naturaleza no nos espera, e ignorar sus mensajes entraña un riesgo. Cuando habló el COVID, no se mordió la lengua. En los dos primeros años de la pandemia murieron casi quince millones de personas[16] en lo que constituyó una drástica llamada de atención a la humanidad. Los científicos de diversas disciplinas (epidemiólogos, virólogos, especialistas en salud pública y otros) llevaban algunos años expresando cada vez más preocupación sobre el potencial estallido de una pandemia. Muchas de las condiciones que crearon la tormenta perfecta para la evolución de supervirus y superbacterias resistentes a medicamentos, en especial las condiciones existentes en granjas industriales, se señalaron como más que posible caldo de cultivo de pandemias como la del COVID. La ciencia no miente; los patrones evidentes en la naturaleza hablaron con claridad. Y siguen haciéndolo. Las infecciones causadas por supervirus y superbacterias resistentes a los antimicrobianos continúan creciendo y los expertos, vigilantes, advierten de que vuelven a darse las condiciones para que estalle una nueva pandemia.

Como concluyó un estudio británico en 2021, la mayoría de las enfermedades infecciosas son zoonóticas, saltan de los animales a los humanos. Aunque el fenómeno aún está por acabar de definirse científicamente, las transmisiones zoonóticas parecen ir de la mano de la intensificación de las interacciones entre humanos y animales en el hábitat natural de estos y en la ganadería intensiva. Además, están ligadas a la problemática del agua y la reducción de la biodiversidad. Sin embargo, en los debates públicos se suele denigrar a los propios organismos, y el negacionismo colectivo ignora la información basada en evidencias y las medidas propuestas para prevenir futuras pandemias. Por muy alejados que pensemos que estamos de estos problemas, es a todos nosotros a quienes nos toca resolverlos.

Incluso hoy se ha pasado por alto una de las lecciones más importantes que nos ha dado el COVID: es mala idea reducir todo a que los virus son el enemigo. «Cuando hablamos sobre los virus —apunta Thomas—, decimos que los "combatimos". Sin embargo, para mí, este momento no va de eso, sino de comprender los patrones que se repiten, de tomar conciencia de ellos».

Tony Goldberg, epidemiólogo de la Universidad de Wisconsin-Madison, dice que el patrón es claro: «Si desapareciesen todos los virus de repente, el mundo sería un lugar maravilloso casi un día y medio; y luego todos moriríamos: ese sería el resumen. Todas las cosas esenciales que hacen los virus en el mundo tienen muchísima más importancia que las malas». Algunas incluso mantienen la salud de organismos individuales, desde hongos hasta plantas, pasando por insectos y humanos.

Con frecuencia me refiero a que la evolución es el mejor solucionador de problemas porque la naturaleza tiene toda la sabiduría. Los humanos solo comprendemos una fracción minúscula de esa sabiduría, pues solo podemos acceder a ella a través de nuestro entendimiento limitado. Si miramos por un microscopio una gota de agua de un arroyo, o por un telescopio a un punto parpadeante del cielo nocturno, vislumbramos la profunda verdad: las muchas cosas que no podemos ver o saber, pero que están ahí, ejerciendo su influencia en el arroyo y en el cosmos, y en nosotros. ¿Cómo podemos aplicar esto a la manera en que interactuamos con el mundo natural para observarlo, estudiarlo, escucharlo y adquirir nuevos puntos de vista?

> Me siento satisfecho pegado al suelo, emparentándome con la tierra. Mi alma repta feliz en el barro y la arena y está contenta.[17]
>
> LIN YUTANG, *The Importance of Living*

Una solución pegajosa para un problema resbaladizo

Hace unos años recibí un correo electrónico de Pedro J. del Nido, jefe de cirugía cardiaca del Hospital para Niños de Boston, que estaba tratando a muchos bebés y niños que presentaban orificios entre los ventrículos del corazón (defecto septal). Al cerrar estos orificios mediante suturas, tendía a desgarrarse el delicado tejido de este órgano. Me explicaba que el departamento tenía dispositivos que funcionaban bien con adultos, pero eran permanentes; el problema no se solucionaba haciéndolos más pequeños, pues, al crecer el corazón del niño, el dispositivo dejaba de servir. Del Nido me preguntaba si podíamos inventar algo que resolviera este asunto. Imaginamos un parche que podría colocarse dentro del corazón para sellar los orificios y luego degradarse cuando el propio tejido del corazón del paciente creciese, permitiendo que el parche se expandiera a medida que el corazón se desarrollase.

En el laboratorio hicimos lluvia de ideas, pero no dábamos con nada que funcionase. Al final, volvimos a empezar de cero, frescos, curiosos y llenos de entusiasmo, porque sabemos que la naturaleza nos rodea de soluciones, de ideas para resolver problemas. La evolución nos aporta millones y millones de años de investigación y desarrollo. Con ello en mente, nos preguntamos: ¿qué criaturas existen en la naturaleza en entornos húmedos y dinámicos, es decir, similares al lugar donde queríamos utilizar los parches?

Maria Pereira, en aquel entonces estudiante de grado en el laboratorio, lideró la búsqueda y le pidió a todo el mundo que le enviara imágenes de criaturas pegajosas que vivieran en lugares húmedos. Descubrimos que los caracoles, las babosas y los gusanos generan secreciones viscosas de textura similar a la miel y agentes hidrofóbicos (repelentes del agua). Nos dispusimos a usar lo que habíamos aprendido de estas criaturas diminutas para diseñar un adhesivo que repeliera la sangre de la zona de contacto para que este fuera estrecho. Al final concluimos que, para lograr una adhesión fuerte al tejido húmedo, nuestro dispositivo tenía que funcionar como la hiedra. La hiedra repta por las paredes de los edificios gracias a las raíces adventicias que se insertan en las grietas, se arrugan y luego se entrelazan. ¿Y si desarrollábamos un adhesivo que no solo se pegase al tejido del corazón, como una tirita, sino que se infiltrase en él, como la hiedra en las paredes, para crear una sujeción fuerte, del estilo del velcro?

Nos pusimos a trabajar, y tardamos un par de años en desarrollar un parche flexible, fino y transparente que se podía aplicar en el corazón mediante un adhesivo activado con luz. El adhesivo se aprobó en Europa para procedimientos de reconstrucción vascular que implicaban sellar vasos sanguíneos durante una cirugía, y hay varios estudios en marcha para ampliar su uso en otros territorios.

En los próximos años se podría usar esta tecnología por todo el mundo en distintas cirugías, incluida la reconstrucción de nervios sin sutura y las operaciones de hernia, para reducir complicaciones y acelerar la recuperación. La naturaleza albergaba en un su inventario (desde las babosas y los caracoles hasta la hiedra) la estrategia ganadora.

La naturaleza ofrece muchas dimensiones para ayudarnos y de ella podemos obtener una profusión de beneficios. Tenemos que recordar lo que Courchene nos apuntó sobre hacer ofrendas y agradecer a la madre Tierra lo que tomamos de ella. Una manera de hacerlo es cambiar el modo en que tomamos las cosas para hacerlo de un modo más amable, y dar algo a cambio, como señala la científica y escritora Robin Wall Kimmerer, beneficiaria de una beca MacArthur, que se otorga a personas con «méritos excepcionales». Kimmerer entrelaza la sabiduría indígena de sus raíces potawatomi con su formación científica y describe el «paradigma de explotación desenfrenada» como «la mayor amenaza a la vida que nos rodea».[18] Para ella, el cambio fundamental que necesitamos para arreglar nuestra relación con la Tierra ha de comenzar abandonando ese paradigma. «En lugar de preguntar "¿Qué más podemos tomar de la Tierra?" —dice—, ¿no debería ser la pregunta "Qué nos está pidiendo la Tierra"?».

Comprueba cómo te sientes en la naturaleza
↓
Observa la fascinante red de la vida
↓
Deja que la interconexión te sustente
↓
Experimenta el milagro restaurador, regenerador
e infinito de la vida

Podemos experimentar mejor la maravilla de la naturaleza vinculando con los procesos intrínsecos de la naturaleza cosas que damos por sentadas. ¿Los efectos beneficiosos para la salud del ejercicio? Son cosa de la naturaleza. ¿El rico abanico de nuestras emociones y de las necesidades emocionales y sociales? También es cosa de la naturaleza. ¿Nuestra capacidad de vivir sin tener que pensar en respirar o en la comida o la bebida que consumimos a diario? La naturaleza. ¿Nuestra capacidad de mantener la calma? Pues también es cosa de la naturaleza. Porque somos naturaleza.

El mundo natural nos purifica la mente, es como ir a un *spa* que aminora el ritmo que llevamos y nos coloca de nuevo en la línea de base. Aunque no experimentemos los beneficios inmediatamente, el simple hecho de relajarnos en la naturaleza tiene efectos rejuvenecedores que podríamos pasar por alto mientras no nos alejemos lo suficiente de la experiencia llena de estimulaciones que hemos creado (regida por las drogas, el alcohol, los dispositivos, el marketing, la productivización) para sumergirnos en el mundo natural y limitarnos a ser. Más allá del hecho biológico básico está también quizá la sorprendente implicación de la autocompasión, que tanto necesitamos y, sin embargo, con tanta frecuencia nos hurtamos. Cuando apreciamos alguna cosa de la naturaleza, en esencia, estamos apreciando también algo que está dentro de nosotros. Si vemos una puesta de sol preciosa, no solo la experimentamos como algo externo (el entorno natural), sino también como algo interno nuestro, de nuestros sentidos físicos y sensibilidades más hondas. Cuando vivamos experiencias profundas de apreciación de la naturaleza, podemos intentar reconocer en esos momentos su dimensión humana, nuestra propia belleza, y sentir compasión por nosotros mismos y los demás.

La naturaleza también nos ayuda a desarrollar paciencia y perseverancia si la dejamos.

Inspírate en la diferencia de comportamiento apenas perceptible que observó Charles Henry Turner. A pesar de que hemos juzgado a las hormigas como seres robóticos, si nos tomamos el tiempo de observar con más detenimiento, como hizo Turner, y desarrollamos la capacidad de detectar matices y la curiosidad por ellos, veremos que, de hecho, las hormigas despliegan creatividad ¡y diversidad neurológica! Nunca perdemos nuestra diversidad neurológica y nunca es demasiado tarde para expresarla. Piensa en los modos en que te sientes más sintonizado naturalmente con las distintas experiencias e interpretas el mundo. ¿Qué está más en consonancia con la química propia de tu cerebro y tu sistema nervioso? ¿Qué sientes como más auténtico y cercano a tu mente y tu cuerpo? Experimenta interactuando con ello un poco más cada día para abrazar la naturaleza y tu propia neurodiversidad como parte del salvaje mosaico vital de lo natural.

Un día en que estaba paseando a los perros por el bosque vi a una madre y su hija agachadas mirando una piedra. La madre levantó la piedra y dijo: «¡A ver qué bichitos descubrimos hoy aquí debajo!». ¡Qué metáfora tan cautivadora para llevarnos puesta! ¿Qué piedras podríamos levantar hoy para activar nuestra curiosidad innata sobre la naturaleza? Levantar una piedra y ver qué hay debajo es accionar el botón de encendido LIT, lo mismo que alzar la vista al cielo nocturno estrellado y maravillarse. Es un hábito que podemos cultivar, una habilidad que podemos practicar con alegría y gozo.

Dedícate a ser quien busque soluciones

«Tenemos que ser valientes y empezar a aprender sobre las cosas y sobre las relaciones con los sistemas que nos dan vida —dice Pandora Thomas—. Necesitamos ser quienes busquemos las soluciones, en lugar de depender de otros para que lo hagan. Y, en lo referente a la naturaleza, tenemos que ser quienes reconstruyamos esas relaciones». Aquí van algunas actitudes postuladas por Thomas y otros bioinspiracionalistas que pueden servirnos de sencillos botones de encendido. Todas son opciones que reducen la energía de activación:

- **Aminora el ritmo.** Aminora el ritmo de tu día, de tus reacciones. Aminora el ritmo para percibir, observar y centrar tus sentidos en el momento.

- **Averigua dónde estás.** Tener un conocimiento y una comprensión profundos del lugar en el que habitas te coloca y te centra en muchos sentidos. La gente que vive o trabaja cerca de la naturaleza siempre ha sabido esto. Aprenden a interpretar la meteorología, la tierra y la vida vegetal, los patrones que sigue la migración de los animales. Los habitantes de las zonas urbanas y suburbanas pueden hacer su propia versión de esto: entender el origen del agua y de los sistemas que la suministran; cultivar un huerto para interactuar con los sistemas naturales que nos nutren... «Si eres propietario de una casa, cámbiate a la energía solar. No deberías tener sistemas inteligentes en tu casa si desconoces por completo cómo van las cosas», dice Thomas.

- **Entérate de las cosas de primera mano.** Fíjate en lo mucho que dependes de las aplicaciones, las redes sociales, las publicaciones y otras personas para obtener información sobre cosas que tienen efectos en tu barrio o en tu comunidad. Interactúa más directamente siempre que puedas.

- **Enfoca tu atención** en amigos o miembros de la familia que estén conectados con la naturaleza y crea oportunidades para aprender de ellos y experimentar juntos la naturaleza. También puedes limitarte a observar cómo conectan con la naturaleza otras personas (desarrollar esa percepción) y expresar curiosidad sobre ello.

- **Aprovecha los recursos de aprendizaje.** Inscríbete en recorridos informativos públicos sobre reciclaje, energía y plantas de tratamiento de agua, huertos de prueba o proyectos de sostenibilidad en tu comunidad o en otras.

- **Arremángate.** Planta un huerto si puedes o, si no, una semilla o un bulbo en un tiesto, y cuídalo. Trasplanta, rastrilla hojas, prueba a hacer compostaje. Estudia la permacultura y otras materias que indaguen en estructuras e inteligencia no humanas. «La toma de conciencia ecológica y de los sistemas es crucial porque es algo que también ayudará a nuestras comunidades a sobrevivir —dice Thomas—. No podemos depender de que vengan especialistas a ayudarnos a entender cómo crear más resiliencia, porque luego esos especialistas se marchan, ¿y entonces qué?».

- **Cambia las preguntas.** Abandona la relación transaccional con la naturaleza («¿Qué puedes hacer por mí?») y establece otra basada en la interconexión de nuestra vida y nuestro destino con el resto de la naturaleza. ¿Qué puedo hacer para devolver cosas a la Tierra? ¿Qué cambios puedo hacer en el modo en que vivo para conservar, proteger y cultivar los recursos naturales? ¿Cómo podemos cambiar las preguntas que hacemos para encontrar soluciones de manera que reparen y fortalezcan nuestra relación con la naturaleza? Más allá de pasear por el bosque, ¿cómo puedo incorporar estos principios en la estructura de la vida moderna?

- **Practica el hacer una sola cosa a la vez.** Date cuenta de cuándo estás incurriendo en la multitarea y elige conscientemente centrarte solo en una cosa (una persona, una tarea, una actividad) con plena atención. La multitarea tiene muchas desventajas. No solo nos hace ineficientes, sino que, como dice mi amigo Joshua Flash, nos embarulla la mente y nos genera estrés. Además, liberamos energía nerviosa que afecta a quienes nos rodean y reduce nuestro potencial de conexión. Practicar el hacer una sola cosa a la vez puede aminorar nuestro ritmo y ayudarnos a alcanzar la calma interior. Cuanto más lo hagamos, más natural nos resultará.

- **Adopta una cadencia consciente para cambiar el mundo.** Podemos sanar nuestro entorno sanándonos a nosotros mismos. Y sanarnos a nosotros mismos comienza con vivir a un ritmo calmado que permita sustentar un pensamiento claro para realizar acciones plenas de intención.

Enciende el mundo

Asume el reto de crear una cultura humanitaria y solidaria

Sé fiel a tu deseo más profundo de una buena vida y un mundo que sostenga el florecimiento de todos

Para mí la cuestión es muy simple: si no aceptamos el reto de mejorar el mundo ahora, ¿quién lo aceptará, y cuándo?

REGINALD «REGGIE» SHUFORD,
director ejecutivo del
Centro de Justicia de Carolina del Norte

El guion podrían haberlo pergeñado Marvel o Universal. Los incendios forestales y las inundaciones asolan la Tierra, al tiempo que la sequía malogra las cosechas. Una pandemia ha acabado con la vida de millones de personas y se avecinan otras. Las guerras y la violencia de quienes se toman la justicia por su mano alimentan el miedo y desplazan de sus hogares a millones de personas, que buscan refugio en zonas donde los recursos ya son escasos. Agentes del poder e ideólogos revanchistas y sin control amedrentan al mundo y amenazan con la destrucción generalizada. Así comienza lo que algunos científicos denominan el Antropoceno, era incipiente en la que el impacto humano en la geología y los ecosistemas lleva al planeta (o, como mínimo, la existencia humana) hacia la extinción.

Todos sabemos que no se trata de una película, sino de lo que estamos viviendo, pero no sabemos cómo acabará porque aún estamos escribiendo el guion. Esta es nuestra oportunidad. Tenemos todas las herramientas que necesitamos a nivel global: recursos, tecnología, ingenio y oportunidad. Sin embargo, necesitamos que nuestra respuesta sea LIT si queremos que la historia tome el rumbo prometedor que deseamos no solo para nosotros, sino también para las generaciones que nos sucedan. Como decía al principio del libro, cada uno de nosotros está programado para poder pensar y actuar en modo LIT. Tenemos acceso a ello en cualquier momento y podemos usar esta capacidad con intención en cualquier instante y situación. Las herramientas LIT activan la energía necesaria para movilizar cualquier aspecto de nuestra vida. Puedes usarlas para dar impulso a un momento o para aplicar la estrategia que te permita crear la vida que quieres.

Párate un momento a imaginar un mundo en el que nuestro mejor pensamiento y nuestras acciones más inspiradas transformen el escenario de desastre global y nos alejen del borde del precipicio, un mundo en el que la energía y la acción LIT pongan en marcha por todo el planeta nuevas fuerzas para hacer el bien. Los guionistas de Hollywood lo considerarían una línea utópica de argumento, pero no se trata de ciencia ficción. Es nuestra historia la que estamos escribiendo. El trabajo visionario de transformar el mundo nos toca hacerlo a nosotros. Tanto en la vida como en las películas, la creación del mundo es un acto intencionado y ahora tenemos ante nosotros este reto creativo compartido. Estamos transformando el mundo y podemos convertirlo en un mundo LIT.

No estamos empezando de cero. «La humanidad se está despertando tarde para los retos y oportunidades de una gestión planetaria activa. Pero estamos despertando», afirmó un comité de premios Nobel y otros expertos prominentes, reunidos en una cumbre internacional en 2021, bajo el lema «Nuestro planeta, nuestro futuro».[1] En ella, lanzaron una llamada urgente a la acción para centrarnos en nuestra relación con la naturaleza y coordinar nuestras energías de un modo nuevo al servicio del planeta.

«Necesitamos reinventar nuestra relación con el planeta Tierra», escribieron en la declaración.

El futuro de toda la vida del planeta, incluidos los seres humanos y nuestras sociedades, requiere que nos convirtamos en conservadores efectivos de los bienes comunes globales: el clima, el hielo, la tierra, el mar, el agua potable, los bosques, los suelos y la rica diversidad biológica que regula el estado del planeta y se combina para crear un sistema único y equilibrado sustentador de la vida. Existe hoy una necesidad existencial de construir economías y sociedades que sostengan la armonía del sistema de la Tierra, en lugar de trastocarlo.

> Si la humanidad crea un problema en particular, la humanidad tiene que ser la respuesta a ese problema.[2]
>
> MONIKA BIELSKYTE,
> fundadora de Protopia Futures

En su libro *Half-Earth: Our Planet's Fight for Life*, el biólogo y naturalista Edward O. Wilson describía el tiempo presente en términos no solo de riesgo para el planeta, sino también de promesa sin precedentes, porque estamos en una posición única para llevar a cabo acciones que tengan una gran repercusión: «Por primera vez en la historia existe, entre quienes pueden pensar con una década de anticipación, la convicción de que nos estamos jugando un desenlace global».[3]

Los tiempos llaman a estrategias y acciones innovadoras (acción LIT) en todos esos frentes si queremos resolver los problemas que se nos plantean y desarrollar las emocionantes posibilidades que nos aguardan. El compromiso de no solo intentarlo, sino de trabajar con persistencia para estar a la altura del momento comienza con la acción personal, haciendo cada uno de nosotros lo que pueda en nuestra propia esfera de influencia. En nuestra vida, necesitamos hacernos las preguntas más provechosas y hacer virar cada día la conversación en nuestro entorno hacia la acción responsable y compasiva.

Resulta alentador que los humanos sean capaces de resolver problemas de manera inventiva. Al fin y al cabo, hubo un tiempo en que viajar por el aire o por el espacio o comunicarse instantáneamente con gente de la otra punta del globo era mera fantasía. Sin embargo, el riesgo está en confiarse pensando que existe esa capacidad de acabar resolviendo problemas, pues puede servir para restarles importancia o ignorarlos.

Tenemos la creatividad y la capacidad de resolver problemas para abordar las cuestiones que se nos plantean en este momento. La energía bruta está ahí, pero no hay nada más que potencial mientras no la activemos. Por mucho que alguien tenga el mejor sistema de sonido del mundo, no oirá nada si no lo enciende. Los paquetes de semillas que tienes para el huerto jamás crecerán si no las plantas. Necesitamos una cultura que permita que se den las condiciones para el desarrollo de una vida rica y dinámica y que centre el uso de recursos en los problemas más apremiantes. ¿Cómo podemos crearla?

> La humanidad está llamada a entrar en un nuevo nivel de conciencia. [...] Y el momento es ahora.[4]
>
> WANGARI MAATHAI,
> Premio Nobel de la Paz 2004

Tratar de pensar en todo esto a la vez (problemas y potenciales juntos) puede resultar abrumador. Existe una resistencia natural a dar el primer paso para poner la pelota en movimiento. Sin embargo, un primer paso es cultivar la toma de conciencia. Es imposible que te preocupe algo que no hayas registrado primero en tu mente. Por otro lado, el progreso no siempre va de dar pasos adelante literalmente, algo que alguna gente hace mejor que otra. La toma de conciencia puede ser motivadora. Cuando eres consciente de que algo te preocupa y te genera malestar, se reduce la energía de activación necesaria para pasar a lo siguiente. No te descalifiques o te culpes si no estás listo del todo para actuar. Preocúpate por el problema y por tu inacción, y utiliza esa energía para actuar en tu intención.

Dicho en términos prácticos, en lugar de sentir que se trata de salvar el mundo o nada, podemos tomar conciencia de cómo estamos nosotros mismos en el mundo, pensar en lo que eso significa, y tomar cada día una decisión que aporte algo de energía e impulso para una vida LIT. Podrías empezar con el modo en que te relacionas con la tierra que pisas, como recomienda la experta en permacultura Pandora Thomas. Reflexiona sobre

la sabiduría y el compromiso colectivos que han guiado durante tanto tiempo la vida sostenible en este planeta, el legado de la energía, tanto humana
como no humana, invertida en la Tierra, y, por ende, en nosotros. Siente esa
energía y deja que te mueva. No tienes que plantar una hectárea, puedes
plantar una semilla. O cuidar una planta. U observar una planta y desarrollar una apreciación de su lugar y el tuyo en el mundo natural. Despierta la
conciencia en otras personas: interactúa, interactúa, interactúa. Expresa
lo que te preocupa, lo que no te parece correcto, el trabajo que no se está haciendo, pero debería hacerse. Haz la «pregunta prohibida», es decir, la que
parece fundamental para una situación pero nadie ha hecho. El término se
acuñó en 1973 cuando un comandante de las fuerzas aéreas a quien se le podía ordenar activar un ataque nuclear por orden del presidente preguntó a
sus superiores: «¿Cómo puedo saber que una orden que reciba para lanzar
misiles proviene de un presidente que no se haya vuelto loco?».[5]

Haz lo que puedas estés donde estés. Sé un oportunista activo y busca a tu alrededor inspiración, ideas y oportunidades para actuar del modo
que te sea posible. Estamos rodeados de modelos que nos pueden inspirar. O empieza creyendo en otros y apoyando a quienes necesiten sostén
para desarrollar su potencial.

> Cuando te encuentres dudando profundamente de la
> bondad de la raza humana, hazte estas preguntas:
> ¿quién se está beneficiando de tu tristeza y tu ra-
> bia?, ¿quién está ganando dinero metiéndote miedo?
> Alguien lo está haciendo.[6]
>
> MARGARET RENKL

Reggie Shuford: comienza más cerca de casa. No hagas las cosas tú solo

Cuando entrevisté a Reginald «Reggie» Shuford, entonces director ejecutivo de la Unión Americana de Libertades Civiles de Pennsylvania, y cuya
larga trayectoria como abogado de derechos civiles nació en su vocación de
luchar por la igualdad y la justicia para todos, describió nuestra época como

poseedora de un potencial enorme «justo porque los retos son inmensos» y sugirió que «el nivel personal es el lugar por donde empezar».

«Los actos pequeños de generosidad pueden ser trascendentales y activar un efecto dominó —dijo—. El lema "Piensa globalmente, actúa localmente" es elocuente en este sentido. Empieza más cerca de tu propia casa. Empieza con lo que sabes. No actúes en solitario, conéctate con gente y organizaciones de tu entorno que compartan tus valores. Están ahí».

Como muchas otras personas que han compartido sus historias en estas páginas, Shuford, hoy director ejecutivo del Centro de Justicia de Carolina del Norte, recordó el efecto que, en sus años de formación, tuvieron ciertas personas que moldearon sus valores y le demostraron que creían en él, lo que fomentó su autoconfianza y determinó su futuro.

De niño y adolescente lo pasó mal en el colegio. Sufrió acoso, tenía problemas en casa y se portaba mal, sobre todo en secundaria. En séptimo cometió varias infracciones por las que lo mandaron al despacho del director o del tutor. Fue la profesora Minnie Williams, en su papel de tutora, la que vio en él algo más que un chico problemático.

«La señora Williams era paciente conmigo, pero a veces se exasperaba un poco. Decía "No sé qué voy a hacer contigo. Sacas muy buenas notas, pero tu actitud y tu comportamiento dejan mucho que desear"». Al final de ese año escolar decidió qué hacer con él. «Dijo "Por fin he tenido una idea. Voy a darte una oportunidad"». La señora Williams creía que Shuford estaba aburrido y no tenía retos que afrontar, lo que era cierto, aunque su comportamiento distraía a la mayoría de la gente e impedía que vieran el problema subyacente, que podía abordarse. Al año siguiente lo puso en el programa de alumnos de altas capacidades, le deseó buena suerte y añadió: «No me decepciones».

«Que la señora Williams creyera en mí hizo que yo también creyera en mí —dice Shuford—. Por primera vez, y a pesar de las muchas veces que lo había oído antes, me creí que era inteligente. Y porque ella, una mujer negra, había dado la cara por mí, tenía el compromiso de no decepcionarla. Tanto mi comportamiento como mi actitud cambiaron drásticamente y hasta mejoraron mis notas. Una vez que inicié la trayectoria de éxito académico, ya no aflojé. Estoy en deuda para siempre con la señora Williams por haber contribuido a mi éxito en la vida, sea el que sea». Otra influencia indeleble en su vida fue la de su profesora de literatura en el primer año de instituto, Bonnie Daniels, que supo reconocer el amor de Shuford por la asignatura y cultivó su interés en la lectura y la escritura. Daniels lo llevaba a ver obras de temas negros, pagaba la entrada de su propio bolsillo y demostraba de otras maneras que entendía el potencial de Shuford.

Durante todo el proceso, su madre, Barbara, ya fallecida, fue la que mayor impacto tuvo en su vida: «Era una persona excepcional, generosa de espíritu con las pocas posesiones materiales que tenía, compasiva, divertida y que nunca juzgaba a los demás —me contó—. Tenía empatía con todo el mundo y nunca decía una palabra desagradable a nadie, por muy difícil que hubiera sido su propia vida. Era mi principal fan y animadora, y nunca vaciló a la hora de decirme que se sentía orgullosa de mí. Una de las mayores fuentes de motivación que sigo teniendo es continuar con su legado». Como defensor de los derechos civiles, luchador en los tribunales y mentor, Shuford trabaja para que este legado cobre vida y se refleje en la ley. Cualquiera de nosotros puede reivindicar el poder que tiene el estímulo que nos prestan otras personas mirando a nuestras vidas para ver quién hizo eso por nosotros y considerando cómo podríamos crear nosotros también un legado a través del modo en que interactuamos con los demás, los reconocemos, los valoramos y los alentamos.

> Es casi una responsabilidad compartir tu historia y tus antecedentes, sean cuales sean, para hacer un poco más fácil el viaje de la gente que viene detrás de ti. Creo que ese es el sentido de la vida en la Tierra.
>
> ADAM RIPPON, medallista olímpico
> en patinaje artístico

Contribuimos mucho más al cambio de lo que creemos, según Abigail Dillen, abogada y presidenta de Earthjustice, organización de interés público y sin ánimo de lucro dedicada a litigios sobre cuestiones medioambientales. «Subestimamos el poder de nuestra aportación, de actuar dentro de nuestra propia esfera de influencia para abordar la porción de problema que tenemos delante», escribió en su ensayo «Litigating in a Time of Crisis», de la potente e inspiradora antología *All We Can Save: Truth, Courage, and Solutions for the Climate Crisis*.[7]

Dentro de unas décadas, si podemos mirar atrás desde una situación de relativo confort y seguridad, creo que recordaremos a los millones de personas que vieron el peligro sin precedentes que nos amenazaba y no lo ignoraron, sino que conectaron con su poder y lo usaron para liderar un cambio de abajo arriba.

ABIGAIL DILLEN, Earthjustice

Como activista, Shuford valora las lecciones aprendidas, considerándolas puntales que sustentan la paciencia y perseverancia, cualidades implícitas en la afirmación de Martin Luther King: «El arco del universo moral es largo, pero se inclina hacia la justicia».

«Con frecuencia, la victoria lleva más tiempo de lo que esperamos —dice Shuford— y puede haber muchas pérdidas por el camino. Y a veces tenemos que dar a ese arco un pequeño empujón para asegurarnos de que se inclina en la dirección correcta». Shuford ha aprendido a valorar las victorias que «pueden parecer distintas de lo esperado. En lugar de cambiar el mundo de golpe, el cambio gradual puede ser también importante. Si me es posible ayudar a mejorar la vida de una persona o sus perspectivas de futuro, eso cuenta».

En las normas culturales del mundo científico estamos acostumbrados a encontrarnos todo tipo de resistencias y bloqueos. Los avances con frecuencia tardan años en salir del laboratorio y llegar a los pacientes. Los retrasos y los reveses pueden desanimarnos, pero si observamos la trayectoria de los avances históricos, la mayoría de ellos comparte ese tipo de trasfondo. Fíjate en cualquier tecnología que uses o veas a tu alrededor. Saber ese trasfondo y ver otros objetivos a largo plazo que llegan a dar frutos nos da confianza en el proceso y aporta sentido y pasión a nuestro trabajo.

La naturaleza también nos enseña eso. La evolución es el ejercicio más consumado de gratificación demorada y se mide en el tiempo geológico de la lenta y minuciosa senda de la supervivencia, mientras que la naturaleza humana está programada para el impulso y para la gratificación instantánea. Al sincronizar el cambio cultural con ese ritmo frenético hemos acelerado sin darnos cuenta la magnitud y la urgencia de la crisis del planeta. Ahora, con una mentalidad intencionada, podemos elegir hacer una pausa entre el impulso y la acción, anular el circuito del impulso para pasar al modo manual y elegir la acción LIT consciente.

> Para ser verdaderamente visionarios, tenemos que enraizar la imaginación en nuestra realidad concreta, a la vez que imaginamos posibilidades más allá de esa realidad.[8]

BELL HOOKS

El «poder del uno» puede accionar el interruptor

En el laboratorio, donde nuestro trabajo con la medicina traslacional va de maximizar nuestro impacto, siempre estoy pensando en cómo podemos desarrollar soluciones escalables (es decir, con las aplicaciones más amplias posibles) para los problemas que nos proponemos resolver. Sin embargo, a medida que he ido hablando con la gente que has conocido en este libro, así como con las muchas personas que me han contado sus historias, estrategias y sugerencias, he visto cómo destacaba el «poder del uno»: una persona que elige hacer una cosa en un momento dado puede variar la energía y abrir el espacio para más cosas. Tanto si te propones persuadir a otros como si no, viviendo en modo LIT, ayudarás a que el mundo LIT cobre vida. Y si, haciéndolo, inspiras a algunas personas para que crean en sí mismas, descubran y persigan sus pasiones y contribuyan, entonces estarás, de hecho, cambiando el mundo. Piensa en ello como en el poder del uno «interconectado», porque estamos todos así, interconectados.

No se trata solo de una frase de imán de nevera, es una ley de la naturaleza. El «poder del uno» es el poder de una sola semilla para crecer, dar fruto y enriquecer el ecosistema. Es la historia de la bellota que se transforma en roble. ¡Piensa también en que todo empezó a partir de una única célula! ¿No es espectacular? Planta una semilla… y cuídala.

En la naturaleza existen patrones similares de transferencia de energía que catalizan cambios, desde el ámbito celular hasta el terrestre o el marino. Y, en las calles, la obispa Mariann Budde, activista por la justicia social, ha descrito la «constelación de energías» que crea impulso para el cambio. A medida que esas energías comienzan a acumularse y a generar un punto de inflexión, Budde se pregunta: «¿Cómo actuamos de modo que podamos influir en algunas de las cuestiones que estamos afrontando ahora que, como país, podríamos lograr algo que lleva tiempo sin poder hacerse, siempre que tengamos suficiente intención y que las fuerzas del bien permanezcan alineadas el tiempo suficiente? Estos movimientos sociales tienen picos que dependen de fuerzas mayores que nadie puede comprender por completo».

La energía pura, positiva e innovadora de LIT detiene la inercia de todas las cosas y enciende nueva inspiración y acción. Todos tenemos la capacidad de activar esta energía para transformar la intención en acción. La energía que generamos puede iluminar solo nuestro camino en un momento particular, o un amplio potencial con otras personas. No podemos predecir cómo va a fusionarse la constelación de energías, pero sí que hasta una sola acción LIT encenderá más. Así que hazte preguntas. Preocúpate. Habla con los demás. Presta atención. Movilízate. Experimenta. Ábrete a nuevos puntos de vista, ideas y experiencias. Enraízate en la naturaleza. Sal de tu zona de confort y haz cosas nuevas para invitar más sorpresas y serendipias a tu vida. El mundo natural es un territorio común. Las soluciones que funcionan para el planeta nos funcionarán a todos. Mira por la ventana. Sal fuera. Cuida una planta. Mira el cielo. Pasa del sistema antropocéntrico y egocéntrico al ecosistema. El núcleo fundamental de la vida del que podemos aprender para sobrevivir y prosperar es la adaptabilidad y la diversidad. ¡Déjate inspirar por la persistencia de hasta las cosas vivas más pequeñas! La simple reconexión con la naturaleza puede variar tu energía de un momento a otro para que aproveches la fuerza vital mayor que existe a tu alrededor.

> Este momento necesita un mosaico de voces: el espectro completo de ideas y puntos de vista sobre cómo podemos darles la vuelta a las cosas.[9]
>
> AYANA ELIZABETH JOHNSON
> y KATHARINE K. WILKINSON,
> *All we can Save: Truth, Courage and Solutions*
> *for the Climate Crisis*

Repara y revigoriza lo comunitario

Ya lo dice el dicho: «Mal de muchos, consuelo de tontos». Sin embargo, hay cosas que mejoran cuando se comparten: el amor, el gozo, el entusiasmo, la curiosidad y el afán de descubrimiento. Compartir amplifica la experiencia LIT. Sin embargo, a veces necesitamos ayuda para superar las barreras y desarrollar un sentido de comunidad tanto con los demás como en nuestro propio interior.

Muchos barrios y ciudades han intensificado sus esfuerzos para que la gente conozca a otras personas fuera del círculo social que les es familiar. Han pasado casi cincuenta años desde que el sociólogo urbano Ray Oldenburg acuñó el término «tercer lugar»[10] para referirse a espacios distintos del hogar o el trabajo donde la gente pueda relacionarse con comodidad, disfrutando de la conversación o la compañía y de una sensación de comunidad compartida.

«La ausencia de interacción con la comunidad ha creado para muchos un estilo de vida que consiste principalmente en ir de casa al trabajo —escribió—. Sin embargo, el bienestar social y la salud psicosocial dependen de la comunidad».[11] Oldenburg animaba a la gente a «crear lugares» para inspirarse, reimaginar y reinventar los espacios públicos de modo que fuesen el corazón de cada comunidad. «Fortalecer la conexión entre la gente y los sitios que comparten mediante la "creación de lugares" es un proceso colaborativo a través del que podemos dar forma al espacio público para maximizar el valor compartido. Más que limitarse a promover un diseño urbano mejor, la "creación de lugares" proporciona patrones de uso creativos que prestan particular atención a las identidades físicas, culturales y sociales que definen un lugar y sustentan su evolución». Embarcarte tú mismo en la actividad de «creación de lugares» no tiene por qué ser complicado. Encontrarás ideas en el excelente sitio web Project for Public Spaces, pero puedes empezar con la intención de observar, interactuar, experimentar, colaborar o improvisar. Podrías pasear con tu perro, quedar con amigos o socializar para conocer a nuevas personas, lo que quiera que convierta un lugar en un punto de conexión, comunidad, creatividad o incluso de soledad estando entre otros.

Instalaciones al aire libre como mesas para jugar al ajedrez en un parque o en zonas comunes animan a los desconocidos a jugar una partida.

Entre los nuevos diseños para espacios abiertos, están los «asientos interactivos» y otros elementos que fomentan la interacción comunitaria, conciertos gratuitos al aire libre, espacios de huerto comunitarios o parques de *skate* donde los chavales pueden interactuar al aire libre. Algunos clubes de lectura comunitarios u online han desarrollado selecciones más variadas para leer y debatir, y también han recibido impulso otros esfuerzos para aportar ideas diversas y juntar a gente diferente.

Lisa Sasaki, subsecretaria del Smithsonian para Proyectos Especiales, me habló sobre cómo la inclusividad y la diversidad nos fortalecen como nación, pero solo si actuamos para cultivarlas. Con frecuencia tenemos las oportunidades justo delante, y con una mirada e intención nuevas podemos crear soluciones para problemas que se han convertido en obstáculos. Sasaki lo observó en su trabajo anterior en el Museo de California de Oakland (OMCA), donde dirigió los programas de implicación comunitaria del museo. El museo tenía problemas por la escasa afluencia de visitantes y la falta de interés de la comunidad a la que se suponía que debía servir, y Sasaki lideró una iniciativa que ayudó a duplicar el número de visitas en cuatro años y transformó la institución y su relación con el barrio.

El museo, un mastodonte de hormigón de diseño brutalista, popular cuando se construyó en los años sesenta, ocupa un lugar prominente cerca de la hermosa orilla del lago, en el centro de Oakland, pero, en aquel momento, su presencia no resultaba atrayente. «La gente no se daba cuenta de que tras esos muros de feo hormigón había este lugar mágico de jardines, arte, ciencias naturales e historia que se había construido para ellos, para la gente», dice Sasaki. El barrio evolucionó a su alrededor haciéndose cada vez más diverso a nivel cultural, con comunidades como la china, la latina y otros inmigrantes nuevos de todas partes del mundo. «Esta confluencia increíble y vibrante de culturas estaba ocurriendo alrededor del museo, pero sus muros se habían convertido en una barrera —explica Sasaki—. Investigamos yendo a los barrios y sacando la conversación y averiguamos que los vecinos no tenían la noción de que el museo fuera un recurso valioso». ¿Por qué? Porque no tenían la experiencia de que lo fuera. En las entrevistas se vio la razón del aislamiento del museo: «Lo que oía todo el rato era: "Vivimos en estos espacios urbanos que no son lugares seguros para poder reunirnos con la familia. Estamos trabajando todo el tiempo, de nueve a cinco, y esas son justo las horas en las que está abierto el museo. Es por la tarde noche cuando tenemos tiempo para estar con la familia, pero no hay un lugar cómodo y seguro al que ir"».

El museo estaba aislado de la comunidad a la que se suponía que debía servir. Con esta conclusión comenzó el trabajo de resolución del problema por parte de la dirección del museo, impulsado por una nueva serie de preguntas: «¿Cómo echar abajo los muros del museo? ¿Cuáles son las barreras que están impidiendo que venga la gente, que no están permitiéndonos crear esa afluencia y ese espacio compartido?». En grupos de debate con miembros de la comunidad, Sasaki cuenta: «Escuchamos con mucha atención». Y el museo lanzó una iniciativa para responder a las necesidades que había identificado la comunidad.

La iniciativa de «Viernes por la noche en el OMCA» se organizó a fin de crear un espacio para la comunidad dentro del museo. La dirección abrió las grandes puertas que aislaban el recinto, dispuso mesas de pícnic y *food trucks*, música en directo y entradas gratuitas y reducidas para el complejo del museo propiamente dicho. Como esa zona del centro de Oakland suele quedarse desierta después de las cinco de la tarde, abordaron la preocupación por la seguridad invitando al departamento de bomberos del distrito y ofreciéndoles comida gratis.

> Creo que los museos son, en muchos sentidos (y pueden ser), las «mesas de cocina» de nuestro país, pues se trata de lugares que pueden contribuir y dar lugar a conversaciones y debates importantes.
>
> LISA SASAKI

«Lo que terminó pasando desde ese momento de creación de un espacio liminal, de esa zona donde se superpusieron dos mundos tan diferentes, fue algo muy bonito», cuenta Sasaki, Aunque la iniciativa de los «Viernes por la noche en el OMCA» se suspendió durante la pandemia, en su momento de máximo apogeo atraía a cuatro mil personas y «llevó a desarrollar un sentido de comunidad en torno al museo», dice Sasaki. La relación revitalizada con la comunidad condujo a la dirección a cambiar la estructura tipo fortaleza del edificio, renovando las paredes y eliminando las barreras, creando nuevas entradas que permitieran a la gente afluir con libertad desde los terrenos del lago Merritt y usar el espacio. «Fue cuestión de tirar abajo los muros», dice Sasaki.

A nivel individual podemos derribar muros culturales de muchas maneras distintas. La lección del ejemplo del OMCA se puede aplicar incluso a pequeña escala en cualquier barrio. También podemos trabajar de forma activa para eliminar barreras en todos los campos donde se ha excluido a tanta gente del acceso y la participación, o se los ha marginalizado o se han explotado sus valiosas aportaciones.

Solo un ejemplo: Charles Henry Turner,[12] pionero en los estudios del comportamiento de los insectos al que ya hemos mencionado y cuya tesis de grado sobre la neuroanatomía del cerebro de las aves figuró en las páginas de la revista *Science* en 1891, publicó más de setenta ensayos en diversos campos a lo largo de su carrera. A pesar de su distinguida obra y de haberse doctorado en la Universidad de Chicago en 1907, el racismo atrincherado en la sociedad y las ciencias de la época limitó drásticamente las oportunidades y los recursos con que podía contar un afroamericano, como Turner. Hasta hace poco tiempo no había tenido lugar una acción conjunta para rescatar del «vergonzoso abandono»[13] sus aportaciones científicas, como Charles I. Abramson publicó en *Nature*, en el artículo «Henry Turner Remembered». Cada vez más personas, tanto en el ámbito de la ciencia como en otros, están presionando para cambiar el panorama anterior.

Una época, una tecnología y unas oportunidades sin precedentes

En muchos frentes (salud, educación, medio ambiente, derechos humanos) nos encontramos ante emocionantes horizontes de potencial casi ilimitado para alcanzar un mundo LIT. A diferencia de cualquier otra época de la historia, estamos equipados para resolver problemas a gran escala con tecnologías nuevas en rápido desarrollo. La nanotecnología, por ejemplo, que nos permite manipular moléculas y átomos, es ubicua en el ámbito de la investigación. Todos los laboratorios tienen acceso a ella. Ahora contamos también con plataformas de comunicación globales que permiten sostener redes sociales, así como redes especializadas donde tienen lugar intercambios científicos, acción social, diplomática y estatal y otros intercambios interculturales sin precedentes. Nunca hemos tenido a nuestra disposición herramientas tan avanzadas para que la comunicación sea tan rápida y accesible.

El periodo inicial de la pandemia de COVID puso todo esto de manifiesto en el ámbito de la ciencia y la medicina. Una sociedad global tecnológicamente avanzada con muchas personas dedicadas a la resolución de problemas en todas partes afrontó un reto global peliagudo que tenía el potencial de afectar de manera negativa a todas y cada una de las personas del planeta, y movilizó a la comunidad internacional para causar un impacto positivo en la civilización tal y como la conocemos. Como comunidad global, afrontamos los retos que surgieron y generamos soluciones notables que en el pasado habrían tardado meses o años en producirse, desde vacunas hasta mascarillas, respiradores modificados para servir a más pacientes, nuevas terapias, pruebas, maneras de registrar la incidencia, maneras de comunicar datos ciertos y desmentir mitos mediante la investigación revisada por pares...

Durante la pandemia, me pidieron codirigir el grupo de trabajo de mascarillas N95 en el Mass General Brigham, centro para la innovación en el COVID, con el fin de ayudar a desarrollar planes de refuerzo de mascarillas para los hospitales. El grupo de trabajo creció con rapidez hasta las trescientas veinte personas, incluidos ingenieros, científicos generalistas, estudiantes, gente de la industria y ciudadanos interesados en ayudar.

Uno de los muchos asuntos que atendimos tenía que ver con la escasez de mascarillas N95 de tamaño pequeño para sanitarios que trabajaban en primera línea de la pandemia (la escasez puso también de manifiesto una cuestión de género, pues más del noventa por ciento de los profesionales de la enfermería son mujeres, que solían necesitar una mascarilla de tamaño más pequeño para que el encaje permitiese una protección adecuada). Los suministros se agotaban con rapidez. Surgió entonces un problema muy específico: reparar miles de tiras elásticas de un envío de mascarillas N95 que habían sido donadas al descubrirse que se habían dañado durante el almacenamiento. La empresa de calzado New Balance se ofreció a ayudar y pudimos aumentar rápidamente nuestra escala de fabricación y enviar las mascarillas reparadas a los hospitales para su uso inmediato.

El empuje de la comunidad, la determinación y la energía colectiva eran muy potentes, y se amplificaban con el inspirador compromiso que veíamos en tanta gente a nuestro alrededor y por todo el mundo. Era palpable la energía LIT y, como es propio de ella, conducía a más colaboraciones en otros frentes centrados en innovaciones para prevenir la transmisión no solo del COVID, sino también de otras enfermedades en el caso de futuras pandemias.

El grupo de trabajo de las mascarillas N95 fue solo un ejemplo de cómo se juntaba gente muy diversa con una intención profunda (responder a la crisis del COVID) y se convertía en una estructura de trabajo con un proceso de decisión y ejecución. Las energías se fusionaban en la rápida evolución del proceso, con el potencial de una repercusión inmediata, todo lo cual requería la compleja colaboración entre disciplinas, instituciones y sistemas organizativos. A pesar de los inevitables fallos y reveses que se produjeron al responder a una crisis que estaba desarrollándose en tiempo real, se reveló también el potencial de colaboración sin precedentes de nuestro tiempo.

> No tengo el poder de desmantelar Monsanto. Pero lo que sí tengo es la capacidad de cambiar cómo vivo a diario y cómo pienso sobre el mundo. Solo necesito tener fe en que, cuando cambiamos cómo pensamos, de repente cambiamos cómo actuamos y cómo actúan quienes nos rodean, y así es como cambia el mundo. Cambiando corazones y mentes. Y es contagioso.[14]
>
> ROBIN WALL KIMMERER

Recuerdo ahora el comentario de Steffanie Strathdee sobre la increíble respuesta colaborativa que salvó la vida de su marido hace varios años cuando estuvo a punto de morir de una infección causada por una superbacteria resistente a los antibióticos. Strathdee acudió a sus conocimientos y redes como prominente experta en enfermedades infecciosas para ponerse en contacto con investigadores y médicos, a la mayoría de los cuales no conocía, para intentar organizar un tratamiento experimental que pudiera salvar a su marido y resultar prometedor para otros casos. Como contó en *The Perfect Predator: A Scientist's Race to Save Her Husband from a Deadly Superbug*, con muy poco tiempo y muy pocas posibilidades de éxito, envió correos electrónicos, publicó en redes sociales y buscó en internet posibilidades. Acabó poniendo juntas sugerencias, una estrategia, un equipo de científicos y otras personas esenciales, y dando con un tratamiento experimental que acabó salvando a su marido.

«Yo solo fui la chispa —dice hoy Strathdee, explicando que la sinergia vino de otros, con frecuencia de manera casual, como resultado de conversaciones y encuentros teñidos de serendipia—. Vieron que había algo que podía hacerse por el bien común, por un sentido de lo colectivo —dice—. Eso es lo que veo que está pasando. Y lo que me parece tan emocionante: que a pesar del miedo que da a veces estar viva en esta época, la vulnerabilidad que tenemos como individuos y como seres humanos nos está juntando para combatir un problema».

Lo mismo puede decirse de cualquiera de las facetas del empeño humano, desde los programas de artes y alfabetización hasta los negocios socialmente responsables o el activismo social y medioambiental. Este fenómeno de colaboración proviene del potencial humano ilimitado que todos tenemos dentro y que atrae energía similar de quienes nos rodean. Cuando alguien define un problema y muestra compromiso y pasión resolviéndolo, esa energía crea una fuerza de gravedad considerable, y no solo para esa situación en particular. Señala a otros que «cualquiera puede hacer esto; todos tenemos el poder de hacerlo». Es el mismo poder de la energía que vibra en las historias de Courchene, en Turtle Lodge, o en la de Steffanie Strathdee buscando el modo de salvar a su marido.

Es propio de la naturaleza humana que cuando alguien pone pasión en una causa, otros quieran unirse y ayudar. Está inscrito en nuestro ADN. A menudo el primer paso es el más duro, y puede ser difícil imaginar toda la ayuda que seremos capaces de reclutar. Pero una vez que empezamos a movernos, una vez que la pelota empieza rodar, coge velocidad, impulso. Así que tenemos que decidir: podemos centrarnos en empezar algo nuevo o en unirnos a algo que ya esté en marcha.

En lugar de esperar a que otros actúen o a que se genere un impulso colectivo antes de unirnos a él, podemos utilizar oportunidades cotidianas para generar impulso, propiciar una conversación y movilizar la energía necesaria para pasar a la acción en cuestiones que nos parecen apremiantes. Nunca sabemos cuándo algo que digamos o hagamos puede ser la chispa que impulse a otra persona a conectarse, a actuar o a poner en marcha la energía necesaria para un cambio que hacía falta. La compasión se encuentra en el centro mismo de la pasión y el compromiso de las personas que crean ellas solas una fuerza de gravedad enorme y unen mágicamente a gente para ayudar a resolver problemas.

«La gente suele pensar que los grandes líderes nacen, no se hacen, que, de alguna manera, están destinados a la grandeza —escribe la activista medioambiental Lynne Twist en su libro *Living a Committed Life: Finding Freedom and Fulfillment in a Purpose Larger Than Yourself*—.[15] Sin embargo, yo creo que es justo lo contrario, que comprometerte con una causa inspiradora es lo que te convierte en un gran ser humano. Es el compromiso lo que te convierte en quien necesitas ser para cumplir tu cometido. No es que necesites ser lo bastante inteligente o tener el talento o los conocimientos suficientes para comprometerte. Primero te comprometes y luego el talento, el conocimiento, la pasión y los recursos comienzan a hacerse visibles y a moverse hacia ti».

James Doty: la compasión como denominador común de la humanidad

James Doty, el neurocirujano de Stanford que lanzó la iniciativa de estudiar el sustrato neurológico de la compasión, explica que incluso a pesar de nuestra capacidad innata para la compasión, esta no es una respuesta automática, en especial con gente o en situaciones que nos producen estrés. Puede ser fácil sentir compasión por alguien que nos dé pena o que nos toque una fibra sensible. Sin embargo, puede ser más difícil sentirla por personas cuya apariencia, comportamiento o creencias nos desagraden. Según Doty y otros activistas de la compasión, este último es un terreno muy fértil en el que practicarla y cultivarla.

Para mí la compasión es la empatía en modo LIT (empatía en acción); no solo ver las cosas a través de los ojos de otra persona y comprender su perspectiva, sino transformar de forma activa esa energía para marcar la diferencia; convertir de manera efectiva el potencial de la empatía en energía cinética, compasión cinética. Podría ser a nivel individual o con tu familia, en el trabajo o en la comunidad.

> La compasión es la voluntad de mirar a otro ser humano con los ojos más generosos posible, incluso aunque esa persona haya hecho algo con lo que no estemos en absoluto de acuerdo. Es esforzarse por pensar en esa persona y tratar de verla con los ojos de su madre o su padre, o de un amigo muy íntimo, o preguntarse: ¿cómo trataría a esta persona si fuera alguien muy querido para mí?[16]
>
> Obispa MARIANN BUDDE

Doty y otros mentores del incipiente movimiento de la compasión sugieren tomar conciencia de la compasión como una capacidad humana innata y una fuente de energía poderosa que podemos dirigir. Podrías empezar practicando la autocompasión: aceptarte a ti mismo y tus imperfecciones, y decirte algo amable. Con frecuencia trato de buscar historias, investigaciones y consejos prácticos para desarrollar la compasión o que conecten conmigo a nivel emocional, algo que también nos ofrece la propia naturaleza cuando nos paramos un momento a apreciarla y, a la vez, nos reconocemos como parte de ella y dignos de compasión. Brené Brown hizo un estudio de muchos de los grandes personajes del pasado, gente conocida por su compasión, y encontró que todos ellos tenían una cosa en común: establecían límites estrictos en su vida. Por ejemplo, las personas compasivas tienden a mantener límites personales que protegen su propio espacio a la vez que protegen también un espacio seguro para otras personas.

La compasión no es solo tener una mentalidad compasiva, sino también pellizcar el cerebro para escuchar con cariño a los demás con todos los sentidos activados. Va también de aquietar nuestra parte impaciente, la que quiere cuidar y lanzarse a resolver los problemas o la que envía señales reactivas para reconducir una conversación en una dirección cómoda o que podamos controlar.

La llamada a cuidar es innata en los seres humanos. La comunicación compasiva invita a la reciprocidad. En el entorno del trabajo, además de abrir el espacio y escuchar a los otros, me he percatado de que resulta útil contar a los demás ciertos aspectos de mis luchas o mis vulnerabilidades.

Hablar abiertamente de los momentos en que he sufrido rechazos o de mis fallos, ser un poco más transparente, invita a los demás a hacer lo mismo. Comparto mis pensamientos a medida que evolucionan, aceptando que no hace falta decirlo todo a la perfección; la vida es un proceso iterativo.

En el contexto del laboratorio, se han integrado en mis instintos y reacciones las herramientas y la compartimentalización que he ido desarrollando para maximizar el rigor y la efectividad. Pero no son inmunes al cambio. Lo importante es la evolución personal, que es, al fin y al cabo, un proceso LIT. Con compasión, se puede cultivar LIT de los modos más simples.

Ahora, cuando conozco gente, trato de observar de qué manera respondo ante ellos y, como con frecuencia soy reactivo y quiero cambiar eso, estoy trabajando en el desarrollo de la compasión. En primer lugar la practico conmigo mismo, silencio a mi crítico interior y me centro en las otras personas y en su experiencia del momento. Presto atención a cómo están respondiendo ante mí. Luego, a medida que avanza la reunión, trato de ajustar las cosas, experimentando con mis palabras, el tono y el lenguaje corporal. Puede que para mucha gente esto sea de lo más normal, pero a algunas personas nos cuesta a veces leer bien las señales sociales y responder como nos gustaría, y esta práctica de autocompasión y escucha compasiva es LIT, es un comienzo. La práctica hace que el hábito se vuelva más natural y menos forzado.

Accede a la fuente espiritual

La ciencia va con retraso a la hora de explicar nuestra capacidad de tener experiencias trascendentes o espirituales.[17] Es bastante reciente su incursión en este ámbito, tras un largo silencio en torno a la conceptualización de un tipo de inteligencia espiritual tan real como la cognición o la inteligencia basada en el cerebro. Durante mucho tiempo se ha considerado imposible de cuantificar y, por tanto, imposible de demostrar científicamente, de modo que ni siquiera se podía reconocer como existente a nivel legal, lo que no ha impedido que los humanos vivamos estas experiencias y las describamos, desde estados oníricos hasta vivencias cercanas a la muerte, pasando por sensaciones de súbita comprensión o de unidad con una presencia universal o un plano superior.

La ciencia de la espiritualidad está evolucionando también a medida que las imágenes por resonancia magnética y otros métodos nos suministran información sobre el cerebro humano durante la meditación y otros estados que podríamos considerar manifestaciones de una conciencia superior o trascendente. Las prácticas y las experiencias espirituales, como el resto de las experiencias vitales, se registran en el cerebro. ¿Cómo podrían no registrarse? Como ha apuntado el líder Courchene, la espiritualidad y la ciencia no se invalidan entre sí; ofrecen dos enfoques distintos del entendimiento del universo donde habitamos, son dos dimensiones valiosas del conocimiento de la realidad.

> Cuando un ecosistema está funcionando plenamente, todos los miembros están presentes en la asamblea. Hablar de la naturaleza es hablar del todo.
>
> GARY SNYDER, poeta, escritor
> y activista medioambiental

La espiritualidad ofrece un factor LIT particular como fuente de energía, sea cual sea el modo en que accedamos a ella, tanto si es a través de la naturaleza como de las tradiciones culturales o de una religión organizada. La filosofía trascendentalista norteamericana del siglo XIX, expresada en la obra de Ralph Waldo Emerson y Henry David Thoreau, describía la unidad fundamental de toda la creación, la bondad básica de la humanidad y la superioridad de la conciencia y la inteligencia espiritual sobre la lógica. El trascendentalismo se basaba en gran medida en que nuestros cimientos espirituales se encuentran en la naturaleza. Hoy consideramos que retos globales como el cambio climático y la devastación del medio ambiente son cuestiones trascendentes porque el futuro de la vida en la Tierra depende de cómo resolvamos estos problemas. En mi opinión, la conexión con nuestras capacidades espirituales es un recurso único o una energía renovable en nuestra vida. La actividad espiritual es una faceta de nuestra inteligencia corporal, basada en la naturaleza.

La respuesta LIT nos invita a ampliar nuestra exploración de los valores y las enseñanzas espirituales para encontrar nuevos modos de usarlos al servicio del bien común global. Cultivar el espacio espiritual en el marco de esa búsqueda nos ofrece apasionantes oportunidades de descubrimiento y avances para la humanidad.

> Hoy en día nuestra supervivencia depende de nuestra capacidad de estar despiertos, de ajustarnos a nuevas ideas, de permanecer vigilantes para afrontar los retos de cambio.[18]

MARTIN LUTHER KING

La obispa Mariann Budde: una vida a examen

«Existe una universalidad en el camino espiritual. Cuanto más avances en él, cuanto más abierto estés a sus enseñanzas y estas te transformen de verdad, más universal se vuelve —me dijo la obispa Mariann Budde—. Martin Luther King era un pastor baptista, pero su mayor influencia fue Mahatma Gandhi, ¿verdad? El arzobispo anglicano Desmond Tutu, que luchó toda su vida contra el *apartheid* en Sudáfrica, tuvo en el Dalai Lama a uno de sus amigos más íntimos. Por tanto, puede verse esa conexión. En el núcleo de todas las tradiciones espirituales hay verdades básicas que tienen un peso y una profundidad universales».

Hay algo en el camino espiritual que «pone constantemente ante nosotros una vida de reflexión, una invitación a examinar nuestra vida, a ver nuestros propios defectos, a vivir sin centrarnos solo en nosotros mismos —dice Budde—. De esta manera, tu vida ya no se orienta solo hacia tu supervivencia o la de tu clan, sino a un propósito superior. Y parte de la búsqueda espiritual consiste en caminar por ese camino, al que se puede llegar de muy distintas maneras».

El camino varía para cada uno. Algunos lo explorarán a través de la oración o la meditación, de prácticas o tradiciones religiosas formales o del activismo al servicio de los demás o del planeta. El fotógrafo Stephen Wilkes encuentra la experiencia trascendente en el lenguaje visual de la fotografía y se propone abrir ese espacio sensorial a quienes vean su obra. En su proyecto sobre Ellis Island, por ejemplo, dice que quiso captar la rica textura visual de las estancias en «la preciosa pintura, el color de estilo renacentista y la sencilla y elegante composición».

Pero en esas fotografías hay algo más que no resulta aparente a simple vista. «Es la historia de la gente que vivió y murió en esas estancias —explica—. La experiencia de los inmigrantes vive en mis fotografías. Cobré plena conciencia de ello mientras fotografiaba la isla. Al revelar algunas imágenes sentía la misma sensación que había tenido en la habitación, que es la misma que tengo en la calle: el "Sí, puedes sacarme una foto; no, no puedes sacarme una foto", solo que no había gente en las habitaciones de Ellis Island. Estaba sintiendo de manera palpable la humanidad que habitaba en aquellas salas vacías. Era como si la luz estuviera dando nueva energía a la historia que había en esas estancias».

Al comenzar a explorar esa experiencia a fondo, dice: «Vi que había un poder tremendo: lo que parecía ser una estancia vacía de fotografía arquitectónica estaba inundada literalmente de emoción». Mientras editaba las miles de imágenes para crear la galería final de setenta y seis, dice: «Cada una tenía sentimiento, el subtexto de la humanidad que había en las habitaciones. En aquellas estancias estaba ocurriendo algo más».

Estamos siempre en un estado de evolución. Siempre evolucionamos, y ahora mismo nos encontramos en un momento muy importante en el que podemos evolucionar hacia un mayor entendimiento de cómo deberíamos vivir y comportarnos los seres humanos. Lo que siempre se ha descuidado es la conciencia espiritual.

DAVE COURCHENE, nación Anishinaabe

Para cultivar una conexión LIT, imagina tu corazón y tu alma (en lugar de tu cerebro regido por la lógica) en el asiento del conductor en distintos momentos de tu día. Cuando te sientas estresado o impaciente, dale al espíritu la oportunidad de ralentizarte para que puedas conectarte, escuchar y responder.

Sabiduría de sobremesa para un mundo LIT

En nuestra familia no siempre nos reunimos alrededor de la mesa de la cocina para cenar, pero nos hemos propuesto juntarnos con ese espíritu de compartir una comida y una conversación o un momento de reflexión al menos una vez al día. No siempre es alegre. A veces resulta conflictivo. Sin embargo, lo que hemos aprendido es que es importante poder decir lo que tenemos en la cabeza, y a veces en el corazón, concedernos ese tiempo en el que nos demos unos a otros el beneficio de la duda y tratemos de interactuar con curiosidad, sin juzgar y con compasión, y de escuchar un punto de vista diferente. Los chavales, sobre todo, necesitan ser escuchados. Pero todos ganamos algo de la oportunidad de reflexionar sobre cómo hemos gestionado alguna cosa el día anterior o en algún momento del pasado, con la conciencia de que está en nuestra mano recalibrar nuestro pensamiento y comportamiento, y avanzar. Cada día trae nuevas posibilidades y cada uno de nosotros aporta potencial nuevo a cada momento. ¿Cómo vamos a usarlo? La idea es que las grandes cuestiones y los mensajes universales desciendan a los retos diarios que afrontamos, las decisiones que tomamos y los valores que nos guían.

> Estar juntos genera optimismo y creatividad. Cuando la gente tiene un sentido de pertenencia, su vida es más fuerte, más rica y más gozosa.[19]
>
> VIVEK MURTHY,
> *Together: The Healing Power of Human Connection in a Sometimes Lonely World*

Así que tanto si se trata de dedicar atención y recursos a nuestra familia más inmediata como a la global, podemos practicar salirnos del camino trillado en una conversación e implicarnos en un poco de pensamiento LIT, con algo de imaginación y «creación de mundo». Incluso en la pequeña esfera de acción de nuestra familia, las lluvias de ideas pueden estimular nuestra atención y compromiso con decisiones que tomemos que sean beneficiosas para nosotros y para el planeta.

Me gusta imaginar la aplicación de un poco de sabiduría de sobremesa al rediseño del concepto del Carrusel del Progreso de Walt Disney para la era LIT. Podemos reemplazar la fascinación con el progreso por una visión más reflexiva y rigurosa de los costes y beneficios que conlleva la innovación. Podemos tener en cuenta el mundo natural y tratar el planeta como un ser vivo, que es nuestro hogar y nuestra familia, no un fondo ante el que «hacernos la foto». Podemos reconocer la complejidad como un hecho y dedicarle atención con nuestras mejores estrategias de resolución de problemas y acción LIT. En el proceso, veremos retos que afrontar, en lugar de excusas para la inacción.

Ilumina el mundo: permanece cerca, y tu pasión encontrará un propósito

Pasamos mucho tiempo encerrados en nuestro propio mundo, mirando hacia dentro. Quizá es un mecanismo de supervivencia, una manera de afrontar todo el ruido y los estímulos constantes. Pero para maximizar la supervivencia y prosperar, tenemos que abrazar las interconexiones, la diversidad de pensamientos y mentalidades en este texturado mundo nuestro. Por ejemplo, llevar auriculares mientras vamos en el metro o el autobús o estamos en la cola del supermercado o la cafetería significa que nos perdemos la oportunidad de disfrutar de encuentros fortuitos que nos permitan conectar con alguien, o de observar o reflexionar sobre la vida de otras personas. A veces necesitamos evitar esas interacciones, sobre todo si nos sentimos vulnerables ante la energía negativa de otras personas, pero es importante ser conscientes de qué otras cosas adicionales estamos bloqueando cuando nos aislamos. Desarrollar la compasión forma parte de nuestro trabajo interior: pasar tiempo pensando en los demás y dejar que las interacciones fortuitas nos toquen la atención y las emociones con frecuencia son oportunidades para separarnos de nuestra mentalidad estrecha y nutrir nuestra evolución personal.

No siempre podemos estar alrededor de la misma mesa compartiendo una comida o ni siquiera en el mismo huerto comunitario, pero sí podemos hacer un esfuerzo sabiendo el potencial que nos ofrece la cercanía. No perder de vista el premio puede potenciar nuestra motivación y reducir la energía de activación necesaria para dar el primer paso. Si la proximidad física no es una opción, entonces potencia el valor LIT de las redes sociales y otras plataformas, que te permiten participar en conversaciones o experiencias en remoto. El objetivo es acortar distancias, eliminar barreras y cultivar relaciones genuinas.

Por muy diversas y a veces lejanas que puedan parecer las cuestiones globales, es posible permanecer cerca de la fuente de bienestar abrazando la naturaleza como lo que somos y quienes somos, e identificando la inspiración que nos rodea para cultivar la conexión compasiva.

Tenemos a nuestro alrededor muchas oportunidades de crear un mundo LIT. Cultivar es nutrir algo, cuidarlo con especial atención y con la intención de ayudarlo a crecer. Los agricultores, al cultivar la tierra, la nutren para crear un entorno de crecimiento óptimo donde puedan prosperar las plantas. En el laboratorio, cultivamos células para conocer los procesos biológicos y poder aprovecharlos en innovaciones terapéuticas. En el mundo en general, podemos cultivar todo tipo de cosas: ideas, intereses, relaciones y conexiones. Podemos cultivar una vida LIT y un mundo LIT del mismo modo, con cuidado e intención, usando las herramientas de las que disponemos para activar energía con la que encender e iluminar el mundo.

Renueva la chispa: preguntas sobre las herramientas de encendido vital (LIT)

¿Qué constelación de energías crea las condiciones que infunden nueva energía en tu día? ¿Trabajo, familia, tiempo al aire libre, entornos sociales, descanso, relajación? ¿Qué maximiza tu curiosidad, tu compasión y tu intención? No es necesario responder rápido. Estas y otras preguntas que detallo a continuación te permitirán reflexionar para perfeccionar tus intenciones. Tanto si te viene algún pensamiento como si no, reflexiona, explora un recuerdo o lo que te venga a la mente, busca en el mundo natural ideas e inspiración y deja que eso sea un comienzo mientras activas las herramientas de encendido vital y preguntas: ¿y ahora?

- **Acciona el interruptor.** Piensa en un ejemplo de alguna ocasión en que hayas interceptado tus patrones de conducta repetitivos para hacer cambios sencillos que hayan puesto la pelota en movimiento. Podría tratarse de una opinión o una creencia que tenías sobre ti mismo que haya cambiado. En cuanto a cosas de tu vida en las que te gustaría actuar con más intención, ¿qué te está deteniendo?

- **Haz preguntas.** Piensa en un ejemplo de alguna ocasión en la que hicieras una pregunta intencionada que estimulara tu mente. ¿Qué piensas sobre cómo piensas? ¿Cómo te ves resolviendo problemas, aprendiendo u observando a las personas y el mundo que te rodea?

- **Moléstate.** Piensa en un ejemplo de alguna ocasión en que algo te incentivó para preocuparte por algo y canalizó tu energía hacia alguna cosa. ¿Qué «por qués» te motivan?

- **Sé un oportunista activo.** El oportunismo LIT se basa en la aportación, en cultivar conexiones y relaciones para realizar acciones que sirvan al bien común. Piensa en un ejemplo de alguna ocasión en que hayas reconocido este tipo de oportunidad y hayas respondido a ella. ¿Cómo creas activamente esas oportunidades?

- **Pellízcate el cerebro.** Piensa en un ejemplo de alguna ocasión en que te resistieras a los impulsos que hacen deambular tu mente para centrar tu atención en algo que quisieras. En este momento preciso, ¿hay algo maravilloso con lo que te gustaría que deambulara tu mente?

- **Engánchate al movimiento.** Piensa en un ejemplo de un paso pequeño que hayas dado y que te aportara energía para hacer más. ¿Cuál es esa cosa que puedes hacer con facilidad y que aporta más movimiento a tu vida?

- **Enamórate de la práctica.** ¿Qué experiencias has tenido con la práctica de una habilidad que te hayan dado felicidad? ¿Qué te motiva a ser persistente con la práctica?

- **Haz cosas nuevas y diferentes.** Piensa en un ejemplo de alguna ocasión en que afrontaras lo que por lo general te impide hacer algo nuevo e interesante o revigorizante. ¿Cómo sueles encontrar sorpresas o experiencias inesperadas? ¿Qué cosa nueva has pensado hacer, pero no acabas de decidirte a hacerla?

- **Céntrate más allá del fracaso.** ¿Qué revés has sufrido en el que una percepción nueva cambiase tu actitud y te hiciera seguir adelante? ¿Cuál es la actitud para afrontar reveses que te funciona tanto emocional como tácticamente?

- **Sé humano, se humilde.** Piensa en un ejemplo de alguna ocasión en que respondieras con el corazón, en lugar de hacerlo de forma automática, a algo que dijera o hiciese alguien. ¿Qué pasos podrías dar para mostrar más compasión contigo mismo?

- **Pulsa el botón de pausa.** Piensa en un ejemplo de alguna ocasión en que te hayas apartado del barullo de tu vida para recargar tu energía y recuperarte. ¿Cuáles son los retos que experimentas a la hora de fijar límites para proteger tu descanso?

- **Estrecha lazos con la naturaleza.** Piensa en un ejemplo de alguna ocasión en que te encontraras con algo en el mundo natural que te calmara la mente o apaciguara el alma. ¿Cómo definirías tu relación con la naturaleza y cómo ha evolucionado a lo largo del tiempo (si lo ha hecho)?

Epílogo
Las respuestas están en las preguntas

De mis viajes y de ver documentales sobre distintas culturas, la pregunta que a mí me surge como una estrella que ilumina los límites de una perspectiva fija es: ¿cuánto de lo que pensamos que es «normal y corriente» es diferente en otras culturas? Dicho con otras palabras, lo «normal» es maleable, una construcción social y, así como podemos mirar a la naturaleza buscando inspiración, también podemos mirar a otras culturas buscando ideas (tanto tradiciones como innovaciones) para sembrar otras nuevas en nuestra vida y nuestro trabajo. Como el experto en gestión, educador y escritor Peter Drucker ha dicho, «El trabajo importante y difícil nunca es encontrar las respuestas apropiadas, sino las preguntas oportunas».[1]

Trabajo con esta verdad en el laboratorio todos los días y la incluyo como herramienta LIT porque he visto que las preguntas pueden desbloquear conocimientos e innovación inimaginables. Como ha dicho Hal B. Gregersen, autor de *Questions Are the Answer: A Breakthrough Approach to Your Most Vexing Problems at Work and in Life,* «las preguntas tienen el curioso poder de desbloquear nuevos conocimientos y cambios de comportamiento positivos en cualquier parte de nuestra vida. Pueden desbloquear a la gente y abrir nuevas direcciones de progreso sea lo que sea aquello a lo que se estén enfrentando».[2]

He aquí una pregunta que ya he mencionado, pero creo que es tan fundamental que merece que la repita: «¿Cómo definimos esa morada que abarque la naturaleza y toda la humanidad, así como la diversidad de todo tipo, y que, en lugar de cerrar los límites de nuestro sentido de la pertenencia, amplíe nuestra conexión con aquello que aún no conocemos o no entendemos?».

Las siguientes preguntas, extraídas de las conversaciones sostenidas y la investigación llevada a cabo para la confección de este libro, pueden servir de botón de encendido para ayudarnos a responder.

> ¿Cómo puedo influir, por poco que sea, en mejorar la vida de una persona cada día?

> JAMES DOTY

> ¿Qué es suficiente?

> DAVID SUZUKI

> ¿Cómo puedes profundizar tu conexión con el mundo no humano hoy? ¿Cómo estás tratando a los demás?

> PANDORA THOMAS

> ¿Cómo podemos encontrar un modo de unirnos como humanidad para tener una voz más fuerte en la manera en la que deberíamos estar viviendo y tratándonos como seres humanos?

> Líder espiritual DAVE COURCHENE,
> nación Anishinaabe

> Ahora estamos despiertos, y la pregunta es: ¿cómo permanecemos despiertos al mundo de los seres vivos? ¿Cómo hacemos que pedir consejo a la naturaleza se convierta en un acto normal de invención diaria?

> JANINE BENYUS

> ¿Cómo trataría a esta persona si fuera muy querida para mí?

> Obispa MARIANN BUDDE

¿Cuál es tu estrategia para conseguir claridad en tu vida? ¿Qué puedes hacer o qué has encontrado que te aporte claridad?

JESSICA SIMONETTI

Te animo a vivir estas preguntas a tu manera, penetra en el espacio que abren para la conversación, la reflexión y finalmente la acción.

¡Crea tu propia vida LIT!

Agradecimientos

He recibido un apoyo increíble a lo largo de toda mi vida y valoro profundamente la paciencia ilimitada, la comprensión, la maravillosa lucidez y el amor de mi esposa. Gracias.

A mi madre, Suzie Vanston; a mi padre, Mel Karp; también a mi hermana, Jen Karp: sin vosotros habría sucumbido ante los retos de aprendizaje que tuve que superar, y estaría aislado y hundido. Gracias, mamá, por apoyarme en los momentos difíciles del colegio. Gracias, papá, por fomentar la curiosidad por la naturaleza que tanto me ha alimentado.

A mis increíbles profesores Lyle Couch, Ed McAuley y Glen McMullen, y a mis mentores, incluidos Robert Langer, John Davies, Molly Shoichet y Jaro Sodek: visteis mi potencial, fomentasteis mi curiosidad y estimulasteis mi pasión y mi interés por la innovación médica.

Mis hijos Jordyn y Josh me aportan una alegría inmensa y me inspiran a diario. Mi amor por ellos y por nuestros perros, Ryder y Giner, es tan grande que no se puede expresar con palabras. Y vuelvo a mi esposa, Jessica Simonetti, cuya sabiduría infinita y conexión espiritual me han ayudado a evolucionar y a aprender sobre mí mismo. Su inspiradora compasión y capacidad para cambiar mi perspectiva y mi actitud son auténticos dones. También quiero expresar mi agradecimiento por el apoyo que me han prestado la familia de mi esposa y mis amigos Mike, Gil, Jason, Ryan, Dan, Ben, Michael, Koen y Josh, así como los que ya no están entre nosotros, como Angela Haynes y Dick Butterfield.

A mi fabulosa colaboradora, Teresa Barker, tan comprometida con el proyecto de cambiar el mundo, y con quien tengo una sinergia mágica. Gracias por tu brillantez, bondad, apoyo, consejo y energía. He aprendido

tanto de ti sobre comunicación efectiva y sobre las maravillas de la vida...
Me has ayudado a definir y redefinir lo que es más importante.

A Mariska van Aalst, Alisa Bowman, Elaine St. Peter, Steve Weiner, Rebecca Barker, Sue Shellenbarger, Aaron y Lauren Weiner y Dolly Joern, gracias.

Estoy también muy agradecido a Cassie Jones, Jill Zimmerman y a toda la gente maravillosa que me ha ayudado en William Morrow.

También quiero expresar un enorme reconocimiento a Heather Jackson, mi agente, por sus notables consejos a lo largo del camino y por ayudarme a encontrar un hogar maravilloso para LIT. Y a Madeleine Morel, agente de Teresa, por su apoyo entusiasta.

Valoro mucho la generosidad de todas las personas a las que he entrevistado para el libro. Sus historias, conocimientos y pasiones me han inspirado y me han permitido trasladar esa chispa LIT a un público mayor. Incluyo aquí a todas aquellas personas que conocí por casualidad y en interacciones diarias, desde conductores de Uber hasta personas que tomaban algo en la misma cafetería que yo. También quiero dar las gracias a estudiantes y colaboradores; a otros miembros de mi familia y amigos; al personal y los administradores de las siguientes instituciones: Hospital Brigham and Women's, la facultad de Medicina de Harvard, el Instituto de Células Madre de Harvard, el Instituto Broad del MIT y Harvard, y la División de Ciencias de la Salud y Tecnología de Harvard-MIT.

Vaya un último reconocimiento a todos aquellos cuyo potencial ilimitado ha pasado desapercibido para otras personas y que a veces han sentido que no encajaban, o a quienes, como me pasó a mí, les han dicho: «No, reduce tus aspiraciones», «Lo estás haciendo mal», «No puedes hacerlo», etcétera. Que sepáis que la naturaleza nunca juzga y que sois parte integrante y crucial del ecosistema natural de la vida. La naturaleza siempre está de vuestro lado cuando interactuáis con ella con bondad e integridad.

Notas

INTRODUCCIÓN. EL VIAJE DE UN NIÑO HACIA LIT

1. Eden Phillpotts, *A Shadow Passes*, Nueva York, The Macmillan Company, 1919, p. 17.

2. Megan Brenan, «Americans' Reported Mental Health at New Low; More Seek Help", Gallup, 21 de diciembre, 2022, <https://news.gallup.com/poll/467303/americans-reported-mental-health-new-low-seek-help.aspx>, Joan P. A. Zolot, «Depression Diagnoses Surge Nationwide», *American Journal of Nursing* 118, n.º 8, 2018, p. 18.

3. Shriram Ramanathan, «Nickel Oxide Is a Material That Can 'Learn' like Animals and Could Help Further Artificial Intelligence Research», The Conversation, 21 de diciembre, 2021, <https://theconversation.com/nickel-oxide-is-a-material-that-can-learn-like-animals-and-could-help-further-artificial-intelligence-research-173048>.

4. Krista Tippett, «The Thrilling New Science of Awe», 2 de febrero, 2023, *On Being*, pódcast, <https://onbeing.org/programs/dacher-keltner-the-thrilling-new-science-of-awe>.

5. Library of Congress, «Life of Thomas Alva Edison», <https://www.loc.gov/collections/edison-company-motion-pictures-and-sound-recordings/articles-and-essays/biography/life-of-thomas-alva-edison/>.

6. David S. Yeager y otros, «A National Experiment Reveals Where a Growth Mindset Improves Achievement», *Nature* 573, n.º 7774, 2019, pp. 364-369.

7. David S. Yeager, *The National Study of Learning Mindsets [Estados Unidos], 2015-2016*, Ann Arbor, Inter-university Consortium for Political and Social Research, 2021.

8. National Center for Education Statistics, «Students with Disabilities», U.S. Department of Education, mayo 2022, <https://nces.ed.gov/programs/coe/indicator/cgg/students-with-disabilities>.

9. Temple Grandin, «Temple Grandin: Society Is Failing Visual Thinkers, and That Hurts Us All», *New York Times*, 9 de enero de 2023, <https://www.nytimes.com/2023/01/09/opinion/temple-grandin-visual-thinking-autism.html>.

10. Jessica Shepherd, «Fertile Minds Need Feeding», *Guardian*, 10 de febrero de 2009, <https://www.theguardian.com/education/2009/feb/10/teaching-sats>.

11. Ken Robinson, *The Element: How Finding Your Passion Changes Everything*, Nueva York, Penguin, 2009, p. 238.

12. Ken Robinson, «Bring on the Learning Revolution!», TED Talk, 2010, <https://www.ted.com/talks/sir_ken_robinson_bring_on_the_learning_revolution>.

13. Temple Grandin, científica, escritora y defensora de los derechos educativos de los autistas, en conversación con Jeff Karp y Mariska van Aalst, 6 de julio de 2018; conversación con Jeff Karp y Teresa Barker, 19 de julio de 2021.

14. Arthur Austen Douglas, *1955 Quotes of Albert Einstein*, ebook, UB Tech, 2016, p. 60.

15. Ed Yong, *An Immense World: How Animal Senses Reveal the Hidden Realms Around Us*, Nueva York, Random House, 2022. [Hay trad. cast.: *La inmensidad del mundo*, Madrid, Tendencias, 2023].

16. James Bridle, *Ways of Being: Animals, Plants, Machines: The Search for a Planetary Intelligence*, Nueva York, Farrar, Straus and Giroux, 2022, p. 10.

17. Lisa Feldman Barrett, «People's Words and Actions Can Actually Shape Your Brain—A Neuroscientist Explains How», ideas.TED.com, 17 de noviembre de 2020, <https://ideas.ted.com/peoples-words-and-actions-can-actually-shape-your-brain-a-neuroscientist-explains-how/>.

18. Zahid Padamsey y otros, «Neocortex Saves Energy by Reducing Coding Precision During Food Scarcity», *Neuron* 110, n.º 2, 2022, pp. 280-296.

19. Baowen Xue y otros, «Effect of Retirement on Cognitive Function: The Whitehall II Cohort Study», *European Journal of Epidemiology* 33, n.º 10, 2018, pp. 989-1001.

20. Allison Whitten, «The Brain Has a "Low-Power Mode" That Blunts Our Senses», Quanta Magazine, 14 de junio de 2022, <https://www.quantamagazine.org/the-brain-has-a-low-power-mode-that-blunts-our-senses-20220614/>.

21. Rudolph Tanzi, neurocientífico de la facultad de Medicina de Harvard, prominente investigador sobre el alzhéimer, escritor y teclista, en conversación con Jeff Karp y Mariska van Aalst, 20 de septiembre de 2018; conversación con Jeff Karp y Teresa Barker, 26 de junio de 2020 y 18 de junio de 2021.

¡PON LA PELOTA A RODAR! CÓMO REDUCIR LA ENERGÍA DE ACTIVACIÓN NECESARIA

1. Robin Wall Kimmerer, *Gathering Moss: A Natural and Cultural History of Mosses*, Corvallis, Oregon State University Press, 2003, p. 8.

2. Mingdi Xu y otros, «Two-in-One System and Behavior-Specific Brain Synchrony During Goal-Free Cooperative Creation: An Analytical Approach Combining Automated Behavioral Classification and the Event-Related Generalized Linear Model», *Neurophotonics* 10, n.º 1, 2023, 013511-1.

3. Lydia Denworth, «Brain Waves Synchronize When People Interact», *Scientific American*, 1 de julio de 2023, <https://www.scientificamerican.com/article/brain-waves-synchronize-when-people-interact/>.

4. Annaëlle Charrier y otros, «Clock Genes and Altered Sleep-Wake Rhythms: Their Role in the Development of Psychiatric Disorders», *International Journal of Molecular Sciences* 18, n.º 5, 2017, p. 938.

ACCIONA EL INTERRUPTOR. ¿QUÉ ES LO QUE TE ESTÁ FRENANDO?

1. Lynne Twist, cofundadora de Pachamama Alliance, en conversación con Teresa Barker, 3 de mayo de 2022.

2. Eckhart Tolle, *A New Earth: Create a Better Life*, Nueva York, Penguin, 2009, pp. 274-275.

3. Marco Aurelio, *Meditations*, libro 5.20, trad. George Long, <http://classics.mit.edu/Antoninus/meditations.html>. [Hay trad. cast.: *Meditaciones*, Gredos, 1977].

4. Entrevista de James Shaheen con Jan Chozen Bays, «How to Break Free of the Inner Critic", *Tricycle: The Buddhist Review*, 7 de agosto de 2022, <https://tricycle.org/article/jan-chozen-bays-burnout/>.

5. Joyce Roché, en conversación con Jeff Karp y Teresa Barker, 26 de mayo de 2021.

6. Reggie Shuford, director ejecutivo del Centro de Justicia de Carolina del Norte, en conversación por correo electrónico con Jeff Karp y Teresa Barker, 10 de mayo de 2022.

7. Diana Nyad, escritora, oradora motivacional y nadadora de larga distancia, en conversación con Jeff Karp y Mariska van Aalst, 30 de mayo de 2018.

8. Tom Rath, *StrengthsFinder 2.0*, Nueva York, Gallup Press, 2007. [Hay trad. cast.: *Descubre tus fortalezas*, Barcelona, Reverte, 2020].

VIVE PARA CUESTIONARTE. CAMBIA LA CAUTELA POR LA CURIOSIDAD
Y LA INTROSPECCIÓN

1. Krista Tippett, «Foundations 2: Living the Questions», 20 de octubre de 2022, *On Being*, pódcast, <https://www.ivoox.com/foundations-2-living-the-questions-au dios-mp3_rf_94396875_1.html>.

2. Frequency Therapeutics, 8 de abril de 2023, <www.frequencytx.com>.

3. Julia Brodsky, «Why Questioning Is the Ultimate Learning Skill», *Forbes*, 29 de diciembre de 2020, <https://www.forbes.com/sites/juliabrodsky/2021/12/29/why-questioning-is-the-ultimate-learning-skill/?sh=7ff9bc2c399f>.

4. jamesclear.com, <https://jamesclear.com/quotes/if-you-never-question-things-your-life-ends-up-being-limited-by-other-peoples-imaginations>.

5. Michael Blanding, «The Man Who Helped Launch Biotech», *MIT Technology Review*, 18 de agosto de 2015, <https://www.technologyreview.com/2015/08/18/166642/the-man-who-helped-launch-biotech/>.

6. Lily FitzGibbon, Johnny King L. Lau y Kou Murayama, «The Seductive Lure of Curiosity: Information as a Motivationally Salient Reward», *Current Opinion in Behavioral Sciences* 35, 2020, pp. 21-27, <https://doi.org/10.1016/j.cobeha.2020.05.014>.

7. Behnaz Nojavanasghari y otros, «The Future Belongs to the Curious: Towards Automatic Understanding and Recognition of Curiosity in Children», *Proceedings of the 5th Workshop on Child Computer Interaction*, 2016, pp. 16-22.

8. Pierre-Yves Oudeyer, Jacqueline Gottlieb y Manuel Lopes, «Intrinsic Motivation, Curiosity and Learning: Theory and Applications in Educational Technologies», *Progress in Brain Research* 229, julio de 2016, pp. 257-284.

9. Margaret Ables y Amy Wilson, «Fresh Take: Katherine May on "Enchantment"», 17 de marzo de 2023, *What Fresh Hell: Laughing in the Face of Motherhood*, pódcast, <https://www.whatfreshhell pódcast.com/fresh-take-katherine-may-on-enchantment/#show-notes>.

10. <https://achievement.org/achiever/francis-ford-coppola/>.

11. Vivek Murthy, «Protecting Youth Mental Health», *The U.S. Surgeon General's Advisory*, 2021, <https:// www.hhs.gov/sites/default/files/surgeon-general-youth-men tal-health-advisory.pdf>.

12. Clay Skipper, «Surgeon General Vivek Murthy Sees Polarization as a Public Health Issue», *GQ*, 11 de marzo de2022, < https://www.gq.com/story/surgeon-general-vivek-murthy-interview>.

13. Karen Heller, «"Braiding Sweetgrass" Has Gone from Surprise Hit to Juggernaut Bestseller», *Washington Post*, 12 de octubre de 2022, <https://www.washingtonpost.com/books/2022/10/12/braiding-sweetgrass-robin-wall-kimmerer/>.

14. Natasha Gilbert, «Funding Battles Stymie Ambitious Plan to Protect Global Biodiversity», *Nature*, 31 de marzo de 2022, <https://www.nature.com/articles/d41586-022-00916-8>.

15. Dave Asprey, «Use Atomic Habits to Upgrade Your Decisions», *The Human Upgrade*, <https://daveasprey.com/wp-content/uploads/2019/11/Use-Atomic-Habits-to-Upgrade-Your-Decisions-%E2%80%93-James-Clear-%E2%80%93-645.pdf>.

16. Henry David Thoreau, *Walden; or, Life in the Woods* (Boston: Ticknor and Fields, 1854), p. 6, <http://www.literaturepage.com/read.php?titleid=walden&abspage=6&bookmark=1>.

17. Trisha Gura, «Robert Langer: Creating Things That Could Change the World», *Science*, 18 de noviembre de 2014, <https://www.science.org/content/article/robert-langer-creating-things-could-change-world>.

18. Steven D. Goodman, «The Spiritual Work of a Worldly Life: Buddhist Teachings Offer More than an Escape from the Samsaric World», *Tricycle: The Buddhist Review*, 14 de agosto de 2020, <https://tricycle.org/article/buddhist-attitudes-worldly-life/>.

MOLÉSTATE. DESPIÉRTATE A LO QUE QUIERES

1. Diana Nyad, charla con Jeff Karp y Mariska van Aalst, 30 de mayo de 2018.

2. David Courchene, líder de la nación Anishinaabe y fundador del Turtle Lodge, centro internacional para la educación y el bienestar indígena, en conversación con Jeff Karp, 8 de agosto de 2021.

3. Reggie Shuford, director ejecutivo del Centro de Justicia de Carolina del Norte, en conversación con Jeff Karp y Teresa Barker, 10 de mayo de 2022.

4. Carl Jung, *Psychological Reflections*, edición de Jolande Jacobi y R. F. Hull, Nueva York, Bollington, 1953.

SÉ UN OPORTUNISTA ACTIVO. BUSCA IDEAS, CONOCIMIENTO E INSPIRACIÓN EN TODAS PARTES

1. Lisa Feldman Barrett, «People's Words and Actions Can Actually Shape Your Brain—A Neuroscientist Explains How», ideas.TED.com, 17 de noviembre de 2020, <https://ideas.ted.com/peoples-words-and-actions-can-actually-shape-your-brain-a-neuroscientist-explains-how/>.

2. Daniel Câmara, *Bio-inspired Networking*, Washington, D.C., ISTE Press, 2015, pp. 50-51.

3. Hanne K. Collins y otros, «Relational Diversity in Social Portfolios Predicts Well-Being», *Proceedings of the National Academy of Sciences of the United States of America* 119, n.º 43, 2022, e2120668119.

4. Michael Fricker y otros, «Neuronal Cell Death», *Physiological Reviews* 98, n.º 2, 2018, pp. 813-880.

5. Câmara, *Bio-inspired Networking*, pp. 81-102.

6. *Ibid.*, p. 81.

7. Annie Murphy Paul, *The Extended Mind: The Power of Thinking Outside the Brain*, Boston, Mariner Books, 2021.

8. «Thinking Outside the Brain, Interview and Q&A with Annie Murphy Paul», youtube.com, 16 de febrero de 2023, <https://www.youtube.com/watch?v=Y6zga SiDcFk>.

9. James Bridle, *Ways of Being: Animals, Plants, Machines: The Search for a Planetary Intelligence*, Nueva York, Farrar, Straus and Giroux, 2022, p. 10.

10. Entrevista con Phillip A. Sharp, premio Nobel, 7 de abril de 2023, <https://www.nobelprize.org/prizes/medicine/1993/sharp/interview/>; Infinite History Project MIT, «Phillip Sharp». YouTube, 8 de marzo de 2016, <https://www.youtube.com/watch?v=1ihodN7hiO0&t=214s>.

11. *Ibid.*

12. Michael Blanding, «The Man Who Helped Launch Biotech», *MIT Technology Review*, 18 de agosto de 2015, <https://www.technologyreview.com/2015/08/18/166642/the-man-who-helped-launch-biotech/>.

13. Phillip Sharp en conversación con Jeff Karp y Mariska van Aalst, 1 de junio de 2018.

14. Becky Ham, «Phillip A. Sharp: Supporting Science and Engineering as Innovative Forces», American Association for the Advancement of Science, 20 de febrero de 2013, <https://www.aaas.org/news/phillip-sharp-supporting-science-and-engineering-innovative-forces>.

15. Neil Postman, *The Disappearance of Childhood*, Nueva York, Vintage, 1994, p. xi.

16. Chris Hadfield, astronauta, ingeniero, piloto de caza y músico, en conversación con Jeff Karp, 22 de junio de 2021.

17. Edward O. Wilson, *Consilience: The Unity of Knowledge*, Nueva York, Vintage, 1994, p. 294.

18. «What Are the Odds of Making a Hole in One?», American Hole 'n One's Blog, <https://www.ahno.com/americanhno-blog/odds-of-making-a-hole-in-one>.

19. Stephen Wilkes, fotógrafo de paisajes visionario, en conversación con Jeff Karp y Mariska van Aalst, 5 de julio de 2018.

20. Max Nathan y Neil Lee, «Cultural Diversity, Innovation, and Entrepreneurship: Firm-Level Evidence from London», *Economic Geography* 89, n.° 4, 2013, pp. 367-394.

21. Temple Grandin, «Temple Grandin: Society Is Failing Visual Thinkers, and That Hurts Us All», *New York Times*, 9 de enero de 2023, <https://www.nytimes.com/2023/01/09/opinion/temple-grandin-visual-thinking-autism.html>.

22. Lisa Sasaki, subsecretaria interina de Proyectos Especiales del Smithsonian, en conversación con Jeff Karp y Teresa Barker, 15 de julio de 2021.

23. Graham J. Thompson, Peter L. Hurd y Bernard J. Crespi, «Genes Underlying Altruism», *Biology Letters* 9, n.° 6, 2013; Jennifer E. Stellar y Dacher Keltner, «The Role of the Vagus Nerve», en *Compassion: Concepts, Research and Applications*, edición de Paul Gibler, Londres, Routledge, 2017, pp. 120-134.

24. Dacher Keltner y David DiSalvo, «Forget Survival of the Fittest: It Is Kindness That Counts», *Scientific American*, 26 de febrero de 2009, <https://www.scientificamerican.com/article/kindness-emotions-psychology/>.

25. Edward de Bono, *Serious Creativity: Using the Power of Lateral Thinking to Create New Ideas*, Londres, HarperBusiness, 1992, pp. 52-53.

26. Mark A. Runco, «Enhancement and the Fulfillment of Potential», en *Creativity: Theories and Themes; Research, Development, and Practice.*, 2.ª ed., Burlington, Elsevier Academic Press, 2007, pp. 335-387.

27. Michael J. Poulin y otros, «Giving to Others and the Association Between Stress and Mortality», *American Journal of Public Health* 103, n.° 9, 2013, pp. 1649-1655.

PELLÍZCATE EL CEREBRO. LA ATENCIÓN ES TU SUPERPODER

1. Alexandra Horowitz, *On Looking: A Walker's Guide to the Art of Observation*, Nueva York, Scribner, 2014, p. 3.

2. Medical College of Georgia at Augusta University, «Scientists Explore Blood Flow Bump That Happens When Our Neurons Are Significantly Activated», ScienceDaily, 15 de julio de 2019, <www.sciencedaily.com/releases/2019/07/190715094611.htm>; Amy R. Nippert y otros, «Mechanisms Mediating Functional Hyperemia in the Brain», *Neuroscientist* 24, n.° 1, 2018, pp. 73-83.

3. Marcus E. Raichle y Gordon M. Shepherd, eds., *Angelo Mosso's Circulation of Blood in the Human Brain*, Nueva York, Oxford University Press, 2014.

4. Herbert A. Simon, «Designing Organizations for an Information-Rich World», en *Computers, Communications, and the Public Interest*, edición de Martin Greenberger, Baltimore, Johns Hopkins Press, 1971, pp. 37-72.

5. <https://lindastone.net/>.

6. Athanasia M. Mowinckel y otros, «Increased Default-Mode Variability Is Related to Reduced Task-Performance and Is Evident in Adults with ADHD», *Neuroimage: Clinical* 16, 2017, pp. 369-382; Luke J. Normal y otros, «Evidence from "Big Data" for the Default-Mode Hypothesis of ADHD: A Mega-analysis of Multiple Large Samples», *Neuropsychopharmacology* 48, n.° 2, 2023, pp. 281-289.

7. Véase, por ejemplo, Melissa-Ann Mackie, Nicholas T. Van Dam y Jin Fan, «Cognitive Control and Attentional Functions», *Brain and Cognition* 82, n.° 3, 2013, pp. 301-312; Marcus E. Raichle y otros, «A Default Mode of Brain Function», *Proceedings of the National Academy of Sciences of the United States of America* 98, n.° 2, 2001, pp. 676-682.

8. Mackie, Van Dam y Fan, «Cognitive Control and Attentional Functions».

9. Richard B. Stein, E. Roderich Gossen y Kelvin E. Jones, «Neuronal Variability: Noise or Part of the Signal?», *Nature Reviews Neuroscience* 6, n.° 5, 2005, pp. 389-397.

10. Ayelet Arazi, Yaffa Yeshurun y Ilan Dinstein, «Neural Variability Is Quenched by Attention», *Journal of Neuroscience* 39, n.° 30, 2019, pp. 5975-5985; Ilan Dinstein, David J. Heeger y Marlene Behrmann, «Neural Variability: Friend or Foe?», *Trends in Cognitive Sciences* 19, n.° 6, 2015, pp. 322-328; Mark M. Churchland y otros, «Stimulus Onset Quenches Neural Variability: A Widespread Cortical Phenomenon», *Nature Neuroscience* 13, n.° 3, 2010, pp. 369-378.

11. Arazi, Yeshurun y Dinstein, «Neural Variability Is Quenched by Attention».

12. Paul Buyer, *Working Toward Excellence: 8 Values for Achieving Uncommon Success in Work and Life*, ebook, Morgan James Publishing, 2012.

13. Akṣapāda, *The Analects of Rumi,* ebook, 2019.

14. Sapna Maheshwari, «TikTok Claims It's Limiting Teen Screen Time. Teens Say It Isn't», *New York Times*, 23 de marzo de 2023, <https://www.nytimes.com/2023/03/23/business/tiktok-screen-time.html>.

15. Jonathan Bastian, «How Habits Get Formed», 15 de octubre de 2022, *Life Examined*, pódcast, <https://www.kcrw.com/culture/shows/life-examined/stoics-self-discipline-philosophy-habits-behavior-science/katy-milkman-how-to-change-science-behavior-habits>.

16. Michelle L. Dossett, Gregory L. Fricchione y Herbert Benson, «A New Era for Mind-Body Medicine», *New England Journal of Medicine* 382, n.° 1, 2020, pp. 1390-1391.

17. Vrinda Kalia y otros, «Staying Alert? Neural Correlates of the Association Between Grit and Attention Networks», *Frontiers in Psychology* 9, 2018, p. 1377; Angelica Moe y otros, «Displayed Enthusiasm Attracts Attention and Improves Recall», *British Journal of Educational Psychology* 91, n.° 3, 2021, pp. 911-927.

18. Patrick L. Hill y Nicholas A. Turiano, «Purpose in Life as a Predictor of Mortality Across Adulthood», *Psychological Science* 25, n.º 7, 2014, pp. 1482-1486.

ENGÁNCHATE AL MOVIMIENTO. ES LA CLAVE DEL ÉXITO EVOLUTIVO

1. Turtle Lodge, «Indigenous Knowledge Keepers and Scientists Unite at Turtle Lodge», *Cultural Survival*, 5 de diciembre de 2017, <https://www.culturalsurvival. org/publications/cultural-survival-quarterly/indigenous-knowledge-keepers-and-scientists-unite-turtle>.

2. Ran Nathan, «An Emerging Movement Ecology Paradigm», *Proceedings of the National Academy of Sciences* 105, n.º 49 (9 de diciembre de 2008), pp. 19050-19051, <https://www.pnas.org/doi/full/10.1073/pnas.0808918105>.

3. Nisargadatta Maharaj, *I Am That: Talks with Sri Nisargadatta Maharaj*, 3.ª ed., Durham, Acorn Press, 2012, p. 8.

4. Kelly McGonigal, *The Joy of Movement: How Exercise Helps Us Find Happiness, Hope, Connection, and Courage*, Nueva York, Avery, 2019, p. 3.

5. Henry David Thoreau, «Walking», thoreau-online.org, Henry David Thoreau Online, <https://www.thoreau-online.org/walking-page3.html>.

6. Ellen Gamerman, «New Books on Better Workouts That Include Brain as well as Body», *Wall Street Journal*, 11 de enero de 2022, <https://www.wsj.com/articles/best-books-2022-workout-fitness-11641905831>.

7. Valerie F. Gladwell y otros, «The Great Outdoors: How a Green Exercise Environment Can Benefit All», *Extreme Physiology & Medicine* 2, n.º 1, 2013, p. 3.

8. Krista Tippett, «The Thrilling New Science of Awe», 2 de febrero de 2023, *On Being*, pódcast, <https://onbeing.org/programs/dacher-keltner-the-thrilling-new-science-of-awe/>.

9. Juan Siliezar, «Why Run Unless Something Is Chasing You?», *Harvard Gazette*, 4 de enero de 2021, <https://news.harvard.edu/gazette/story/2021/01/daniel-lieberman-busts-exercising-myths>.

10. John J. Ratey, *Spark: The Revolutionary New Science of Exercise and the Brain*, Nueva York, Little, Brown Spark, 2008; «Physical Inactivity», National Center for Chronic Disease Prevention and Health Promotion, 8 de septiembre de 2022, <https://www.cdc.gov/chronicdisease/resources/publications/factsheets/physical-activity.htm>.

11. Steven Brown y Lawrence M. Parsons, «So You Think You Can Dance? PET Scans Reveal Your Brain's Inner Choreography», *Scientific American*, 1 de julio de 2008, <https://www.scientificamerican.com/article/the-neuroscience-of-dance/>.

12. Einat Shuper Engelhard, «Free-Form Dance as an Alternative Interaction for Adult Grandchildren and Their Grandparents», *Frontiers in Psychology* 11, 2020, p. 542.

13. Dana Foundation, «The Astonishing Effects of Exercise on Your Brain with Wendy Suzuki, PhD» YouTube, 23 de noviembre de 2020, <https://www.youtube.com/watch?v=Y0cI6uxSnuc&ab_channel=DanaFoundation>.

14. Julia C. Basso y Wendy A. Suzuki, «The Effects of Acute Exercise on Mood, Cognition, Neurophysiology, and Neurochemical Pathways: A Review», *Brain Plasticity* 2, n.º 2, 2017, pp. 127-152, <https://doi.org/10.3233/BPL-160040>.

15. Basso y Suzuki, «The Effects of Acute Exercise on Mood, Cognition, Neurophysiology, and Neurochemical Pathways».

16. Yannis Y. Liang y otros, «Joint Association of Physical Activity and Sleep Duration with Risk of All-Cause and Cause-Specific Mortality: A Population-Based Cohort Study Using Accelerometry», *European Journal of Preventive Cardiology*, 29 de marzo de 2023.

17. Arthur Austen Douglas, *1955 Quotes of Albert Einstein*, ebook, UB Tech, 2016, p. 60.

18. Daniel Lieberman, *The Story of the Human Body: Evolution, Health, and Disease*, Nueva York, Knopf Doubleday, 2014, p. 20.

19. «Run as One: The Journey of the Front Runners», CBC, 6 de febrero de 2018, <https://www.cbc.ca/shortdocs/shorts/run-as-one-the-journey-of-the-front-runners>.

20. Jill Satterfield, «Mindfulness at Knifepoint», *Tricycle: The Buddhist Review*, 21 de marzo de 2019, <https://tricycle.org/article/mindfulness-knifepoint/>.

21. Bettina Elias Siegel, «Michael Moss on How Big Food Gets Us Hooked», Civil Eats, 9 de abril de 2021, <https://civileats.com/2021/04/09/michael-moss-on-how-big-food-gets-us-hooked/>.

22. Satchin Panda, «How Optimizing Circadian Rhythms Can Increase Health Years to Our Lives», TED Talk, 2021, <https://www.ted.com/talks/satchin_panda_how_optimizing_circadian_rhythms_can_increase_healthy_years_to_our_lives/transcript?language=en>.

23. May Wong, «Stanford Study Finds Walking Improves Creativity», Stanford News, 24 de abril de 2014, <https://news.stanford.edu/2014/04/24/walking-vs-sitting-042414/>.

ENAMÓRATE DE LA PRÁCTICA. SABOREA LAS ALEGRÍAS DE UN CEREBRO FUERTE

1. Nat Shapiro, ed., *An Encyclopedia of Quotations About Music*, Nueva York, Springer, 2012, p. 98, <https://www.google.com/books/edition/An_Encyclopedia_of_Quotations_About_Musi/rqThBwAAQBAJ?hl=en&gbpv=0>.

2. Justin von Bujdoss, «Tilopa's Six Nails», *Tricycle: The Buddhist Review*, 6 de febrero de 2018, <https://tricycle.org/magazine/tilopas-six-nails/>.

3. K. Anders Ericsson, Michael J. Prietula y Edward T. Cokely, «The Making of an Expert», *Harvard Business Review* (julio-agosto de 2007), <https://hbr.org/2007/07/the-making-of-an-expert>.

4. Véase JoAnn Deak, *The Owner's Manual for Driving Your Adolescent Brain: A Growth Mindset and Brain Development Book for Young Teens and Their Parents*, San Francisco, Little Pickle Press, 2013; JoAnn Deak y Terrence Deak, *Good Night to Your Fantastic Elastic Brain: A Growth Mindset Bedtime Book for Kids*, Naperville, Sourcebooks Explore, 2022.

5. Molly Gebrian, «Rethinking Viola Pedagogy: Preparing Violists for the Challenges of Twentieth Century Music», tesis doctoral, Rice University, 24 de julio de 2013, <https://scholarship.rice.edu/bitstream/handle/1911/71651/GEBRIAN-THESIS.pdf?sequence=1&isAllowed=y>, pp. 31, 32.

6. Mark E. Bouton, «Context, Attention, and the Switch Between Habit and Goal-Direction in Behavior», *Learning & Behavior* 49, n.º 4, 2021, pp. 349-362.

7. Leonard Lyons, «The Lyons Den», *Daily Defender*, 4 de noviembre de 1958, 5; E. J. Masicampo, F. Luebber y R. F. Baumeister, «The Influence of Conscious Thought Is Best Observed over Time», *Psychology of Consciousness: Theory, Research, and Practice* 7, n.º 1, 2020, pp. 87-102, <https://doi.org/10.1037/cns0000205>.

8. C. H. Turner, «The Homing of Ants: An Experimental Study of Ant Behavior», *Journal of Comparative Neurology and Psychology* 17, n.º 5, 1907, pp. 367-434.

9. Véase Jim Dethmer, Diana Chapman y Kaley Warner Klemp, *The 15 Commitments of Conscious Leadership: A New Paradigm for Sustainable Success* (The Conscious Leadership Group, 2015).

10. *Running the Sahara*, dirigido por James Moll, NEHST Out, 2010.

HAZ COSAS NUEVAS Y DIFERENTES. INVITA A LA SORPRESA Y LA SERENDIPIA

1. «The Dog-Eared Page, Excerpted from *Walden* by Henry David Thoreau», *The Sun*, febrero de 2013, <https://www.thesunmagazine.org/issues/446/from-walden>.

2. Ariana Anderson y otros, «Big-C Creativity in Artists and Scientists Is Associated with More Random Global but Less Random Local fMRI Functional Connectivity», *Psychology of Aesthetics, Creativity, and the Arts*, 2022, <https://psycnet. apa.org/record/2022-45679-001?doi=1>. Véase también «How Practice Changes the Brain», Australian Academy of Science, <https://www.science.org.au/curious/people-medicine/how-practice-changes-brain>.

3. Brandon Specktor, «This "Disappearing" Optical Illusion Proves Your Brain Is Too Smart for Its Own Good», Live Science, 11 de abril de 2018, <https://www. livescience.com/62274-disappearing-optical-illusion-troxler-explained.html>.

4. Eleanor Roosevelt, *You Learn by Living: Eleven Keys for a More Fulfilling Life*, Nueva York, Harper Perennial Modern Classics, 2011.

5. Deepak Chopra y Rudolph E. Tanzi, *Super Brain: Unleashing the Explosive Power of Your Mind to Maximize Health, Happiness, and Spiritual Well-Being*, Nueva York, Harmony Books, 2012, p. 22.

6. Judith Schomaker, Valentin Baumann y Marit F. L. Ruitenberg, «Effects of Exploring a Novel Environment on Memory Across the Lifespan», *Scientific Reports* 12, 2022, artículo 16631.

7. Francesca Rosenberg, Amir Parsa, Laurel Humble y Carrie McGee, «Conversation with Gene Cohen of the Center on Aging, Health & Humanities and Gay Hanna of the National Center for Creative Aging», en *Meet Me: Making Art Accessible to People with Dementia*, Nueva York, The Museum of Modern Art, 2009, <https://www.moma.org/momaorg/shared/pdfs/docs/meetme/Perspectives_GCohen-GHanna.pdf>.

8. Jon Schiller, *Life Style to Extend Life Span*, Charleston, Booksurge, 2009, p. 180, <https://www.google.com/books/edition/Life_Style_to_Extend_Life_Span/E92Kijnr9tQC?hl=en&gbpv=0p>.

9. Denise C. Park y otros, «The Impact of Sustained Engagement on Cognitive Function in Older Adults», *Psychological Science* 25, n.º 1, 2014, pp. 103-112.

10. Pádraig Ó Tuama, «*On Being* Newsletter», The *On Being* Project, 22 de mayo de 2021, <https://engage.onbeing.org /20210522_the_pause>.

11. Peter High, «The Secret Ingredient of Successful People and Organizations: Grit», Forbes.com, 23 de mayo de 2016, <https://www.forbes.com/sites/peterhigh /2016/05/23/the-secret-ingredient-of-successful-people-and-organizations-grit/ ?sh=6e79fe1862ef>.

CÉNTRATE MÁS ALLÁ DEL FALLO. PREPARA ENERGÍA PARA UNA ACCIÓN RENOVADA

1. «Michael Jordan "Failure" Commercial HD 1080p», YouTube, 8 de diciembre de 2012, <https://www.youtube.com/watch?v=JA7G7AV-LT8>.

2. Matt Sloane, Jason Hanna y Dana Ford, «"Never, Ever Give Up": Diana Nyad Completes Historic Cuba-to-Florida Swim», CNN.com, 3 de septiembre de 2013, <https://edition.cnn.com/2013/09/02/world/americas/diana-nyad-cuba-florida-swim/index.html>.

3. Peter Bregman, «Why You Need to Fail», *Harvard Business Review*, 6 de julio de 2009, <https://hbr.org/2009/07/why-you-need-to-fail>.

4. Megan Thompson, «The Quirky "Museum of Failure" Celebrates Creativity and Innovation», *PBS NewsHour Weekend*, 20 de noviembre de 2021.

5. Allison S. Catalano y otros, «Black Swans, Cognition, and the Power of Learning from Failure», *Conservation Biology* 32, n.º 3, 2018, pp. 584-596.

6. National Science Foundation, «Scientist Who Helped Discover the Expansion of the Universe Is Accelerating», NSF.gov, 3 de febrero de 2015, <https://new.nsf.gov/news/scientist-who-helped-discover-expansion-universe>.

7. Zoë Corbyn, «Saul Perlmutter: "Science Is About Figuring Out Your Mistakes"», *Guardian*, 6 de julio de 2013, <https://www.theguardian.com/science/2013/jul/07/rational-heroes-saul-perlmutter-astrophysics-universe>.

8. R. J. Bear, «To Learn to Succeed, You Must First Learn to Fail», The Shortform, 14 de junio de 2022, <https://medium.com/the-shortform/to-learn-to-succeed-you-must-first-learn-to-fail-34338ac87c92#>.

9. Nico Martinez, «NBA Insider Exposes Major Problem for the Milwaukee Bucks: "There's a Thundercloud on the Horizon"», Fadeaway World, 5 de mayo, <https://fadeawayworld.net/nba-insider-exposes-major-problem-for-the-milwaukee-bucks-theres-a-thundercloud-on-the-horizon>.

10. Nanomole, «I Forgot My Lines During a TED Talk (and Survived)!!!!», YouTube, 13 de octubre de 2020, <https://www.youtube.com/watch?v=1PfpQlRrqHg&ab_channel=nanomole>.

11. Stuart Firestein, *Failure: Why Science Is So Successful*, Hong Kong, Oxford University Press, 2016, p. 47.

12. James Doty, neurocirujano y profesor de Stanford, en conversación con Jeff Karp y Teresa Barker, 22 de enero de 2021.

SÉ HUMANO. SÉ HUMILDE

1. John C. Maxwell, «Have the Humility to Learn from Those Around You», LinkedIn, <https://www.linkedin.com/posts/officialjohnmaxwell_have-the-humility-to-learn-from-those-around-activity-6785592172545617921-aIHB/>.

2. Mark R. Leary, «Cognitive and Interpersonal Features of Intellectual Humility», *Personality and Social Psychology Bulletin* 43, n.º 6, 2017, pp. 793-813.

3. Christoph Seckler, «Is Humility the New Smart?», The Choice, 11 de enero de 2022, <https://thechoice.escp.eu/choose-to-lead/is-humility-the-new-smart/>.

4. Robert J. Shiller, *Irrational Exuberance*, Princeton, Princeton University Press, 2000, p. xxi.

5. Henry David Thoreau, «Walking», *The Atlantic* (junio de 1862), <https://www.theatlantic.com/magazine/archive/1862/06/walking/304674/>.

6. Krista Tippett, «The Thrilling New Science of Awe», 2 de febrero de 2023, *On Being*, pódcast, <https://onbeing.org/programs/dacher-keltner-the-thrilling-new-science-of-awe>.

7. Sarah Ban Breathnach, *Simple Abundance: A Daybook of Comfort of Joy*, Nueva York, Grand Central Publishing, 2008.

8. Grounded, «Why Protecting Indigenous Communities Can Also Help Save the Earth», *Guardian*, 12 de octubre de 2020, <https://www.theguardian.com/climate-academy/2020/oct/12/indigenous-communities-protect-biodiversity-curb-climate-crisis>.

9. Gleb Raygorodetsky, «Indigenous Peoples Defend Earth's Biodiversity—But They're in Danger», *National Geographic,* 16 de noviembre de 2018, <https://www.nationalgeographic.com/environment/article/can-indigenous-land-stewardship-protect-biodiversity->.

10. Robin Wall Kimmerer, *Gathering Moss: A Natural and Cultural History of Mosses*, Corvallis, Oregon State University Press, 2003, p. 100.

11. Tippett, «The Thrilling New Science of Awe».

12. *Ibid.*

13. *Ibid.*

14. Nicole Winfield, «Pope Demands Humility in New Zinger-Filled Christmas Speech», Associated Press, 23 de diciembre de 2021, <https://apnews.com/article/pope-francis-lifestyle-religion-christmas-a04d3c12674a14127f8efbdaafd3ae97>.

PULSA EL BOTÓN DE PAUSA. RESERVA TIEMPO PARA SER Y CONTEMPLAR

1. Arianna Huffington, «Introducing HuffPost Endeavor: Less Stress, More Fulfillment», Huffington Post, 25 de enero de 2017, <https://www.huffpost.com/entry/introducing-huffpost-ende_b_9069016>. Cita parafraseada, aprobada por Arianna Huffington en conversación con el autor.

2. Vivek Ramakrishnan, «Rewiring the Brain for Happiness», The Awakening of Impermanence, 27 de febrero de 2022, <https://www.awakeningofimpermanence.com/blog/rewiringthebrain>.

3. «Circadian Rhythms», National Institute of General Medical Sciences, 5 de mayo de 2022, <https://nigms.nih.gov/education/fact-sheets/Pages/circadian-rhythms.aspx>.

4. Erin C. Westgate y otros, «What Makes Thinking for Pleasure Pleasureable?», *Emotion* 21, n.º 5, 2021, pp. 981-989.

5. Sooyeol Kim, Seonghee Cho y YoungAh Park, «Daily Microbreaks in a Self-Regulatory Resources Lens: Perceived Health Climate as a Contextual Moderator via Microbreak Autonomy», *Journal of Applied Psychology* 107, n.º 1, 2022, pp. 60-77.

6. Luciano Bernardi, C. Porta y P. Sleight, «Cardiovascular, Cerebrovascular, and Respiratory Changes Induced by Different Types of Music in Musicians and Nonmusicians: The Importance of Silence», *Heart* 92, n.º 4, 2005, pp. 445-452.

7. Tara Brach, *True Refuge*, ebook, Nueva York, Random House, 2016, p. 61.

8. Véase Vivek Ramakrishnan, «Default Mode Network & Meditation», *The Awakening of Impermanence* (blog), 10 de abril de 2022, <https://www.awakeningofimpermanence.com/blog/defaultmodenetwork>.

9. Diana Nyad en conversación con Jeff Karp y Mariska van Aalst, 30 de mayo de 2018.

10. Susan L. Worley, «The Extraordinary Importance of Sleep: The Detrimental Effects of Inadequate Sleep on Health and Public Safety Drive an Explosion of Sleep Research», *Pharmacy and Therapeutics* 43, n.º 12, diciembre de 2018, pp. 758-763.

11. Jenny Odell, *How to Do Nothing: Resisting the Attention Economy*, Nueva York, Melville House, 2020. [Hay trad. cast.: *Cómo no hacer nada*, Ariel, 2021].

12. Naval Ravikant, «Finding Peace from Mind», Naval, 3 de marzo de 2020, <https://nav.al/peace>.

13. Jill Suttie, «How Mind-Wandering May Be Good for You», *Greater Good Magazine*, 14 de febrero de 2018, <https://greatergood.berkeley.edu/article/item/how_mind_wandering_may_be_good_for_you>.

14. Matthew P. Walker y Robert Stickgold, «Sleep, Memory, and Plasticity», *Annual Review of Psychology* 57, 2006, pp. 139-166, <https://doi.org/10.1146/annurev.psych.56.091103.070307>.

15. Véase, por ejemplo, Gene D. Cohen, *The Creative Age: Awakening Human Potential in the Second Half of Life*, Nueva York, William Morrow, 2000, pp. 34-35.

16. Thomas Andrillon y otros, «Predicting Lapses of Attention with Sleep-like Slow Waves», *Nature Communications* 12, n.º 1, diciembre de 2021, <https://doi.org/10.1038/s41467-021-23890-7>.

17. Patrick McNamara and Kelly Bulkeley, «Dreams as a Source of Supernatural Agent Concepts», *Frontiers in Psychology*, n.º 6, 2015, <https://www.frontiersin.org/articles/10.3389/fpsyg.2015.00283>.

18. Maya Angelou, *Wouldn't Take Nothing for My Journey Now*, Nueva York, Bantam, 1994, p. 139.

19. Anne Lamott, «12 Truths I Learned from Life and Writing», TED Talk, 2017, <https://www.ted.com/talks/anne_lamott_12_truths_i_learned_from_life_and_writing/transcript>.

20. Pandora Thomas, experta en permacultura y activista por la justicia medioambiental, en conversación con Jeff Karp y Teresa Barker, 18 de mayo de 2021.

21. Vivek Murthy, *Together: The Healing Power of Human Connection in a Sometimes Lonely World*, Nueva York, Harper Wave, 2020, p. 206.

22. Kathy Cherry, «A Reminder to Pause», *Tricycle: The Buddhist Review*, 30 de diciembre de 2022, <https://tricycle.org/article/pause-practices/>.

ESTRECHA LAZOS CON LA NATURALEZA. REVITALIZA TUS RAÍCES

1. Janine Benyus, *Biomimicry: Innovation Inspired by Nature*, ebook, Boston, Mariner Books, 2009, p. 298. [Hay trad. cast.: *Biomímesis*, Barcelona, Tusquets, 2012].

2. Gary Snyder, *The Practice of the Wild*, San Francisco, North Point Press, 1990, p. 93. [Hay trad. cast.: *La práctica de lo salvaje*, Madrid, Varasek, 2016].

3. Nikita Ali, «Forests Are Nature's Pharmacy: To Conserve Them Is to Replenish Our Supply», Caribois Environmental News Network, 3 de marzo de 2021, <https://www.caribois.org/2021/03/forests-are-natures-pharmacy-to-conserve-them-is-to-replenish-our-supply/>.

4. Snyder, *The Practice of the Wild*, p. 18.

5. Véase por ejemplo, Frans B. M. de Waal y Kristin Andrews, «The Question of Animal Emotions», *Science*, 24 de marzo de 2022, <https://www.science.org/doi/abs/10.1126/science.abo2378?doi=10.1126/science.abo2378>.

6. Véase, por ejemplo, Melissa R. Marselle y otros, «Pathways Linking Biodiversity to Human Health: A Conceptual Framework», *Environment International* 150, n.º 1, 2021, p. 106420.

7. Margaret Renkl, «Graduates, My Generation Wrecked So Much That's Precious: How Can I Offer You Advice? », *New York Times*, 15 de mayo de 2023, <https://www.nytimes.com/2023/05/15/opinion/letter-to-graduates-hope-despair.html>.

8. Pandora Thomas, en conversación con Jeff Karp y Teresa Barker, 18 de mayo de 2021.

9. Sami Grover, «How Simple Mills Is Supporting Regenerative Agriculture», Treehugger, 29 de julio de 2021, <https://www.treehugger.com/simple-mills-supporting-regenerative-agriculture-5194744>.

10. Thomas, en conversación con Karp y Barker.

11. Janine Benyus, «Biomimicry's Surprising Lessons from Nature's Engineers», TED Talk, 2005, <https://www.ted.com/talks/janine_benyus_biomimicry_s_surprising_lessons_from_nature_s_engineers/transcript?language=en>.

12. Janine Benyus, *Biomimicry: Innovation Inspired by Nature*, Nueva York, Harper Perennial, 2002, p. 3. [Hay trad. cast.: *Biomímesis*, Barcelona, Tusquets, 2012].

13. Rachel Carson, *The Sense of Wonder,* Nueva York, Harper, 1998, p. 98. [Hay trad. cast.: *El sentido del asombro*, Madrid, Encuentro, 2012].

14. Jennifer Chu, «MIT Engineers Make Filters from Tree Branches to Purify Drinking Water», MIT News, 25 de marzo de 2021, <https://news.mit.edu/2021/filters-sapwood-purify-water-0325>.

15. Sambhav Sankar y Alison Cagle, «How an Environmental Lawyer Stays Motivated to Fight the Climate Crisis», Earthjustice, 17 de noviembre de 2021, <https://earthjustice.org/article/how-an-environmental-lawyer-stays-motivated-to-fight-the-climate-crisis>.

16. Helen Branswell, «WHO: Nearly 15 Million Died as a Result of COVID-19 in First Two Years of Pandemic», STAT, 5 de mayo de 2022, <https://www.statnews.com/2022/05/05/who-nearly-15-million-died-as-a-result-of-covid-19-in-first-two-years-of-pandemic/>.

17. Lin Yutang, *The Importance of Living*, Nueva York, William Morrow Paperbacks, 1998, v. 223. [Hay trad. cast.: *La importancia de vivir*, Barcelona, Edhasa, 2011].

18. Karen Heller, «"Braiding Sweetgrass" Has Gone from Surprise Hit to Juggernaut Bestseller», *Washington Post*, 12 de octubre de 2022, <https://www.washingtonpost.com/books/2022/10/12/braiding-sweetgrass-robin-wall-kimmerer/>.

ENCIENDE EL MUNDO. ASUME EL RETO DE CREAR UNA CULTURA HUMANITARIA
Y SOLIDARIA

1. Declaración firmada por 126 premios Nobel y entregada a los líderes mundiales antes de la cumbre del G-7 «Our Planet, Our Future», cumbre de premios Nobel, 3 de junio de 2021, <https://www.nobelprize.org/uploads/2021/05/Statement-3-June-DC.pdf>.

2. Joshua Needelman, «Forget Utopia. Ignore Dystopia. Embrace Protopia!», *New York Times,* 14 de marzo de 2023, <https://www.nytimes.com/2023/03/14/special-series/protopia-movement.html>.

3. Edward O. Wilson, *Half-Earth: Our Planet's Fight for Life*, Nueva York, Liveright, 2016, p. 1.

4. Wangari Maathai, discurso premios Nobel, Oslo, 10 de diciembre de 2004, <https://www.nobelprize.org/prizes/peace/2004/maathai/lecture/>.

5. Michael Rosenwald, «What If the President Ordering a Nuclear Attack Isn't Sane? An Air Force Major Lost His Job for Asking», *Washington Post,* 10 de abril de 2017, <https://www.washingtonpost.com/news/retropolis/wp/2017/08/09/what-if-the-president-ordering-a-nuclear-attack-isnt-sane-a-major-lost-his-job-for-asking/>.

6. Margaret Renkl, «Graduates, My Generation Wrecked So Much That's Precious. How Can I Offer You Advice?», *New York Times,* 15 de mayo de 2023, <https://www.nytimes.com/2023/05/15/opinion/letter-to-graduates-hope-despair.html?smtyp=cur&smid=tw-nytopinion>.

7. Ayana Elizabeth Johnson y Katharine K. Wilkinson, eds., *All We Can Save: Truth, Courage, and Solutions for the Climate Crisis*, Nueva York, One World, 2021, p. 58.

8. Needelman, «Forget Utopia».

9. Johnson y Wilkinson, eds., *All We Can Save,* p. xxi.

10. «What Is Placemaking?», Project for Public Spaces, <https://www.pps.org/category/placemaking>. Véase también Lowai Alkawarit, «Ray Oldenburg, Author of The Great Good Place», YouTube, 20 de septiembre de 2018, <https://www.youtube.com/watch?v=5h5YFimOOlU&ab_channel=LowaiAlkawarit>.

11. Ray Oldenburg, «Our Vanishing Third Places», *Planning Commissioners Journal* 25, 1997, pp. 6-10.

12. Charles I. Abramson, «Charles Henry Turner Remembered», *Nature* 542, n.º 31, 2017, <https://doi.org/10.1038/542031d>.

13. Abramson, «Charles Henry Turner Remembered».

14. James Yeh, «Robin Wall Kimmerer: "People Can't Understand the World as a Gift Unless Someone Shows Them How"», *Guardian*, 23 de mayo de 2020, <https://

www.theguardian.com/books/2020/may/23/robin-wall-kimmerer-people-cant-understand-the-world-as-a-gift-unless-someone-shows-them-how>.

15. Lynne Twist, *Living a Committed Life: Finding Freedom and Fulfillment in a Purpose Larger Than Yourself*, Oakland, Berrett-Koehler Publishers, 2022, p. 18.

16. Mariann Budde, obispa y activista por la justicia social, en conversación con Jeff Karp y Teresa Barker, 11 de junio de 2021.

17. Jack Fraser, «How the Human Body Creates Electromagnetic Field», *Forbes*, 3 de noviembre de 2017, <https://www.forbes.com/sites/quora/2017/11/03/how-the-human-body-creates-electromagnetic-fields/>.

18. Martin Luther King, Jr., *Where Do We Go from Here: Chaos or Community?*, Boston, Beacon Press, 2010, pp. 181-183.

19. Vivek Murthy, *Together: The Healing Power of Human Connection in a Sometimes Lonely World*, Nueva York, Harper Wave, 2020, p. xxi.

Epílogo. Las respuestas están en las preguntas

1. Peter F. Drucker, *The Practice of Management*, Bengaluru, Allied Publishers, 1975, p. 353.

2. Hal B. Gregersen, Clayton M. Christensen y Jeffrey H. Dyer, «The Innovator's DNA», *Harvard Business Review* 87, n.º 12 de diciembre de 2009, p. 4.

Bibliografía

Banaji, Mahzarin, y Anthony Greenwald, *Blindspot: Hidden Biases of Good People*, Nueva York, Random House, 2016.

Barrett, Lisa Feldman, *Seven and a Half Lessons About the Brain*, Boston, Mariner Books, 2020. [Hay trad. cast.: *Siete lecciones y media sobre el cerebro*, Barcelona, Paidós, 2021].

Bridle, James, *Ways of Being: Animals, Plants, Machines: The Search for a Planetary Intelligence*, Nueva York, Farrar, Straus and Giroux, 2022.

Brown, Brené, *Atlas of the Heart: Mapping Meaningful Connection and the Language of Human Experience*, Nueva York, Random House, 2021.

—, *The Gifts of Imperfection*, edición aniversario, Minnesota, Hazelden Publishing, Center City, 2022. [Hay trad. cast.: *Los dones de la imperfección*, Gaia, 2016].

Carson, Rachel, *Silent Spring*, Nueva York, Houghton Mifflin, 1962. [Hay trad. cast.: *Primavera silenciosa*, Barcelona, Crítica, 2023].

Chopra, Deepak, y Rudolph Tanzi, *The Healing Self: A Revolutionary New Plan to Supercharge Your Immunity and Stay Well for Life*, Nueva York, Harmony Books, 2018. [Hay trad. cast.: *Sánate a ti mismo*, Barcelona, Grijalbo, 2020].

—, *Super Brain: Unleashing the Explosive Power of Your Mind to Maximize Health, Happiness, and Spiritual Well-Being*, Nueva York, Harmony Books, 2013. [Hay trad. cast.: *Supercerebro*, Madrid, Esfera de los Libros, 2013].

—, *Super Genes: Unlock the Astonishing Power of Your DNA for Optimum Health and Well-Being*, Nueva York, Harmony Books, 2017. [Hay trad. cast.: *Supergenes*, Barcelona, Grijalbo, 2018].

Csikszentmihalyi, Mihaly, *Flow: The Psychology of Optimal Experience*, Nueva York, Harper Perennial, 1991. [Hay trad. cast.: *Fluir (Flow)*, Barcelona, Kairós, 1997].

David, Susan, *Emotional Agility: Get Unstuck, Embrace Change, and Thrive in Work and Life*, Nueva York, Avery, 2016. [Hay trad. cast.: *Agilidad emocional*, Málaga, Sirio, 2018].

Deak, JoAnn, *Your Fantastic Elastic Brain: A Growth Mindset Book for Kids to Stretch and Shape Their Brains*, Napierville, Little Pickle Press, 2010.

Deak, JoAnn, y Terrence Deak, *Good Night to Your Fantastic Elastic Brain: A Growth Mindset Bedtime Book for Kids*, Napierville, Sourcebooks Explore, 2022.

—, *The Owner's Manual for Driving Your Adolescent Brain: A Growth Mindset and Brain Development Book for Young Teens and Their Parent*, San Francisco, Little Pickle Press, 2013.

Dolan, Paul, y Daniel Kahneman, *Happiness by Design: Change What You Do, Not How You Think*, Nueva York, Plume, 2015.

Doty, James, *Into the Magic Shop: A Neurosurgeon's Quest to Discover the Mysteries of the Brain and the Secrets of the Heart*, Nueva York, Avery, 2017. [Hay trad. cast.: *La tienda de magia*, Madrid, Urano, 2022].

Duhigg, Charles, *The Power of Habit: Why We Do What We Do in Life and Business*, Nueva York, Random House, 2014. [Hay trad. cast.: *El poder de los hábitos*, Barcelona, Vergara, 2022].

Epstein, David, *Range: Why Generalists Triumph in a Specialized World*, Nueva York, Penguin, 2021.

Ferriss, Tim, *Tribe of Mentors: Short Life Advice from the Best in the World*, Nueva York, Harper Business, 2017. [Hay trad. cast.: *Tribu de mentores*, Barcelona, Deusto, 2020].

Ferriss, Tim, y Arnold Schwarzenegger, *Tools of Titans: The Tactics, Routines, and Habits of Billionaires, Icons, and World-Class Performers*, Nueva York, Harper Business, 2016. [Hay trad. cast.: *Armas de titanes*, Barcelona, Deusto, 2017].

Fogg, B. J., *Tiny Habits: The Small Changes That Change Everything*, Nueva York, HarperCollins, 2020. [Hay trad. cast.: *Hábitos mínimos*, Madrid, Urano, 2021].

Frankl, Viktor, *Yes to Life: In Spite of Everything*, Boston, Beacon Press, 2021.

Gibbs, Daniel, *A Tattoo on My Brain: A Neurologist's Personal Battle Against Alzheimer's Disease*, Londres, Cambridge University Press, 2021.

Gilbert, Elizabeth, *Big Magic: Creative Living Beyond Fear,* Nueva York, Riverhead Books, 2015. [Hay trad. cast.: *Libera tu magia*, Barcelona, Aguilar, 2016].

Gladwell, Malcolm, *Outliers: The Story of Success*, Nueva York, Little, Brown and Company, 2008. [Hay trad. cast.: *Fuera de serie*, Barcelona, Debolsillo, 2018].

Goleman, Daniel, *Altered Traits: Science Reveals How Meditation Changes Your Mind, Brain, and Body*, Nueva York, Avery, 2017.

Grant, Adam, *Think Again: The Power of Knowing What You Don't Know*, Nueva York, Viking, 2021.

Gregersen, Hal, *Questions Are the Answer: A Breakthrough Approach to Your Most Vexing Problems at Work and in Life*, Nueva York, Harper Business, 2018.

Hadfield, Chris, *An Astronaut's Guide to Life on Earth: What Going to Space Taught Me About Ingenuity, Determination, and Being Prepared for Anything*, Nueva York, Back Bay Books, 2015.

Hanson, Rick, *Neurodharma: New Science, Ancient Wisdom, and Seven Practices of the Highest Happiness*, Nueva York, Harmony Books, 2020. [Hay trad. cast.: *Neurodharma*, Obelisco, 2022].

Horowitz, Alexandra, *On Looking: A Walker's Guide to the Art of Observation*, Nueva York, Scribner, 2014.

Hwang, Victor W., y Greg Horowitt, *The Rainforest: The Secret to Building the Next Silicon Valley*, Los Altos Hills, Regenwald, 2012.

Iyer, Pico, *The Art of Stillness: Adventures in Going Nowhere*, Nueva York, Simon & Schuster/TED Books, 2014.

Kabat-Zinn, Jon, *Full Catastrophe Living: Using the Wisdom of Your Body and Mind to Face Stress, Pain, and Illness*, Nueva York, Delacorte Press, 1990.

Keltner, Dacher, *Awe: The New Science of Everyday Wonder and How It Can Transform Your Life*, Nueva York, Penguin, 2023.

—, *Born to Be Good: The Science of a Meaningful Life*, Nueva York, W. W. Norton, 2009.

Kimmerer, Robin Wall, *Braiding Sweetgrass: Indigenous Wisdom, Scientific Knowledge, and the Teachings of Plants*, Minneapolis, Milkweed

Edition, 2015. [Hay trad. cast.: *Una trenza de hierba sagrada*, Madrid, Capitán Swing, 2021].

—, *Gathering Moss: A Natural and Cultural History of Mosses*, Corvallis, Oregon State University Press, 2003.

Kwik, Jim, *Limitless: Upgrade Your Brain, Learn Anything Faster, and Unlock Your Exceptional Life*, Carlsbad, Hay House, 2020.

Lieberman, Daniel, *Exercised: Why Something We Never Evolved to Do Is Healthy and Rewarding*, Nueva York, Pantheon, 2021. [Hay trad. cast.: *Ejercicio*, Pasado y Presente, 2021].

Louv, Richard, *Last Child in the Woods: Saving Our Children from Nature-Deficit Disorder*, Chapel Hill, Algonquin Books, 2005. [Hay trad. cast.: *Los últimos niños en el bosque*, Madrid, Capitán Swing, 2018].

McGonigal, Kelly, *The Joy of Movement: How Exercise Helps Us Find Happiness, Hope, Connection, and Courage*, Nueva York, Avery, 2019.

Moss, Michael, *Hooked: Food, Free Will, and How the Food Giants Exploit Our Addictions*, Nueva York, Random House, 2021.

Murthy, Vivek, *Together: The Healing Power of Human Connection in a Sometimes Lonely World*, Nueva York, Harper Wave, 2020. [Hay trad. cast.: *Juntos*, Barcelona, Crítica, 2021].

Niebauer, Chris, *No Self, No Problem: How Neuropsychology Is Catching Up to Buddhism*, San Antonio, Hierophant Publishing, 2019.

Odell, Jenny, *How to Do Nothing: Resisting the Attention Economy*, Brooklyn, Melville House, 2020. [Hay trad. cast.: *Cómo no hacer nada*, Barcelona, Ariel, 2021].

Panda, Satchin, *The Circadian Code: Lose Weight, Supercharge Your Energy, and Transform Your Health from Morning to Midnight*, Emmaus, Rodale Books, 2020.

Prévot, Franck, *Wangari Maathai: The Woman Who Planted Millions of Trees*, reimpresión, Watertown, Charlesbridge, 2017.

Roché, Joyce, con Alexander Kopelman, *The Empress Has No Clothes: Conquering Self-Doubt to Embrace Success*, San Francisco, Berrett-Koehler, 2013.

Saunt, Claudio, *Unworthy Republic: The Dispossession of Native Americans and the Road to Indian Territory*, Nueva York, W. W. Norton, 2020.

Simard, Suzanne, *Finding the Mother Tree: Discovering the Wisdom of the Forest*, Nueva York, Vintage, 2022. [Hay trad. cast.: *En busca del árbol madre: Descubre la sabiduría del bosque*, Barcelona, Paidós, 2021].

Snyder, Gary, *The Practice of the Wild*, San Francisco, North Point Press, 1990. [Hay trad. cast.: *La práctica de lo salvaje*, Madrid, Varasek, 2016].

Strathdee, Steffanie, y Thomas Patterson, *The Perfect Predator: A Scientist's Race to Save Her Husband from a Deadly Superbug*, Nueva York, Hachette, 2020.

Suzuki, Wendy, y Billie Fitzpatrick, *Healthy Brain, Happy Life: A Personal Program to Activate Your Brain and Do Everything Better*, Nueva York, Dey Street Books, 2016. [Hay trad. cast.: *Cerebro activo, vida feliz*, Barcelona, Paidós, 2015].

Twist, Lynne, *Living a Committed Life: Finding Freedom and Fulfillment in a Purpose Larger Than Yourself*, Oakland, Berrett-Koehler Publishers, 2022.

Tyson, Neil deGrasse, *Astrophysics for People in a Hurry*, Nueva York, W. W. Norton, 2017. [Hay trad. cast.: *Astrofísica para gente con prisas,* Booket, 2021].

Wahl, Erik, *Unthink: Rediscover Your Creative Genius*, Nueva York, Crown Business, 2013.

Wilkerson, Isabel, *Caste: The Origins of Our Discontents*, Nueva York, Random House, 2020. [Hay trad. cast.: *Casta. El origen de lo que nos divide*, Barcelona, Paidós, 2021].

Williams, Caroline, *Move: How the New Science of Body Movement Can Set Your Mind Free*, Nueva York, Hanover Square Press, 2022.

Wilson, Edward O., *Half-Earth: Our Planet's Fight for Life*, Nueva York, Liveright, 2016.

Wolf, Maryanne, *Reader, Come Home: The Reading Brain in a Digital World*, Nueva York, Harper Paperbacks, 2019.

Yong, Ed, *An Immense World: How Animal Senses Reveal the Hidden Realms Around Us*, Nueva York, Random House, 2022. [Hay trad. cast.: *La inmensidad del mundo*, Barcelona, Tendencias, 2023].

Esta obra se terminó de imprimir
en el mes de junio de 2024,
en los talleres de Litográfica Ingramex S.A. de C.V.,
Ciudad de México.